新・한국風水

崔滎周 著

동학사

머리말

　바람과 물이 없이는 인간은 물론 자연도 원활한 생명을 유지할 수 없다. 바람이 지나쳐도 생물이 살기 어렵고 물 또한 넘쳐도 엄청난 재앙을 몰고 온다. 바람과 물의 조화, 오늘의 표현을 빌리면 공해와 자연의 재해로부터 해방되는 길이 지구를 살리고 인류가 사는 첩경이다. 이를 두고 동양철학에서는 일찍이 수화기제(水火旣濟)의 세계라고 했다.
　『중앙경제신문』에 「新풍수지리기행」을 연재하면서 저자는 중국 북경과 미국 뉴욕을 방문하는 기회를 가졌다. 북경에서 보고 느낀 풍수적 이해는 이 책 부록에 실었고 뉴욕에 관해서는 이야기할 기회가 없었다.
　미대륙을 비행기로 횡단하면서 서부의 사막지대와 동부의 우거진 숲을 눈여겨보았다. 물론 미국에 대한 풍수적 이해를 갖기 위해서였다. 서부 해안지대에서는 불모의 땅에 물을 끌어들여 신도시를 건설한 예를 볼 수 있었다. 그러나 로키산맥을 넘어선 사막지대는 역시 과학의 힘으로도 어쩔 수 없다는 것을 확인할 수 있었다.
　정작 놀란 것은 뉴욕에 들어가서였다. 맨해튼 지역을 보고 저자는 '이럴 수 있는가'고 놀랐다. 한마디로 뉴욕은 수중용(水中龍)의 지세였다. 튼튼한 암반은 말할 것도 없고 동·서로 흐르는 두 강은 맨해튼을 그야말로 돈으로 감싸고 있었다. 뉴욕이 세계 금융·상업의 중심지가 된 까닭을 한눈에 읽을 수 있었다.

맨해튼 지역의 지형적 생김새는 더욱 재미있었다. 뉴욕 지도를 보면 쉽게 알 수 있듯이, 그것은 남성의 그것을 그대로 닮았다. 양기가 충만한 중에 수구(水口)에는 문설주처럼 선 두 섬이 꽉 조이고 있으니, 기가 누설될 곳이 없었다. 이를 두려워한 탓인지 상부 뉴욕만에「자유의 여신상」을 세워 음양의 조화를 꾀했다. 여기에 더 이상의 풍수적 해석이 필요하겠는가.

모스크바를 보지 않아 알 수 없지만 세계가 미국식 자본주의 사상으로 통합되어가는 것도 어쩌면 뉴욕이 지닌 이같은 풍수적 이유 때문이 아닌가 예단해 보았다.

왜 풍수인가. 신문이 지닌 사회적 공기(公器)와 계도적 성격으로 미뤄보아도 과연 풍수사상을 오늘에 재조명할 필요가 있었는가. 연재중 독자들로부터 격려의 편지를 받은 것만큼 비난과 즉시 중지하라는 압력도 많이 받았다. 그때마다 여간 당혹스럽지 않았다. 문제는 풍수, 그 자체보다는 흔한 말로 명당과 길흉화복에 치우친 듯한 기자의 우문(愚文)과 사회적 통념을 깨뜨리지 못한 탓이라고 생각될 때, 뒷머리를 때리는 책임감에 몇 번이나 몸을 떨어야 했다.

하물며 이제 다시 연재물을 책으로 낸다고 생각하니 여간 두려움이 앞서지 않는다. 세상 모든 일에 양면성이 있듯이 저자가 아무리 선한 쪽을 택해 변명한다고 한들, 어두운 면을 가릴 수는 없기 때문이다. 그럼에도 책으로 내면서 몇 마디 변명 아닌 나름의 의도를 덧붙여 두고자 한다.

신문 연재를 시작하면서도 밝혔듯이 이 책은 길흉화복을 전제한 풍수이론을 소개하기 위한 것이 목표가 아니다. 취재과정에서 더욱 확인된 것이지만, 아직도 우리의 국토는 그 어느 곳이나 아름답고 사람이 살 만한 곳이다. 서양식 자연관으로 보면, 개발해야 할 산악지대로 인식될지 모르지만, 곳곳에 역사와 삶의 숨결이 배어 있어 생생히 살아 있는 땅이 우리의 산하다.

 안타깝게도 그것이 오늘날 폐허로 변하고 있다. 농촌은 사람이 떠나 그렇고 도시는 인구과잉으로 몸살을 앓고 있다. 결코 이런 문제는 서양식 개발방법으로 해결할 수 없다는 것이 저자의 생각이다. 그렇다면 새로운 방법, 새로운 방향을 모색해야 한다. 여기에 바로 잊혀진, 혹은 왜곡된 우리의 전통적 지리관념, 곧 올바른 풍수이론을 되찾아 해결의 실마리를 다시 찾아보자는 것이다. 그런 점에서 그 흔한 명당이란 말은 낙토(樂土)에의 잃어버린 꿈을 되살려주는 역할을 한다고 믿는다.

 다른 한편 저자는 땅이 인간의 욕심을 충족시켜 주는 수단이 결코 될 수 없다는 점을 강조하고 싶었다. 부동산투기가 만연한 현실에서 가장 비실재적인 발상일는지 모르지만, 땅은 결코 재테크의 대상이 아니다. 땅을 두고 길흉화복을 논한 것은 어느 누가 독점적으로 소유해서는 안 된다는 윤리의식의 표현에 다름아니다. 아무리 좋은 양택이든 음택지를 구해도 그 사람의 삶의 태도가 공동선을 벗어났을 때는 땅이 복을 허락하지 않는다는 것을 재삼 확인할 수 있었다. 이점은 마치 『성서』에서 '온유한 자가 땅을 기업으로 받는다'는 말과 상통한다고 하겠다.

 이런 의도에도 불구하고 이 책의 내용이 독자나 저자에게 만족할 만한 결실을 가져오지 않았다는 점 또한 솔직히 고백한다. 구체적 사례를 통해 문제에 접근하다보니, 결국 특정인이나 특정장소에 한정되었고 그것의 환경론적 평가를 내리다보니 길흉화복이 전부인 양 보여지게 되었다.

 그럼에도 분명한 것은 이 책에 실린 내용이 결코 어느 개인이나 특정집단의 것이 아니라 우리 모두가 함께 지녀야 할 공동 유산이라는 점이다. 객관화된 역사나 사상(事象)은 소수자의 전유물일 수 없다. 그 시대를 함께 살아온 모든 사람들의 땀과 정신이 그 안에 녹아 있기 때문이다. 그런 점에서 이 책의 내용이 독자들에게 타산지석(他山之石)이 되고 땅에 대한 보편적 이해를 높여주는 계기가 되길 거듭 희망해 본다.

어느 누구도 자연(땅)을 맘대로 훼손할 수 없고 더구나 재화의 수단으로 전횡해서도 안된다는 것이 저자의 변함없는 생각이다. 이를 어길 때, 자연은 어김없이 그 보복을 우리 모두에게 하고 있다는 점을 상기해야 할 것이다.

'하늘 아래 새 것이 없다'는 옛말이나 이미 앞서 나온 책들이 모든 것을 언급하고 있는데 새삼 먼지 같은 한점을 남긴다는 것이 여간 쑥스럽지 않다. 책으로 펴내면서 신문연재 내용을 분야별로 나누었고 순서는 대개 연대순을 따랐다. 또 선택된 대상은 순전히 저자가 임의로 택한 것이다.

편의상 제1장에 「풍수란 무엇인가」를 게재, 방대한 풍수이론의 일부나마 이해할 수 있도록 했다. 제2장에서는 「양택(주택과 공공건물)」을 다뤘다. 고려시대의 가옥인 맹사성정승의 고택에서부터 현대의 공공건물, 사찰 등 모두 12기를 다뤘지만, 음택이나 양기에 포함된 것까지를 합하면 15기가 된다. 제3장에서는 삶의 공동체적 공간인 마을과 도시, 십승지 등의 풍수, 곧 양기(陽基) 12기를 다뤘다. 마을과 도시의 변천을 풍수적 해석과 함께 사회·역사적으로 조명하고 현대적 개발의 한계를 더듬어보려고 노력했다. 제4장에서는 「음택」을 다뤘다. 풍수이론을 가장 적나라하게 보여주는 묘지로는, 한국적 풍수사상을 대표할 수 있다고 볼 수 있는 신라시대의 명주군왕묘에서부터 풍수 전성기인 고려와 조선조 시대의 왕릉과 개인묘를 거쳐 현대의 공공묘지에 이르기까지 모두 34기를 다루었다.

이렇게 볼 때, 이 책에는 모두 61기의 '명당'이 소개된 셈이다. 이 중에는 이른바 전통적 풍수사들이 전해온 '조선의 8대 명당'을 포함해 삼남지방의 유명 명당들이 거의 모두 수록됐다.

그리고 부록으로 중국 북경과 명나라 13릉의 풍수, 취재과정에서 집필한 몇 편의 글들, 그리고 이 책은 물론 신문 연재를 가능케 해준 수강(秀崗) 류종근(柳鍾根) 선생을 소개하는 약전(略傳)을 실었다. 이 약전은 당연히 저자가 집필하는 것이 도리이나 동료인 선경식 기자의 취재기사를 실었다. 흔쾌히 게재를 허락해준 선형에게 감사드린다.

이밖에도 독자의 이해를 돕기 위해 풍수용어풀이, 오성(五星)과 구성(九星)의 산 모양, 천성이기론의 기초가 되는 주역의 팔괘 및 오행 등에 관한 도표들을 게재했다. 권말에 참고문헌을 별도로 실었지만, 신문 연재중이나 책을 내면서 일일이 저자나 논문의 필자들에게 양해를 구하지 못한 점 역시 이 자리를 빌어 사과드린다.

끝으로 이 책은『중앙경제신문』90년 3월 4일자부터 91년 12월 23일까지 격주 또는 주간으로 연재, 50회로 마감한「新풍수지리기행」임을 다시 밝혀둔다. 창간 초기의 어려운 지면사정에도 불구하고 기획을 흔쾌히 수락해준 崔禹錫 주필(당시 편집국장), 李濟薰 편집국장, 그리고 연재중 힘에 겨워할 때 격려를 아끼지 않은 鄭奎雄 국장(당시 문화부장)과 金浚埴 문화부장, 난해한 글을 편집·교정하기에 노고를 아끼지 않은 편집부와 교열부 동료기자 여러분에게도 이 자리를 빌어 깊이 감사드린다.

덧붙여 쫓기듯 진행된 취재일정을 마다않고 끝까지 자문에 응해준 수강 류종근 씨, 연재를 읽고 비평과 원고를 게재토록 허락해주고 추천의 말까지 써준 서울대 최창조 교수, 그리고 출판을 맡아준 동학사 유재영 사장과 편집부 여러분께도 감사드린다. 또 친근한 벗이자 가장 무서운(?) 독자였던 아내 이병희의 도움이 늘 힘이 되었음도 밝혀둔다.

著　者

■ 추천의 말

한국 풍수지리의 재발견

땅이 지니는 의미와 상징성은 이 세상의 다른 어떠한 대상이 가지고 있는 그것들보다 더 깊다는 것은 동서고금을 막론하고 진리이다. 그런 땅을 어떻게 생각하는가 또는 어떤 식으로 보는가 하는 土地觀의 문제는 시대와 지역에 따라 상당한 차이를 갖는다. 風水思想은 그러한 토지관들 중 매우 독특한 사고구조와 논리체계를 갖는 우리 고유의 地理觀이다.

원래 땅을 바라보는 시각은 크게 두 가지가 있었다. 세계적인 中國學者 조셉 니담에 의하면 지리학의 전통은 동서양을 불문하고 두 가지가 있는데, 그 하나는 과학적이고 계량적인 地表記述科學이고 다른 하나는 종교적이고 상징적인 博物誌라는 것이다.

간단히 말해서 사람들의 땅을 보는 안목이 합리적인 기술과 해석에 치중하는 측면이 있는가 하면, 그와 반대로 땅을 신비하고 기묘한 어떤 힘을 지니고 있는 실체로서 이해하고자 하는 노력이 상호병존되어 내려왔다는 주장이다. 이것은 우리나라의 경우도 마찬가지이다. 地誌, 地圖學的 전통이 그 하나라면 風水, 圖讖的 전통이 다른 하나이다. 지지와 지도학이 과학적이고 계량적인 것이라면 풍수와 도참은 종교적이고 상징적인 것이 될 것이다.

너무나도 당연히 講壇地理學의 전통은 종교적이고 상징적인 땅에 대한 안목을 천시하고 과학적이고 계량적인 것에 집중하는 경향을 보여왔다. 오늘날의 문명이 발달된 현대과학의 소산이라는 것을 부인할 수 있는 근거는 아무데도 없다. 과학은 인식의 기본원리로 論理實證主義를, 그리고 설명 수단으로서 과학적 방법이란 것을 채택하고 있다. 즉 사실의 실증성이나, 인식의 명증성, 그리고 방법의 엄정성을 유지함으로써 그 철저한 과학성을 지키고 있는 것이다. 이런 과정에서 과학은 객관주의에 편승하여 인간성을 배제시키는 우를 범하게 된다.

실증주의를 바탕으로 하는 과학은 논리의 경직성과 전체의 편의성, 그리고 가치판단의 배제 등으로 말미암아 현실과의 有關適合性이나 논리적 당위성 등에서 문제가 발생할 수밖에 없다. 특히 인간을 주체로 하는 지리적 공간현상 문제는 실증적 논리와 방법으로는 어려운 경우가 많다. 이에 대한 보완책으로 오늘날 매우 강력하게 대두되고 있는 지리학 사조가 바로 인간주의적 관점이며, 우리나라의 풍수사상은 그에 매우 적합한 지리사상으로 간주될 수 있다. 人間主義的 관점이란 객관적인 지리적 세계를 주관적인 의미맥락 체계에서 이해하고자 하는 연구태도이다.

인간 세계에는 근원적으로 확실성과 애매성, 필연성과 우연성이 공존하고 있다. 따라서 인간의 사고와 행동에 대하여 획일성을 강요하는 독선적 원리나 패러다임의 영속적인 유효성은 주장될 수 없다. 예컨대 르네상스 휴머니즘이 기독교적 세계관에 속박된 인간해방을 추구함으로써 시작되었던 것과 같이 현대의 인간주의가 과학주의의 전횡성과 경직성에 반기를 올리는 것으로부터 비롯되었다는 것은 같은 맥락에서 설명되어질 수 있는 역사적 사실이다.

사람들이 땅을 보는 시각은 상당부분 선입관념에 사로잡혀 있는 상태이다. 우리가 세계를 볼 때 이 세계가 우리에게 지각된 그대로 실재한다고 확신하는 태도가 바로 그런 것이다. 우리의 감각기관은 심각하게 실체를 왜곡하고 있다는 것은 널리 알려진 사실이다. 심지어는 이것을 자연적 태도라고까지 한다.

이와 같은 자연적 태도가 우리가 땅을 보는 사유습성으로 굳어져 있다는 데 문제가 있다. 앞서 지적한 바와 같이 지리적 세계는 원초적으로 확실성과 애매성을 공유한다. 그들 사이의 긴장과 균형관계 속에서 인간생활은 영위된다. 따라서 객관성, 즉 확실성만을 고집하는 서구적 실증주의 논리로는 인간세계나 토지에 대한 만족할 만한 이해가 어렵다는 것은 분명한 사실이다.

이상의 논의에서 대체적인 방향이 잡힌 바와 같이 오늘의 땅을 보는 시각과 안목은 상당 정도 한계에 와 있음을 부인할 수 없고 따라서 그 이치 논구에 중심을 두는 원래의 왜곡되거나 타락하지 않은 풍수사상들을 거론치 않을 수 없게 된 것이다.

문제는 그러한 풍수사상이 오늘날 크게 비뚤어져 있다는 점이다. 사람들은 보이는 것과 주어지는 것에만 관심을 두고 있다. 그러나 사람이 땅 위에 뿌리를 내려 사는 일이 어찌 그런 것에만 머물 수 있겠는가. 현재 가장 오랜 전통사상으로 남아 있는 풍수도 그와 같은 무상한 세태를 극복하지는 못했다. 그래서 많은 사람들은 풍수사상을 지극히 이기적인 속신, 그러나 안 믿기에는 어딘가 께름칙하고 한편으로는 '혹시 모르지'하는 마음에서 버릴 수 없는 어떤 것 정도로 이해를 한다. 그러다 보니 정통의 풍수사상이 본질적으로 지니고 있던 하늘과 땅과 인간과의 관계에서 자연스럽게 드러나는 윤리규범들은 무시되어질 수밖에 없게 된 것이다. 오늘의 풍수가 왜 이기적인 속신이나 부자들의 자기과시 수단으로 전락하게 되었으며, 그것이 무엇 때문에 풍수에 대한 엄청난 왜곡이라 볼 수밖에 없느냐 하는 문제는 풍수사상의 성립 근거를 살펴보는 것으로 상당한 해답을 얻을 수 있다고 본다.

중앙경제신문의 최영주 기자가 각고의 노력 끝에 일반인들에게 상재한 이 글들도 모두 그런 전재를 극복했다고는 볼 수 없다. 사실 최기자와는 이 글의 연재를 계획하고 있던 무렵, 풍수를 신문이라는 대중매체 속에서 오늘에 다시 거론한다는 것이 타락한 풍수유행을 더욱 부채질하는 꼴이 되지나 않을지를 걱정했었다. 사람들은 풍수가 전하고자 하는 바, 積善之家 必有餘慶이라는 周易的 倫理觀은 도외시한 채, 오직 일신과 가문의 영달추구에만 매달려 풍수를 터잡기 잡술로 전락시켜 버리는 오류를 범해온 것이 숨길 수 없는 현실이었다. 풍수를 잘하면 출세를 하는구나 하는 더러운 속설을 전파하는 것이 최기자의 목적이 아님은 물론이다. 그런 사악한 인간에게 天道가 이미 그 죄를 잊지 않고 있을 터인데, 어찌 地理가 따라줄 것인가마는 사람들이란 욕심에 마음을 한번 빼앗기면 걷잡을 수 없는 속성이 있는지라 믿기가 어려워서 하는 말이다.

최기자는 전국을 직접 발로 뛰면서 자료를 수집하고 전문가의 자문을 구하여 행여 있을지도 모르는 오류들을 바로잡기에 수고를 마다하지 않았다. 그의 업적은 풍수를 학문적으로 체계있게 정리한 데 있는 것이 아니라, 著名한 風水地理的 地形, 地物들을 현장답사하여 제시한 데 있다고 보아야 한다. 풍수가의 명언처럼 그는 산을 오르고 물을 건너는 登涉之勞를 마다하지 않았던 것이다. 풍수의 학적 체계 확립과 사상적 정리, 그리고 역사적 의미성 따위는 우리와 같은 학계 사람들이 할 일이어니와 그는 분명 현장조사의 중요한 일보를 떼어놓은 공로를 기록에 남기게 될 것이다.

서울大學校 社會科學大學 地理學科
敎授 崔 昌 祚

新 한국 風水

- 머리말 · 3
- 추천의 말 · 8
  한국 풍수지리의 재발견/崔昌祚
- 취재 지역 위치도 · 21

제 1 장 풍수(風水)란 무엇인가 · 23

1. 풍수란 무엇인가 · 25
공해로 앓고 있는 세계/삶의 행복을 추구하는 이론/변혁의 시대에 늘 새롭게 등장/형국론과 천성이기론은 둘이 아니다/산 공부 3년, 혈 공부 10년

제 2 장 주택 · 공공건물 · 사찰이 갖춰야 할 조건 · 35

1. 사람은 각각 자기 몸에 맞는 집이 있다 · 37
대지와 집모양은 방정해야/8택가상법의 원리/재수 좋은 집 · 재수 없는 집/빌딩모양도 사업을 좌우해

2. 청백리 낳은 충청도의 대표적 양택 : 온양 맹사성 생가 · 46
설화산의 기상/음택보다 양택이 먼저/전형적인 한국형 고가/충과 효를 겸비한 대지

3. 도선국사가 점찍은 지리산의 유토피아 : 구례 문화류씨 운조루 · 53
   두 얼굴의 지리산/7년 가뭄 이기는 종자뜰/평사낙안·금구입수 형국/
   정감록의 〔청학동〕이 오미동

4. 백두대간이 훑리고 간 강릉의 양택지 : 모산과 선교장 · 60
   제1강산과 경포대/대관령과 문필7봉/모산봉의 수난/선교장, 정박한 배
   의 모습

5. 가야산과 덕숭산이 낳은 의열의 고향 : 덕산 윤봉길 생가 · 67
   산천이 인물 낳고 시대가 의인 불러/회룡고조형의 집터/장부출가 생불
   환의 기

6. 삼성그룹 키워낸 남강의 기운 : 의령 이병철 생가 · 73
   국부(國富), 럭키와 삼성/중교리로 흘러온 정맥(正脈)/대지는 탈곡장
   형, 가상은 동4택/와우형의 증조부 이재봉 묘

7. 맑은 기운, 풍부한 재물이 빚어낸 미인 탄생지 : 옥천 육영수 생가 · 80
   지리·생리·인심 고루 갖춰/옥녀단좌형 대지/을축생·중녀(中女)에
   게 발복/서툰 목수가 가상(家相) 망쳐

8. 조선조 예의정치의 본거지 : 서울 성균관 · 87
   유생(儒生)도 동맹휴학으로 항의/학궁(學宮)은 궁궐의 동쪽에 배치/경
   복궁과 비견할 만한 명당/영조의 탕평비 지금도 눈길

9. 박정희가 고른 국학의 산실 : 성남 한국정신문화연구원 · 95
   각하를 몰라뵙고……/구름 속에 노니는 학/무정한 산세, 내달리는 물
   길/나무 심고 운동장 만들어야

10. 하늘이 남겨준 겨레의 사당자리 : 목천 독립기념관 · 102
    땅도 임자를 기다린다/다섯 용이 구슬을 다투는 곳/생기보다 영기(靈
    氣)가 서려/정묘년의 비밀

11. 화랑도에서 비구니 도량으로 바뀐 인연 : 청도 운문사 · 108
   풀어야 할 3가지 의문/원광국사 세속오계 교육장/지명으로 바꿔버린 청룡과 백호/돌아앉은 대웅전/일주문은 '바람' 구멍

12. 고려인의 고토회복 집념이 서린 땅 : 중원 미륵사지 · 116
   천년을 지켜온 미륵불의 미소/천심십도(天心十道) 정혈법/황천살(黃泉殺) 막는 두 가지 비보

제3장 마을과 도시, 그리고 공업단지의 환경생태학 · 123

1. 고려말 이씨부인이 택한 남원양씨의 터전 : 전북 순창 구미마을 · 125
   열녀는 두 지아비 안 섬겨/생태조경학의 연구대상/목마른 사슴이 물 찾는 형국/공간인식의 수직성과 수평성

2. 산과 물이 태극형 이룬 삼남 제일의 강촌 : 안동 하회마을 · 131
   『택리지』가 추천한 땅/서애 류성룡의 전설/물 위에 떠 있는 연꽃/만송정(萬松亭) 송림은 비보책

3. 정감록이 지정한 십승지의 첫째 고장 : 풍기 금계동 · 138
   민중의 이상향/남사고가 넙죽 절한 소백산/암탉이 알을 품고 있는 형국/무공해지역으로 각광

4. '한강의 기적' 일궈낸 6백년 도읍지 : 서울의 강남과 강북 · 145
   보물로 변한 여의도/실패한 베드타운, 강남/아직도 서울의 중심은 강북

5. 속리산과 계룡산이 빚어낸 미래의 도시 : 대전직할시 · 152
   교통·첨단과학의 중심/한양 동쪽보다 좋은 땅/계룡산 지맥이 본류(本流)/만물 생성의 기가 흘러

6. 반월성, 다시 천년의 영화를 꿈꾼다 : 경주와 최부잣집 · 160
   한국풍수의 전거, 반월성/붉게 피어난 연꽃 형국/금오산이 인걸(人傑) 낳아/최부잣집터와 가상

7. 봉황을 기다리는 진주강씨의 관향 : 경남 진주 · 167
   영남 제1의 풍광/봉황이 두 알을 품다/역성혁명 두려워 봉황을 쫓다/ '북평양 남진주'의 예향

8. 금오산과 낙동강이 만나는 변혁의 대지 : 구미 공업단지 · 173
   금오산이 곧 태양/길재 · 김종직 · 허위 · 박정희 등을 배출/주객이 토생금의 상생관계/후천세계로 가는 길목

9. 신라 이래 '공업한국'의 전진기지 : 울산 공업단지 · 180
   태화강과 처용암의 운명/재계와 손잡은 군부의 도박/용들이 주안상 차려놓고 모여있는 형국/4월과 10월에 요동치는 용

10. 민중의 한을 풀어주는 서방정토의 세계 : 모악산 금산리 · 188
    어미산의 낯선 이미지/징게맹게의 젖줄/삼계중생을 반야선에 싣고 서방으로/제비봉이 없어지는 날, 새 시대 열려

11. 민족사의 살아있는 박물관 : 강화도와 마니산 · 195
    한국사의 '보물섬'/금성탕지 만세제왕의 도읍/속리산이 북진하여 마지막 맺은 맥/마니산, 천인(天人)이 해중(海中)으로 하강하는 곳

12. '한라산에서 백두까지' 염원담은 '그리운 남쪽' : 제주도 한라산 · 203
    월출산에서 뻗어간 줄기/한라산은 어미닭, 산방산은 호랑이/진시황도 두려워한 왕후지지(王侯之地)/소유를 불허하는 '거룩한 땅'

제4장 이 땅의 숨결과 혈맥을 찾아서 · 211

1. 조선왕조의 '처음과 끝'을 보여주다 : 건원릉·홍릉·유릉 · 213
이성계 걱정 덜어준 동구릉/장군대좌형의 건원릉/형세만 아름다운 홍릉/유릉도 정혈(定穴)을 벗어나

2. 효보다 명당 찾아 옮긴 세종의 능침 : 여주 영릉 · 220
조선왕조 국운(國運) 1백년 연장/'동방의 성인(聖人)을 장사지낼 곳'/암·수 봉황이 서로 즐기는 형국/천릉(遷陵)의 득과 실

3. 대원군의 '마지막 카드' 왕권을 회복하다 : 덕산 남연군 묘 · 227
국제적 분묘 도굴사건/대원군의 10년 풍수 공부/2대 천자지지(天子之地)의 혈

4. '해동 육룡'을 잉태한 태백산맥의 금장지 : 삼척 준경 묘 · 233
조선왕조의 뿌리/이양무, 전주에서 삼척으로 피신/문무대신을 거느린 군왕지지(君王之地)/임금의 수라상은 쌀밥 조밥 안 따져

5. 신라 명주군왕과 고려 평장사의 교훈 : 강릉 김주원 릉과 최입지 묘 · 241
살아서는 모학산이요 죽어서는 성산(城山)이라/장마에 빼앗긴 왕위/고대 한국풍수사상의 한 유형/귀신이 탄복한 모산 양택/귀인과 옥녀가 거문고를 앞에 놓고

6. 왕건의 능침에 묻힌 충절의 기백 : 춘성 신숭겸 묘 · 248
세상 인심이여! 자연으로 돌아가라/군주를 대신해 전사하다/조선8대 명당의 하나/비룡(飛龍)이 여의주를 희롱하는 격/명당은 자신을 숨긴다

7. '삼한갑족'의 길고 먼 뿌리 : 청주 한란 묘 · 256
다섯 평을 넘지 않는 지혜/밤송이는 작고 밤알이 커야 한다/고조선에서 마한 거쳐온 왕족/하늘과 땅이 만나듯 조화를 이뤄/왕비와 인연 깊은 백호사(白虎砂)

8. 민중이 지켜온 오토산의 주인공 : 의성 김용비 묘 · 263
    3백년간 백성이 받들어온 인물 / 오토산의 유래 / 학당에 등불을 걸어놓은 형국 / 학봉(鶴峯)과 동강(東岡)의 인맥 / 영남 퇴계학맥을 계승

9. 유·불·선 고루 갖춘 청학의 기상 : 여산 송유익 묘 · 270
    여산송씨의 시조 / 용맥의 흐름을 보여주는 증험들 / 구봉 송익필과 경허·만공선사 맥 / 언론계·군장성 인물 속출 / 초년 고생은 피할 수 없어

10. 금강을 품에 안은 뱃사공의 꿈 : 공주 이도의 선대묘 · 277
    매와 닭과 지네가 마주보다 / 명재상, 이상진 낳다 / 하늘을 나는 지네형국 / 곰나루 뱃사공의 인내 / 남과 북의 두 산맥이 만나

11. 조선 3대 문벌, 동래정씨의 기지 : 부산 정문도 묘 · 285
    정승만 17명 배출 / 8백년 수령의 배롱나무 증언 / 야(야)자에 혈 쓴 연화도수형 / 낙동강을 사이 둔 남과 여의 모습

12. 무학대사가 점지한 남양홍씨 홍복지 : 양주 홍지 묘 · 292
    남양홍씨 남양군파 세장지 / 한양의 기운과 연계된 예언 / 옥녀산발형, 머리카락마다 혈 / 이포나룻가의 3대 영의정 안식처

13. 명가 '광김'을 낳은 조선 8대 명당 : 순창 김극뉴 묘 · 299
    명가(名家)의 조건 / 속칭, 역장(逆葬)은 흉이 아니다 / 천마시풍의 김극뉴의 묘 / 와우혈에 위치한 사계 김장생 묘 / 죽어서도 신선인 신독재 묘

14. '성인'은 스스로 기를 부른다 : 파주 이율곡 묘 · 307
    화석정(花石亭)의 옛날과 오늘 / 이문성은 참으로 성인이다 / 혈통은 끊어져도 제사는 그치지 않는 곳 / 정자(程子)의 풍수론에 반박

15. 어미쥐가 새끼쥐를 거느리고 조정을 메우다 : 포천 약봉 서성 묘 · 313
    육지 속의 해룡(海龍), 그 의미 / 조선조 3대 명문으로 가문 세워 / 목마른 용이 물에 들어가다 / 스승을 움직인 약봉의 지혜

16. 안동김씨 세도정치의 근원 : 덕소 김번 묘 · 320
   형제 정승, 김상용과 상헌/학조대사가 택한 조선 8대 명당의 하나/옥
   호저수형, 여기(餘氣)가 강해 세도를 누려/양자로 대를 이어와

17. 『산중신곡』 가락 속에 은둔한 남도 예술혼 : 해남 윤선도 묘 · 327
   세 차례 귀양살이가 남긴 유산/잊혀진 명작의 산실, 금쇄동/음양·지
   리에 통달한 고산/녹우당, 해남윤씨의 모태

18. 가인 김병로로 이어지는 백방산의 기개 : 순창 김시서 묘 · 334
   민족·민주주의자의 사표/하서 김인후의 후손/품자(品子) 맥을 타고온
   천마입구혈/안산이 멀고 용이 누워 있어 발복은 느린 편

19. 인촌 김성수를 길러낸 호남 제1의 길지 : 고창 김요협과 정씨 묘 · 340
   호남 8대 명당/병바우동네의 '술 취해 누워 있는 신선'/백결부인, 김씨
   가문 일으켜/대인을 기약하는 진중장군

20. 월출산에서 가야산으로 뻗어간 '교보'의 정기 : 영암 신관성·덕산
   신예범 묘 · 347
   월출산 월등에 반월이 뜨다/대산 신용호 씨의 '교보' 창립 인연/먼저
   재물 얻고 뒤에 이름 날려/가야산, 부처님이 법문을 펴니…

21. 당대에 부와 관록을 거머쥔 '공주갑부' : 김갑순 부친 묘 · 355
   3대 가난 없고 3대 부자 없어/전형적인 금시 발복터/화려한 경력, 대전
   제1의 부동산업자/뱀같은 도로가 혈을 향해 올라오다

22. 하늘에 예비한 '죽은 자의 공화국' : 용미리 서울시립묘지 · 362
   일제가 시작한 공동묘지제도/지관들, 용미리와 벽제를 돌다/서울을 만
   들고 남은 꼬리, 타고난 사자(死者)의 아파트/용암사 돌미륵의 미소

23. 천년의 비기를 숨긴 풍수의 희망 : 무안 승달산 · 369
   3천년 꿈이 서린 곳/노령산맥의 4대 명혈(名穴)과 그 참뜻/노승봉이

어디냐, 제좌기상(帝坐氣像) 높구나/영산강이 은어처럼 반짝이다/인간 세상에 띄우는 자연의 메시지

부 록 ①

 1. 중국 북경과 명나라 13릉 · 379
 2. 수강 류종근 선생 약전/선경식 · 386
 3. 내 묘자리도 하나 잡아 주/취재낙수 · 389
 4. 주역으로 풀어본 1991년 · 397
 5. 후기 : ① 연재를 끝내며/著者 · 405
      ② 풍수사상을 거론하는 의미/崔昌祚 · 408

부 록 ②

 1. 도표 및 주요 풍수용어 풀이 · 413

   음택(묘지) 주위(局)의 명칭/오성(五星) 및 구성(九星)의 산 모양/오성의 3가지 모양에 따른 길흉/주요 사(砂)의 모양과 명칭/음·양택의 풍수 배치 비교표/오행의 왕상휴수사표/오행상생도(五行相生圖)/천간(天干)과 오행의 관계/지지(地支)와 오행의 관계/나경(羅經) 윤관도/12운성표/선·후천 팔괘 방위도/팔괘 차례도

 2. 주요 풍수용어 풀이 · 428
 3. 참고 문헌 · 434

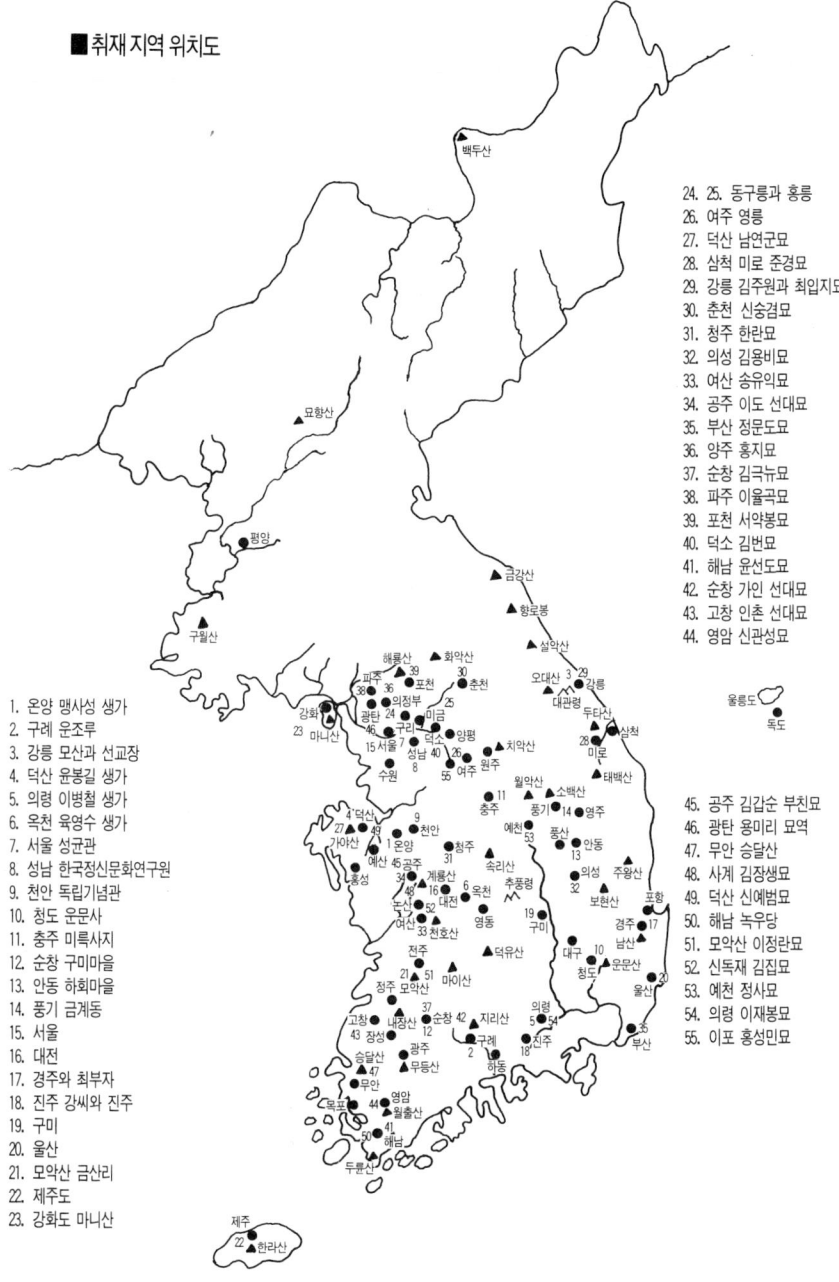

제 1 장
풍수(風水)란 무엇인가

풍수란 무엇인가

공해로 앓고 있는 세계

태초에 바람이 있었다. 흙으로 빚은 인간에게 그 바람을 불어넣자 생기를 받아 숨쉬고 온전한 인간으로 변했다고 한다. 성서에서 말하는 '바람'이나 동양철학에서 말하는 '기(氣)'는 그런 점에서 인간은 물론 우주를 움직이는 어떤 원동력이라고 할 수 있다.

그런데 한쪽의 바람은 과학이란 이름으로 인류의 역사이래 가장 위대한 산업화를 가져왔고 다른 한쪽은 그 '과학'에 밀려 제대로 숨조차 쉬지 못하고 근근이 맥을 이어왔다.

산업화가 가져온 결과는 환경의 파괴요, 생명이 숨쉴 수 없는 세상을 만들었다. 그럼에도 날로 공업화는 가속화하고 있고 인간과 자연은 이제 완전한 피해자로 전락되고 말았다.

이런 세계적 위기를 극복하기 위해 동서양 기독교인들이 서울에 모여 환경보전, 곧 창조질서의 보존방법을 논의하기도 했다.[1] 어떻게 하면

---

1) 1990년 3월, 세계교회협의회가 주최한 「정의·평화·창조질서의 보전(JPIC)」 서울대회를 가리킴.

자연을 온전히 지켜낼 수 있을 것인가, 그것이 오늘의 과제다.

뒤돌아보면 동양의 기란 바로 자연의 법칙을 인간의 삶에 올바로 적용하자는 것이었다. 그 기는 우주에 널려 있지만 특히 인간이 사는 산과 들, 물과 강에 커다란 영향력을 발휘했다.

그러므로 그 기를 제대로 파악하기 위해 나온 학문이 바로 풍수지리였다. 자연에서 산 자와 죽은 자는 함께 만났다. 마을 근처에는 조상의 무덤이 있어 항상 후손과 함께 있고, 마을 주위의 산천초목은 원형대로 지켜야 한다는 것이 우리의 사회윤리이자 풍수지리가 가르치는 교훈이었다.

물론 그것이 끼친 해악도 없지는 않다.

일찍이 좋은 묘자리를 두고 권세가의 전횡이 있었는가 하면 마을사람끼리의 싸움이 없지도 않았다. 현대에 이르러서는 전국토의 1%에 달하는 묘지로 인해 국가적 숙제로까지 등장했다. 해마다 여의도 면적의 1.5배에 달하는 국토가 묘지로 변하고 있다면 그것은 역시 '공해'임에는 틀림없다.

그러나 대통령의 관저를 신축하면서「천하제일복지(天下第一福地)」[2]라는 표석이 발견되었다고 대서특필하는 오늘의 세태와 환경공해를 두고 볼 때, 풍수지리는 새로운 조명을 필요로 하고 있다.

삶의 행복을 추구하는 이론

대학 지리학과에 전통지리학으로서 풍수지리과목이 개설되고 건축과 환경공학분야에서 수십 편의 풍수관계 학위논문이 쏟아지는 오늘의 현실은 바로 서양과학의 한계를 돌파하기 위한 우리의 주체적 노력이라고 볼 수는 없는가.

---

[2] 청와대 신축공사장에서 발견된 표석(90년 2월, 도하신문 보도).

중국의 현대 철학자 풍우란(馮友蘭)[3]은 『중국철학사』에서 '술수(術數)는 자연을 적극적으로 해석하여 이를 정복함으로써 자연의 힘을 빌리려는 점에서 과학과 공통점을 가지고 있으며, 초자연적인 힘에 대한 신앙을 포기하고 우주를 순전히 자연의 힘만으로 해석하려고 할 때 술수는 과학이다'[4]고 갈파했다.

풍수지리 또는 풍수란 과연 무엇인가. 풍우란은 같은 책에서 '풍수는 인간이 우주의 산물이라는 사상에 기반을 두고 있다. 그러므로 인간이 살고 있는 집이나 죽은 뒤에 묻힐 집은 자연의 힘, 곧 풍수와 조화를 이루도록 안배되어야 한다는 사상'이라고 했다.

서울대 최창조(崔昌祚) 교수는 『한국의 풍수사상』[5]에서 '풍수지리설이란 음양론(陰陽論)과 오행설(五行說)을 기반으로 주역(周易)의 체계를 중요한 논리구조로 삼는, 중국과 우리나라의 전통적 지리학과'라고 했다. 나아가 '그것은 추길피흉(追吉避凶)을 목적으로 삼는 상지기술학(相地技術學)'이라는 것. 또 이수학회(理數學會)가 펴낸 『풍수정설(風水精說)』[6]에 따르면 '풍은 우주의 기요, 수란 우주의 혈(血)로서 두 자를 합해 풍수라고 할 때 그것은 우주의 기혈(氣血)을 다루는 학문'이라고 했다.

종합하면 풍수란 자연환경의 생성과 변천에 대한 법칙을 연구해 이 법칙을 최선으로 이용함으로써 삶의 행복을 추구하는 것을 목표로 삼

---

3) 1894년 중국 하남에서 출생, 1918년 북경대학 철학과에서 호적(胡適)박사의 지도 아래 졸업했다. 컬럼비아대학에서 박사학위를 받고 귀국후 하남중대학·광동중산대학 및 연경대학 교수를 거쳐 청화대 대학원장을 역임했다. 현대중국 철학자로서는 드물게도 서양철학의 깊이에까지 통달, 동서철학의 융합에 커다란 업적을 남겼다. 이책은 1977년 정인재가 형설출판사에서 번역본을 낸 바 있다.
4) 여기서 술수란 중국의 천문(天文)·역서(24절기)·오행·복무(卜巫)·잡점(雜占)·형법(관상·풍수) 등 음양가들이 행하던 방술을 뜻한다.
5) 학계의 저서로는 처음 선보인 노작이다. 民音社에서 1984년 3월 초판 발행.
6) 수강(秀崗) 류종근(柳鍾根) 선생이 실제 저자다. 1989년 10월 대홍기획에서 발간.

는 학문이라고 하겠다.

변혁의 시대에 늘 새롭게 등장

풍수사상의 근원에 대해서는 두 가지 설이 있다. 전통적으로 말해 중국에서 시작했다는 설과 한국에서 발생, 중국으로 건너갔다는 설이 그것이다. 후자의 경우에는 우리나라의 삼신(三神)사상이 중국의 음양오행설에 영향을 끼쳤다고 주장하는 재야 사학자들의 논리와 궤를 같이 한다.

박시익(朴時翼) 씨는 『풍수지리설 발생배경에 관한 분석연구』란 박사학위논문(1987년)에서 우리나라가 지리적으로 산악지이고 종교적으로 산신숭배사상이 강하며 일찍이 지석묘 등 분묘제도가 발달했고 나아가 중국 풍수서적에 나오지 않는 마을의 진산(鎭山)이란 용어 등으로 볼 때, 한반도 자체 발생설을 주장했다. 그러나 대개의 학자들은 중국에서 기원, 한국으로 전래되었다는 전자의 설을 따르고 있다(물론 한국 자체에도 고유한 풍수적 관념이 있었다는 점을 이들도 인정한다).

중국의 경우 구체적으로 누구에 의해, 언제 이론체계를 갖추게 되었는가는 분명치 않다. 대체로 전국시대말기 (BC 4~5세기)에 와서 풍수적 관념이 생기고 이어 한대(漢代)에 이르러 음양설이 도입되어 완전한 풍수원리가 정리되지 않았는가 본다. 이 시대에 『청오경(靑烏經)』[7]이란 풍수경전이 편찬되었고 뒤이어 동진(東晉)의 곽박(郭璞)이 『장서(葬書)』[8]를 저술, 이 분야의 종조(宗祖)로 꼽히고 있다.

우리나라에 들어온 시기는 대개 신라말기로 보고 있다. 한국 풍수의

---

7) 청오자가 지었다고 한다. 당나라에 이르러 양균송이 주석서를 펴냈다.
8) 일명 금낭경(錦囊經)이라고도 한다. 당(唐) 현종이 비단주머니(금낭)에 넣어서 보관, 타인이 보지 못하도록 한 점에서 유래됐다. 『청오경』에 비해서는 보다 체계적으로 기술, 지가서의 으뜸으로 친다.

전설적 원조(元祖)는 옥룡자(玉龍子)란 호로 널리 알려진 도선(道詵: 827~898)이다.

선종(禪宗)계통의 승려였던 도선은 '풍수지리설도 역시 대보살이 세상을 구제하고 인간을 제도하는 법'이라는 점에서 불교와 더불어 널리 가르침을 주었다고 본다. 한국의 풍수사상은 고려와 조선조를 지나오면서 도참사상[9]과 연결되어 민간신앙으로 깊이 뿌리내렸다.

풍수의 역사를 살피면서 반드시 언급되는 것은 중국이나 한국 모두

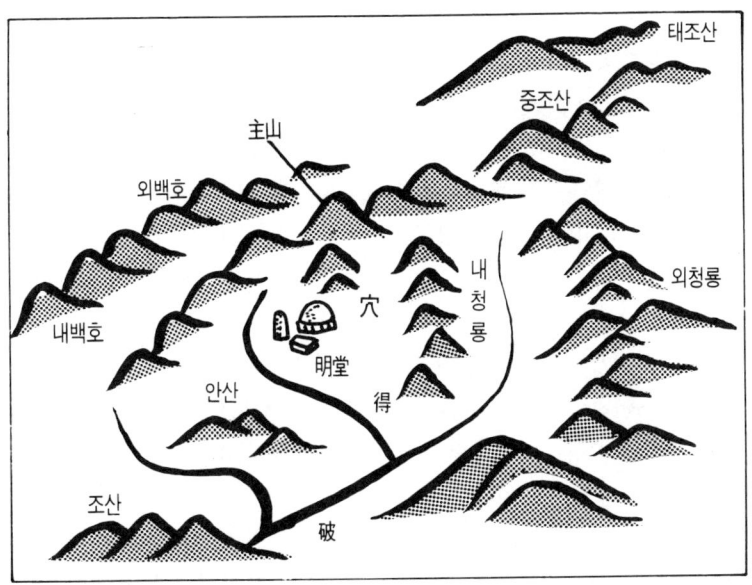

▲ 氣가 모여있는 穴을 찾기 위해 산의 모양과 물의 흐름을 파악하는 그림이다. 穴의 뒤에선 主山을 기점으로 산의 맥을 거슬러 올라가 조상격인 산을 祖山이라 한다. 그 중 가장 웅대한 산을 太祖山, 그 가운데 中祖山과 近朝山이 있을 수도 있다.

또 穴場을 중심으로 주위를 둘러싸고 있는 산들 중에서 앞을 향하여 왼쪽에 있는 산을 靑龍(동방), 오른쪽을 白虎(서방)라 부르고 앞쪽에 있는 산 중 가까운 것을 案山, 그 뒷산을 朝山이라 부른다. 안산과 조산은 남방(朱雀)에 해당하고 主山은 여기서 북방(玄武)이 된다.

명당은 穴場 앞의 땅을 말한다. 得과 破는 穴場 앞의 물의 들고 남을 가리키는 용어다. (崔昌祚 著 『한국의 풍수사상』 참조)

정치적 변혁기에 새 사상으로 수용되었다는 점에서 역사철학으로 평가 받고 있는 점을 지나칠 수 없다. 특히 도참사상과 연결되어 그것은 왕조의 흥망성쇠는 물론 개인사의 흥망까지 설명해주는 이론이 되어 왔다.

형국론과 천성이기론은 둘이 아니다

그러면 구체적으로 풍수지리는 어떤 내용, 즉 체계를 지니고 있는가. 중국은 물론 우리나라에도 이 방면의 책들이 수없이 나와 있다. 개인 저서는 물론 무명의 필사본까지 합친다면 수백, 수천종에 이른다고 봐야 한다.

그러나 그 내용은 대개 인식과 논리차원에서 크게 두 가지로 갈라진다. 그 하나는 어떤 특정한 땅이 인간의 길흉화복에 어떤 영향을 끼치느냐를 파악하는 부분과 그것을 밝히기 위해 땅 자체가 지닌 이치(地理)를 경험적으로 찾아내는 부분이다.

앞서 말한 것처럼 풍수의 기본개념은 기(氣)다. 그리고 그것은 우주만물의 생성, 변화의 원동력이다. 그 기에는 인간에게 좋은 기와 나쁜 기가 있다는 것이 풍수지리학의 주장이다. 공해지대에 사람이 살 수 없는 것은 나쁜 기가 충만하기 때문이다.

따라서 기는 누구나 느낄 수 있고 일종의 유전적 영향을 미친다는 동기감응론(同氣感應論)[10]이 나왔다. 또 살고 있는 집에서, 마을에서 나오는 기가 역시 삶에 영향을 끼친다는 것이다.

그런데 어떤 위치에, 어떤 환경에 놓여 있는 기가 인간에게 최선의 것이냐를 찾는 방법에는 크게 보아 두 가지가 있다. 하나는 땅(山川)의 외형을 살피는 이른바 형국론(形局論)이고, 다른 하나는 천문과 연관된

---

9) 왕조와 도읍의 흥망성쇠를 예측하는 사상. 보통 비의(秘意)로 전해진다.

역괘(易卦)로 분석하는 천성이기론(天星理氣論)이 그것이다.[11] 후자의 경우는 풍수 자체가 지닌 전문용어와 이론의 심오성 때문에 그것 하나로도 한 권의 책이 필요할 정도다. 따라서 이 책에서는 거의 설명을 생략하고 이론의 결과만 다뤘다

앞의 산천형세를 보아 기를 찾는 방법을 흔히 풍수 사과(四科)라고 부른다. 용(龍)·혈(穴)·사(砂)·수(水)가 그것인데, 용이란 산맥의 흐름을 말하고, 혈이란 기가 모여 있는 곳, 사란 혈의 좌우전후에 있는 산, 그리고 수란 혈의 앞에 흐르는 물의 모양을 말한다.

이 네 가지는 각각 간룡법(看龍法)·장풍법(藏風法)·득수법(得水法)·정혈법(定穴法)이란 보다 세분화된 내용을 지니고 있고 여기에다 혈의 앉은 자리와 앞을 향한 방향을 측정하는 좌향법(坐向法)이 추가된다. 흔히 지관들이 가지고 다니는 나침반(羅經)은 좌향법과 직접 관련

---

10) 먼저 풍수에서 말하는 기는 생기(生氣)를 우선으로 한다. 지상에도 기가 있지만, 풍수에서는 땅속(地中)에 흐르는 생기를 찾는 데 주력한다. 생기가 아닌 기가 곧 나쁜 기라고 하겠다. 생기는 인간은 물론 자연 만물을 생성시키고 발육시키는 그 어떤 힘이다. 앞에서 성서의 '바람' 이야기를 했지만, 식물이 자라는 것이나 인간이 땅을 밟고 다닐 때 느끼는 포근함 등도 모두 이 생기에서 연유된 것이라고 하겠다. 동기감응이란 인간이 '흙에서 태어나 흙으로 돌아간다'는 옛말을 인정할 때, 수긍할 수 있는 논리다. 흙의 기를 받고 태어난 인간은 죽어서 다시 흙으로 돌아가도 그 생명력을 지니고 있다는 뜻이다. 이때의 생명력은 땅속의 기와 관련된다. 어떤 기를 받든 자신이 지상에 남기고 온 또 다른 육체, 곧 후손과의 교감이 이루어진다는 논리다. 육체의 마지막까지 남는 부분은 뼈다. 뼈와 뼈가 서로 교통한다는 뜻이다. 장서에서는 흔히 동광(銅壙)의 예를 든다. A라는 광산에서 동을 캐내 종(鐘)을 만들었다. 그런데 어느날 이 종은 아무런 영향을 받지 않았는데도 소리를 냈다. 그 까닭을 알아보니 종을 만든 동광산에서 동을 캐고 있었다는 것이다. 그때의 작업으로 인해 만들어진 종에서 소리가 났다는 것. 무생물인 동(銅)의 경우에도 이러할진대, 만물의 영장인 인간의 경우에는 더욱 교감이 크게 이루어진다고 풍수에서는 주장한다.
11) 천성이기는 음양오행과 주역, 그리고 나경을 보는 법이 포함돼 있다. 형국론에서 말하는 용의 흐름이 곧 음양이론이나 주역의 논리에 합당한가 하는 점을 따진다. 이같은 이론은 좌향을 정하는 법, 주위의 산세, 물의 흐름에도 적용된다.

되는 것이다.

산 공부 3년, 혈 공부 10년

앞의 그림 「풍수개념도」에 나타난 태조산에서 주산에 이르는 과정이 용의 움직임이고 조산(朝山)·안산(案山)·청룡·백호(白虎)는 사에 해당한다. 득과 파란 혈의 자리에서 물이 처음 보이는 곳을 득(得)이라 하고 파(破)는 흘러가는 물의 마지막 모습을 보여주는 곳을 뜻한다.

형국론이나 천성이기론에 의해 정혈(定穴)을 찾았다고 하더라도 어떤 사람이 구체적으로 묻힐 것이냐, 또는 살 것이냐에 따라 택일(擇日)과 하관 또는 입실하는 시간을 따지는 장택법(葬擇法)을 알아야 완전한 풍수가 될 수 있다.[12]

아무튼 풍수용어 자체가 현대화하지 않은 현단계에서 그 구체적 개념을 일일이 설명하기는 실로 벅차다. 따라서 그때그때 필요한 경우 독자의 이해를 돕기 위한 범위내에서 설명하기로 한다.

흔히 풍수에는 '용(산)공부 3년이면, 혈공부는 10년'이라고 한다. 풍수의 궁극목표가 바른 혈(생기가 모여 있는 곳)을 찾자는 것이므로 그만큼 어렵다는 뜻이다.

뿐만 아니라 40여 년을 공부하고 실행에 옮겨본 사람도 명당을 찾기란 '하늘의 별따기'만큼 어렵다고 한다.

음택(묘지)의 경우 명당을 찾기란 10만분의 1정도의 희소성을 지니고

---

12) 풍수이론은 편의적으로 형국론·천성이기론·장법 등으로 분류하지만, 어느 하나만으로 완성되는 것은 아니다. 만약 어느 한쪽의 이론만 사용한다면 그것은 점치는 일이나 다를 바 없다. 요즘 그런 풍조가 강하지만 결코 바람직한 것이 아니다. 적어도 풍수가 되기 위해서는 이 세 가지에 통달하고 현대적 환경에 응용할 수 있는 혜안까지 갖춰야 한다. 흔히 의사가 수술을 잘못하면 한 사람의 생명을 잃게 되지만, 풍수가 혈을 잘못 찾으면 3대를 망친다고 수강은 말한다.

있기 때문에 나쁜 자리에 묘를 잡는 것보다는 화장하는 것이 훨씬 좋다는 일부 주장도 나오고 있다.
　끝으로 우리나라 중국의 풍수설에서 예외없이 강조하는 격언은 '아무리 당대 최고의 명풍수(지관)를 거금을 들여 초빙해서 좋은 땅을 잡은들, 그 땅을 쓸 사람이 생전에 악행(惡行)을 많이 했으면 소용없는 허혈(虛穴)에 지나지 않는다'는 점이다.

제 2 장
주택·공공건물·사찰이 갖춰야 할 조건

사람은 각각 자기 몸에 맞는 집이 있다

대지와 집모양은 방정해야

91년 상반기는 건축자재의 파동을 가져올 만큼 건축경기가 수년래 호황을 이뤘다. 그럼에도 90년말 현재 우리나라 전 가구수의 50.6%만이 자기집을 소유하고 있고 45.1%가 전·월세를 살고 있다고 한다.

주택을 비롯한 부동산이 재(財)테크의 수단으로 전락한 오늘에 있어 주택이 지닌 본래의 의미를 논한다는 것이 탁상의 유희일 수 있지만, 삶의 안정과 사회심리의 정상화를 위해 다시 거론해볼 필요가 있다고 하겠다.

서울은 이미 오래전에 만원이 되었지만, 수강선생과 그의 제자는 4대문 안을 휘둘러보고 도봉산 만장봉에 올랐다. 눈앞에 펼쳐진 풍광은 분명 옛날과는 달라졌다. 마들평야의 상계동은 서울의 환상(環狀)지대로 바람과 물이 소통돼 장안(長安)의 습도와 기온을 조절해 주었는데 이제 와서는 시멘트 숲으로 바뀌었다.

그 결과 도시교통난의 가중은 물론 대기의 오염으로 이 일대는 물론 서울시내까지 충격을 받고 있다. 굳이 환경공학자가 아니어도 새벽 도봉과 수락산을 오르는 사람들은 그 매캐한 공기에 가슴을 치게 될 것이다.

주거환경이 이 지경에 이르면 주택의 좋고 나쁨을 논하는 것 자체가 무의미하다. 그러나 수강과 그의 제자는 뒷사람을 위해 몇 마디 이야기를 주고받는다.

——수강선생님(수강은 류종근 씨의 호다), 전국의 이름난 양택을 소개하기에 앞서 양택풍수의 개론을 이 산상에서 펼쳐보심이 어떨까요.

"양택도 크게 보아 음택(陰宅 : 묘지)이론과 다를 바 없다. 그러나 굳이 나누면 대지를 중심한 기지론(基址論)과 가상학(家相學 : 방위·구조)으로 구분해 살펴봐야 한다.

대지의 경우 음택은 묘지의 중심에 맥(脈 : 氣)이 이어졌는가를 중요하게 다루는 데 반해 양택은 보국(保局)을 중시한다. 좌·우 청룡·백호가 바람을 감싸주고 물이 적절하게 흐른다면 그것으로 우선 족하다고 하겠다. 또 대지의 모양은 가능한 한 방정(方正)한 것이 최상이고 집 모양도 역시 같다."

서울의 우이동 일대, 삼각산의 흐름이 완연하다.

——양택에서 보국을 중시한다면 도시의 경우에는 좌우에 주택들로 둘러싸여 있고 시내나 강은 멀리 떨어져 있는데 이 경우는 어떻게 보십니까.

"대도시는 이미 전체적인 보국이 양택지를 형성해 놓았기에 문제가 없다. 시골마을이나 도회지는 보국이 중요한 의미를 지닌다. 도시의 경우에는 자기집 주위의 다른 주택이 청룡·백호·안산의 역할을 맡고 있다. 따라서 주위의 주택이 어떤 모양인가를 예의 주시해야 한다. 다른 한편 대도시는 기지면에서 이미 완성돼 있으므로 가상학을 위주로 풍수이론을 전개해야 한다.

예컨대 서울의 경우에는 4대문 안은 어느 곳이든 양택의 기지론에서는 합격이란 뜻이다. 다만 대지 모양에는 유의해야 한다."

8택가상법의 원리

——그렇다면 가상은 어떻게 판별합니까.

"풍수에서는 팔택가상법(八宅家相法)이 있다. 이른바 동4택(東四宅)·서4택(西四宅)을 합한 것이 그것이다.

동4택이란 팔괘의 이(離:남)·진(震:동)·손(巽:동남)·감(坎:북)의 방위에 양택의 3요소로 일컬어지는 대문과 안방(主房)·주방(식당)이 있는 집을 뜻하고 서4택은 건(乾:서북)·태(兌:서)·간(艮:동북)·곤(坤:서남)의 방위에 3요소가 모여 있는 집을 뜻한다. 가장 좋은 집은 당연히 양택 3요소가 동·서 4택의 방위에 각각 귀속되어 있는 집이다.

이밖에도 주택에는 부엌과 화구(火口:아궁이)·화장실·창고·차고 등이 있게 마련인데, 이 중 부엌과 아궁이는 양택 3요소에 더해져 양택 5요소를 이룬다. 화구를 제외한 화장실·창고·차고 등은 동·서4택의 각각 반대 방위, 곧 동4택은 서4택에, 서4택은 동4택의 방위에 있어야 한다. 다만 화구는 동·서4택에 귀속해야 마땅하다."
―― 동·서4택으로 구분하는 원리는 무엇입니까.
"이는 풍수의 기본원리가 동양철학을 대표하는 주역의 원리에서 나왔듯 태극이 음(陰)·양(陽)을 낳고 음양은 다시 사상(四象)을 낳는다. 곧 태양과 태음, 소양과 소음이 그것이다. 사상에서 8괘가 나오는데, 태양에서는 건과 태, 태음에서는 간과 곤이, 그리고 소음에서는 이와 진, 소양에서는 손과 감이 나온다. 동4택이란 바로 소음·소양에서 나오는 괘를 뜻하고, 서4택은 태양과 태음에서 변출하는 괘가 배속됐다.
동·서로 명칭을 부여한 것은 동쪽이 젊음과 성장을(소음·소양), 서쪽은 늙음 혹은 완성(태양·태음)을 뜻하는 데서 비롯됐다고 본다.
여기서 부연하자면, 동양철학이 음양의 상배(相配)를 기본원리로 하듯 동·서4택의 경우에도 각각 음양이 조화를 이뤄야 한다. 예컨대 동4택의 경우에는 감과 이, 손과 진이 짝을 이루는 것이 최상의 구조가 된다(이 원리는 복희 선천팔괘(先天八卦) 방위도에서 서로 마주보고 있는 방위를 뜻한다.)"〈표1 참조〉
―― 지금까지 가상학 중에서 방위론을 중심으로 설명하셨는데, 동양의 천지인 3재(三才)사상에서 보면 주체인 사람, 곧 누가 어느 가상에 살아야 하는가의 문제가 남지 않습니까.
"그렇다. 세대주를 비롯해 부인과 가족의 생년에 따라 각각 거처하는 방이 다르게 마련이고 세대주의 생년을 기준으로 동·서4택 중 하나를 찾아야 한다.
이 문제는 상당히 어렵다. 주역의 육효(六爻)를 풀 줄 알아야 하는데, 뭇사람을 위해 그동안 터득한 간단한 비법을 공개하고자 한다. 요즘은 간지보다는 서력기원을 일상사로 사용하니 세대주의 생년을 서기로 찾아 구궁도(九宮圖)에 배속시키면 된다(계산법은 **표2 참조**). 가령 1948년생은 이 계산법에 따라 7이란 숫자를 얻는다. 이는 구궁도의 7로 팔괘의 태에 속한다. 이 사람은 서4택의 명운을 지닌 셈이다."

〈표 1〉　　　　　　　　　　　　　　▲ 동·서8택방위 및
　　　　　　　　　　　　　　　　　　　　9 궁도

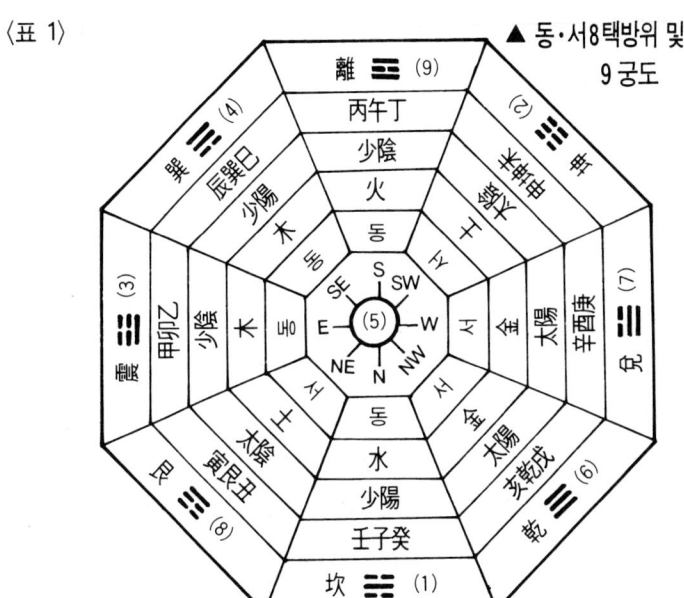

▲ 외부에서부터 1층 8괘방위 및 九宮圖수, 2층 24방위, 3층 四象의 음양구분, 4층 5행배속, 5층 동·서4택구분, 6층 나침반위치, 7층(5)은 9 궁도수.

〈표 2〉　　　　▲ 세대주 및 거주자 本命宮表出法

〈예〉세대주　1945년생의 경우

　　가) 19＝1＋9＝10→ 1＋0＝1 ·· ①
　　나) 45＝4＋5＝9 ··· ②
　　다) ①＋②＝1＋9＝10→1＋0＝1 ··· ③
　　라) 11－1＝10→10－9＝1 ··· ④
　　마) ④ 곧 1을 위〈표 1〉의 9궁도수에서 찾으면 坎宮이 된다. 따라서 1945
　　　년 생은 동 4택 坎命宮에 해당한다.

※ 위 계산에서 5가 나오는 경우는 坤宮 2와 같이 본다.
※ 11이란 숫자는 8괘에 천지인 3才의 3을 합한 수다. 라)의 ④단계에서 10이 나올 경우는 9궁도에 그 숫자가 없으므로 처음인 곧 1에 배정된다.

재수 좋은 집·재수 없는 집

——다음 문제는 양택 5요소의 방위를 어디서, 무엇으로 재는가 하는 점입니다.

"풍수는 24방위가 들어 있는 나경(羅經)을 통상 사용한다. 나경이 없는 경우에는 나침반으로도 가능하다. 우선 단독주택의 경우에는 여러

▲ 東·西 8택 길흉 판별표

〈표 3〉

대문 \ 主房	동 坎水	동 震木	동 巽木	동 離火	서 坤土	서 兌金	서 艮土	서 乾金
동 坎水	中吉	中吉	上上吉	上吉	上凶	中凶	上上凶	上凶
동 震木	中吉	中吉	上上吉	上吉	中凶	上凶	上凶	上上凶
동 巽水	上吉	上上吉	中吉	上吉	上凶	上凶	中凶	上上凶
동 離火	上上吉	上吉	中吉	下吉	下凶	上上凶	中凶	上上凶
서 坤土	上凶	中凶	上上凶	下凶	中吉	上吉	中吉	上上吉
서 兌金	下凶	中凶	上凶	上上凶	中吉	上吉	上上吉	中吉
서 艮土	上上凶	上凶	中凶	下凶	中吉	上上吉	中吉	中吉
서 乾金	下凶	上凶	中凶	上上凶	上上吉	中吉	上吉	中吉

※ 동은 동 4택, 서는 서4택, 震木은 방위와 오행 표시.
※ 식당과 대문, 화구와 대문 등도 이 표에 준해서 판단.
△ 上上吉: 부·귀·자손·수명·家和가 매우 좋다.
△ 上　吉: 부·귀·자손은 具全하나 오래 살면 和·命에 문제가 있다.
△ 中　吉: 처음에는 부·귀·자손을 다 얻지만 오래가면 그 중 하나를 잃는다.(有財無孫·有孫無財 등).
△ 下　吉: 처음에는 모두 얻지만 오래가면 敗家한다.(下凶과 동일)
※ 凶은 吉에 준해서 판단한다.

구조가 있게 마련인데, 마당이 하나일 경우 대지의 중심점에서 대문과 안방·식당의 방위를 잰다.

부엌의 방위는 상량중심 아래서 재고, 화구는 부엌의 부뚜막에서 공기가 유입되는 방향을 잰다. 또 상·하채가 있는 복합주택의 경우에는 아래채(사랑채) 대지 중앙에서 대문의 방위를 재고, 안채 대지 중앙에서 안방과 식당의 방위를 잰다. 나머지는 단독채와 같다.

다세대주택(아파트 등)은 전용면적 중심점에서 출입문(대문)·안방(이 경우는 안방 출입문 중앙) 등을 재고 화구만은 부엌에서 잰다."

——가상에도 길흉화복이 있습니까.

"분명히 있다. 이른바 재수 좋은 집·나쁜 집이라고 하는 것이 그것이다. 우선 세대주의 명운에 따라 동·서4택 중 하나를 택하고 그에 맞춰 대문과 안방·식당의 위치를 바르게 정하면 대부분의 경우 별탈없이 살아갈 수 있다. 그러나 여기에도 더 깊이 들어가면 가상의 구성(九星)배치〔七星遊年〕, 사는 사람과의 음양배합, 오행상극의 관계를 보아 길흉화복은 물론 운의 연한까지 계산할 수 있는 법이다.

이 방면에 관해서는 기존에 출간된 서적들을 참고하되 유념해 읽어야 한다.

가령 대문과 안방의 방위를 가지고 64괘에 배정, 가상의 운을 해석하는 자료들이 있는데 책에 따라서는 대문의 방위를 외괘(상괘)가 아닌 내괘(하괘)로 놓고 해석하는 경우가 있다. 이는 역학의 원리를 새삼 궁구해 보면 무엇이 옳은가 알 수 있는 법이다. 그리고 기존의 완성된 주택구조라도 비보책이 있어 인위적으로 최소한 흉과 화는 제거할 수도 있다." 〈표 3 참조〉

——주택에 대한 총괄적인 평가를 내려주셨으면.

"가상에서 집의 모양새는 유별나서는 안된다. 방정하고 우선 보기에 아름다운 것이 역시 좋은 집이다. 가상의 구조는 머리(안방)와 허리·다리(부엌)가 분명해야 한다. 가령 안방이 사랑채보다 작은 경우는 주객이 전도된 것이고 머리와 다리가 뒤바뀌어도 좋지 않다.

또 터는 좋고 가상이 나쁘면 불길하다. 가상은 좋고 대지가 나쁘면 초기에는 발복하나 대개 20년을 넘지 못한다.

물론 터도 좋고 가상도 좋은 경우에는 부귀는 물론 명망있는 자손도 많이 배출된다.

대개 음식점이나 술집은 동·서4택이 순청(純淸)한 것보다 서로 뒤섞여야 더욱 좋다. 시골집에서 흔히 볼 수 있는 대문 없는 집은 바람직하지 않다.

대문을 중시하는 것은 기의 출입이 그곳에서 이뤄지기 때문이지만, 대문이 없는 경우에는 온갖 잡스런 바람이 다 몰려오기 때문이다.

또 담장은 높지 않아야 한다. 양택은 통풍이 잘돼야 습기와 건조함을 방지할 수 있어 쾌적한 삶을 누릴 수 있는데, 담장이 높다는 것은 그만큼 통풍에 장애가 된다는 뜻이다. 가상과 대지는 서로 음·양의 조화를 이뤄야 한다. 대지가 넓으면(陽) 집은 높아야(陰) 한다. 대지가 좁으면 그 반대가 역시 좋다. 대도시일수록 이 원칙이 어긋나고 있는데 그만큼 문제가 많다.

우리나라의 경우 아파트 높이는 10층 내외가 좋다. 주위 산세와의 조화는 물론 음양배합의 측면에서도 그렇다. 택지가 부족해 대지의 선택폭이 좁아졌지만, 습지나 급경사, 흙을 덮어 만든 땅, 옛싸움터, 감옥자리, 묘지자리는 가급적 피해야 한다."

빌딩모양도 사업을 좌우해

——주택풍수는 이쯤하시고 빌딩과 사무실 구조에 대해 몇 마디 귀띔을 해주셨으면.

"빌딩과 사무실 배치도 팔택가상법을 크게 벗어나지 않는다. 원리는 같다고 하겠다. 대지는 물론 방정해야 좋다. 외양은 안정감이 있어야 한다. 요사이 건물 외양을 특이하게 설계하기도 하는데 이는 결코 바람직하지 않다. 대지 주위는 사방에 도로가 나 있어야 좋다.

빌딩의 방위는 건물의 중심점(건물의 대각선 중앙)에서 현관문의 방위를 잰다. 이에 따라 동·서4택이 구분된다.

사무실은 각각의 층과 방이 하나의 태극을 이룬다고 봐야 한다. 따라서 해당 사무실의 중앙에서 출입문(문이 두세 개 있을 경우에는 주된 출입문을 선정)의 방위를 잰다. 이 경우에도 사무실 주인(최고책임자)의 생년을 따져 동·서4택에 배정한다. 그러면 자연히 주인의 자리(책상과 의자의 위치)가 결정되게 마련이다. 가장 이상적인 형태는 나머지 직원들의 경우에도 각각의 생년에 맞춰 자리를 배정해 주는 것이 좋다.

이 점은 최근 홍콩 등지에서 유행하고 있는 사무실 풍수론의 전형이고 서양인들도 개인별로 좋아하는 자리에 책상의 위치를 두는 것과 상관이 있다고 하겠다."

수강은 권장할 만한 빌딩 건축물로 정부종합청사를 비롯해 서울 퇴계로의 극동빌딩, 시청 앞의 삼성본관, 미대사관 건물 등을 꼽았다. 대지와 건물 규모의 균형으로 가장 안정감을 주는 것은 현재 문화부 건물(8층)과 쌍둥이 모습을 띠고 있는 미대사관 건물이라고 보았다.

일찍이 일제가 경복궁 앞에 총독부 건물을 지어 대한의 기를 꺾을 때도 건물의 높이는 북악산을 뛰어넘지 않았다. 60년대 초 USOM건물로 지은 현 미대사관 건물도 8층 정도의 높이에서 남산과 조화를 이뤘다. 그러나 지금은 어떠한가. 수십층 빌딩이 들어서서 서울의 스카이라인이 엉망이 되어버렸고 아름다운 주위 산들은 종로나 청계천 어디에서도 바라볼 수 없게 됐다.

수강과 그의 제자는 백운대 너머로 떨어지는 해를 바라보며 하산을 서두른다. 지는 해는 내일을 기약한다. 그러나 오늘 아무도 내일을 보지 못한다. 기도 마찬가지다.

만질 수 없고 볼 수 없지만 자연의 기는 분명 내일이 오듯 우리 주위에 흐르고 있다. 풍수는 바로 이것을 찾아주는 학문이다.

청백리 낳은 충청도의 대표적 양택
—온양 맹사성 생가

설화산의 기상

부귀영화는 사람이면 누구나 바라는 것이다. 지성이면 감천이라고 인간의 노력으로 어느 정도 그것을 얻을 수 있다. 그러나 사람의 노력에도 불구하고 한계에 부닥칠 때 죽은 조상을 탓하거나 집자리를 원망하는 경우가 지금도 우리의 의식 속에는 흐르고 있다. 그런 점에서 풍수지리는 우리문화가 남겨준 유전인자임이 분명하다.

정부에 대한 불신과 투기풍조를 일소하기 위해 청와대의 사정담당이 전직 장·차관에 대한 비리를 조사하고 있다고 밝혔다. 진실로 청백리가 그리운 시절이다.

우리 역사에서 청백리로 첫손에 꼽히는 사람이 맹정승이다. 고불(古佛) 맹사성(孟思誠 : 1360~1438)은 세종조에 좌의정까지 지낸 분이지만 변변한 집 한 채 남긴 것이 없다.

생전에 그는 관리로서 나라가 주는 '정부미 : 祿米'만 먹고 살아 어쩌다 부인이 햅쌀로 밥을 지어내면 상을 물리치고 호통을 쳤다 한다. 또 그를 찾아온 어떤 대신은 비조차 피할 수 없는 그의 집을 보고 자신의 행랑채 짓기를 그만뒀다는 일화도 전해오고 있다.

천안에서 온양온천으로 가는 길목에 모산(毛山)역이 있다. 이 길목에서 왼쪽으로 보면 높은 산이 버티고 있어 뭔가 있을 듯한 분위기를 풍겨준다. 설화산(雪華山)이다. 문자 그대로 '눈처럼 희게 빛나는 산'이니 온양이 지척이라 요즘처럼 목욕문화가 발달할 것을 예견하고 붙인 이름이 아닌가 싶기도 하다. 그러나 이 산밑에 맹정승이 탄생한 고택, 행단(杏壇)이 있는 것을 보면 오히려 '청백리'를 두고 붙인 이름이라야 옳다고 하겠다.

음택보다 양택이 먼저

선조의 묘자리가 주는 기가 후손을 잘되게 한 것인지, 집자리(양택)가 좋아 훌륭한 후손을 낳았는지 그것은 어느 한쪽으로만 단정할 수는 없다.

풍수지리의 발생과정이 양택·마을(陽基論)이 먼저인 것을 보면, 사람이 살 만한 곳에 사는 것이 인간됨됨이를 결정하는 데 더 큰 영향을 준다고 하겠다.

양택에 대한 풍수지리도 음택(묘지)과 다를 바 없다. 음택이 한 사람을 위한 자리임에 반해 양택은 여러 사람이 함께 기거한다는 점에서 범위가 보다 넓다고 하겠다.

그런 점에서 양택의 경우, 양택 3요소라고 해서 대문과 거처하는 방(본채), 부엌의 위치를 매우 중요시한다. 주어진 공간 안에서 이 삼자를 각각 어떻게 배치하는 것이 바람직한가를 따지는 것이다.

현대에 이르러 먹고 사는 문제는 어느 정도 해결됐기에 부엌 위치의 중요성은 다소 떨어졌지만 옛날에는 뺄 수 없는 요건이었다.

또 양택 3요소 중 첫째는 대문의 위치인데, 이는 기의 출입은 물론 사람이 드나드는 데 편한가를 따지기 때문이다. 거실의 중요성은 '잠자리가 편해야 한다'는 말처럼 예나 이제나 매우 중요한 의미를 띠고 있다.

양택론에는 전해오는 몇 가지 원리들이 있다. 먼저 대지의 모양은 원만하고 방정해야 한다.

여기에다 지질은 신선도가 뛰어나야 하고 수질은 맑고 담백한 것을 최고로 친다. 울타리는 가옥과 음양[1]이 조화되고 통풍이 가능해야 한다. 특히 가옥의 외벽과 울타리 사이에는 바람이 감돌 수 있도록 하는 것이 이상적이다. 또 담이 집에 비하여 높으면 음상(陰相)이요, 낮으면 양상(陽相)인데 양택에서는 양상을 길하다고 본다.

대문의 모양은 가옥과 비교하여 너무 크지도 작지도 않아야 한다. 문을 열고 닫는 방향은 울타리 내부에 있는 문과 동일하지 않아야 하며 이웃집 출입문과 대면하고 있으면 흉이다. 습기의 공급은 알맞게 조절돼야 하는데 담 밖의 습기는 담장으로 조절하고 정원에 있는 습기는 창문으로 조절해야 바람직하다.

가옥의 지붕은 사람의 머리와 같다. 따라서 외관상 복잡하거나 너무 높아도, 또 너무 낮아도 흉상이다. 지붕은 모양이 평범하고 단순한 것이 길상이다.

이밖에도 실내의 밝기는 적절해야 하는데 너무 밝으면 사람이 외향성이 되어 들뜨기 쉽고 너무 어두우면 우울해진다.

특히 신혼부부의 방이 너무 밝은 것은 좋지 않다. 천장의 경우에도 너무 높으면 허세와 불안정한 심리상태를 지니게 되므로 천장의 높이는 방의 크기와 비슷한 것이 좋다.

현대에 있어 아파트나 단독주택의 경우 이 원리들을 그대로 적용시킬 수는 없다. 풍수 나름대로의 현대적 재해석이 시도되고 있지만 구체적 사례는 제2장 서론에서 살펴본 바와 같다. 아무튼 양택의 경우 중요한 것은 어떤 집이냐보다는 어디에 위치했는가가 중요하다. 이점은 오

---

[1] 풍수에서는 음과 양이 일반적 의미와는 반대다. 산이 높고 험하면 음이고 부드럽고 낮은 것이 양이다. 마을이나 집의 경우, 주위 높은 산은 음이고 마을(가옥)은 양이다. 따라서 높은 산이 있는 곳은 2층이하의 낮은 집을 지어야 음양의 조화가 이루어진다.

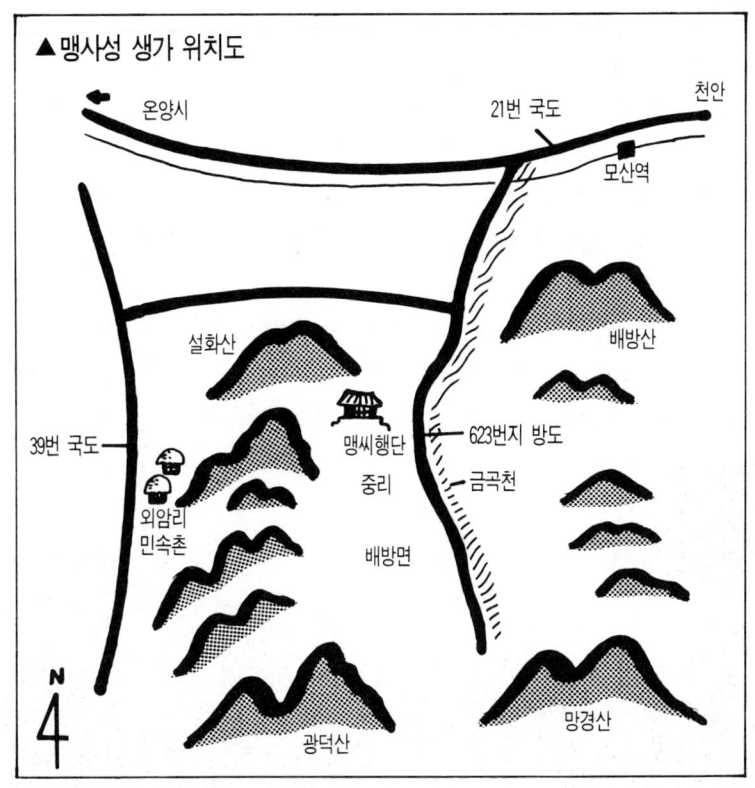

늘날 서울의 경우, 8학군을 찾아 강남이나 영동으로 기를 쓰고 사람들이 모여드는 데서도 그 일면을 엿볼 수 있다.

전형적인 한국형 고가

여기서 다시 돌아가 맹정승의 행단을 살펴보자. 현재 이곳의 행정구역은 충남 아산군 배방면 중리. 맹정승의 고택을 '행단'이라 부르는 것은 맹정승이 손수 심은 은행나무(나이 6백20년)가 두 그루 있기 때문이다. 충남 도나무로 지정된 이들 은행나무는 한마디로 이곳의 지기가 풍성함을 웅변해 준다.

은행나무와 마주서 있는 ㄷ자형 본채는 우리나라 살림집으로서는 가장 오래된 것으로 고려시대의 건축양식을 그대로 지니고 있다. 크지도 작지도 않아 마치 쪽을 찐 전형적인 우리나라 미인을 연상케 한다.

건평은 90.72평방미터(약30평)로 가운데가 대청마루고 양옆으로 온돌을 깐 방이 한칸씩 달려 있다.

본채 뒤편에는 맹정승과 그의 부친 동포(東浦) 맹희도(孟希道:정몽주의 친구, 고려때 제학 벼슬을 지냄)의 위패를 모신 사당이 있다. 현재 남아 있는 구조물은 입구에 행랑채가 달린 솟을대문과 본채·사당이

우리나라 유일의 고려시대 가옥양식을 보여주는 행단의 본채. 북향집인 이 집터에서 보면 안산인 배방산이 매우 위압감을 주지만, 사진에 보이듯 가장 낮은 곳을 정면으로 삼고 있어 좌향선택의 지혜를 엿볼 수 있다. 사진 좌측의 나무숲이 6백년이 넘은 은행나무다. (사적 190호)

전부다.

수강의 풍수론을 들어보자.

"소백산맥에서 흘러온 용이 천안의 왕자산을 지나 차령고개에 이르고 여기서 다시 광덕산(光德山)으로 이어진다. 광덕산의 맥이 북으로 치달려 설화산을 맺으니 이 산이 진산(鎭山)[2]이다

설화산에서 백호쪽으로 태양 금성(양기를 띤 둥근산)을 이룬 산이 입수산이고 여기서 장막을 펼치듯 형국을 이뤄 한 계단 아래 북향으로 본채(혈의 자리)를 잡았다(未坐丑向).

좌우에는 서남쪽에서 동북쪽으로 흐르는 작은 시냇물이 감싸고 있고 앞의 안산(배방산)은 신선의 모양을 하고 있어 가히 사대부가 기거할 만한 땅이다. 특히 진산인 설화산이 재주꾼으로 생겼으면서도 중후해 재기와 덕기를 아울러 갖추고 있다. 안산 앞의 금곡천은 남동쪽에서 흘러와 북서쪽으로 빠져나가고 있다.

집터 양쪽에서 흘러오는 물이 금곡천에서 합해지고 금곡천은 안산쪽으로 활모양의 형세를 띠고 서서히 흘러가니 기를 가득 담은 형세 또한 뛰어나다고 하겠다."

마을이나 양택의 경우에는 음택에서 볼 수 없는 진산이란 풍수용어가 새로 등장했다.

이는 우리나라 풍수에서만 등장하는 용어로 그 의미는 정확하지 않지만 반드시 마을이나 집을 내려다보는 중심산이 있어야 한다는 우리의 지리사상이 있었다고 접어두자.

행단의 경우 안산인 배방산이 집터보다 약간 높아 위압감을 주지만 본채 대청마루에서 보면 절묘하게도 배방산의 가장 낮은 부분을 향해 방향을 잡고 있어 위압감은 상대적으로 줄어들게 되어 있다.

배방산의 신선형 모습에서 맹정승의 뛰어난 음악적 재질이 나왔다고

---

[2] 마을이나 도읍지를 수호 또는 지킨다는 뜻에서 유래된 산을 말함. 우리나라 풍수에서만 이 용어가 쓰이고 『동국여지승람』에는 대개 진산을 표시하고 있다.

수강은 설명한다. 이는 현재 유품으로 전하는 옥피리가 말해주듯 맹정 승은 소를 타고 즐겨 피리를 불었다. 뿐만 아니라 세종조에 정리된 고 려시대 음악은 대개 맹정승이 편찬한 것들이다.

충과 효를 겸비한 대지

이 터의 흠이라면 청룡이 쭉 뻗은 칼처럼(刀劍砂) 생겨 다소 흉한 일 이 따를 수밖에 없다고 하는데, 이는 맹정승의 일시 유배(태종때)에서 입증된다.

본래 이 터는 최영(崔瑩) 장군이 살던 집으로 그가 개성으로 영전해 가면서 맹정승의 조부인 맹유에게 물려준 것이다.

맹정승의 탄생설화를 들어보면, 그의 어머니가 어느날 꿈에 태양이 입안으로 들어가는 꿈을 꿔 이를 시아버지인 유에게 털어놓았다. 시아 버지는 당시 개성에서 과거준비를 하던 아들 맹희도를 '부친위독'이란 서신으로 불러내 며느리와 함께 하룻밤 묵게 하고 떠나 보냈다. 이때 동포의 나이는 24세, 그리고 나서 맹정승이 태어났다 한다. 맹정승은 최 영 장군의 손녀사위이기도 하다.

뒷날 조선조 영조대왕은 온양에 온 길에 이곳 행단에 제관을 보내 맹 정승과 그의 부친 동포공의 제사를 지내고「충효세업 청백가성(忠孝世 業 淸白家聲 : 충과 효를 대대로 지키고 청렴과 결백을 가풍으로 삼았 다)」이란 현판을 친히 내렸다.

여기서 '충'이란 맹정승의 국가에 대한 충성은 물론 그의 부친 동포 공이 친구인 정몽주가 죽은 뒤 고려가 망하자 조선조에 벼슬하지 않은 것도 아울러 기리는 것이고 '효'란 두 부자가 모두 효자로 정려문을 하 사받았기 때문이다. 좋은 집터에서 충청도 양반기질의 전형을 보는 듯 싶다.

도선국사가 점찍은 지리산의 유토피아
—구례 문화류씨 운조루

두 얼굴의 지리산

 일찍이 이중환은 그의 저서 『택리지』에서 '지리산은 남해가에 있는데 이는 백두산의 큰 줄기가 다한 곳이다. 계곡이 깊고 크며 땅의 성질이 또한 두툼하고 기름져 온 산이 모두 사람 살기에 적당하다'고 평한 바 있다.
 그러나 지리산은 근대에 이르러 산 자체만이 아니라 그 주변에 사는 사람들에게까지 깊은 상처를 남겼다. 조선조말 삼남지방에서 민란이 일어나고 뒤이어 동학농민전쟁, 일제하 그리고 6·25에 이르기까지 지리산은 역사의 중심에서 벗어나지 못했다. 어쩌면 '백두산의 큰 줄기가 다한 곳'이어서 그만큼 용틀임이 강했는지도 모르겠다.
 지리산 남쪽 구례(求禮) 운조루(雲鳥樓)의 주인 류종숙(柳鍾淑) 씨(61)는 지리산을 두고 "평화로울 때는 어머니 품처럼 따뜻하고 좋지만 난리만 났다 하면 사람을 못살게 한다. 그럴 때는 무척 증오했다"며 "한마디로 악산"이라고 평했다.
 그도 그럴 것이 운조루는 바로 앞에 백운산, 뒤에는 지리산을 두었으니 해방 후만 해도 여순사건에서 6·25이후까지 근 7년동안 전란(?)을 겪어야 했다. 그 와중에 얼마나 많은 인명과 재산이 파괴됐을까.

7년 가뭄 이기는 종자뜰

　전남 구례군 토지면(土旨面) 오미동(五美洞)에 있는 운조루는 현재의 주인 류종숙 씨의 8대 할아버지인 문화류씨 이주(爾胄 : 1726~1797)가 1776년에 건립한 가옥이다.
　흔히 양반 가옥이 그러하듯 1백칸(실제는 70여 칸)을 자랑하는 운조루의 창건자 이주는 원래 경상도 대구(大邱) 근교 출신으로 그의 나이 51세에 이곳에 새 집을 짓고 뿌리를 내렸다. 마지막 관직으로 풍천부사를 지낸 이주는 젊어서 무관으로 남한산성·함흥성을 수축하는 책임을 맡기도 했고 구례에서 가까운 낙안군수를 역임하기도 했다. 그가 이곳에 터를 잡게 된 것은 아마 낙안군수 시절에 결정한 것이 아닌가 추측된다.
　구례읍에서 차로 섬진강을 따라 하동쪽으로 가다보면 채 5분도 안되는 거리에 넓은 들판을 만나게 된다. 이 들판을 이곳 사람들은 '종자뜰'이라 부른다.
　7년 가뭄에도 물 걱정이 없이 농사를 지을 수 있기 때문이다.
　이 뜰이 곧 운조루의 앞뜰이다. 차도에서는 뜰이 넓은 탓도 있겠지만 운조루가 정원수로 가려져 보이지 않는다.
　종자뜰과 접경지대에 마산면 사도리(馬山面 沙圖里) 마을이 있다. 사도리란 '모래에 그림을 그렸다'는 뜻으로 멀리 신라말기 도선국사에까지 그 유래가 올라간다. 옥룡자 도선이 이 마을을 오가면서 우리나라의 풍수비결을 완성했다고 전한다.
　근세에 전해진 도선의 『유산록』에 따르면 '구만리(九萬里 : 오미동 일대의 옛이름) 높은 산은/구만 대천 배합하니/성곽이 견고하야/안복지지되겠구나/그 아래 오봉귀소/음양택이 구길하다/문장재사 많이 나니

/호남의 명승지라/장독이 물이 나니/어느때나 회운할꼬'라고 했다.
 이 책이 도선의 진짜 저술인지는 알 수 없지만 아무튼 이 일대는 예부터 길지로 꼽혀왔음을 알 수 있다.

평사낙안·금구입수 형국

 조선총독부가 일본인 촌산지순(村山智順)에게 의뢰해 펴낸 『조선의 풍수』(崔吉成 씨가 民音社에서 번역본을 펴냄)에 따르면 오미동 일대에는 1912년부터 영·호남 각지에서 명당을 찾아 1백여 호의 이주자들이 몰려들었다고 한다.
 1929년 촌산이 방문했을 때만 해도 신축중인 가옥을 수십호 볼 수 있었다고 한다. 그러나 지금은 종자뜰에 당시의 흔적을 남겨준 한두 채 가옥들이 있을 뿐, 옛이야기로 흘러가고 말았다.
 오미동 일대에는 크게 보아 세 개의 명당이 있다 한다. 그 첫번째는 금구몰니형(金龜沒泥形)으로 운조루가 차지했고 나머지 두 개, 곧 금환낙지(金環落池)와 오보교취(五寶交聚)는 아직도 남아 있다는 것.
 일제시대 이주자들은 나머지 두 개의 명당을 차지하기 위해 이곳에 들어온 셈이지만 끝내 명당의 효험을 못 보고 재산만 탕진하고 물러났다.
 운조루에 관한 수강의 설명을 들어본다.
 "소백산맥의 낙맥이 지리산을 만들었다. 지리산 반야봉에서 남쪽으로 뻗어온 용이 형제봉에서 주필산(駐馬畢山)[1]을 이루고 이곳에서 가운데로 뻗어온 맥이 천행치에서 진산을 이루니 바로 주산이다.

---

1) 뻗어가던 용(龍:脈)이 잠시 쉬어가는 산. 이 산에서 여러 갈래의 용이 다시 뻗어간다. 이때 정룡(正龍)을 따라가야 혈에 바르게 이른다. 따라서 여기서는 혈과 떨어져 있는 주산 위의 산인 형제봉이 주필산이다.

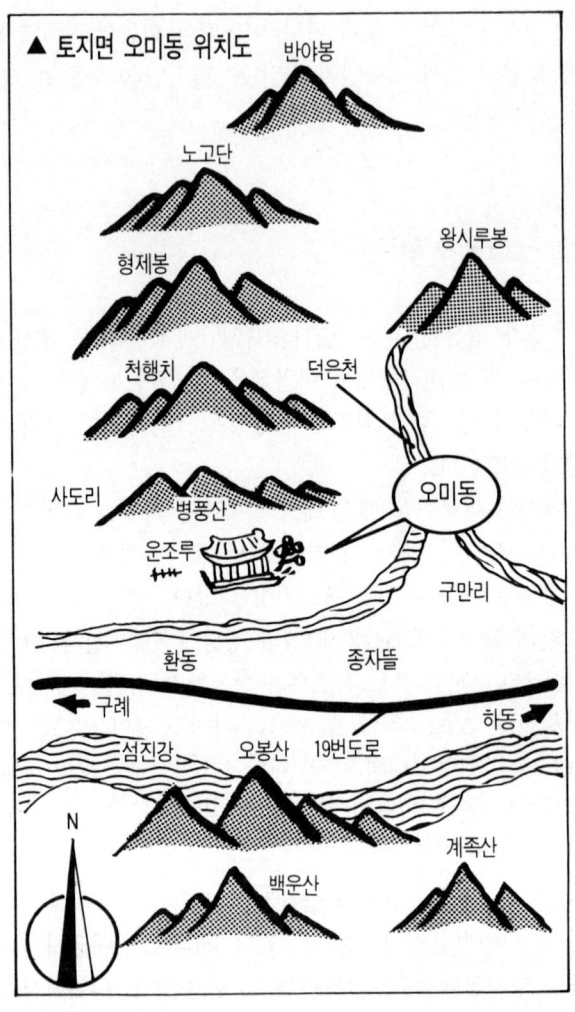

　왼쪽 시루봉에서 뻗어온 한 맥이 청룡을 만들고 주산에서 내려온 맥이 백호를 만드니 첫눈에 평사낙안(平沙落雁 : 기러기가 모래밭에 내려 앉은 모양으로 금환낙지와 같은 뜻)임을 알 수 있다.
　또 자세히 살펴보면 금구입수형(金龜入水形 : 거북이 물에 드는 모습)이 아닌가. 혈(운조루 자리) 앞의 내당수는 동쪽에서 나와 서쪽으로 흘러가고(東出西流 : 이는 운조루의 좌향이 남향이기에 오행의 상생관계를 뜻한다), 외명당의 섬진강물은 서쪽에서 동쪽으로 흘러가니 내외수가 서로 반대방향으로 흘러 명국(名局)의 형세를 완벽하게 갖췄다.

여기에다 오봉산이 안산을 만드니 산자수명(山紫水明)하고 용과 물이 장엄하여 가히 대부가거지지(大夫可居之地)다. 청룡이 우람하니 백자천손(百子千孫)할 것이고 주위의 형국을 만든 산이 아름답고 물이 또한 넉넉하니 문필(文筆 : 문관과 학자)이 간간이 배출될 것이고 입고 먹는 것은 궁색하지 않을 것이다."

운조루 터는 우리나라 풍수비결에 따르면 3대 길지의 하나로 꼽힌다.

굳이 수강의 설명이 아니더라도 때도 없이 지관들이 찾아들어 후학을 가르치고 대학에서도 연구차 찾아드는 곳이다.

정감록의 「청학동」이 오미동

류종숙 씨는 운조루 안채의 부엌을 보여주면서 이곳에 '거북'이가 있기 때문에 부엌바닥을 쓸어내지 않는다고 했다. 여느 가정집 부엌과는 달리 바닥이 울퉁불퉁한 그대로이고 몇 년에 한번씩은 바닥이 낮아질까 흙을 돋운다고 덧붙였다.

2년 전까지만 해도 창건 당시 집터에서 파낸 거북모양의 돌을 가보로 보존해 왔지만 누군가가 훔쳐가 버렸다고 한다(실제로 이 돌거북은 국립민속박물관에서 운조루 민속자료를 조사할 때 사진으로 촬영해 둔 바 있고『조선의 풍수』에도 사진을 게재했다). 다시 말해 이 집터에는 현재 묻혀 있는 거북이와 먼저 파내 잃어버린 거북이, 두 개의 거북이가 실재했던 셈이다.

원래 안채의 구조로 봐서는 부엌자리에 안방을 앉혀야 하는데 묻혀 있는 '거북'이가 온기에 말라버린다고 해서 부엌을 만들었다고 류종숙 씨는 전래되는 집안사정을 귀띔했다.

 운조루가 금구몰니형과 금환낙지형을 동시에 갖추고 있다는 것은 물의 흐름에서 설명된다. 대문 앞을 흐르는 물과 종자뜰 밖, 외명당수인 섬진강이 반대방향으로 흐르는 것은 금가락지(金環)의 둘레를 두고 두 개의 물이 반대로 흐르는 것과 같다는 뜻이다.

 수강이 운조루를 둘러싸고 있는 산들이 성인이나 철학자를 뜻하는 거북·봉황(도인·현인)인 점에서 오늘날 행정부나 사법부의 인재를 배출하기는 힘들다고 지적했듯이 운조루를 종가로 둔 후손들은 대개 대학에 많이 몸담고 있다고 한다.

 다른 한편 운조루가 자리한 오미동 일대는 이미 일제하에 도참사상과 풍수설에 따라 많은 새 이주자들이 몰려온 바가 있지만, 하나같이 실패(?)하고 떠난 것은 그 '때'를 몰랐기 때문이라는 설도 있다. 앞서 소개한 『유산록』에서도 나왔듯이 '운이 돌아오게 되면' 이 일대가 유토피아(이상향)가 될 것이라고 수강은 자신있게 덧붙였다.

 운조루의 창건자 류이주의 현손인 제양(1846~1922)이 오미동의 오미에 관해 풍토적인 설명을 내렸지만[2] 수강은 『정감록』에서 말하는 청학동이 바로 오미동이라고 했다. 이는 '오리'가 청학을 상징하는데 그 오리가 언어적 전환을 거쳐 '오미'가 됐다는 것이다.

 아무튼 운조루가 명당인 것은 지리산 산자락에 있으면서도 그 숱한 전란을 피해 오늘날까지 온전히 지켜져왔다는 점에서 다시 확인된다.

 류종숙 씨는 이에 대해 "명당은 무슨 명당입니까? 모두들 농촌을 떠나 집 지키기도 어려운 판인데……"라며 명당론을 부인하고 오히려 인화(人和)를 들었다.

---

2) 첫째는 마을의 안산이 되는 오봉산의 기묘함. 둘째는 사방으로 둘러쌓인 산들이 오성(동·서·남·북·중앙)이 되어 길하다. 셋째는 물과 샘이 풍부한 것. 넷째는 풍토가 모두 질박하다. 다섯째는 집터와 가옥들이 살아가기에 좋다는 점. 류제양이 저술한 『오미동려사』에 실려 있다.

8대조 할아버지께서 남에게 척을 짓지 말고 살라고 가훈으로 남겼다는 것. 운조루 주인들은 9대에 걸쳐오면서 보릿고개때는 '만석부자'지만 생선조차 구워먹지 않고 "대중 속에서 함께 살았다"고 덧붙였다.

지리산 밑 종자뜰 모습. 뒤편 나무 숲속이 운조루.

백두대간이 흘리고 간 강릉의 양택지
—모산과 선교장

제1강산 경포대

강릉은 예부터 산수경치가 천하제일로 꼽혔다. 경포대의 현판에 「제1강산(第一江山)」이 있음도 이를 웅변해 주는 것이다.

백두산을 조종(祖宗)으로 힘차게 뻗어온 산맥은 강원도에 이르러 태백산맥이란 이름을 얻지만, 옛사람은 이를 백두대간(白頭大幹)이라고 했다. 다시 말해 백두산의 정기가 중심 혈맥을 이루며 한반도를 지탱해 주고 있다는 뜻이다. 이 백두대간이 잠시 쉬어가는 능선이 바로 대관령이고 이 산의 가지가 동해로 뻗어내려 도읍지를 만드니 곧 강릉이다.

산업화의 뒷전에 온전히 버려진 행정구역이 강원도지만 바로 그 산업화가 가져온 레저문화가 근래들어 꽃피는 곳이 또한 강원도 일대다.

그 중 강릉을 비롯한 영동지역은 바캉스시즌이면 차량과 인파로 뒤덮여 산수의 뛰어남을 재확인케 해준다.

대관령 정상에서 동해를 바라보면 어디가 하늘이고 어디가 바다인가를 구분할 수 없다. 그러나 눈을 가까이 옮겨 '바다를 연모해 달리는 산맥'을 따라가면 이른바 풍수에서 말하는 지맥의 흐름을 한눈에 읽을 수 있다. 대관령휴게소(강릉방향) 뒤편의 능경봉에서 시작된 문필봉은 오르락내리락거리며 대관령 아흔아홉굽이가 끝나는 구산에서 제5봉을 맺고 슬며시 꼬리를 감춘다.

대관령과 문필 7봉

다른 한쪽은 오대산 방향에서 흘러온 맥이 강릉시내 뒤쪽으로 흘러 경호 주변으로 고개를 숙인다. 강릉시내 한가운데로 남대천(南大川)이 빠져나가는 것도 이곳에서는 선명하게 지켜볼 수가 있다.

신사임당의 고향이자 성현 이율곡을 낳은 강릉은 대관령에서 내려다 보는 산 모습에서 이미 문향의 냄새를 맡을 수 있다.

'울며 왔다가 울고 떠난다'는 대관령을 내려 강릉시내에서 대관령을 쳐다보면 산은 마치 거대한 병풍처럼 모습을 바꾼다. 그 병풍 속에는 제왕봉(帝王峰)·왕제봉이 붓끝처럼 솟아 있고 남대천은 한줄기 시원한 강폭을 이룬다. 동해의 거센 파도도 이 병풍 앞에 이르면 위엄을 감추고 인간의 마음마저 호수처럼 잔잔하게 해준다. 영동 제일의 교육도시가 된 까닭을 산천에서 찾을 수 있다.

풍수이론에 따르면 문필봉은 문사와 예인의 배출을 기약한다. 탐랑목성으로 불리는 7개 봉우리가 대관령으로부터 강릉시내의 입구인 성산(城山)과 구정면(邱井面)에 닿는다. 제왕봉·오봉, 그리고 구정면 제비리에 우뚝선 칠봉은 바로 문필7봉을 뜻하는 산 이름이다.

그런가 하면 강릉의 안산이 되는 모산봉(母山峰)은 대관령이 남으로 달려 만덕봉(萬德峰)을 이룬 뒤 북동진하여 맺은 산으로 남대천 남쪽편에서 강을 호위하며 월대산(月帶山)을 지나 동햇가에 이른다.

이 줄기 역시 문필봉과 삼태봉을 곳곳에서 보여준다.

남대천 북쪽, 현재 강릉시내의 중심지는 대관령 왼쪽 곤신봉에서 내려온 맥이 보현봉을 거쳐 마명산(馬鳴山)에 이르러 평야를 만나고 이곳을 지나 향교가 있는 화부산(花浮山)에서 다시 멈춘 뒤 동쪽으로 뻗어

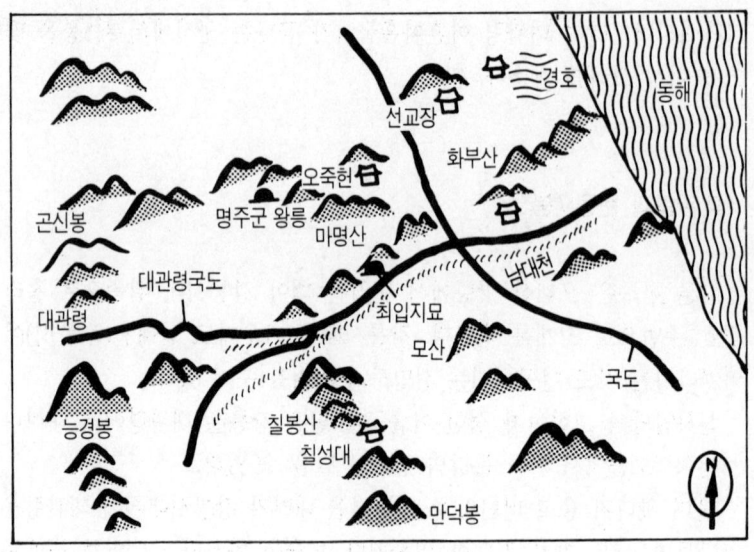

가 허균과 난설헌을 배출한 초당동에서 꼬리를 감춘다.

모산봉의 수난

앞서 살펴본 것처럼 강릉은 안산인 모산봉 남쪽지역과 향교가 있는 강릉 시내, 그리고 오죽헌과 경포대가 있는 북쪽지역, 세 곳으로 나눌 수 있다. 현재 시의 중심은 남대천을 사이에 두고 형성돼 있지만, 풍수적 기의 흐름을 좇아보면 중심권은 오히려 모산과 오죽헌 쪽으로 기울고 있음을 엿보게 된다.

"강릉시내는 전형적인 행주형국(行舟形局)을 지니고 있다. 화부산과 월대산 사이의 남대천을 중심한 양쪽 구릉이 바로 배의 모습으로 바다를 향해 나아가고 있다. 대개 진행하는 방향으로 발전을 가져오게 마련인데 현재 송정동 일대의 개발이나 두산동쪽의 공단건설도 이런 영향

주택·공공건물·사찰이 갖춰야 할 조건/63

태백산맥의 대간룡에서 동해로 뻗어내린 기가 오죽헌을 만들고 그 남은 기운이 다시 시루봉을 만든 뒤 회룡고조격으로 선교장의 터를 이뤘다. 청룡과 백호가 감싸는 중에 적당한 습도와 햇빛이 사계절 고르게 작용, 일급 양택지임을 보여준다.

이라고 하겠다."

 수강의 설명이다. 이어 그는 "행주형의 도시에는 무릇 사람들이 오래 머물지 않고 다른 곳으로 떠나가게 마련"이라며 "강릉의 경우도 모르긴 해도 상업에 종사하는 사람들이 돈 벌면 떠나지 않는가 싶다"고 덧붙였다.

 행정·교육·관광의 중심지인 강릉은 그 속성상 외부인들이 거쳐가는 곳임을 굳이 풍수적 성격이 아니어도 짐작할 수 있다. 중앙에서 파견된 관리들은 산수가 뛰어나도 언젠가 돌아가게 마련이고 교육도 우수한 인재는 중앙으로 유학가는 것이 당연한 코스다. 더구나 관광객은 말할 나위도 없다. 그런 점 때문에 강릉은 오랜 역사에 비해 발전의 속도가 더디고 인구의 변화도 큰 차이가 없다. 다시 말해 토박이들끼리만 붙박이로 고향을 지키고 있는 셈이다.

강릉의 양택지로 소문난 곳은 우리가 익히 아는 오죽헌을 비롯해 선교장(船橋莊)·이설당·애일당, 그리고 모산과 학산(鶴山)지역을 들 수 있다. 모산지역은 바로 강릉의 안산인 모산봉이 있는 곳으로 이 산 아래 강릉최씨의 한 씨족인 속칭 평장(平章)최씨들이 세거(世居)해 오는 곳이다. 평장이란 고려때 정2품 벼슬인 문하시중 평장사의 준말로 4대에 걸쳐 이곳에서 평장사가 나왔기 때문이다.

모산봉은 강릉 인재를 배출하는 명산으로 꼽혀 이미 조선조 중엽부터 수난(?)을 당해왔다. 중종때 강릉부사로 부임한 한급(韓汲)은 모산봉의 봉우리를 3자나 낮추었는가 하면 경포대의 자리도 현재의 위치로 옮긴 것으로 전해온다.

풍수에 밝았던 한부사는 이밖에도 명주군 일대의 주요 혈맥에 쇠말뚝을 박았다는 전설이 지금도 이 지방에 끈끈하게 전해온다.

학산지역은 모산과 더불어 일급 양택지로 꼽히는 곳. 만덕봉에서 내려온 한 맥이 칠성대를 만들고 이어 학산마을로 내려왔다. 현대에 이르러 다섯 명의 국회의원을 배출하는 등 소문이 자자한 곳이다.

선교장, 정박한 배의 모습

모산과 학산이 남대천을 경계로 남쪽에 있음에 반해 오죽헌이나 선교장은 북쪽에 위치한다. 강릉에 오면 대개 오죽헌을 들른 다음, 경포대로 관광코스가 잡혀 있다. 바로 경포대로 가는 큰길 안쪽, 북쪽 산밑 마을이 배다리(선교리)동네다. 그곳 양지바른 곳에 선교장이 한폭의 동양화처럼 오롯이 둥지를 틀고 있다.

중요민속자료 제5호로 지정된 선교장은 문화재란 점에서 일반에게 공개되고 있고 주변 농가는 드물게도 초가지붕으로 한껏 정취를 뽐낸다. 현재 9대째 후손이 살고 있는 선교장은 전주이씨 효령대군의 11세손인 이내번(李乃蕃 : 1703~1781)이 충주로부터 강릉으로 옮겨와 현재의 터를 잡았다.

　이내번은 처음 경포대 근처에 자리를 잡고 가산을 일으키기 시작했다. 그러던 중 어느날 집앞에 한떼의 족제비들이 나타나 무리를 지어 서북쪽으로 이동하기 시작했다.

　그는 이를 이상히 여겨 따라가 보았더니 바로 현재 선교장이 있는 곳에서 갑자기 사라졌다. 그렇지 않아도 가산이 늘면서 새 집터를 찾던 그는 '이곳이 바로 하늘이 준 명당'이라고 생각, 터를 닦고 집을 옮겼다.

　후손인 이기서 교수(고려대)가 쓴 『강릉 선교장』(열화당 간)에는 이곳 지형을 다음과 같이 그리고 있다.

　'시루봉(甑峰)에서 뻗어내리는 그리 높지 않은 산줄기가 평온하게 둘러져 장풍(藏風)을 하고 남으로 향해 서면 어깨와도 같은 부드러운 곡선이 좌우로 뻗어 왼쪽으로는 약동 굴신하는 생룡(生龍)의 형상으로 재화가 증식할 만하고, 약진하려는 듯한 호(백호)는 오른쪽으로 내려 자손의 번식을 보이는 산형'이라는 것.[1]

　'더욱이 앞에는 얕은 내가 흐르고 그 바른편엔 안산이 있고 왼편 시내 건너엔 조산이 있어 주산에 대한 객산의 자리를 지키고 있는 훌륭한 터'라고 했다.

　이 집터로 옮겨온 뒤 선교장은 더욱 부를 모아 한때는 '남의 땅을 밟지 않고 다니는 집안'으로 명성을 얻었다.

　선교장의 터를 먼저 살펴보자.

　"대관령 위쪽 곤신봉에서 내려온 맥이 오죽헌 자리를 만들고 동북쪽으로 건너가 시루봉을 이뤘다. 이곳에서 서쪽으로 돌아 서남향(艮坐坤向)으로 터를 잡으니 대관령쪽을 바라보는 회룡고조격이다.

　대지의 형국은 얼핏보아 반달형을 이룬 것 같지만 자세히 보면 항구

---

[1] 이교수의 글 중 청룡과 백호에 대한 설명은 풍수이론과는 다르다. 풍수에서 청룡은 자손, 백호도 자손을 뜻하지만 딸이나 서손을 상징한다. 그리고 굳이 재화를 논한다면 이도 백호쪽에 속한다.

에 정박한 배(拍舟形) 모습이다. 집앞의 물은 서쪽에서 나와 동쪽으로 빠지다가 남쪽으로 흘러오는 외당수와 만나 동쪽으로 빠진다. 경호에 들어가는 물이 이곳에서 보면 빠질 틈 없이 막고 있어 택지로는 가히 명당임을 지적하지 않을 수 없다."

수강의 평이다. 이어 그는 가상에 대해서도 "상당히 높은 수준의 풍수법도를 보여준다"며 말을 이었다.

"동별당이 안채의 주방보다 높고 바깥 사랑채인 열화당 등이 벌려 서 있어 일반적으로 보아 풍수에 안 맞는 것처럼 보이나 자세히 관찰해 보면 동4택의 조건을 완벽하게 갖추고 있다.[2] 안방이 동쪽(甲卯方), 부엌이 동남쪽(巽方), 대문이 남쪽(丙午方)에 있어 곧 동4택의 조건을 구비한 것이다."

선교장 입구에는 옛 사대부의 정원답게 활래정(活來亭)이란 정자와 연못이 있다. 연꽃이 만발한 이곳의 풍경은 선교장 본채와 조화를 이루면서 이곳의 풍광을 더욱 아름답게 만든다. 수강은 활래정에 대해 "단순한 정자가 아니라 내당수가 빠져나가는 곳이 허해 비보책으로 세운 것 같다"며 그 풍수적 의미를 강조했다.

굳이 선교장의 경우가 아니어도 지기의 흐름을 제대로 잡아 장풍득수의 위치에 자리한 양택은 세월을 무서워하지 않는다. 선교장의 경우에도 근래 일어난 전란을 용케도 피해 온전히 제 모습을 지키고 있음에는 풍수적 이론 이외에 달리 설명할 길이 없다고 하겠다.

---

[2] 제2장 1 참조.

가야산과 덕숭산이 낳은 의열의 고향
—덕산 윤봉길 생가

산천이 인물 낳고 시대가 의인 불러

　일제가 이 땅을 점령한 36년의 세월 가운데 가장 어두운 시절은 1930년대 초다. 기미년 만세운동 이후 10여 년간 해외 독립투사들의 크고 작은 쾌거들이 없는 것은 아니었지만 31년 만주사변에 이어 32년 일제가 상해사변을 일으켜 중국과의 본격적인 전쟁에 들어가자 국내외의 인심은 거의 절망적인 상태로 빠져들고 있었다.
　그러나 이해 4월 29일 상해 홍구공원에서 한국청년 윤봉길(尹奉吉)의 의거는 한민족에게는 물론 당시 4억 중국인들에게도 쾌재를 울리게 하는 낭보였다. 그의 의거는 한마디로 꺼져가는 등잔의 심지를 곧추세우고 다시 기름을 보충하는 그런 계기를 만들어 주었다.
　당시 장개석(蔣介石) 총통은 "중국군 백만대군도 못하는 일을 한국의 한 청년이 비로소 해냈다. 윤봉길 의사야말로 우리 4억 중국인보다 낫다"고 평했다. 물론 장총통은 이 사건이후 우리의 임시정부를 전폭적으로 지원하게 되었고 43년 카이로에서 발표된 '한국의 독립'문제에 결정적인 영향을 미쳤다.
　25세의 나이로 이해 12월 일본 금택(金澤)형무소에서 산화한 윤봉길 의사는 해방후 유해가 환국되어 지금은 고향인 충남 예산군 덕산면(德山面) 시량리 충의사(忠義祠)에 잠들고 있다. 이곳에는 또 윤의사가 태어난 생가와 고국을 떠나기 전까지 살던 집들이 사적지로 지정, 보존돼 온다.

'시대가 인물을 만든다'고 하지만 매헌(梅軒) 윤봉길 의사의 경우는 '시대'와 '산천'이 결합돼 배출한 전형적 인물임을 살펴볼 수 있다.

고국을 떠나기 전 20세에 농촌운동을 시작하면서 매헌이 지은 『시량리가』에 따르면 그 자신 고향의 가야산과 수덕산(修德山 : 德崇山)을 정신적 지주로 삼고 있었음을 엿볼 수 있다.

'조화신공(造化神功) 가야산의 정기를 받고/절승경개(絶勝景槪) 수덕산의 정기를 모아/금수강산 삼천리 무궁화원에/길이 길이 빛을 내는 우리 시량리'(1절)가 그것이다.

회룡고조형의 집터

충남 예산에서 삽교읍을 거쳐 덕산면에 이르는 20여리 길은 한마디로 평야다. 충남지방의 전형적인 작은 구릉들이 간간이 나타나기도 하지만 덕산면에 우뚝선 가야산과 덕숭산·용봉산을 만나기까지는 탁트인 들판을 시원하게 맛볼 수 있다. 그런 만큼 이들 세 산의 위용은 평지에서 하늘로 오르는 계단과 같은 신비스러움을 머금고 있다.

또한 산들이 뿜어내는 강한 기가 바라보는 사람을 압도하고도 남는다. 가야산에 흥선대원군의 부친인 남연군(南延君)의 묘소가 있고 덕숭산에 수덕사(修德寺)가 자리한 것도 다른 이유가 아님을 한눈에 느낄 수 있다.

임중빈은 『천추의열(千秋義烈) 윤봉길(尹奉吉)』에서 '윤의사는 충청남도 차령산맥 줄기가 빚은 영봉(靈峰)의 하나인 가야산과 그 이웃에 우뚝솟은 원효봉 기슭이 함께 배태한 산 용 같은 어린아이였다'며 '이

주택·공공건물·사찰이 갖춰야 할 조건/69

활용(活龍)의 설화는 그가 자연과 교류하게 되는 전설 같은 이야기로부터 펼쳐진다'고 기술했다.

사적지로 지정된 윤의사의 생가는 시량리 목바리(沐溪)라 불리는 곳에 있다.

이곳은 가야산과 덕숭산에서 내려오는 물이 합해져 목바리 앞에서 작은 삼각주를 이루었다가 다시 덕숭산과 용봉산 사이에서 내려오는 시내와 합해져 온천 뜰로 빠져나가는 곳이다. 작은 시내가 만든 삼각주에 윤의사의 생가인 광현당(光顯堂)이 있다.

이곳은 매헌이 "왜놈은 한발짝도 들여놓을 수 없는 땅"이라고 해 스스로 도중도(島中島)라 불렀다. 증조부 윤재때부터 이곳에 정착, 4대만에 매헌을 낳았다. 생가의 풍수지리적 해석을 들어보자.

"단양 소백산에서 뻗어온 차령산맥이 청양에서 몸을 돌려 홍성에서

가야산 원효봉을 주산으로 한 매헌의 생가는 덕숭산과 용봉산이 강한 기를 내뿜고 있다. 양택지로서는 뛰어난 곳으로 평가받고 있다. 사진 중앙의 들판이 덕산온천뜰이고 그 뒤편이 매헌의 생가. 오른쪽 산기슭에 충의사가 있다.

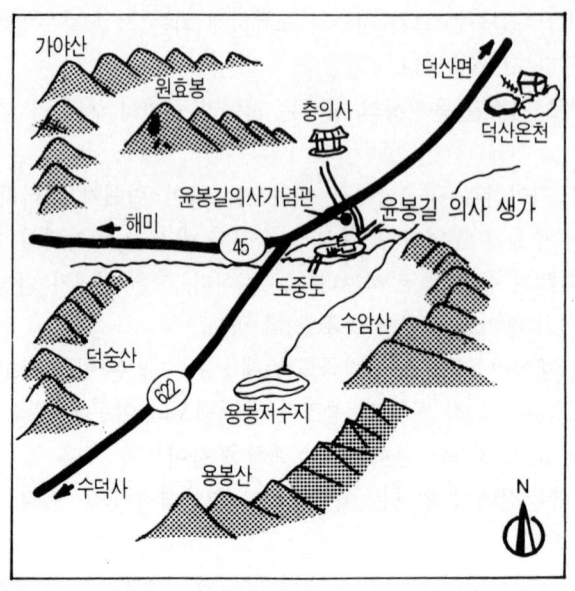

대월산(大月山)을 만들고 다시 그 맥이 덕숭산과 가야산으로 이어졌고 한 가지는 용봉산을 이뤘다.

이 용봉산의 한 지맥이 수암산을 만들고 그 끝자락이 평지로 내려와 회룡고조(回龍顧祖 : 조산을 돌아보는 형세)로 양택지를 이룬 자리에 집을 앉혔다. 오른쪽에는 덕숭산이 삼태필봉(三台筆峰 : 붓끝처럼 생긴 세 봉우리)의 모양을 띠고 있으니 마치 유학자와 같은 모습을 보여준다. 왼쪽에는 수암산이 병풍처럼 둘러쳐져 있고 주산인 가야산 원효봉은 선불(仙佛)의 정기를 모으고 있다.

이 정도의 양택지라면 가히 사대부가 거처할 만한 곳이고 도인이나 의사·문사의 배출은 쉽게 짐작할 수 있다. 게다가 계간수가 남쪽에서 흘러와 둥글게 감싸고 돌아 동쪽으로 흘러가니 득수 또한 제격이다. 여기에다 양택의 방향은 남향으로 동쪽에 대문을 내고 있다."

수강은 윤의사의 선조가 제대로 터를 잡았다고 설명한다. 윤의사가 보여준 "도의심은 가야산(원효봉)의 기운이고 문필력은 덕숭산의 영향이다. 또 절의(節義)는 수암산에서 받은 것인데, 그 기가 지나치게 강하다"고 덧붙였다.

매헌이 단순한 테러리스트로 활약한 것이 아님은 그간 그에 관한 평가에서 이미 밝혀졌다. 홍구공원의 폭탄투척 의거 이전의 그의 인간적 모습은 한마디로 지사(志士), 그것이다. 4세까지 도중도에서 살다가 현재 시내 건너 기념관이 자리잡은 저한당(당호 : 그 뜻은 '한국을 건져내는 집'으로 매헌이 붙였다)으로 이사온 뒤 11세에 덕산공립보통학교에 입학했다.

2학년때인 12세에 기미년 항일시위에 나서 결국 학교를 자퇴하고 신학문은 독학으로 배워나갔다. 14세에 매곡(梅谷) 성주록(成周錄) 선생의 문하생으로 들어가 한학을 공부했다.

장부출가 생불환의 기

오늘날 기념관에 남아 있는 그의 뛰어난 글씨들은 이 시절 남긴 것으로 한문시는 물론 서체 또한 높은 기상을 지니고 있음을 보여준다.

매헌이란 그의 호는 19세가 되자 스승이 "더 이상 가르칠 것이 없다"며 자신의 호인 매곡의 매자와 성삼문의 호, 매죽헌에서 헌자를 따지어준 것이다. 사육신의 한 사람인 성삼문에 관한 이야기는 이미 어린 시절 어머니품에서 익히 들었던 이야기이고 그 자신 또한 흠모해 오던 선비였다(성삼문의 생가 또한 덕산에서 멀지 않은 홍북면 갈산리에 있다).

매헌의 선비적 정신과 지사적 면모는 20세에 들어 야학교재로 편찬한 『농민독본(農民讀本)』에서 극명하게 드러난다. 이 교재는 단순한 농민 계몽서가 아니라 매헌의 사회사상을 엿볼 수 있는 것으로 그는 농촌부흥운동의 실체를 반식민·반봉건적 사회평등에서 찾고 있다. 그는 21

세에 도중도에 부흥원(復興院)을 건립, 그의 사상을 펴는 한편 22세에는 전통적인 경로위친의 미풍양속을 생활화하기 위한 위친계를 설립, 주도해나갔다.

결국 고향에서의 이같은 노력도 일제의 속박을 벗어나는 데는 한계가 있다는 것을 느낀 매헌은 23세 봄, 「장부출가 생불환(丈夫出家生不還 : 장부가 집을 떠나면 살아서 돌아오지 않는다)」이라는 글귀를 남기고 망명길에 올라 끝내 살아서 고향땅을 밟지 않았다.

청소년시절 원효봉과 덕숭산, 그리고 수암산을 오르내리며 충과 의의 기를 키운 매헌은 천추에 남을 큰 일을 해내고 말았다.

개인의 영화를 마다하고 대의 앞에 자신을 던질 수 있다는 것은 그의 젊음 이전에 이미 서양인들이 말하듯 '큰바위 얼굴'을 보며 성장한 환경과 시대의 작품, 그것이라 하겠다.

그런 점에서 결과론이기는 하지만 수강은 도중도의 매헌생가에 대해 조심스럽게 이런 진단도 내린다. "안채가 조금 앞으로 나와 현재의 행랑채에 위치했다면 더 좋았을 것이다. 이는 수암산의 강한 기가 안채를 향해 마주쳐 내려오기 때문에 장남에게 해를 끼칠 수 있다"는 것이다.[1] 또 "대문 밖에 있는 화장실도 오동나무 뒤쪽으로 옮기는 것이 좋다"고 풀이한다.

안채의 대문 바로 앞에 이 집의 화장실이 있다는 것은 누가 보아도 그리 좋은 자리는 아니다.

그러나 안채의 위치를 행랑채 쪽으로 끌어냈다면 과연 우리 역사의 한 페이지를 누가 장식했을까 하는 의문을 떨칠 수 없다. 개인의 영화와 역사의 명령, 이 양자택일의 문제를 풍수지리설에만 의탁할 수 있을까.

---

[1] 보통 혈(穴)을 중심으로 청룡이 장자, 안산이 차남, 백호쪽이 삼남으로 분류된다. 수암산이 청룡쪽에 있다.

삼성그룹 키워낸 남강의 기운
― 의령 이병철 생가

국부(國富), 럭키와 삼성

　지리산에서 발원하는 남강(南江)은 우리나라 강 중에서 가장 심한 굴곡을 보이면서 동진하여 낙동강에 합수, 남해로 들어간다. 전장 1백86.3km로 우리 이수(里數)로 환산하면 4백60여 리. 주위에는 소백산맥의 가닥과 지리산의 낙맥들이 호위, 때로 평야를 만들고 때로는 분지형 마을을 만들어 예부터 숨어사는 사람, 의인이 많이 나왔다.
　남강의 중류에 위치한 의령(宜寧)은 지명 자체가 뜻하듯 '편안하게 안녕을 기하면서 살 만한 곳'으로 일컬어져 왔다. 의령 앞으로 흐르는 남강변에 정암(鼎岩)이란 곳이 있다. 이곳 역시 솥처럼 생긴 바위가 있어 붙여진 이름이다.
　의령 일대에는 지금도 이 솥바위 위에 앉아 한 도인이 지적한 말이 전설처럼 떠돌고 있다. 그의 말인즉 '이곳으로부터 30리 내외에서 국부(國富)가 두 명 나올 것이다'고 했다는 것. 아마 풍수에 꽤나 밝은 이 도인은 남강의 굽이치는 모습을 보고 이같은 예언을 했음이 틀림없다. 이는 풍수에서 물은 곧 재물로 통하기 때문이다.
　정암에서 남쪽이 진양군(晋陽郡) 지수면(智水面)이고 북쪽은 의령군

정곡면(正谷面)이다. 지수에서는 럭키금성그룹의 창시자인 구인회(具仁會) 씨(1907~1970)가 나왔고 정곡에서는 삼성그룹의 창립자인 호암(湖巖) 이병철(李秉喆) 씨(1910~1987)가 태어났다. 오늘날 이곳 사람들은 이 두 그룹의 창업자를 두고 도인의 예언이 적중했다고 모두입을 모은다.

중교리로 흘러온 정맥(正脈)

26세에 사업의 입지를 세운 호암은 당시의 다른 사람들과 비교해 선대로부터 많은 부를 물려받은 것은 아니었다. 생전에 집필한『湖巖自傳』에 따르면 조부 문산(李洪錫의 호:1838~1897)대에 이르러 가산이 1천여 섬에 이르렀고 부친 술산(李纘雨의 호:1874~1957)으로부터 3백 섬을 사업자금으로 물려받았다. 이것을 기초로 일제, 해방과 전쟁, 5·16 등 역사의 격랑을 헤쳐오면서 오늘의 삼성그룹을 키워냈다. 물려받은 자산으로 본다면 호암보다 더 좋은 여건을 지닌 거부들이 많았다고 하겠다.

그럼에도 한 개인이 당대에 한 나라의 부를 대표하는 인물로 성공하기까지에는 분명 나름대로의 비결이 있었을 것이다. 그것의 사회·경제학적 분석은 타분야로 미루고 우리는 예의 풍수지리학설로 호암의 타고난 기를 살펴보고자 한다.

호암의 향리는 정곡면 중교리(中橋里)다. 본래 중교리는 화곡면에 속했는데 1914년 일제가 군·면지역을 재조정하면서 일정동면(一正洞面)과 병합, 정곡면으로 고쳤다. 지명의 변화는 그 지역의 운세가 변하는 징조로 동양철학에서는 해석한다.

의령군에서 가장 높은 산이 자굴산(闍堀山·897m)이다. 소백산맥의 덕유산을 태조산으로 하여 남강 이북의 의령·진양쪽 산들은 대개 자굴산에서 가지를 쳐나간다. 그런 점에서 자굴산은 소조산인 셈이다. 자굴산의 정맥이 들어온 곳이 정곡면이고 그 중심지가 면소재가 있는 중교리라고 이곳 지방에서는 평가한다. 지도상으로 보아도 자굴산과 중교리는 일직선상에 있다.

중교리란 이름도 그냥 지나칠 수 없다. 이곳에서 궁류면으로 가는 지방도로와 대구·의령으로 연결되는 20번 국도가 있기는 하지만 굳이 중교리라고 할 까닭은 없다. 가령 도로를 중심으로 했다면 '삼거리' 정도의 이름이 붙을 수 있다. 다시 말해 중교리란 지형에서 나온 이름이다.

대지는 탈곡장형, 가상은 동4택

호암의 생가가 있는 뒷산은 마두산(馬頭山)에서부터 힘찬 용맥이 동남진하여 중교리에서 멈춘다.

묘하게도 좌우 양쪽은 협곡이어서 그 모양새가 마치 남성의 그것(남근)을 닮았다고 하겠다. 마두산의 첫마디 산도 그 이름이 숫골산이다. 옛 선현들의 지혜가 중교리란 지명에 배어 있는 셈이다. 자굴산의 정맥이 정곡면으로 뻗었고 그 기는 가운뎃다리(中橋)를 타고 내려온다는 해석이 가능해진다.

이쯤에서 호암의 생가를 살펴보자.

"대지주위를 보면 뒷산이 일자형(一字形)의 토형산(土形山)으로 되어 있고 앞산 역시 토형산과 금형산(金形山)이 띠를 두른 듯이 펼쳐져 있다. 내당수는 서쪽에서 나와 동쪽으로 흐르고 외당수는 북쪽에서 남쪽으로 흘러간다. 형국은 추수후 벼를 탈곡해 앞산에 쌓아놓은 탈곡장형(脫穀藏形)이다."

수강의 설명이다. 양택의 기지론에 해당하는 그의 설명을 풀어보면 주산의 생김새가 5행 중 흔히 문인을 배출한다는 일자 모습의 토(土)에 속하는 산이고 앞산은 노적가리와 곳간을 구비한 토와 금(金)의 산들이

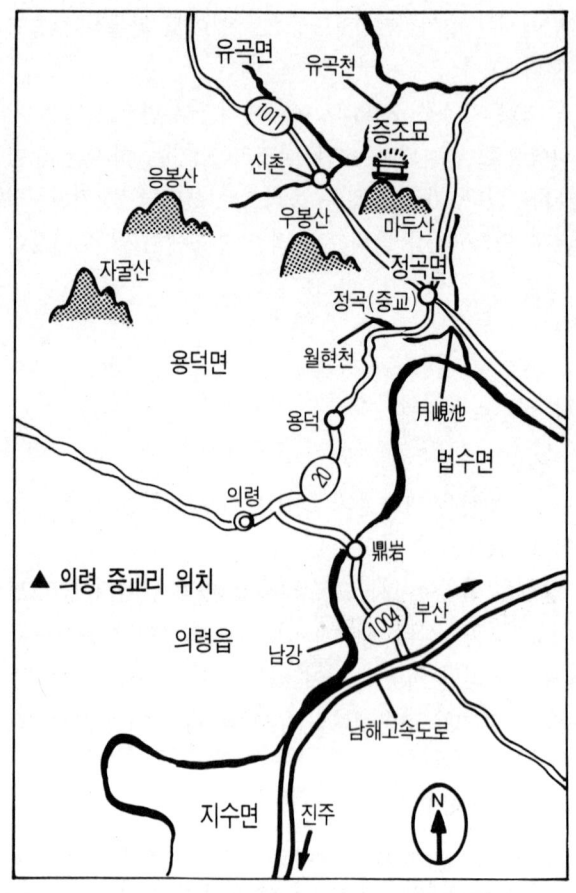

▲ 의령 중교리 위치

있어 이른바 토생금(土生金)의 상생(相生)관계를 이뤄 합법한 대지라는 뜻이다. 여기에다 남강으로 들어가는 집 주위와 밖의 물들이 전체 대지를 양쪽에서 감싸고 있어 특히 재물과는 인연이 깊다고 하겠다.

"가상을 보면 출입문이 남쪽(丁방향)에 있고 거실은 북쪽(壬방향), 주방은 동쪽(乙방향)에 있어 동4택의 조건을 완비했다. 또 집의 중심방위는 북쪽에서 남쪽을 보는 남향집(癸坐丁向)이다. 이는 동4택의 수화기제괘(水火旣濟卦)¹⁾에 해당하며 중남중녀(中男中女)로 음양이 서로 배합되고 연년택(延年宅)으로 대길이 따르는 가옥이다."(秀崗談)

 수화기제괘는 일반적으로 '부귀가 온전히 갖추어지고 인물이 크게 배출되나 오래되면 중녀수단(中女壽短)이요, 심동안질(心疼眼疾)이 생긴다'고 풀이된다.

 또 '기제는 성공만 있고 실패는 없으나 다만 고목생재(瞽目生災)가 걱정이다. 천생배필로 가재가 왕성하며 남녀수복에 해가 없다'고 한다(朴時翼 지음,『풍수지리설 발생배경에 관한 분석연구』, 1987·고려대 박사학위논문 참조).

 수강의 종합적인 평에 따르면 "좋은 대지에 좋은 가상을 갖추었으니 안목있는 풍수를 만나 대길을 보장받았다"는 것. 특히 대지의 왼쪽으로는 바위들이 자연스레 울타리가 되고 있어 기의 누설을 강하게 막고 있다고 덧붙였다.

와우형의 증조부 이재봉 묘

 호암의 생가와 함께 우리의 주목을 끄는 음택(묘지)은 현재 향리에 남아 있는 증조부 이재봉(1810~1853)의 묘소다(文山과 逃山의 묘소는 水原市 梨木洞에 있다). 이 묘소가 직접적으로 호암에게 영향을 끼칠 수 있는 것은 연대적으로 그의 탄생과 가장 가깝기 때문이다. 위치는 역시 마두산 기슭인 유곡면(柳谷面) 마두리(馬頭里) 안골이다.

 "자굴산이 동진하여 우봉산(牛峰山)을 만들고 이곳에서 동북진하여 마두산을 이뤘다.

 소조산인 마두산에서 동쪽으로 한마디 나아가고 다시 방향을 바꿔

---

1) 주역 64괘의 하나로 흔히 양택도 대문을 외괘, 본채(주방 : 主房)를 내괘로 하여 이에 비정한다.

자굴산의 정맥이 들어온 마두산 기슭의 중교리사람들은 대부분 외지에 나가 부를 쌓아올렸다. 마을 오른쪽과 왼쪽에서 흘러나오는 물들이 자라등 앞에서 남강으로 들어간다. 풍수에서 물은 곧 재산을 뜻하는데 풍부한 물이 마을을 감싸고 있다.

동북쪽으로 옮겨 남향의 토형산을 만들었다. 이것이 곧 입수산으로 젖꼭지처럼 생긴 혈장에 한옆으로 기울어 혈을 잡으니 얼핏보기에는 맹호출림형(猛虎出林形)인 듯하나 자세히 보면 소가 누워 있는 형국(臥牛形)이다.

  속인이 보기에는 혈장의 생김이 관정(貫頂: 구릉이 없이 쭉 뻗은 모습)이라 묘를 쓸 자리가 아니라 하겠지만 혈장 뒤에 돌이 팔자형(八字形)으로 벌려 있고 그 가운데로 맥이 내려오는 중에 좌우는 매미날개(蟬翼)[2]의 모습을 띠고 있으니 혈이 분명하지 않은가. 또 청룡 백호도 가까이서 받치고 있고 기의 여운을 증거하는 전순(氈脣)[3]이 바위로 병풍을 이루고 있으니 혈장이 더욱 확연하다.

물은 남쪽에서 나와(丙午得) 서북쪽으로 빠져나가(乾破) 유곡천과 만난다. 안산을 바라보면 창고사(倉庫砂 : 재물을 뜻하는 산모습)가 걸려있고 수구(유곡천과 만나는 곳)에는 거북과 뱀의 모습을 띤 산들이 지그재그로 벌려서서 물의 흐름을 더디게 해준다."

수강은 이런 형국에서는 "발복이 상당히 빠르다"며 더구나 "안산에는 횡재봉이 붙어 있어 알게 모르게 도와주는 사람이 많이 생긴다"고 설명했다.

그러나 이 묘소에는 와우형임에도 불구하고 풀을 쌓아놓은 듯한 적초형(積草形)의 산이 없고 혈을 뒤에서 밀어주는 후고산(後靠山)이 조금 낮아 흠이 된다고 수강은 지적했다.

풍수학설은 천지인, 3재가 융합된 가운데 완성된다. 타고난 운(天)과 지기가 주는 힘, 거기에다 인간의 주체적인 노력이 결부돼야 한다. '천시불여지리(天時不如地利) 지리불여인화(地利不如人和)'라는 옛말이 증험하듯 아무리 좋은 기를 타고나도 사람사이에서 화합을 이루지 못하고는 그 기를 제대로 발휘할 수 없다고 하겠다.

호암의 경우 생가와 선조의 음택지가 비록 대명당에 속하는 것은 아니지만 풍수지리적 측면에서 합법한 규격을 갖추고 있고『호암자전』에서 밝히고 있듯이 사업보국의 입지를 세운 뒤 '개척자적 정신'과 '봉사'를 최고의 도덕으로 삼아 오직 한길을 달려와 오늘의 삼성그룹을 이룩했다. 여기에다『지가서(地家書)』에서 흔히 말하는 '명당 앞에 천년을 마르지 않는 물이 있으면 재물도 그와 같이 천년을 쓸 수 있다'는 말처럼 남강이 힘차게 받쳐주고 있어 더욱 돋보인다.

---

2) 혈장 주위에 마치 매미 날개처럼 돌이나 구릉이 형성돼 있는 모습. 정혈에는 어김없이 이런 모습을 볼 수 있다.
3) 혈 앞에 있는 돌이나 바위. 코 밑에 입술이 있는 것과 같다.

맑은 기운, 풍부한 재물이 빚어낸 미인 탄생지
—옥천 육영수 생가

지리·생리·인심 고루 갖춰

청화산인 이중환은 『택리지』에서 사람이 살 만한 장소를 선택하는 데는 네 가지 조건이 구비돼야 한다고 했다.

'그 첫째는 지리(地理)가 좋아야 하고 다음은 생리(生利)가 좋아야 하며 다음은 인심(人心)이 좋아야 하고 또 다음은 아름다운 산과 물이 있어야 한다. 이 네 가지에서 하나라도 모자라면 살기 좋은 땅이 아니다.'

이어 그는 이 네 가지 관계에 대해 이렇게 평했다.

'지리는 비록 좋아도 생리가 모자라면 오래 살 곳이 못되고, 생리는 비록 좋더라도 지리가 나쁘면 또한 오래 살 곳이 못된다. 지리와 생리가 함께 좋으나 인심이 착하지 않으면 반드시 후회할 일이 있게 되고 가까운 곳에 소풍할 만한 산수가 없으면 정서를 화창하게 하지 못한다.'

청화산인의 지적이 아니어도 대개 우리가 이사를 가거나 새 집을 구할 때는 앞의 네 가지 조건을 살펴보는 것이 상식이다. 이 가운데 예의 풍수론적 접근이 가능한 분야가 지리와 산수조항이다. 이 점은 이중환도 『택리지』에서 굳이 부정하지 않고 감여가(풍수·지관)의 견해를 곳곳에서 인용하고 있다.

예컨대 「지리」조항에서 '무엇으로써 지리를 논할 것인가'라며 '먼저 수구(물 빠져나가는 곳)를 보고 다음은 들의 형세를 본다. 다음에는 산의 모양을 보고 다음에는 흙의 빛깔을, 다음은 조산(朝山)과 조수(朝水)를 본다'고 했다. 여기에 나오는 수구·조산·조수는 그 자체가 풍수 용어다. 수구의 중요성에 대해 그가 부연하는 설명 또한 풍수적 이론에서 벗어나지 않는다.

'무릇 수구가 엉성하고 널따랗기만 한 곳에는 비록 좋은 밭 만 이랑과 넓은 집 천 간이 있다 하더라도 다음 세대까지 내려가지 못하고 저절로 흩어져 없어진다. 그러므로 집터를 잡으려면 반드시 수구가 꼭 닫힌 듯하고 그 안에 들이 펼쳐진 곳을 눈여겨보아서 구할 것이다'고 했다.

옥녀단좌형 대지

제2장 1절에서 기지론과 가상학에 대해 개론적인 설명을 했다. 다소 전문적이고 주역의 이론이 소개돼 어려운 감이 있었지만 한꺼풀 벗겨보면 이미 우리가 일상생활에서 즐겨 사용하고 있는 좋은 집 고르기의 범주를 벗어나는 것이 아니었다. 그만큼 우리의 생활습관에는 풍수적 지혜가 삶의 양식으로 깊이 정착돼 왔음을 깨닫게 된다.

청화산인의 복거론(卜居論)과 예의 양택론을 바탕으로 보다 구체적인 사례를 이번에는 살펴보자. 우리 주변에서 많은 예를 찾을 수 있지만 일반에게 널리 알려진 인물 가운데서 한 사람을 택했다. 미리 밝혀둘 것은 풍수적 접근 이외에 다른 뜻이 없다는 점이다. 왜냐하면 우리가 선택한 인물이 바로 고 박정희 대통령의 부인이었던 육영수(陸英修) 여사이고 그의 생가가 대상이기 때문이다.

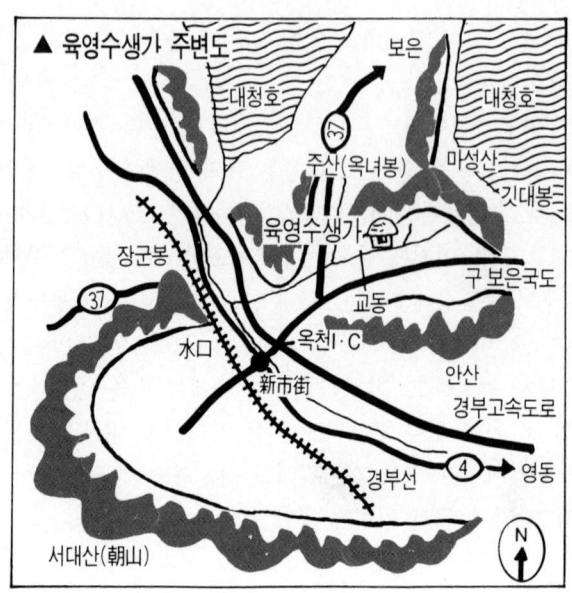

『신증동국여지승람』에 따르면 충북(忠北) 옥천(沃川)은 '충청도의 이름있는 고을이다. 산이 높고 물이 맑으며 땅이 기름지고 물산이 풍부하다. 맑은 기운이 모인 곳으로서 영특한 인재들이 여기에서 나온다. 그러므로 선비들의 학문이 다른 고을에 으뜸간다'고 했다.

특히 이 글은 옥천 향교를 두고 한 말로 바로 교동(校洞)이 여기에 해당한다. 육여사의 생가가 향교 근처인 교동 313번지에 있다. 경부고속도로를 타고 서울에서 옥천을 가다 보면 옥천 인터체인지에서 왼쪽에 구 옥천읍이 있고 교동이 여기에 속한다. 고속도로는 교동 앞산을 지나가 마을에서는 보이지 않는다.

우선 앞의 글에서 교동일대가 『택리지』에서 말하는 네 가지 조건을 구비했음을 알 수 있었다. 이를 풍수적 기지론에서 다시 살펴보자.

"속리산에서 추풍령을 거쳐 지리산으로 내려가던 소백산맥이 덕유산을 지나 장수의 육십령에서 한 가지를 오른쪽으로 뻗어 노령산맥을 만든다. 그 중 진안 마이산에서 금강 상류를 끼고 수십리 올라오는 산맥이 있으니 한 가지는 좌측으로 뻗어 공주 계룡산으로 나아가고 우측 한 가지는 막다른 골목에 이르니, 곧 옥천의 서대산(西臺山) 줄기다. 이 서대산 가지의 오른쪽 맥이 뻗어가 회룡고조형으로 산을 만드니 구 옥천읍의 진산인 마성산(馬城山)이다.

 기와집 용마루처럼 정상이 곧게 뻗은 마성산에서 오른쪽으로 한 가지가 뻗어 목형산(木形山)을 만들고 이 산자락이 길쭉하게 내려와 남향(子坐午向)으로 집터를 이뤘다. 또 마성산의 깃대봉에서 왼쪽으로 나아간 산은 고개를 넘어 안산이 되고 있으니 그 모습은 보경(거울)과 같다. 풍수적 용어로는 금어대사(金魚袋砂：패물용 놀이개모양 산)다.

 물은 동북방(艮寅方)에서 나와 서남방(坤申方)으로 흘러간다. 수구에는 큰 산이 물의 흐름을 막고 있으니 그 형세를 일러 장군봉이라 한다. 안산 오른쪽으로 툭 터진 쪽, 곧 서남방(未坤申方)에는 붓끝 모양의 서대산이 조산을 이루고 있다. 전체적인 형국은 옥녀단좌형(玉女端坐形)이다."

 수강의 평이다. 쉽게 말해 뒷산(마성산)을 배경으로 좌우에 청룡과 백호, 그리고 앞산과 멀리 있는 조산이 제대로 보국을 갖추고 있다는 뜻이다.

 특히 물이 빠져나가는 들판 끝에는 옥천읍 삼거리의 우뚝선 장군봉이 막고 있어 '수구가 꼭 닫힌 듯'해야 한다는 『택리지』의 지적과 같다.

을축생・중녀(中女)에게 발복

 이 집터에 대해서는 예부터 삼정승터라고 했다. 육여사의 부친 육종관 씨(66년 작고)가 1920년 이 집을 살 때의 주인은 한말 민정승의 후손, 민대감이었다. 그에 앞서 1600년대부터 이 터에는 김정승, 뒤이어 송정승, 그리고 민정승이 살았다고 한다(박목월 저 『육영수여사』전기).

대도시와 달리 시골의 경우에는 가상보다도 집터가 중요하다고 앞에서 지적했다. 그처럼 우선 육여사의 생가터는 그의 부친 육종관 씨가 이곳으로 이사온 뒤에도 충청도 부자로 소문날 만큼 유명세를 얻고 있음에서 좋은 터임이 확인된다고 하겠다.

다음은 가상이다. 수강은 사랑채와 안채마당을 돌며 나경으로 그 방위를 쟀다. 출입대문은 사랑채에서 보아 동남방(巽方)이다. 안방(主房)은 북쪽(坎方)이다.

부엌은 서남방(坤方)이고 아궁이(火口)는 남쪽(離方)이다. 종합하면 전형적인 동4택에 맞췄다. 가상으로도 나무랄 데가 없다.

'충청도 부자'로 소문난 육종관 씨가 1920년 이 집(사진 좌측 끝부분)을 매입, 1925년 육여사를 낳았다. 뒷산 옥녀봉에서 내려온 주맥이 집터를 이뤘고 들 건너편에는 거울 형상의 안산이 오롯이 솟아 있다. 사진의 일자형 산이 마성산이다.

이제 남은 문제는 이 집터와 가상이 육여사에게 어떤 영향을 미쳤는 가다. 육여사의 공식적인 생년월일은 1925년 11월 29일생. 간지로는 을 축년(乙丑年 : 소띠)생이다. 1925년생의 본명궁(本命宮)을 계산해보면 진궁(震宮)으로 동4택 운이 나온다. 우선 가상이 육여사에게 적응함을 알 수 있다.

대지(집터)의 작용은 어떤가. 집터에서 터를 이룬 주산의 방위를 재 보면 북쪽(癸方)이다. 여기에다 조산인 서대산의 방위는 서남쪽(未方) 이다. 터(穴)를 둘러싼 산의 방위에 따라 '선후천운화수'로 풀어보면 사·유·축년(巳·酉·丑年)의 3합(三合)이나 진·술·축·미(辰·戌·丑·未)의 사충년(四冲年)에 태어난 사람에게 좋고 나쁜 운이 작용하 게 된다고 수강은 풀이했다.

결국 을축년에 태어난 육여사가 터와 가상의 기운을 받았다고 하겠 다. 여기서 한걸음 더 나아가 육여사가 둘째딸인 점은 안산의 방위가 남쪽(午方)으로 팔괘의 이괘(離卦), 곧 중녀(中女)에 해당해 우연이라 고 보기에는 너무나 일치한다.

서툰 목수가 가상(家相) 망쳐

다른 한편 이 집터는 지리적으로 묘한(?) 취향을 지니고 있다. 앞서 육씨네 이전에 3정승이 각각 3대를 지나 주인이 바뀌었듯이 장차도 새 주인을 기다린다는 점이다.

이는 청룡쪽 맥이 단절된 점에서 피할 수 없는 자연의 도리라고 수강 은 귀띔한다. 이와 비슷한 경우를 우리는 청도 운문사(雲門寺)에서 살 펴볼 수 있다.

가상적 측면에서 현재의 집은 많은 변화를 겪었다. 69년 H건설이 집 을 새로 단장한 뒤 육여사가 안타깝게 털어놓은 얘기를 직접 들어보자. "소녀시절 나의 아름다운 꿈과 정서를 심어주던 우리집은 옛날 집치고는 그리 작지 않았으며 또 지금도 흔치 않은 전통적인 구옥이지요. 그 집이 그대로 수리·보존되지 못하고 외양이 다소 바뀌어져서 퍽 아쉬웠어요. 더구나 옛모습을 지닌 구옥이 차차 사라져가는 이때에 우리 집만이라도 옛모습을 더듬어볼 수 있었으면 하는 안타까움마저 갖게 되더군요."

그의 말처럼 우선 담장부터가 한식 가옥에 맞지 않다. 지나치게 높아 솟을대문 목까지 담장이 치받치고 있어 볼품을 잃었고 전통적 흙담장이 아닌 석재로만 쌓아 견고성면에서도 뒤떨어진다. 여기에다 담장 앞의 미루나무 또한 필요 이상으로 자라 흠이 되고 있다. 사랑채와 안채를 구분하던 담장도 헐렸고 안채의 오른쪽 거실은 불거져 나와 안채의 균형을 파괴했다.

한마디로 전통가옥이 아닌 그렇다고 현대식 양옥도 아닌 절충형 집이 되고 말았다. 이 점은 육여사의 증언이 아니어도 오늘날 이 집을 방문하는 사람들에게 충격을 안겨줄 정도다.

백호쪽 수구에 장군봉이 진주하고 있는 것이나 서대산의 비학(飛鶴)·문필봉에서 인물의 모습까지 짐작할 수 있는 집터를 보았다.

그럼에도 한가지 의문은 육여사의 최후를 어떻게 보아야 하는가 하는 점이다. 죽음에 대한 평가는 각각 다를 수 있다. 사람에 따라서는 와신종명(臥身終命)만이 호사(好事)는 아니다. 더구나 동양에서는 일찍부터 출가외인으로 여자의 운명을 치부해 왔다. 1950년 육영수는 박정희를 만나면서 운명도 달라진 셈이다.

조선조 예의정치의 본거지
─서울 성균관

유생(儒生)도 동맹휴학으로 항의

91년은 새해들어서부터 나라 안팎이 연일 시끄러웠다. 국회의원의 뇌물외유로 시작된 정치권의 부패와 비리는 최고책임자의 사과에도 불구하고 의혹의 심도가 더욱 깊어만 갔고 나라밖에서는 걸프전을 둘러싸고 세계가 홍역을 치르는 가운데 예외없이 우리도 끼어들어 또다른 문제를 낳아왔다.

재야인사와 대학가에서는 이들 문제를 두고 정부의 명쾌한 해답을 촉구하는 목소리를 높였다. 그러잖아도 해마다 새학기만 되면 민주화의 열병을 치러야 하는 우리 현실에서 이런 사태는 또 한번 '공화국의 위기'를 불러올 조짐까지 보여 심상치 않았다.

한 나라 지도층의 부정과 부패문제가 비단 어제오늘의 일이 아니듯이 이에 항의하는 대학과 지성의 목소리도 역사적 뿌리가 없는 것은 아니다.

되돌아보면 조선조가 한양에 도읍을 정하고 우선적으로 한 일이 문묘(文廟: 공자를 제사지내는 사당)를 세워 도의정신을 국시로 삼고 성균관을 건립, 국가의 인재를 키우는 일이었다.

바로 이 성균관 학생인 유생들이 정부의 제반 정책에 잘못이 있을 때 앞장서서 항의하는 유소(儒疏)를 올렸고 이에 대한 적절한 해답을 받지 못하면 권당(捲堂)이라 하여 성균관을 떠나는, 오늘날 표현으로 하자면 동맹휴학을 단행하던 제도가 바로 그것이라고 하겠다.

유생들의 항의가 극에 달하여 권당에까지 이르게 된 횟수를 살펴보면 중종때 1회, 명종때 4회, 인조·효종·현종 대를 거쳐 숙종때는 16회, 영조때는 18회, 정조때는 16회, 순조때는 14회 등으로 철종때까지 무려 모두 87회에 달한다.

이 중 숙종 이후는 당쟁의 심화로 그 횟수가 급격히 증가함을 보여준다. 유생들의 이같은 항의에 대해 영조는 "3백년간 인재를 배양해온 보람이 지금에 와서 볼 수 있구나"하며 이들의 기상을 찬양했다고 한다.

학궁(學宮)은 궁궐의 동쪽에 배치

이처럼 우리나라 고등교육의 요람이자 지성의 광장이던 성균관은 그 뿌리가 더 올라간다. 이미 삼국시대에 고구려의 태학·신라의 국학을 거쳐 고려조에서는 국자감에서 성균감으로 변경됐고 충렬왕 30년(1304년)에는 다시 성균관으로 고쳐 불렀다. 이태조의 조선건국 이후에도 고려의 대학제도와 명칭을 그대로 사용, 성균관으로 불렀고, 태조 7년(1398년) 현재의 서울 명륜동에 명륜당을 건립, 유생들의 본격적인 교육에 들어갔다.

성균관과 문묘가 현재의 위치에 자리잡게 된 것은 중국의 전통적인 국도(國都)건설의 예에 따랐다고 보아야 한다. 한양을 수도로 정한 뒤 경복궁을 북악 아래 짓고 사직단을 서쪽(원래는 북쪽에 세우게 되었지만 지형적으로 미뤄 현재의 사직공원에 세웠다), 동쪽끝에 학궁(學宮)인 성균관을 세웠다.

주택·공공건물·사찰이 갖춰야 할 조건/89

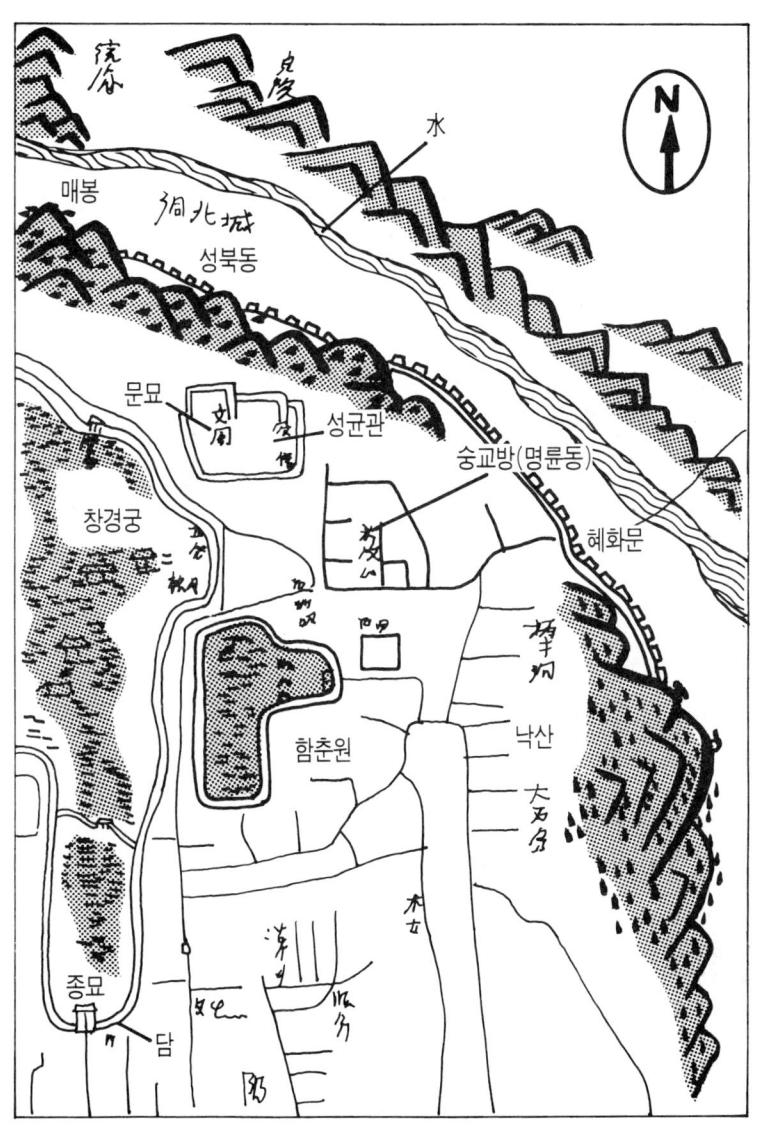

▲ 성균관 위치(首善全圖 부분)

조선건국 후 새 수도를 어디로 정할 것이냐를 두고 논란이 많았고 풍수적 견해도 정·야사를 통해 무수히 드러나고 있음에 반해 문묘나 성균관의 위치 선정에 대해서는 별다른 언급이 없이 '태조가 기지를 찾으라'고 했다는 기록만 나오는 것도 바로 중국의 전통적인 수도건설의 예에 따랐기 때문일 것으로 추정된다.

태조 7년에 건립된 문묘와 명륜당은 정종 2년(1400년)에 화재로 소실되어 다시 태종 7년에 중건됐고 뒷날 임진왜란으로 완전히 불타버렸다. 이를 선조 34년(1601년)에 문묘의 대성전부터 건립하기 시작, 39년에 명륜당을 중건해 옛모습을 되찾았고 현존하는 건물들은 대부분 이때 중건된 것이다. 현재 보물 141호로 지정돼 있다.

지방향교의 건물배치와는 달리 성균관의 경우, 문묘가 앞에 있는 것은 문묘에 배향된 문선왕(文宣王) 공자보다 그를 참배하러 오는 당시의 현존왕(現存王)이 위계상으로는 더 높임을 받기 때문에 왕의 거둥시 머물게 되는 명륜당이 대성전보다 위쪽인 뒤편에 위치하게 되었다고 성균관 관계자들은 설명한다.

경복궁과 비견할 만한 명당

오늘날 대성전 앞마당에 남아 있는 변계량(卞季良)의 문묘 건립「비명」에 따르면, 문묘의 건립이나 명륜당이 조선조에 어떤 영향을 미쳤는가를 짐작해볼 수 있다.

'우리 선고 태조께서 하늘의 밝은 명을 받아 비로소 나라를 이룩하여 도읍을 한양에 정하고 빨리 묘학을 세우니 선성을 높이고 문교를 소중히 여긴 까닭이라……. 공부하는 데는 학이 있고 제사를 받드는 데는 묘가 있으니, 주선하고 오르고 내릴 때 초연히 성현을 대하듯 하여 보고 느끼고는 떨쳐 일어나 부지런히 힘써서 순서있게 문으로부터 당에 올라 방에 들어가기를 구하니(이는 학문의 정상궤도에 오름을 뜻함) 덕을 이루고 재목을 성취하여 임금께 충성하고 나아가 요순의 지경에 이르게 하고 백성에게 은택을 베풀 자가 잇따라 나오니 점차로 3대때에 인물을 만들어내던 것을 징험할 수 있도다……. 세자가 입학하니 나라의 근본을 중히 여김이라……. 인재는 거기서 길러지고 풍속과 교화는 거기서 아름다워진다…….'

　태종이 성균관을 중건하고 변계량에게 짓게 한 이 비명은 건국초기 교육을 통한 국가이념의 확립 기상이 선명하게 드러나 있고 왕은 물론 왕세자의 입학으로 성균관의 위상이 어떠한가를 보여준다.

　『동국여지승람』에 따르면 중국 사신 김식(金湜)은 풍수학에 능하였는데, 성균관 터를 두고 '매우 좋다'고 칭찬하며 '인재가 배출될 땅'이라고 평했다고 한다. 서울의 풍수에 관해서는 제3장에서 다루고 있어 여기서는 성균관 지역만 독립적으로 살펴보고자 한다.

　"성균관은 크게 보면 서울의 형국인 청학(靑鶴)의 날갯죽지 중 한가닥에 자리한 셈이지만 작게 보면 북악산을 소조산으로 하여 그 왼쪽 줄기가 독수리바위(鷲岩)를 거쳐 매봉(鷹峰)에서 가운데 줄기를 따고 내려와 정남을 향해(子坐午向) 혈을 맺었다.

　따라서 작게 본 형국은 귀인단좌형(貴人端坐形)이라 하겠다. 청룡은 매봉에서 남은 기운이 명륜동 언덕을 따라 옛 혜화문을 지나 낙산으로 이어져 수구를 막고 있다. 백호는 창경궁 왼쪽 담을 따라 서울대병원까지 내려가 역시 둥글게 수구를 감싸고 있다.

　물은 남서쪽(坤申方)에서 나와 동남쪽(巽巳方)에서 모습을 감추었다. 안산은 국립과학원분관 언덕이 해당되고 조산은 남산의 왼쪽 끝, 타워호텔쪽이 된다. 동남방(巽方)의 낙산이 문필봉이 되고 안산과 백호가 옥대사(玉帶砂)를 이루고 있으니 가히 사대부가 머물 만한 곳이다. 명당이 넓어 역시 개인집보다는 공공건물이 들어설 자리라고 하겠다. 이곳의 혈은 명륜당 자리다. 그러나 오늘날 지형으로 보면 현재 성균관대학교의 유학대학자리로 올라와야 한다.

　성균관의 명당(明堂)이나 전체 국은 경복궁과 비견할 만해 가히 왕조

와 겨룰 만한 위치에 있다. 더구나 주위에 감싸고 있는 산들이 이른바 삼천분대 팔백연화(三千紛袋 八百烟火)에 해당돼 의당 귀공자와 왕의 사위인 부마들이 배출될 수 있는 곳이다."

수강의 설명이다. 이어 그는 명륜당의 건물 배치가 정남향에다 동쪽 출입문을 갖춘 동4택에 해당한다고 덧붙인다. 이는 주역의 수뢰둔괘(水雷屯卦)에 해당하는데, 음양으로 따지면 모두 양(陽)에 속한다. 다시 말

성균관터는 그 자체로는 귀인이 단정하게 앉아있는 자리에 혈을 잡았다. 좌우의 용(龍)과 호(虎)가 길게 감싸고 내려가 명당은 경복궁터와 견줄 만하다.

해 여자가 드나드는 집이 아니라는 뜻이다.

영조의 탕평비 지금도 눈길

한편 앞서 언급한 유생들의 유소나 권당이 조선조를 통해 빈번하게 일어난 것은 바로 왕궁터와 비교될 만한 명당을 성균관이 지니고 있는 데다 청룡쪽의 낙산에 바위가 많기 때문이라는 것. 아무튼 사람의 눈으로 선택한 자리지만 하늘이 적절하게 봉건왕조의 통치체제를 견제할 수 있도록 이 자리를 만들어두었다고 하겠다.

국립 최고학부였던 성균관은 세월과 더불어 지금은 사립학교로 바뀌었고 명륜당의 강론도 우연인지 모르지만 1956년에 준공된 현재의 유학대학 자리로 옮겨졌다. 본래의 명륜당은 서울대학병원 등 대형건물들이 앞을 가로막고 있는데 반해, 현재의 유학대학은 그 옛날처럼 오롯이 서서 서울을 조망하고 있으니 산천정기는 세월도 무서워하지 않는 듯 싶다.

혼탁한 오늘의 세태에 본받을 만한 인물이 없다고 탓하는 사람은 문묘에 배향된 설총과 최치원을 비롯한 우리나라 18명의 현자를 이곳에서 다시 찾아보아 스승으로 삼는 것이 어떠할까. 그에 앞서 성균관입구에 퇴색한 채 서 있는 탕평비각에는 영조가 친히 이곳을 방문, 유생에게 당부한 어필이 남아 있으니 이 또한 무심히 지나칠 수 없다.

글귀에 이르되 '보편적이고 편당적이 아니면 이것은 군자의 공적인 마음이고 편벽되고 보편적이 아니면 이것은 곧 소인의 사사로운 정이다(周而不比乃君子之公心 比而不周寔小人之私意)'고 했다. 어느 시대 한 임금의 국정을 바로잡기 위한 애절한 마음을 지금 사람들이 알기나 할까.

박정희가 고른 국학의 산실
—성남 한국정신문화연구원

각하를 몰라뵙고……

"이 땅은 얼마요?"

갓 군을 제대하고 고향에서 복덕방을 개업, 오랜만에 손님을 맞은 H씨는 짜증이 나 더 이상 대답조차 하기 싫었다. 작은 키에 허름한 점퍼를 입은 촌로타입의 손님이 벌써 몇 차례 이땅저땅 값만 물어보며 다니니 말이다.

'정말 살 생각이 있는 걸까'하고 H씨가 막 대답을 하려는데, 갑자기 옆구리에 뭔가가 쑥 들어왔다. 놀라서 돌아보니 건장한 사내들이 언제 왔는지 둘러서 있고 그 중 한 사람이 엄지손가락을 치켜세웠다.

H씨는 손님의 얼굴을 다시 살펴봤다. 그 순간 그는 넓죽 엎드려 절을 했다.

"각하를 몰라뵙고, 죽을 죄를 졌습니다."

76년 7월 당시 박정희 대통령은 경제발전에 버금갈 수 있는 문예부흥을 꾀하겠다고 생각, 이 분야의 전문연구기관 설립을 지시했다. 은밀하게 연구원 설립지를 물색하던 중 경기도 성남시 운중동(雲中洞)이 최적지로 떠올랐다. 이날 그는 혼자 이곳에 나와 지세를 살펴보면서 복덕방을 통해 땅값도 확인하는 중이었다.

그 뒤 77년 6월부터 본격적인 연구원 건축공사에 들어갔고 78년 1월 연두기자회견을 통해 이 사실을 공표했다. 이해 4월 27일 건물이 준공되고 6월 30일 정식 개원식을 가졌다. 박대통령은 후보지 물색 단계 외에도 10개월 공사기간에 무려 여섯 차례나 이곳을 다녀갔다. 때론 잔디 조경공사를 하는 인부들과도 대화를 나누었다고 한다. 개원식날 박대통령은 전날 그를 안내했던 복덕방 주인을 기억, "본인이 원하면 이곳에 취직시키라"고 해 H씨는 조경담당으로 5년간 연구원에서 근무하고 퇴직했다.

구름 속에 노니는 학

재단법인으로 출발한 한국정신문화연구원(이하 정문연)은 그 정관에 설립자를 '서울특별시 종로구 세종로 1번지 박정희'로 지금도 명기하고 있다. 이처럼 연구원에 애정을 쏟은 박대통령은 78년 12월「한국정신문화연구원 육성법」을 제정, 국립연구기관으로 확고한 자리매김을 했다.

개원식날 박대통령은 치사를 통해 "우리가 진정한 근대화와 민족중흥을 이룩하기 위해서는 오늘의 경제발전에 발맞추어 전통에 바탕을 둔 새로운 민족문화의 창조와 계발에 부단한 노력을 기울여야 하겠다"며 "이제부터 이 연구원을 국학연구의 총본산이자 세계적으로 권위있는 한국학연구기관으로 키워나가겠다"고 밝혔다.

개원식이 끝난 뒤 다과회장에서 참석인사들이 연구원의 터가 상당히 좋다고 하자 박대통령은 "나도 조금은 볼 줄 안다"며 이른바 풍수적으로도 괜찮은 자리라고 평했다고 전한다.

'유신독재'의 비난 속에 화려하게 출범한 정문연은 그로부터 1년 4개월 후 10·26사건으로 박대통령이 서거함에 따라 그 운명(?)도 이상하리만큼 전전을 거듭해오고 있다.

주택・공공건물・사찰이 갖춰야 할 조건/97

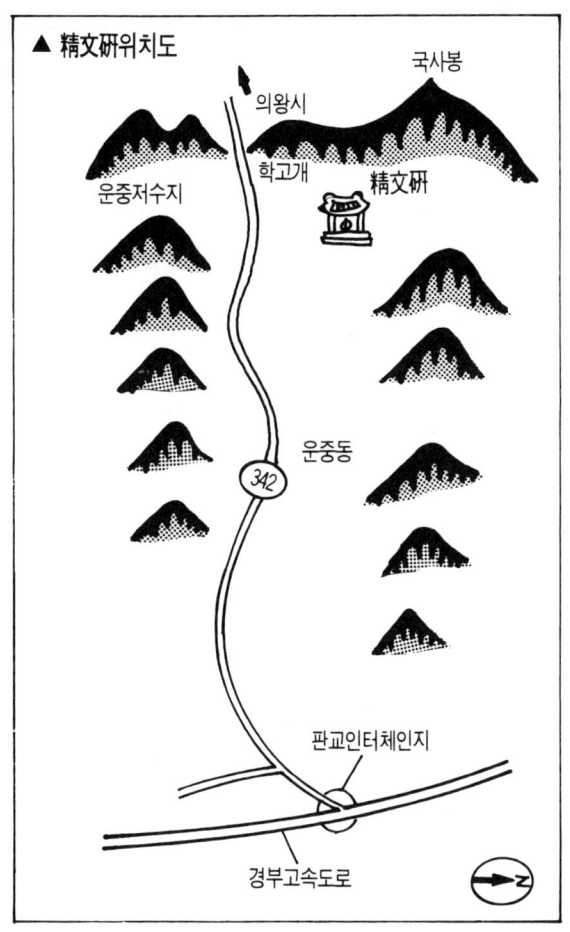

　초대 이선근 원장 이후 91년 현재 7대 이현재 원장까지 한 사람을 제외하고는 대부분 3년 임기를 채우지 못했고 연구원의 방향을 두고도 설립 당시의 목표와는 달리 우여곡절을 겪어야 했다. 연구원 운영의 젖줄인 국고보조도 그 규모면에서는 계속 감소추세를 보이고 있다.
　판교에서 안양으로 통하는 342번 지방도로가 지금은 완전히 포장되어 간선도로로 변했지만 80년대 초까지만 해도 정문연 위쪽 학고개는 비포장도로여서 차들의 왕래가 거의 없었다. 지금도 계곡사이에 깊숙이 들어 있어 봄이면 무릉도원의 정취를 느낄 수 있는 곳이다.

뒤에는 주산인 국사봉(國思峰 : 혹은 국은봉이라고도 함)이 솟아 있고 앞에는 말(馬) 모양의 산과 의관을 상징하는 목형산이 벌려 있다. 안산이 높아 다소 위압감을 느끼지만, 산따라 운중천이 흐르고 있어 풍수지리에 문외한인 사람도 '학문을 연구하기에는 좋은 곳'이라는 인상을 받을 수 있다.

"굳이 이곳을 평하자면 운중선학(雲中仙鶴 : 구름 속에 노니는 학)으로 학문을 할 만한 곳이다."

수강의 말이다.

무정한 산세, 내달리는 물길

국사봉이 상징하듯 이곳에는 옛날 한 선비가 들어와 학문을 닦고 있었다. 그의 소문이 조정에까지 들어가 높은 벼슬에 등용되었고, 관을 물러난 뒤에도 이곳에서 여생을 보내며 '나라의 은혜'를 깊이 새겼다고 전한다. 확실히 학문과는 인연이 있는 곳이라 하겠다. 그러나 당초 설립목적과 같이 한 나라의 '정신적 지주'가 될 수 있는 연구원의 입지조건을 갖추기에는 몇 가지 아쉬운 점이 없지 않다고 한다.

우선 서구적 관점에서 보더라도 연구기관의 입지는 교통상 사통오달의 요지에 앉아야 한다. 그래야 어디서든 쉽게 찾아올 수 있고 이용의 빈도가 높게 마련이다. 또 같은 맥락이지만 앞이 시원하게 터져야 한다. 그래야 향후 발전에 대비할 수 있고 장기적인 목표를 '안정적'으로 세워나갈 수 있다. 이 점은 굳이 환경심리학적 측면이 아니라도 누구나 공감할 수 있는 부분이다.

풍수지리학적 측면을 살펴보자. 우리나라의 건물은 전형적으로 산을 뒤로 하고 앞에 물(背山臨水)을 가까이 둔 곳에 세워진다. 이 점은 앞서 언급한 대로 정문연의 현재 위치와 동일하다. 여기서 문제는 산의 생김새다. 뒤에 있는 산(背山)이 건물이나 마을을 위한 산인가, 아닌가를 따져야 한다.

정문연의 주산인 국사봉은 광주산맥의 줄기로 관악산에서 과천의 청계산을 거쳐 수원쪽으로 빠져나가는 산맥 중에 있다. 다시 말해 풍수의 중심인 '기'가 국사봉에 모였다가 학고개(풍수용어 과협처)를 통해 수원쪽으로 강하게 내달리고 있다는 뜻이다.

그 기가 정문연으로 오기 위해서는 산의 생김이 정문연을 껴안듯 모습이 바뀌어야 하는데 현재의 위치에서 보면 옆 얼굴만 내밀고 있는 셈이다. 주산이 이처럼 정문연을 위한 산이 아니라는 점에서 문제는 복잡해진다.

주산이 그러함에도 정문연 위치에 기가 들어왔느냐 아니냐를 한번

70년대 경제발전에 맞춰 문예부흥의 요람으로 설립된 정문연(精文研)은 설립자의 타계후 10여 년간 방향을 상실, 혼란을 겪어왔다. 앞뒷산이 모두 높고 골짜기에 위치, 산곡풍(山谷風)을 피할 수 없다는 해석을 낳고 있다.

더 따져보기 위해서는 안산과 물의 흐름을 살펴봐야 한다.

먼저 안산이 높아 정문연을 누르고 있다. 또 산의 방향을 보면 모두 서쪽에서 동쪽으로 내려가 판교쪽을 향하고 있다. 이는 안산이 정문연에 정을 주지 않음을 뜻한다. 여기에다 자연히 안산이 높다보니 그 산들의 아랫부분이 그대로 노출되고 있다. 이 점은 '공주갑부' 김갑순의 선친묘 안산과 같은 형세다.

물의 흐름은 현 정문연 위치의 좌우에서 모두 흘러나와 서쪽에서 흘러오는 운중천과 만나고 있지만, 이들이 한결같이 정문연 앞을 지나가고 있을 뿐이다. 이른바 명당 앞에 물이 모였다가 흘러가야 하는데 운중천은 일자형(一字形)으로 곧게 판교쪽으로 내달리고 있다. 주위의 산과 물이 이처럼 무정하게 생긴 곳은 일반적으로 기가 모이기 힘들다.

나무 심고 운동장 만들어야

산과 물의 이같은 형세에서 그나마 정문연을 지탱해 주고 있는 것은 본관 자리가 그 중 제자리를 잡았고 앞서 언급한 안산의 생김새가 '선비가 말을 타고 다니는 모습'을 지녔기 때문이라고 한다.

기왕 내친김에 한마디 더 붙이자면, 본관과 정문의 좌향을 검토하는 양택론이다. 본관은 정남향(子坐午向)이고 정문은 동남향(巳方:巽方)이다. 본관을 주역의 아래괘에 배정하면 감(坎:水)이고 정문을 상괘에 배정하면 손(巽:風)이다. 곧 풍수환괘(風水渙卦)가 나온다.

물위에 바람이 불어 물결이 흩어짐을 뜻한다. 단역(斷易)에서는 이를 두고 '春花落盡 順水行舟 風吹水上 飛雉折羽 蜂蝶失路 大風吹物 諸事散亂 何處落腐)'라고 했다.

양택론적 측면에서는 물론 다른 해석도 있다. 상하괘가 바뀌어 '오자등과(五子登科)한다'는 수풍정괘(水風井卦)로 보기도 하는 것이 그것이다. 이 경우에는 궁함이 없이 물질이 풍부하고 인재도 왕성하게 배출된다고 풀이할 수 있다. 그러나 이런 해석은 주역의 원리를 이해하지 못한 데서 나온 이설(異說)이라 하겠다.

　아무튼 정문연은 그 위상에 비해 설립자가 타계한 뒤부터 제대로 빛을 발하지 못하고 있음이 사실이다. 한번 지은 건물을 헐 수도 없는 법이고 다시 옮긴다는 것도 국고의 낭비다. 처음부터 굳이 운중동 지역을 택하려 했다면 현재의 위치에서 판교쪽으로 내려와 보다 넓은 위치에 자리했어야 한다는 것이 전통지리학을 섬기는 사람들의 견해다.

　현재의 위치를 두고 보완책을 찾는다면(아마 장차 그렇게 되겠지만), 342번 지방도로가 확장되어 보다 많은 차량들이 통행, 교통의 요지가 되고 운중동 입구에 대단위 주택지나 도시가 형성돼야 한다. 이는 기가 물따라 곧장 누설되는 것을 막기 위한 방책이다.

　안산은 깎아내릴 수 없어 어쩔 수 없지만, 산의 아랫부분(산각)이 보이지 않도록 나무를 심어 감추는 것이 바람직하다. 또 물따라 흐르는 산의 방향을 멈추게 하기 위해서는 산끝자락을 밀어내 운동장 같은 것을 만드는 것이 좋다고 한다.

　"민족을 나무에 비교한다면 민족문화는 뿌리에 해당되는데 뿌리를 잘 가꾸어야 가지가 잘 뻗어 나무가 무성하게 잘 자라는 법"이라며 정문연을 설립한 박대통령이 어찌하여 '골짜기'에 연구원을 세웠는지 뒤돌아보면 안타까울 뿐이다. 왜냐하면 바람 중에 제일 무서운 바람이 직곡풍(直谷風)인데 그 바람맞이에 정문연이 있기 때문이다.

하늘이 남겨준 겨레의 사당자리
—목천 독립기념관

땅도 임자를 기다린다

　세상 만물에 다 주인이 있듯이 '땅도 각각 그 주인이 따로 있다'고 한다. 특히 풍수지리설에서 말하는 명당의 경우에는 더욱 그러하다. 그렇기 때문에 옛날 한 지관이 숱한 사람들의 묘자리를 잡아주자, 이를 본 한 선비가 "자네는 무슨 명당이 그리 많아 사람마다 좋은 땅을 잡아주는가"고 물었다. 그의 대답인즉 "제가 무얼 알겠습니까. 모두 자기 자리를 찾아가는 것일 뿐이죠"라고 대답했다 한다.
　충남 천원군 목천면(木川面) 남화리(南化里)에 자리한 「독립기념관」도 알고 보면 자기 자리를 찾은 예의 하나라고 하겠다. 특히 주산인 흑성산(黑城山)은 오래도록 주인을 기다리다가 마침내 '그때'에 이르러 주인을 맞이한 셈이다.
　해방이후 우리는 근 40년 가까이 민족의 항쟁을 오래도록 기념하기 위한 기념관 건립 논의를 계속해왔다. 그러나 그 사업 자체가 국가 예산을 필요로 한다는 점에서 늘 뒷전으로 쳐졌다. 그러다가 80년대 초 한 민간단체에 의해 「독립기념관」건립이 논의되던 차에 바로 일본 교과서의 한국침략사 왜곡파동이 터져 그 불길은 국내외 반일감정을 고조시켰고 마침내 국가적 차원의 독립기념관 건립사업으로 확대됐다.
　82년 10월 독립기념관 건립추진위가 발족되고 국내외의 동포들이 건립자금을 위한 성금을 내기 시작, 무려 5백억 원이 모아졌다.
　기념관의 명칭을 두고 지금껏 논란이 없지 않지만 당초의 가장 큰 과제는 어디에 지을 것인가 하는 대지선정의 문제가 더 시급했다.
　건립추진위는 후보지 선정기준으로 △기념관 건립에 손색이 없는 지역적 역사성이 있어야 하고 △전국민이 쉽게 찾아갈 수 있도록 교통이 편리해야 하며 △산세를 배경으로 해 정남향의 광활한 평지(1백만평 이상)에 수원이 풍족하며 토양이 좋은 곳이어야 하고 △대지내에 기존의 부락·시설·경지 등이 비교적 적고 대지 마련에 재정적 부담이 저렴해야 하며 △배후도시와 관광 및 유적지와 연관조건이 좋은 것 등을 꼽았다.
　이 선정기준에서 엿볼 수 있듯이 경비절감을 위한 경제적 요소 이외에는 바로 풍수지리에서 말하는 명당의 자리에 합당해야 한다는 것이 후보지의 요건이었다.

다섯 용이 구슬을 다투는 곳

　현재의 기념관 위치를 포함해 14곳이 후보지로 등장했다. 여기에는 충북 청원군이 7개, 충남 대덕군이 5개, 논산군이 1개소였는데 흑성산을 제외한 충남 후보지는 바로 계룡산과 그 지맥인 금병산 부근이 대부분 차지했다.
　82년 11월 당시 전두환 대통령이 현지를 시찰, 흑성산 남록으로 최종 확정됐다. 이 지역의 장점은 우선 교통이 편리하고 경관이 수려하며 독립운동과 연관이 깊은 주변 연고지가 많다는 점 등이다.
　교통의 편리성은 이미 고려 초기에 확인됐다. 후삼국을 통일한 고려 태조는 이곳이 삼국의 중심임을 알고 여기에 병사를 주둔시켰다.

당시 그를 따르던 지관은 이곳의 형세를 '다섯 용이 구슬을 다툰다'는 오룡쟁주(五龍爭珠)형으로 설명, 여기를 차지하면 백제가 절로 항복할 것이라고 했다. 그만큼 군사적 요충지이기도 하다. 또 주변에는 아산 현충사를 비롯해 덕산 윤봉길 의사 사당인 충의사, 류관순 열사의 생가와 아우내장터, 이동녕·이범석 씨 등 생가가 자리하고 있다.

지리적 여건과 역사적 조건을 다 구비한 흑성산 아래 목천면은 또 하나의 전설을 지닌 곳이다. 암행어사로 이름을 날린 박문수가 자신의 사후 묘자리를 정하기 위해 이곳 남화리에 들어왔을 때 밭에서 일하던 농부가 혀를 차면서 "자리는 좋지만 후대에 이장을 해야 한다"고 귀띔했다. 다시 돌아보고 그 자리에 왔더니 농부는 간 곳이 없었다고 한다. 그때서야 그는 이곳을 아깝지만 버리고 이웃 북면의 현재 묘소로 발길을 돌렸다고 전한다(혹은 농부가 아닌 지관이 그렇게 설명했다는 설도 있다).

아무튼 흑성산은 누군가를 기다리고 있었음이 틀림없다고 하겠다.

생기보다 영기(靈氣)가 서려

"성거산(聖居山 : 천안「망향의 동산」뒷산)에서 서쪽으로 뻗어온 용이 태조산(천안의 진산)을 만들고 다시 우뚝 멈춰선 모양의 흑성산을 만들었다. 북서쪽(亥坐)으로 자리한 흑성산은 자미원(紫微垣 : 중국 천문학에서 말하는 별자리의 하나. 흔히 천제가 거처하는 곳으로 일러옴)을 이룬 가운데 동편에는 아우내(병천)가 흐르고 서쪽에는 천안천이 흐르고 있다. 또 청룡과 백호는 여러 겹으로 서로 감싸고 있는데다 명당(혈 앞의 땅)이 광활하고 평탄하다. 명당 앞의 조산과 안산은 화개고축(華蓋誥祝 : 승려가 축문을 읽는 모양)으로 벌려 있고 내당수가 명당 앞에서 모여 서쪽으로 흘러간다. 청룡과 백호의 줄기에는 기이한 봉우리들이 올망졸망 이뤄져 커다란 국을 만들었다.

주택·공공건물·사찰이 갖춰야 할 조건/105

청룡과 백호의 산들이 끊어져 올망졸망한 모습이나 멀리 안산과 조산이 외롭게 서서 축문을 낭독하는 모습을 띠고 있어 일반적인 명당과는 달리 사당으로서의 기능을 지닌 땅으로 평가된다.

평하건대 이 자리는 천자만손에 여국운 향화부절지지(千子萬孫 與國運 香火不絶之地 : 여러 후손이 있어 나라의 운명과 더불어 제사가 끊이지 않는 땅)다. 그러므로 나라를 위해 숨져간 충의열사들을 봉안하여 그 혼을 달래기 위해 하늘이 만들어 놓은 자리라고 하겠다."

수강의 풍수지리적 설명이다. 여기서 수강은 독립기념관의 자리가 대명당임에는 틀림없으나 흔히 풍수에서 말하는 그런 '명당'은 아니라고 강조한다. 다시 말해 이곳의 보국은 한 사람을 위한 것이 아니라 여러 사람을 위한 사당(祠堂)자리라는 것. 그렇기 때문에 보는 법도 묘자리나 집자리의 풍수법과는 다르다고 덧붙였다.

그의 해석에 따르면 이곳은 풍수에서 말하는 생기가 모여 있는 곳이 아니다. 흑성산의 흑성(黑城)이 말해주듯 음기(陰氣)를 띤 영기(靈氣)들이 모이는 곳이다. 청룡과 백호의 산봉우리들이 뚝뚝 떨어져 마치 상여 위의 연꽃 봉오리 모양을 하고 있는 것이나, 내당수가 명당 앞에 모여 앞으로 곧장 나가는 것 등이 모두 사당자리임을 보여준다는 것이다.

더구나 흑성산의 흑은 음양오행의 기로 말하자면 죽은 기(死)이고 신은 현명(玄冥), 곧 어둠의 신이다.

이쯤되면 독립기념관이 지닌 몇 가지 의문점이 풀린다. 우선 그 명칭의 시비가 계속되고 있는 것은 땅이 지닌 성격과는 달리 기념관이 되었다는 데서 비롯됐다고 하겠다.

정묘년의 비밀

건립과정에서 '추모의 자리'를 마련해 사당으로서의 성격도 일부 가미했지만 명칭이 안고 있는 이곳의 의미 규정은 아직도 완전히 해결되지 않은 셈이다. 또하나 본래 4년공사로 기획했다가 아시안게임에 맞추기 위해 1년 당겨 86년에 준공하려고 한 것도 무리였다. 결국 '겨레의 집' 지붕 화재로 87년에 준공했는데 이는 87년의 간지인 정묘(丁卯)와 절묘하게 일치한다.

정은 네번째 해를 뜻하고 묘는 '양쪽 문짝을 활짝 열어젖힌' 상형문자로 곧 사당의 문을 열어 사람을 맞이한다는 뜻이다.

내외 동포의 정성과 항일투쟁의 의지를 담은 독립기념관을 두고 더 이상 화제로 삼는 것은 예의가 아니다. 그러나 지형이 지닌 성격을 감안할 때, 현재 독립기념관측이 운영의 묘를 기하기 위해 동·서곡 계곡을 레저단지로 개발하려는 계획은 별로 바람직한 것이 아니라고 본다.

기왕에 재정적 압박을 벗어나기 위해 레저시설을 굳이 할 경우에는 현재의 주차장 밖으로 설치하는 것이 타당하다는 견해도 없지 않다.

한편 독립기념관 내의 전시관과 구조물들은 설계과정에서 이미 풍수지리적 구심성을 두고 설계한 것이어서 모두 적절하다는 평을 듣고 있다.

주택·공공 건물·사찰이 갖춰야 할 조건/107

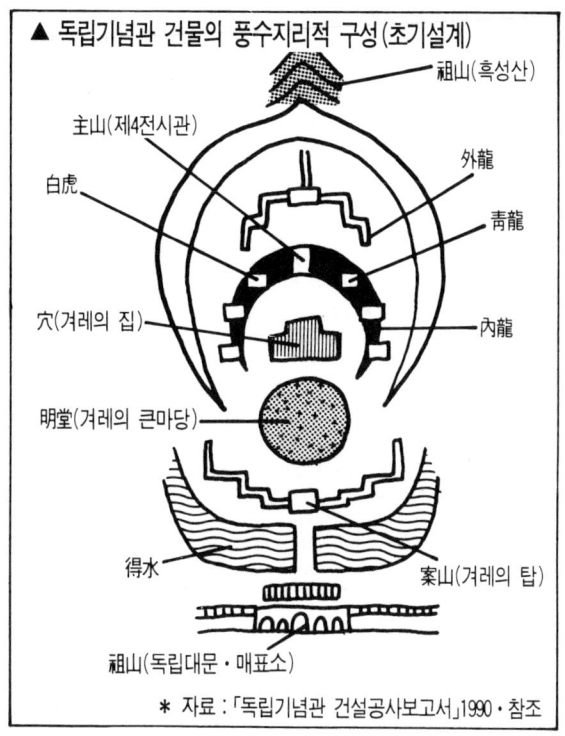

도표에서 볼 수 있듯이 전통사상인 풍수지리가 지닌 건축적 상상력은 독립기념관내의 구조물에 합리적인 질서를 부여해 주고 있다. 그런 점에서 우리는 다시 한번 '검은산'이 지닌 풍수적 의미를 되새겨볼 필요가 있다고 하겠다.

화랑도에서 비구니 도량으로 바뀐 인연
─ 청도 운문사

풀어야 할 3가지 의문

　우리나라의 많은 사찰 중에 경북 청도(淸道)의 운문사(雲門寺)는 비구니(女僧)들만이 거주하는 사찰로 널리 알려져 있다. 왜 하필 운문사에 비구니들이 머물게 됐을까. 또 하나, 이 사찰은 단순한 기도도량이 아니라 승가대학이 있는 교육장으로도 명성을 얻고 있다. 왜 이 절에 승가대학이 설치됐을까.
　운문사에는 또 하나의 수수께끼가 있다. 대개의 사찰이 도로에서 일주문을 거쳐, 진행하는 방향으로 보아 맨 뒤쪽에 대웅전을 두게 마련인데, 그 반대로 건물이 배치돼 있는 절이 운문사다.
　어떤 이유로 이런 가람배치를 택했을까.
　현재의 운문사는 해방후 불교계의 정화사건으로 1958년 조계종이 접수, 비구니의 사찰로 만들었다. 당시 어떤 이유로 굳이 운문사가 비구니 관리사찰로 돌아가게 되었는지는 분명치 않다. 여느 큰 사찰과는 달리 당시에는 교통의 오지로 꼽혀 비구니들에게 돌아간 것이 아닌가 막연히 추측할 뿐이다.
　이와 함께 가람의 배치에 대한 의문이나 비구니들과의 인연에 대한 명확한 해명은 어디에도 공식적인 문건이 남아 있지 않은 상태다. 앞서 지적한 세 가지 의문을 풀기 전에 운문사에 얽힌 역사를 살펴보자.

원광국사 세속오계 교육장

운문사의 기록에 따르면 이곳에 처음 암자가 들어선 것은 신라 진흥왕 18년, 서기 557년이다. 이름이 알려지지 않은 한 승려가 이곳에 암자를 짓고 3년동안 수도끝에 크게 깨달아 절을 짓기 시작했다고 한다.

그뒤 진흥왕 27년, 서기 566년에 운문사 자리에 대작갑사(大鵲岬寺)를 비롯해 그 주위에 가슬갑사(동쪽), 천문갑사(남쪽), 대비갑사(서쪽·현 大悲寺), 소보갑사(북쪽) 등 오갑사를 창건했다고 한다. 당시 진흥왕은 이 소식을 듣고 이들 사찰을 국가의 기복을 비는 원찰(願刹)로 삼았다고 한다.

경주에서 35km 떨어진 이곳은 군사적 요충지다. 이들 오갑사의 진짜 기능이 무엇이었는가는 뒷날 원광(圓光)국사가 이곳에 들어와 대작갑사 등을 중창하고 가슬갑사에서 귀산(貴山)과 추항 등 화랑에게 이른바 「세속오계」를 전수함으로써 확연히 드러난다.

서기 600년 원광국사가 들어오기 전부터 이곳은 화랑들의 훈련장이었고 원광국사는 그들에게 삼국통일의 정신교육을 담당했던 것으로 추정된다.

삼국통일후 오갑사는 화랑제도가 없어지는 것과 함께 의도적으로 철거(?)됐다. 이는 뒷날 제2중창조로 꼽히는 보양(寶壤)국사가 서기 930년(경순왕 4년) 중국에서 돌아와 이곳에 다시 오갑사를 재건할 때, 이른바 까치의 안내로 대작갑사 터에서 황금탑을 찾아냈다는 연기설화로 확인된다.

보양국사의 중창이후 운문사는 후삼국통일에 기여한 공로로 고려 태조 왕건으로부터 현재의 이름인 운문선사(雲門禪寺)란 사액을 받았다.

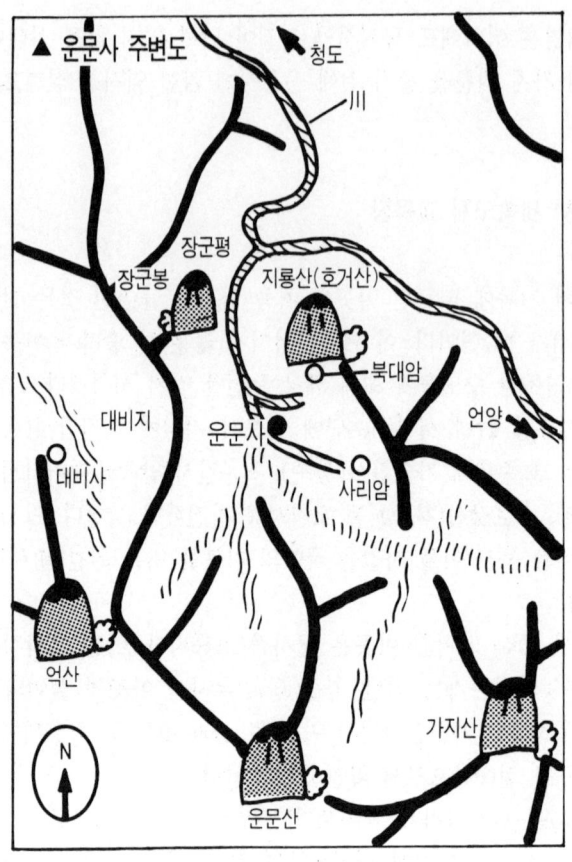

▲ 운문사 주변도

그 뒤 1105년 원응(圓應)국사가 다시 옛모습으로 중창하고 『삼국유사』를 지은 일연(一然)대사가 이곳의 주지를 맡기도 했다. 조선조 이후에도 수차례 중창을 거쳐 현재에 이르고 있다.

지명으로 바꿔버린 청룡과 백호

연대기적으로 간략하게 더듬어 보았지만, 운문사는 오늘날 비구니들

남쪽끝 운문산을 주산으로, 오른쪽의 억산 줄기를 타고 내려와 암연꽃에 자리한 운문사 전경. 사진 오른쪽의 억산 줄기가 서쪽에 있어 소녀를 뜻하는데다 그 모습이 마치 여승이 수도하는 자세와 흡사하다.

의 교육도량이 되기 전에 이미 화랑을 비롯한 선사들의 교육장으로 각광받았음을 엿볼 수 있다. 오늘날 승가대학도 그런 연유에서 인연의 끈을 맺고 있다고 하겠다.

 운문사가 교육장으로 각광받게 된 까닭은 무엇인가. 앞서 살펴보았듯이 경주 근교에서는 가장 지세가 험해 주위로부터 격리될 수 있다는 지리적인 특색을 갖추고 있다. 이를 풍수적으로 살펴보면 더욱 확연히 드러난다.

 "운문사의 관국주산(管局主山)이 운문산이다. 이 산은 태백산맥의 대간룡이 잠시 쉬어가는 주필산이다. 주필산은 그 성격상 이곳으로부터 다시 소간룡이라고 할 수 있는 크고 작은 산들을 파생시키는 태조산이 된다. 그런 점에서 이런 산 아래 세워지는 도시나 건물은 정거장 기능을 갖게 마련이다. 여기에다 운문사에서 남쪽으로는 가지산이 문필봉을 이루고 있고 학산 역시 문봉인데다가 가지산 줄기가 절의 동쪽에서 삼태봉(三台峰)을 이루고 있다.

마치 하늘로 오르는 사다리 모양(上天梯)을 한 삼태봉 또한 문필봉으로서 학문의 발전을 기약해 준다. 이런 지세 때문에 이곳은 천연의 교육장임을 보여준다."

수강의 설명이다. 그런데 왜 굳이 비구니들이 오늘날 이곳의 주인이 되었는가. 그점 역시 풍수지리적 설명 이외에는 불가능(?)하다고 하겠다.

이에 앞서 우리는 운문사의 가람배치의 특이성도 함께 살펴보기 위해 이곳의 총체적인 형국을 먼저 살펴보자.

운문사 입구, 장군평 마을의 상가지역에서 운문사를 바라보면 왼쪽에 호거산, 오른쪽에 장군봉이 마치 수문장처럼 버티고 있다. 호거산(虎踞山)은 운문산의 다른 이름으로 불리지만 지금 이곳에서는 북대암 뒤의 바위산을 두고 호랑이 모습을 띠었다고 해 호거산으로 부른다. 또 이 산은 지룡산(池龍山) 혹은 지룡산(地龍山)으로도 표기하는데, 이는 후백제의 견훤이 이곳에 성을 쌓고 신라를 공격한 역사적 사실에서 비롯된다.

지룡은 곧 견훤을 가리키던 '지렁이'의 각각 다른 한자 표기라고 하겠다. 그러나 풍수적으로는 전혀 다른 뜻이 있다. 다시 말해 호거산=지룡산은 풍수의 오른쪽 백호(호거산)가 왼쪽의 청룡(지룡산)으로 바뀌었다는 것이다. 이 점을 염두에 두고 수강의 설명을 들어보자.

돌아앉은 대웅전

"앞서 언급한 것처럼 운문산이 운문사의 지형을 관장하는 주산(少祖

山)이다. 이곳에서 좌우로 날개를 벌려 좌측으로 억산(億山)의 일지맥이 북진하여 8폭병풍을 이뤘고 우측으로는 가지산의 한 맥이 층층이 탐랑(붓끝처럼 생긴 목형산)을 이루었으니 쳐다보면 그 모습이 연꽃과도 같다.

그 가운데로 비학(飛鶴: 학이 나는 모습의 산)이 구름 속에 날아들고 있다.

물이 빠져나가는 수구사(水口砂)를 살펴보면 서쪽에 장군봉(흔들바위), 동쪽에 호거산이 대문빗장처럼 버티고 서서 도량을 수호한다.

운문사터는 바로 이 속에서 북쪽을 향해 피어 있는 한떨기 부용(암연꽃)처럼 생겼다.

운문사 대웅전의 위치는 서쪽 억산 줄기의 6백65고지와 동쪽 가지산 줄기의 사자모양 봉우리, 그리고 입구의 장군봉을 연결한 삼각형의 중심지대에 위치해 있다. 이를 일러 천심십도혈(天心十道穴)이라 한다.

그런데 여기서 도량의 배치를 살펴보면 운문산의 흐름과는 반대로 대웅전을 비롯한 사찰 건물들이 모두 남향(子坐午向)을 취하고 있다. 이로 인해 서쪽 억산 줄기의 8폭 병풍산이 백호가 되고 동쪽 호거산(지룡산)은 청룡이 됐다.

자연히 앞에서 흘러오는 물은 조래수(朝來水: 조산 쪽에서 명당 앞으로 쏟아져 들어오는 물)가 되어 서쪽으로 흘러 빠져나감이 보이지 않게 된다."

수강의 설명에서 운문사가 남향한 이유와 비구니가 거주하게 된 까닭이 드러났다. 이를 좀더 쉽게 풀어보면 만약 사찰의 방향이 입구도로와 마주보는 북향이 되면 곧 물의 흐름을 지켜보는 것이 되어 재화나 부와는 인연이 멀게 된다. 풍수에서 물은 곧 재화를 뜻하는데 항상 물이 빠져나가는 것이 보인다면 운문사의 경영은 실로 낭패라고 하지 않을 수 없다.

또 여기에다 오행의 상극관계로 보면 운문산이 남쪽에 있어 화를 상징하고(이점 역시 대웅전이 북향했을 때도 같다) 북쪽의 호거산은 수가 된다. 이렇게 되면 향이 주산을 극(克)하는 수극화(水克火)의 형상이 되어 흉으로 떨어지게 된다. 이를 피하기 위해 사찰의 방향을 남쪽으로 앉힌 셈이다.

또 하나 북향하면 호거산이 지형 그대로 백호가 되어 마치 이빨을 세우고 물듯이 달려드는 모습이어서 엄청난 재앙을 가져올 수 있다. 따라서 이를 피하기 위해서는 인위적으로 백호를 청룡으로 돌려놓는 비보책으로 사찰을 남향으로 바꾼 셈이다.

일주문은 '바람' 구멍

풍수에서 청룡은 남성을 뜻하고 백호는 여성이다. 향의 바뀜으로 서쪽의 억산 줄기가 자연히 백호가 되고 이곳은 8폭병풍처럼 보여 청룡쪽보다 산세가 뛰어난데다 그 모습이 틀림없는 여승이 반가부좌를 틀고 앉아 있는 모습이다. 자연방위로도 서쪽은 팔괘의 태방(兌方)에 해당, 소녀를 뜻한다.

일찍이 고려초기 보양국사가 중국에서 돌아올 때 서해용왕의 아들인 '이무기'를 데리고 와 서쪽 억산 밑에 살게 했다고 한다. 그곳이 바로 지금의 이목소(璃目沼)다. 검붉고 칙칙한 소(沼)인 이곳은 지형으로 보면 억산줄기 여승이 반가부좌한 단전 아랫부분이 된다. 상징적인 뜻이 있지만, '이목'이란 한자로 '이목(離目)'으로 표기할 수 있다. 이는 '눈을 떼라'는 뜻인데 한번 속세를 떠나 불가에 들어온 비구니는 속세의 생산(生產 : 결혼하여 출산함을 뜻함)과는 인연을 끊어야 한다는 보양국사의 교훈이 서려 있다고 하겠다.

운문산의 성격이나 운문사의 위치로 보아 이곳은 비구니의 승가대학이 들어설 수밖에 없었다고 하겠다. 그때가 언제냐가 문제였는데 이를 위해 이미 신라시대에 남성들이 터를 정비해 놓았고 장군봉과 호거산이 '오빠와 늙은 할아버지'로 이들을 지켜주고 있는 셈이다.

현재 승가대학은 남쪽에 정문인 해탈문을 두고 있어 제대로 건물배치가 되어 있다. 그러나 대웅전으로 들어오는 일주문이 진방(辰方 : 동남쪽)에 있어 관광객에게는 편리하지만 비구니들이 출입해서는 안된다.

이목소와 마주보고 있는 일주문은 바로 욕지(浴地)[1]에 해당하기 때문이다. 승가대학과 사찰을 담장으로 막아 속세와 인연을 끊고 있지만, 일주문으로 들어오는 '바람'을 막기에는 문이 없는 것만 못하다고 수강은 귀띔했다.

---

1) 목욕과 같은 뜻. 오행의 왕생휴수사(旺生休囚死)를 보여주는 12성운의 원리 중 하나.

고려인의 고토회복 집념이 서린 땅
— 중원 미륵사지

천년을 지켜온 미륵불의 미소

　물이 없으면 인간은 물론 자연도 생명을 부지하기 어렵다. 그러나 물이 지나치게 많아 홍수가 지게 되면 역시 아무런 도움이 되지 못한다.
　90년 초가을 경기지역 대홍수는 물의 무서움을 다시 한번 일깨워 주었다. 예부터 동양에서는 치수(治水)를 국가존망의 대사업으로 삼았고 치수에 뛰어난 인물을 지도자로 뽑은 까닭도 그런 점에서 이해할 만하다.
　추석을 앞두고 아직 돌아갈 집이 없는 우리의 이웃이 있는가 하면 조상에게 성묘를 가고 싶어도 찾아갈 묘역이 송두리째 사라져버린 이웃들도 적지 않다. 새삼 풍수의 지혜가 그리워진다고 하겠다.
　풍수에서는 바람을 가두는 것(藏風)보다 물의 들고 남을 우선으로 삼는다. 아무리 주위 산들이 아름다워도 물의 배수가 적절치 못하면 기를 응결시킬 수 없기 때문이다. 기가 모여 있는 자리(穴)를 제대로 잡으면 자연의 폐해는 물론 인재까지도 피할 수 있다.
　충북 수안보온천에서 멀지 않은 월악산국립공원 안에는 풍수의 교과서적인 명당이 자리하고 있다. 이른바 미륵사지의 미륵불 위치가 그것이다.

 문헌과 기록이 없어 이곳의 사찰이 언제 건립되었고 어느때 주춧돌만 남기고 파괴되었는지 알 수 없지만 지금도 미륵불만은 고졸한 미소를 머금은 채 자신의 위치를 고수하고 있어 눈길을 끈다.

 조각 형식으로 보아 이 미륵불은 대개 11세기초에 건립된 것으로 추정된다. 바로 고려건국 초기이고 우리나라에 풍수사상이 활짝 꽃핀 시기다. 그러나 이 지방의 전설에 따르면 불상은 신라말기 마의태자가 손수 깎아서 만든 것이라고 한다. 이를 뒷받침하는 사례로 미륵불이 향하고 있는 맞은편에 바로 태자의 동생인 덕주(德周)공주가 세운 덕주사(德周寺)와 그곳의 마애불을 들고 있다.

 다른 한편 이곳의 지리적 특성으로 보아 미륵사는 고려초기 잃어버린 북방의 고토(故土 : 옛 고구려땅)를 회복하기 위해 세운 절이라는 견해도 있다. 서울대 최창조교수는 그의 저서『좋은 땅이란 어디를 말함인가』에서 특히 이점을 강조했다.

 최교수는 이 지역이 군사적 요충지로서 일찍이 삼국이 각축을 벌였고 결국 이 지역을 차지한 나라가 한반도를 통일하게 되었다고 지적했다. 미륵불의 좌향이 북향인 점은 바로 삼국을 통일한 고려가 북방을 되찾겠다는 의지의 표현이라고 그는 덧붙였다. 아무튼 미륵사 자체는 역사 속의 미궁으로 사라졌지만, 그 터에 남은 미륵불만은 근 1천년의 세월을 견뎌 지금까지 온전히 전해오고 있다.

천심십도(天心十道) 정혈법

 미륵불이 위치한 이곳의 지형은 전형적인 분지다. 왼쪽의 지릅재, 오른쪽의 하늘재, 그리고 북쪽의 송계계곡을 통해 외부와의 연결이 가능하지만 주위의 산들이 워낙 높아 절 자리에 들어서면 마치 함지박속에 들어간 듯싶은 느낌을 받게 된다.

그러나 자세히 살펴보면 이곳은 풍수에서 말하는 천심십도(天心十道)의 혈에 위치해 있다. 쉽게 말해 천심십도란 주위에 있는 네 산을 선으로 그었을 때 그 십자의 중앙에 혈이 있다는 정혈법(定穴法)의 하나다.

미륵불이 자리한 혈의 주산은 주흘산(主屹山)이다. 태백산에서 소백산을 거쳐 문경의 진산인 주흘산으로 이어지는 내룡은 그 견고함이 한반도의 중심을 동서로 이어주고 있다는 점에서 이미 풍수사의 주목을 받아왔다.

주흘산을 축으로 청룡쪽에는 신선봉(神仙峯)이, 백호쪽에는 포암산(布巖山)이 주산보다는 못하지만 역시 단정한 모습으로 버티고 있다.

여기에다 멀리 송계계곡 끝에 월악산(月岳山)이 얼굴을 내밀고 있다. 주산과 좌우 청룡·백호의 산, 그리고 조산을 연결하면 바로 십자(十字)가 된다. 이 십자의 중심에 미륵불이 자리하고 있다.

최교수는 미륵불의 혈에 대해 보다 자세한 설명을 붙이고 있다. 천심

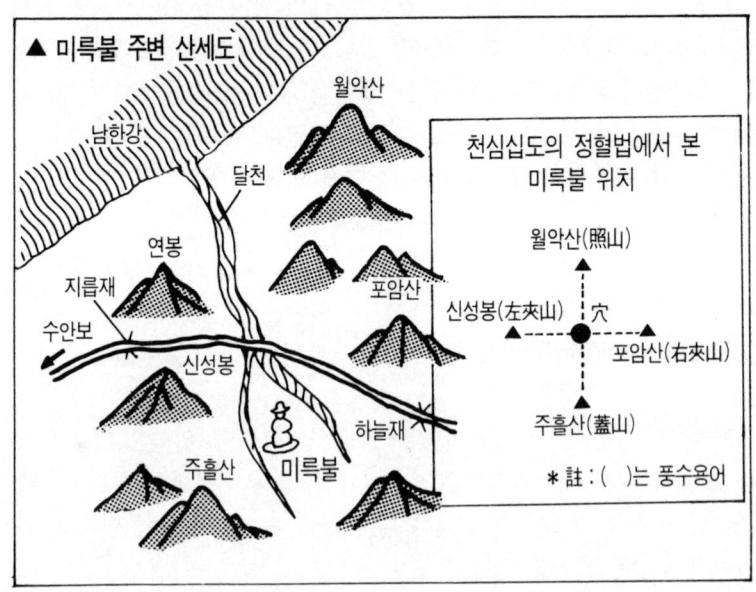

십도의 정혈법에서 조산이 높으면 혈의 자리도 높아야 하고 조산이 낮으면 혈의 위치도 낮아야 한다고 했다.

이곳의 조산인 월악산은 해발 1천97m로 매우 높은 편인데, 이에 반해 미륵불의 혈은 낮게 자리하고 있다. 이 점에 대해 최교수는 그의 저서에서 '혈처와 조산의 거리가 상당히 멀기 때문에 원칙에서 어긋나는 것은 아니다'고 했다.

다시 말해 이는 '조산이 멀면 기가 쉽게 허물어지기 때문에 산기(散氣)가 되지 않도록 혈은 반드시 낮은 곳에 있어야 한다는 것'이다. 또 하나 미륵불의 혈처는 천심십도에서 보면 약간 오른쪽으로 치우쳐져 있다. 이것은 풍수이론에서 '왼쪽이 높으면 기는 오른쪽에 있고 오른쪽이 높으면 혈은 왼쪽에 있다'는 명언을 따른 것이다. 즉 청룡쪽의 신선봉이 백호인 포암산보다 높기 때문에 자연히 중심에서 보아 오른쪽에 혈이 자리하게 된다는 것이다.

혈 앞의 명당은 그리 넓은 편은 아니지만 전체적인 규모로 보아 적당한 평지를 이루고 있다. 득수면에서는 혈의 좌우에서 물이 흘러나와 명당 앞에서 합쳐져 송계계곡으로 흘러간다. 혈에서 보아 물의 빠져나감이 보이지 않아야 하는데 이 점은 그리 뛰어난 편이 아니다.

황천살(黃泉殺) 막는 두 가지 비보

미륵불의 혈에는 또다른 약점이 있다. 왼쪽편은 지름재가 장풍의 역할을 제대로 맡고 있지만 오른쪽 하늘재는 너무 낮아 허한 모습을 띠고 있다. 여기에다 이른바 황천살이 끼여 있어 상당한 약점으로 작용한다.

황천살이란 혈의 좌향으로 보아 허한 곳이 있어서는 안된다는 풍수적 이론이다.

미륵불의 좌향이 남쪽에서 북쪽을 보는 오좌자향(午坐子向)인데, 이 경우 손궁(巽宮: 동남쪽)이 약하면 황천살이 있다고 본다. 바로 하늘재가 이에 해당한다. 이런 경우 풍수이론에서 등장하는 것이 비보책이다. 자연의 결점을 인위적으로 막는 방법이 있다는 것이다.

미륵불의 혈처에서는 두 가지 비방을 쓰고 있다. 우선 하나는 현재 미륵불의 직선상에 놓여 있는 석등이나 5층석탑과는 달리 이들 앞에 오른쪽으로 1.5m쯤 비켜서서 자리를 차지하고 있는 구부(龜趺)를 들 수 있다.

흔히 기념비의 받침대 역할을 하는 이 돌거북이는 원래 상단에 비석이 있었던 것으로 추정되는데, 현재 비는 흔적없이 사라지고 거북만 남아 있다. 다른 하나는 하늘재로 오르는 중간쯤에 위치한 3층석탑 1기가 그것이다. 이들 두 가지 비보들은 가까이서 보면 모두 하늘재를 가리듯 버티고 있어 허한 부분을 채워주는 셈이다.

중원군 상모면의 미륵불은 무심코 보면 그저 미륵신앙의 옛 절터로만 생각하기 쉽지만 하나하나 내용을 뜯어보면 그 속에 동양사상의 진수가 모여 있음을 느끼게 된다. 이곳 상모면(上芼面)의 상모란 지명도 일찍이 고구려의 지명이다. 그런가 하면 미륵불 왼쪽의 작은 시내 건너편에는 거북바위라고 불리는 큰 바위가 있다. 그 위에는 또 직경 1m정도의 둥근바위가 얹혀 있다. 전설에 따르면 이 바윗돌은 유명한 바보 온달장군이 가지고 놀던 공기돌이었다고 한다.

이 일대가 국립공원으로 지정돼 이미 충주호와 함께 관광의 명소로 떠올랐지만 최교수는 한걸음 나아가 민족적 과제인 통일문제를 풀어가기 위해 이곳에 수련장을 건설해 국민도량으로 삼는 것이 좋지 않겠느냐고 제안하고 있다.

아무튼 이곳의 미륵불은 풍수에서 말하는 기의 혈자리에 위치, 어느 석공이 빚어놓은 자신의 모습을 1천여 년간 지켜오고 있는 것만은 분명하다고 하겠다.

(후기 : 중원 미륵사지는 앞 절에서 언급한 청도 운문사의 좌향과는 정반대다. 운문사가 입구에서 보아 남향(子坐午向)임에 반해 미륵사지는 입구와 마주보는 북향(午坐子向)이다. 미륵사지의 경우, 미륵불을 제

국내 사찰 중에서는 드물게도 북향한 이 미륵불은 삼국을 통일한 고려가 다시 옛 고구려땅을 회복하겠다는 의지를 강하게 보여준다. 또한 사찰은 없어져도 미륵불은 기가 모여 있는 혈처에 위치, 지금껏 자신의 모습을 흐트리지 않고 있다.

외하고 옛 사찰의 모습을 찾기 힘든 것은 바로 명당 앞의 직출수와 관련이 있지 않은가 싶다. 그러나 오늘날 충주호가 생겨남으로 인해 외명당에 거대한 호수가 조성돼 기의 운세도 달라져가고 있다고 봐야 하지 않을까 싶다. 이 점은 앞으로 더욱 연구해볼 과제다.)

제 3 장
마을과 도시, 그리고 공업단지의 환경생태학

고려말 이씨부인이 택한 남원양씨의 터전
—전북 순창 구미마을

열녀는 두 지아비 안 섬겨

전라도 남원(南原)에서 순창(淳昌)으로 빠지는 24번 국도를 가다보면 중간쯤에 비홍(飛鴻)재가 나온다. 이곳 고개마루에서 북쪽을 바라보면 한가락하게 생긴 산들이 여기저기 흩어져 있다.

지금부터 6백여 년전, 한 여인이 이 고개에서 살 만한 땅을 찾기 위해 나무로 만든 매를 세 마리 날려보냈다.

한 마리는 지금의 순창군 동계면(東溪面) 관전리(官田里)로 날아갔고, 또 한 마리는 같은 면 구미리(龜尾里)로, 또 한 마리는 순창군 적성면(赤城面) 농소리(農所里)로 날아갔다.

여인은 구미리에 정착했고 농소리에는 집안의 산소와 자신의 묘를 뒷날 썼다. 비홍재는 이 여인이 매를 날려보냈다고 해서 붙인 이름이다.

조선조 세조때 열녀로 표창받은 이 여인이 남원양씨의 대를 이어주고 뒷날 양씨의 문벌을 일으킨 이씨부인이다. 고려말 우왕(禑王)때 직제학(直提學)을 역임한 양수생(楊首生)의 처인 이씨는 남편이 벼슬길에 나간 뒤 일찍 죽자, 유복자를 데리고 당시 수도 개성에서 시댁의 고향인 남원으로 내려왔다.

고려시대에는 남편이 죽으면 대개 다시 시집가게 마련이었고 친정에서도 개가를 강권했지만 이씨는 '충신은 두 임금을 섬기지 않고 열녀는 두 지아비를 섬길 수 없다'며 천리길을 걸어 남원으로 온 것이다.

그러나 당시만 해도 왜구의 침입이 심해 곳곳에 난리가 나던 때라 이씨는 남원을 떠나 비룡재에 일시 거처하다 더 안전한 곳을 구하기 위해 나무 매를 날려 구미리를 택하게 됐다.

생태조경학의 연구대상

90년 2월 서울대대학원 생태조경학과를 졸업한 김용규(金容珪) 씨는 이곳 구미리를 소재로 석사학위 논문을 썼다.

『취락경관 해석에 관한 연구』(부제 구미리 마을 경관해석을 통한 의미맥락의 파악을 중심으로)에서 김씨는 환경설계가들이 설계대상이 되는 지역이나 집단에 대해 문화적 이해없이 서양적 기법을 이용, 환경설계를 함으로써 결국 그곳에 사는 사람들의 삶의 의미를 잃어버리게 하는 잘못을 범하고 있다고 지적했다.

이를 극복하기 위해 김씨는 환경설계가들이 설계대상지역 사람들이 무엇을 생각하고 있는가를 알기 위해 그들의 삶의 의미구조에 먼저 들어가야 한다고 주장했다. 그 의미를 캐내기 위해 김씨가 이용한 방법이 풍수지리적 접근이다.

구미리란 동리의 이름은 한자의 뜻 그대로 '거북이의 꼬리'란 뜻이다.

이 마을 입구에는 지금도 목잘린 거북 모양의 거북바위가 길가에 서있다. 전설에 따르면, 거북이의 꼬리 방향을 두고 이 마을 사람들과 근처 취암산 취암사 승려들 사이에 심한 싸움이 있었다 한다. 자고 나면 서로 거북의 꼬리 방향을 마을이나 절쪽으로 놓기 위해 몸싸움을 벌이다 승려들이 결국 거북의 목을 잘라버리고 말았다 한다. 그 뒤 절은 폐

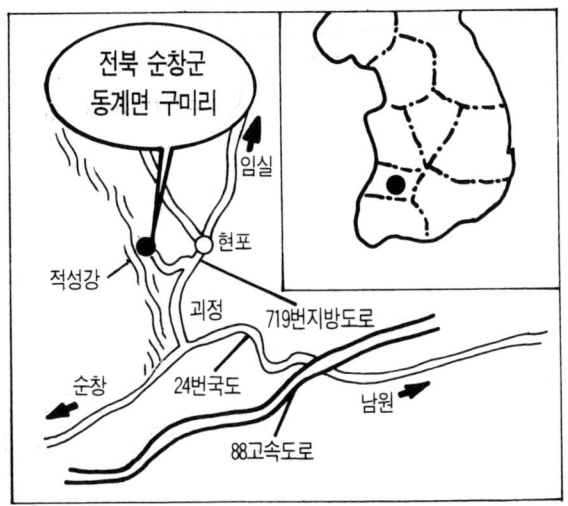

사가 되고 구미리는 번창했다.

이 싸움의 원인은 거북의 꼬리쪽이 명당이란 속설을 두고 벌어진 셈이다.

구미리의 진산(鎭山), 곧 주산은 무량산(無量山)이다. 덕유산에서 남서쪽으로 뻗어온 산맥이 남원 교룡산(蛟龍山)을 지나 비홍재에서 적성강(赤城江)을 끼고 북으로 달려와 남향으로 앉았다.

본래 이씨부인이 터를 잡았을 때는 무량산의 이름이 구악산(龜岳山), 다시 말해 거북산이었다. 지금 청룡이라 부르는 산쪽이 주산에서 뻗어내린 청룡이고 거북의 머리부분에 해당한다. 백호는 청룡보다 짧지만 역시 주산에서 그대로 뻗어내렸다.

목마른 사슴이 물 찾는 형국

대개 '거북'이 남성을 상징하듯 이곳의 안산은 그에 대응하는 여성명칭의 옥녀봉이 그리 높지 않게 버티고 있다. 마을 사람들은 옥녀봉을 두고 그 형국이 옥녀탄금형(玉女彈琴形), 또는 옥녀직금형(玉女織錦形)이라고 불러 이곳에 묘를 쓰고 있다.

물의 흐름을 보면 옥녀봉 앞으로 동쪽에서 서쪽으로 시내가 흐르고 백호쪽에서 흐르는 적성강은 서북쪽에서 남동쪽으로 흘러 내외수가 역류현상을 보여준다. 이는 이 마을이 홍수의 위험이 없고 안산과 물의 흐름이 음양의 상생관계를 보여주고 있음을 뜻한다.

이씨부인이 터를 잡은 지금의 종가는 그 형국이 목마른 사슴이 물을 찾는다는 갈록음수형(渴鹿飮水形)으로 사슴의 먹이부분에 해당한다.

종가 왼쪽에는 대모정(大母井)이 있어 이 형국을 완성해 주고 있다. 또 종가 뒤에는 대나무숲이 있고 여기에 사슴을 상징하는 녹갈암(바위)이 있다. 마을 사람들은 지금도 바위가 마르지 않도록 가끔씩 대모정의 물을 떠다가 부어준다고 한다.

명당인 종가 자리 외에도 이 마을에는 거북과 관련된 최고의 명당자리가 아직도 남아 있다고 마을 사람들은 믿고 있다. 전체적인 마을형국이 '거북이가 꼬리를 진흙탕에서 끌고 간다'는 금구예미형(金龜曳尾形)이기에 그 혈을 찾기 위해 여러 지관을 동원했지만 한결같이 서로 다른 자리를 지적했다는 것이다.

이처럼 풍수지리설에 근거해 6백여 년의 전통을 이어온 구미리 마을의 경관에 대해 김씨는 앞서 언급한 그의 논문에서 다음과 같은 결론을 내리고 있다.

'풍수사상의 형국론이 장소성(場所性)과 장소령(場所靈 : 서양인들이 어떤 장소에 신령한 힘이 있다고 믿는 영)에 결정적인 영향을 끼치고 있어 토지이용과 경관에의 의미부여에 중요한 역할을 하고 있다.

장소의 이해는 배경·의미·활동으로 구성되며, 다른 장소와 구별되는 장소성과 그 장소만이 갖는 독특한 기운의 장소령을 함께 파악해야 가능하다. 그런데 구미리 마을의 경우에는 풍수사상에서 말하는 기가 장소성 형성에 결정적인 영향을 주고 있다.

또 구미리의 풍수적 국면은 자손번성을 위한 음양의 생기가 화합하는 땅이다. 종가의 입지는 갈록음수형이라는 형국의 혈에 위치해 역시 자손번성과 번영을 추구하고 있다. 음택의 입지는 옥녀봉이 지닌 형국(옥녀탄금·옥녀직금형)에서 볼 수 있듯이 그 혈에 묘를 씀으로써 고관대작의 배출을 추구하는 지역민의 심층적 의미를 엿볼 수 있다.'

공간인식의 수직성과 수평성

이에 덧붙여 김씨는 구미리 사람들의 공간을 인식하는 구조로 수직성과 수평성을 들었다. 다시 말해 무량산이나 옥녀봉을 중심으로 기우제나 불공 등을 지내는 의식은 절대적인 것에 의지하려는 신앙적 차원의 수직성을 보여주는 것이며, 종가를 중심으로 항렬에 따라 그 아래로

주산인 무량산에서 뻗어내린 청룡과 백호 사이 남원양씨의 종가를 중심으로 마을이 형성돼 있다. 이곳 형국은 '거북이가 진흙탕에서 꼬리를 끌고 간다'는 금구예미형(金龜曳尾形). 서북방향에 용골산(龍骨山)이 마을을 넘겨다보고 있다.

집을 짓고 사는 것은 인간 상호간의 수평적 위계질서를 보여주고 있다는 것이다.

이처럼 풍수지리를 이용한 경관해석방법은 환경계획 설계가들이 흔히 설계과정에서 지나치기 쉬운 해당 지역주민들의 가치관과 그들이 환경을 질서지워 나갔던 사고 등을 계획과정에 반영하고 이를 보존하는데 유용하게 이용될 수 있다고 김씨는 지적했다. 특히 전통요소를 많이 간직하고 있는 마을을 계획·설계하는 경우에는 더욱 필요하다고 강조했다.

이씨부인이 구미리에 정착한 이후 남원양씨 가문에서는 문·무과에 급제한 인재들이 20여 명 배출됐다. 특히 이씨부인이 염원했던 대로 남원양씨들은 지금까지 별탈없이 번성의 길을 달려오고 있다.

그러나 최근에 이르러 구미리에도 우리나라 농촌이 앓고 있는 '도시병'이 비켜가지 못해 안타까움을 남기고 있다.

한때 3백여 호가 살던 이곳도 근래들어 그 반 이하인 1백여 호로 줄어들었고 분교에서 출발했던 구미국민학교도 80년대 들어 학생수가 급격히 감소, 현재는 25명뿐이다. 91년 이 학교는 폐교되고 학생들은 면소재지로 옮겨가는 실정까지 이르렀다. 주민 양달수(楊達洙)(72)씨는 아들들이 모두 대처로 나가 혼자 농사짓고 있다며 이렇게 나가다보면 누가 고향을 지키게 될지 걱정스럽다고 한숨지었다.

산과 물이 태극형 이룬 삼남 제일의 강촌
—안동 하회마을

『택리지』가 추천한 땅

우리나라 속담에 '시냇가에 사는 것이 강(江)가에 사는 것보다 못하고 강가에 사는 것이 바닷가에 사는 것보다 못하다'고 했다.

이에 대해 『택리지』의 저자인 이중환(李重煥)은 그것은 화물의 들고 남과 생선과 소금을 얻는 이익만을 생각한 결과지 사실은 바닷가에는 바람이 많아 여러 가지 질병이 따르고 또 식수의 부족, 농토의 질박함, 탁한 조수가 밀려와 운치가 부족하다는 점 등을 들어 그렇지 않다고 반박했다.

이어 그는 역으로 '바닷가에 사는 것이 강가에 사는 것보다 못하고 강가에 사는 것이 시냇가에 사는 것보다 못하다'고 평했다.

그러면서 그는 우리나라 시냇가 중에서 가장 살 만한 곳으로 영남 예안(禮安)의 도산(陶山)과 안동(安東)의 하회(河回)를 첫째로 꼽았다. 난세의 피해의식(?)을 벗어나지 못한 그로서는 당연한 결론이겠지만 사람이 살 만한 시냇가는 반드시 큰산(嶺)에서 멀리 떨어지지 않아야 한다고 덧붙였다. 이들 두 곳은 태백산(太白山)과 소백산(小白山)을 바로 이웃에 두고 있다.

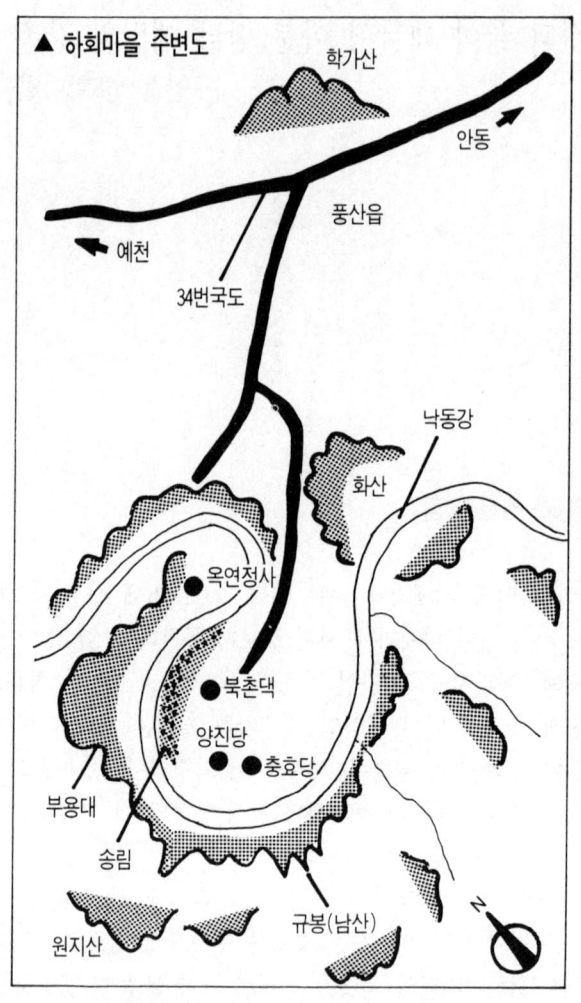
▲ 하회마을 주변도

　서애 류성룡(柳成龍)과 별신굿으로 인해 우리에게 익히 낯익은 지명인 하회마을은 안동에서 예천으로 가는 34번 국도변에 자리한 풍산읍에서 약 30리 더 들어가야 한다. 안동으로부터 70리 떨어진 하회는 조선조때 풍산현(豊山縣) 소속이었지만, 오늘날 행정구역으로는 안동군 풍천면 하회동이다.

서애 류성룡의 전설

풍산읍에서 하회로 들어가는 길은 안동 근처에서는 보기 드물게 드넓은 평야지대다. 누렇게 익은 황금들판 저끝에 우뚝 솟은 산허리를 넘어서면 바로 낙동강이 보이고 S자로 굽어진 강 사이로 한 마을이 펼쳐져 있다. 이상한 것은 이 마을이 아니라 바로 마을로 뻗어가는 산의 생김새다.

오늘날 풍산(豊山)류씨의 고향으로 불리는 하회의 첫주인은 류씨네가 아니었다. 속설에 따르면 언제부터인지는 모르지만 이곳에 원주민격인 허(許)씨네가 살았고 그 뒤 안(安)씨를 거쳐 류씨네가 정착했다.

풍산류씨의 입향조는 서애 류성룡의 7대조인 류종혜(柳從惠). 그는 현재의 풍산읍 상리지역에 거주하다가 이곳으로 옮겼다고 한다.

류씨네가 입향한 지 6대째에 류중영(1515~1573년)이 중종 35년에 식년문과에 급제하여 본격적으로 벼슬길에 나섰고 그의 두 아들 운룡과 성룡대에 이르러 풍산류씨의 화려한 벌족이 형성된다. 겸암(謙菴) 류운룡(柳雲龍)은 이퇴계 문하에서 수학하고 도학(道學)에 일가견을 지녔던 인물. 어려서부터 총명했고 자라서는 천문과 경학에 두루 통했지만 벼슬에 뜻을 두지 않았다.

뒷날 음관(蔭官)으로 원주(原州)목사를 역임하기도 했지만 그 소탈한 성품과 차원높은 식견으로 동생인 서애에게 커다란 도움을 준 것으로 알려지고 있다.

서애 류성룡은 임진왜란 당시 영의정으로 활약, 조선조의 첫째가는 명재상으로 손꼽히는 인물. 그의 임란 당시 기록인 『징비록』은 국보로 지정될 만큼 역사적 가치를 지니고 있다.

오늘날 풍산류씨는 이들 두 사람의 후손들로 이들에 의해 명가의 이름을 얻게 되었고 하회라는 지역 또한 주목을 받게 되었다.

서애와 하회의 깊은 인연은 지금도 이 지역에 전설처럼 떠도는 이야기에서 확인된다.

어느날 어린 서애가 이곳 강가에서 목욕을 하다가 깊은 곳으로 들어가 익사 직전에 이르렀는데 갑자기 회오리 바람이 불어 그를 바위 위에 올려놓아 생명을 구해주었다는 것이다. 그만큼 하회는 서애를 빼고는 이야기할 수 없는 곳이기도 하다.

물 위에 떠 있는 연꽃

삼남(三南)지방의 4대 길지(吉地)의 하나로 꼽히는 하회의 풍수적 해석은 어떠한가.

"이곳의 주산인 화산(花山)은 멀리 태백산에서 달려온 맥이다. 서쪽으로 뻗어온 산맥이 풍산에 이르러 숨은 듯 일어나 화산을 만들고 그 맥이 다시 서쪽으로 들어와 평야를 이뤘다. 그 형국은 물위에 떠 있는 연꽃형(연화부수형:蓮華浮水形)이다. 남산의 좌우에 벌려선 산봉우리들은 삼천귀인(三天貴人:유학자들이 쓰던 정자관 모양의 세 봉우리)을 이루어 극귀현덕(極貴賢德)을 표상하고 있고 동쪽에서 흘러온 낙동강 물은 연화(蓮華:하회마을)를 감싸고 돌아 서쪽으로 빠져나가니 이름하여 하회라. 동남북이 높고 서방은 낮은 대신 광활하다. 그러나 이곳에도 원지산(遠志山)이 문필봉으로 허함을 막고 있으니 그 아니 좋은가."

하회마을이 한눈에 내려다보이는 부용대(芙蓉臺)에 올라 수강 류종근 씨는 이렇게 찬탄을 금치 않는다. 이어 그는 "마을의 집들이 북향이고 서쪽이 허한 점으로 미뤄 큰 부자(大富)는 기약하기 어렵겠지만 낙동강수가 지현만곡(之玄灣曲)하니 먹고 입는 것은 결핍하지 않겠다"고 덧붙인다.

또한 그는 "주위 산들이 정체를 드러내지 않고 봉우리만 내밀고 있어 은둔장자가 가히 기거할 만한 곳이지만 그것조차 좌우의 산들이 여러 겹으로 아름다움을 더하고 있어 비록 숨어 살고자 하는 선비가 있을지라도 그 이름을 숨기기 어렵다"고 진단한다.

낙동강이 S자형으로 마을을 감싸고 흘러 이른바 수태극(水太極)의 전형을 보여준다. 멀리 남산(규봉)의 세 봉우리는 정자관(程子冠)의 형상을 띠고 있어 현덕귀인(賢德貴人)을 배출하게 마련이다. 강뒤의 숲은 풍수에서 말하는 비보책으로 물의 흘러감을 마을로부터 감추고 있다.

 흔히 연꽃은 꽃과 열매를 구비한 원만한 꽃으로 이름 나있어 불교미술에 많이 이용되고 있다. 이 연꽃의 가장 좋은 모습은 수면에 떠있을 때다. 하회마을에서 집을 짓고 사는 경우에는 그 터를 수면보다 너무 높게 해서도 안되고 너무 낮아도 안 좋다. 다시 말해 연꽃이 물위에 떠있는 그런 자리에 집터를 잡아야 한다는 것이다.
 일찍이 이곳에 들어온 허씨나 안씨들의 경우에는 류씨들이 잡은 집터보다 대개 높은 곳이었기 때문에 기를 제대로 잡지 못한 셈이었다고 하겠다.
 현재 하회의 충효당(서애의 옛집)이나 양진당(겸암이 기거한 곳)이 바로 물위에 떠있는 연꽃의 자리라고 한다. 서애나 겸암 이후 이 집터에서 생장한 후손들이 계속 벼슬길에 나섰음은 췌언을 요하지 않는다.
연화부수형이란 형국 이외에 하회는 흔히 수태극(水太極) 산태극(山太極)의 전형적인 형국으로 꼽힌다. 만물의 시작이 모두 태극에서 생성된다는 점에서 하회를 감싸고 흘러가는 낙동강물의 모습이 곧 음양을 가르는 태극선이고 주위의 산봉우리들도 태극선으로 이어진다. 이 점에서도 하회는 탁월한 지형을 갖추었다고 하겠다.

만송정(萬松亭) 송림은 비보책

민속마을로 지정된 하회는 서애선생의 애국충정과 조선조의 전통적 민가구조를 볼 수 있다는 점에서 살아 있는 역사, 문화교육장이기도 하지만 북쪽 낙동강변의 모래벌과 소나무숲은 휴식공간으로서도 일급지로 꼽힌다. 만송정(萬松亭)숲으로 불리는 이 송림은 풍수이론에서 보면 하회의 지형적 결함을 보충해 주는 비보책(裨補策)이다.

북향한 집들의 경우 강한 북서풍을 막기 위해서는 방패가 있어야 한다. 바로 그 역할을 이 송림이 하고 있고 또 풍수의 득파(得破)이론에서 물이 빠져나가는 것이 집안에서 보이지 않아야 하는데, 자연의 지형지물이 없는 경우 인공적인 보호책이 있어야 한다. 그것이 또한 소나무숲이다.

요즘같이 도시생활에 찌든 사람들에게 하회는 하나의 청량제와 같다. 우선 이 마을에 한번 들어가면 나오기가 싫어진다.

굳이 풍수적 이론으로 지형의 아름다움을 들먹이지 않아도 평범한 사람의 눈에도 온화하고 포근한 정취, 그리고 주위를 감싸고 있는 산들의 원만한 모습, 강가의 깨끗한 물과 정결한 모래밭, 부용대로 이어주는 나룻배, 그 모든 것이 한국적 규모에 알맞은 아름다움을 간직하고 있다.

옛사람 이중환이 이곳을 두고 한국 제일의 살 만한 곳이라고 평한 까닭을 이쯤되면 알만해진다.

 그러나 영남북부의 큰 마을이던 이곳도 한집두집 빈집이 늘어나고 거대한 한옥들도 손길이 닿지 못해 서서히 무너져내리고 있다.

 90년들어 마을 진입로가 포장되어 교통이 편리해졌지만 문화부가 의욕적으로 펼친 문화·예술인들의 창작공간 이용도는 아직도 팸플릿 단계에 머무르고 있어 더욱 아쉽다.

 다만 젊은이들이 화산 기슭에서 탈춤과 농악을 익히기 위해 장단을 치는 북소리만이 가끔씩 적막을 일깨워준다.

정감록이 지정한 십승지의 첫째 고장
—풍기 금계동

민중의 이상향

　풍수지리설과 도참(圖讖: 국가 등의 미래를 예언하는 것)사상이 어우러져 민간신앙으로 뿌리내려온 책이 『정감록(鄭鑑錄)』이다.
　한마디로 이 책은 왕조의 순환원리를 풍수의 지기(地氣)의 성쇠에 따라 풀이한 것으로 이씨의 조선조가 망하고 새 왕국, 곧 정씨의 나라가 머지않아 설립된다는 이야기를 담고 있다. 뿐만 아니라 이 책은 외침과 내환에 시달려온 민중들이 유토피아적인 새 세상을 기대하는 염원을 강하게 보여준다.
　대개 임진왜란 이후에 민간에 유포된 것으로 추정되는 『정감록』은 「감결」을 비롯해 「삼한산림비기(三韓山林秘記)」「무학비결(無學秘訣)」「남사고(南師古)비결」 등 20여 개의 비결을 담고 있다. 또 여러 이본(異本)이 있어 어느 책을 정본으로 삼기조차 어렵지만 오늘날도 우리의 관심을 끌고 있는 부분은 이른바 '십승지(十勝地)'에 대한 기록이다.
　난세를 당해 이를 적극적으로 개척해나가기보다는 난리를 피해 몸을 숨길 만한 곳이 한반도 안에서 어디냐를 꼽은 곳이 바로 십승지다.『정감록』 내에서도 그 순서에는 차이가 있지만 대개 첫번째로 꼽는 곳이

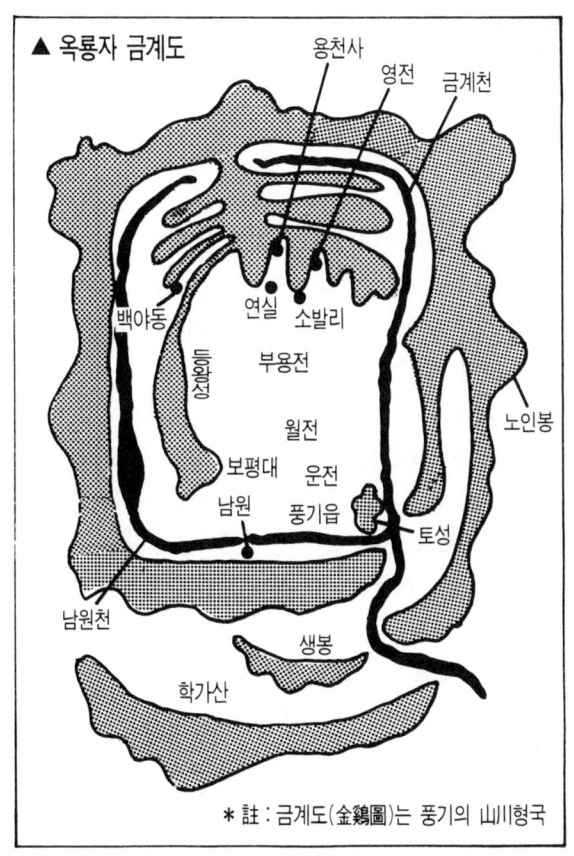

* 註 : 금계도(金鷄圖)는 풍기의 山川형국

'풍기(豊基) 차암(車岩) 금계촌(金鷄村 : 현재의 경북 영풍군 풍기지역)' 이다.

 그밖에 '승지'로는 가야산(경남 합천군 가야산 남쪽 만수동), 공주(충남 공주군 유구와 마곡 사이), 금당(경북 예천군 금당동), 영월(강원도 영월읍 동쪽 상류), 무풍(전북 무주군 무풍면 북쪽), 호암(전북 부안군 호암), 운봉(전북 남원군 운봉면), 화산(경북 봉화군 춘양읍), 보은(충북 보은군 속리산)을 꼽는다. 〔괄호 안의 현지명은 79년 서울대 대학원에서 석사학위를 받은 오세창(吳世昌) 씨의 「풍기읍의 정감록촌 형성과

이식산업에 관한 연구」에 따랐다.]

남사고가 넙죽 절한 소백산

부안의 호암과 공주를 제외한 8개 지역은 모두 소백산맥 양쪽에 놓여 있다.『정감록』에 따르면 '임진강 이북의 평안도와 황해도, 강원도 동쪽 및 한강 남쪽 백리, 오대산 북쪽은 난리를 피할 수 없는 곳'이라고 했고 '자손을 보전하려면 태백산과 소백산 사이에 숨으라'고 했다. 그런 점에서 소백산맥 줄기에 십승지가 집중적으로 모여 있는 것이 아닌가 싶다.

서울에서 삼남으로 통하는 길은 예부터 안성·직산의 기호(畿湖) 길과 충주·문경·상주로 통하는 영남길이 있었다. 소백산 아래의 죽령을 넘어 영주·안동으로 통하는 길은 문경새재를 이용하는 길보다 험로로 꼽혀 이용객의 수가 극히 적었다. 지금도 안동이나 상주로 가기 위해서는 충주·문경길을 택하고 있다.

죽령너머 첫번째 고을이 풍기다. 죽령에서 내려다보면 풍기를 포함, 영주시 일대가 한눈에 들어온다. 반대로 풍기와 영주쪽에서 보면 소백산의 줄기가 앞을 막고 있어 더 이상 나아갈 곳이 없는 듯싶다. 이렇게 앞을 막고 있는 소백산이지만 이곳은 일찍이 남사고(南師古: 호는 격암, 조선 명종 때의 풍수·천문 등에 통달한 예언자로 꼽힘)가 이곳을 지나다 말에서 내려 넙죽 절하며 "이 산은 사람을 살리는 산이다"고 했다 한다.[1]

그만큼 소백산은 이상한 영기(靈氣)를 지니고 있어 보는 이로 하여금 절로 탄성을 자아내게 한다.

이처럼 영산인 소백산 아래 풍기가 있지만『정감록』에서 말한 풍기·차암·금계촌이 어디냐가 문제다. 같은 풍기지역이지만 죽령으로 통하

---

1) 이 기록은『택리지』에 나온다.

는 길목이 있는가 하면, 죽령과는 거리를 둔 외진 곳도 있다. 19세기초 관서지방, 곧 황해도와 평안도지역의 사람들이 풍기로 이주하면서 금계촌을 찾기 시작했다.

풍기의 향토학자인 송지향(宋志香 : 72·서부동 거주) 씨는 "예부터 이곳은 바람과 돌이 많은 곳이었다. 그런 탓인지 금계촌은 돌이 없고 (無石), 바람이 없고(無風), 죽령이 보이지 않는 곳(不見竹嶺)을 금계촌으로 꼽아왔는데 그곳이 바로 임실"이라고 설명했다. 송옹은 자신은 "결코 『정감록』 신봉자가 아니다"고 강조하면서 그가 집필한 『영주·영풍군지』에 소개된 또다른 자료를 보여주었다.

암탉이 알을 품고 있는 형국

「옥룡자(玉龍子) 금계도(金鷄圖)」로 알려진 이 자료는 우리나라 풍수지리설의 개조인 도선국사가 직접 그린 것으로 되어 있으나 그 진위는 알 수 없다. 그러나 이 자료는 풍기의 산천형국(그림 참조)과 설명을 덧붙이고 있는데, 내용은 다음과 같다.

'동국명승 대세지보(東國名勝 待世之寶 : 동국의 명승이요 세상을 기다리는 보배로다) 적선지가 후예입거(積善之家 後裔入居 : 적선한 집안의 후손이라야 들어가 살리라) 일왈금계 운길천년(一曰金鷄 運吉千年 : 금계가 첫째니 좋은 운이 천년에 뻗으리라) 삼기강조 오성취규(三奇降照 五星聚奎 : 삼기가 비치고 5행의 별이 모이도다) 광개평탄 분명합금(廣開平坦 分明合襟 : 넓게 열려 합금이 분명하며) 북출동류 남통학가(北出東流 南通鶴駕 : 냇물은 북에서 동으로 흐르고 남으로 학가산에 통하는도다) 남유생봉 북유곡봉(南有生峰 北有穀峰 : 남쪽에 생봉이 있고 북쪽에는 곡봉이 있으며) 동유염봉 서유적봉(東有鹽峰 西有賊峰 : 동쪽엔 염봉이 있고 서쪽엔 적봉이 있도다) 주회사십 수구원쇄(周廻四十 水口遠鎖 : 둘레가 40리에 수구는 멀리 잠겼도다) 공명개세 금계익고(功名

蓋世 金鷄益高 : 공명이 세상을 덮으며 금계가 더욱 높도다) 문기향시 운길백석(問其向時 運吉白石 : 묻노니 그 언제일런고 운이 트여 돌이 희어짐이로다) 자좌장원 건좌속발(子坐長遠 乾坐速發 : 남향은 운이 장원하고 동남향은 발복이 빠르다) 유왈소방 승어중화(雖曰小邦 勝於中華 : 비록 소국이나 중국보다 낫도다) 경상다출 명상배출(卿相多出 名相輩出 : 대신이 많이 나고 명재상이 무리지어 날지어다) 치란가거 사차언왕(治亂可居 捨此焉往 : 평시나 난시에 다 살 만하니 여기를 버리고 어디로 갈 것인가)' 옥룡자의 금계도나 속설에 따라 볼 때 금계촌은 오늘날 금계동 일대가 분명한 것이 드러난다.

풍기읍 금계동은 1914년 일제가 동 이름을 정할 때, 이곳 거주자들이 새로 붙인 이름으로 지금도 동네 이름으로 남아 있는 임실·부계밭·쇠바리·용천 등 마을이 이에 속한다.

흔히 이곳 형국을 금계포란형(金鷄抱卵形 : 닭이 알을 품고 있는 모

십승지의 제1로 꼽히는 풍기의 금계촌은 바람과 돌이 없고, 죽령이 보이지 않는 곳으로 알려져 있다.

습)이라 부른다. 소백산 제2봉인 연화봉에서 동남쪽으로 20리 가량 내려와 금계봉이 솟아 있고 그 앞엔 임실쪽에서 죽령고개를 가로막고 흘러내리는 산봉우리(그림의 등왕성 부분)가 하나 앉아 있다.

그 모양이 마치 암탉이 알을 품고 있는 형상 그대로다. 들이 광활하고 왼쪽으로는 북쪽에서 동쪽으로 흐르는 금계천이 있고 오른쪽에는 죽령에서 내려오는 남원천이 흘러 생현동 앞에서 두 시내가 만나 영주 쪽으로 흘러간다. 옥룡자의 금계도에 나타난 그대로다.

무공해지역으로 각광

조선조 이전부터 인삼으로 유명한 이곳은 19세기초 관서지방 사람들이 이주해 오면서 본격적으로 상품화하기 시작했고 이들 중 일부는 대개의 십승지에 이주한 사람들이 그러하듯 가내수공업인 인조견공장을 건설, 생업을 유지해왔다. 그런 탓으로 "풍기에서 못살면 타지에 가서도 못산다" 할 만큼 일자리와 토산품이 풍부해 지역경제는 매우 활기에 차 있다.

산이 크고 깊어 물이 풍부한데다 웬만한 가뭄도 이곳은 비켜간다.

이곳에서 가까운 영주지방은 1961년 수해로 엄청난 피해를 겪었지만 이곳 사람들은 지금껏 자연재해는 전혀 입지 않았다고 입을 모은다. 그런가 하면 피란지로서 적격인 만큼 가까이는 6·25때는 물론 멀리 임진왜란때도 적의 그림자조차 비치지 않았다고 한다. 이른바 난리와 흉년·질병의 삼재(三災)가 들지 않는 곳이 풍기라 하겠다.

재미있는 것은 지금의 금계동 이외에도 풍기에는 금계촌으로 꼽히는 이른바 '정감록촌'이 더 있다. 영전고개 너머의 욱금동 주민들은 이곳이 바로 금계촌이라고 믿는다. 소백산 주봉인 비로봉을 주산으로 한 이 마을에는 앞산에 역시 금계바위 산이 있는데, 그 모양은 암탉과 수탉이 서로 부리를 맞대고 있는 형상이다.

외진 산골에 비해서는 약 90호 가량의 농가들이 모여 있고 타 농촌에 비해 젊은층들이 많은 점이 특징이다. 이는 그만큼 이곳도 풍족한 삶을 누리고 있다는 뜻이겠다.

수강 류종근 씨는 십승지에 대해 한마디로 '피란지'일 뿐, 사대부가 살 만한 풍수적 길지는 아니라고 평한다.

우선 난리를 피할 수 있다는 것은 이들 지역이 피아간의 전략적 요충지가 아니라는 점에서 당연한 귀결이듯이 지리적으로 사람이 오래 살 만한 곳은 아니라고 귀띔한다. 그러나 굳이 현대적 해석을 내리자면 "휴양지 또는 무공해지역으로 각광을 받을 수 있을 것"이라고 덧붙였다.

이런 견해는 서울대 최창조 교수(지리학과)의 저서 『한국의 풍수사상』(民音社 刊)에서도 지적되고 있다.

최교수는 풍수적으로 볼 때 대개의 십승지는 단점이 더 많은 곳이라며 다만 풍기의 경우에는 태백산과 소백산이라는 거대한 기의 결집지가 있어 생기는 충만한 곳이라고 조심스럽게 평했다.

아무튼 한반도내의 십승지는 현대의 도로망이 발전함에 따라 변화가 오겠지만 지금까지 분명한 것은 인근지역에 산업화된 공장지대가 없다는 점에서 쾌적한 환경을 유지하고 있음은 분명하다고 하겠다.

'한강의 기적' 일궈낸 6백년 도읍지
—서울의 강남과 강북

보물로 변한 여의도

풍수에서 물은 재물을 뜻한다. 명당 앞에 흐르는 물의 양과 방향을 두고 부(富)의 규모를 계량해내기도 한다.

도읍지 풍수에 있어 강이나 하천 역시 그 도읍의 규모를 결정해 준다. 서울의 객수(외명당수)인 한강은 북악을 감싸고 흘러 서울을 수도로 만드는 데 결정적인 역할을 했을 뿐 아니라 우리나라 부(富)의 규모를 예단해 주고 있다.

70년대 이후 꾸준히 성장해온 한국경제를 두고 '한강의 기적'이라고 부르는 것도 결코 우연한 일이 아니다. 마치 독일이 라인강으로 인해 세계의 부국으로 발돋움했듯이 한국도 한강의 변천사에서 경제의 흐름을 읽어낼 수 있다.

한강의 이야기에서 뺄 수 없는 것이 여의도다. 여의도(汝矣島)란 한마디로 아무 쓸모없는 땅이기에 '너(汝)나 가지라'는 뜻에서 붙여진 이름이다. 그러나 70년대초 서울대교(현재는 마포대교)가 건설되고 여의도가 개발되면서 한국경제의 중심은 마치 여의도로 온통 옮겨온 듯싶게 변화를 가져왔다.

자본주의 경제의 꽃인 증권거래소가 들어가고 전경련 건물, 한국노총 등 경제주체들의 대형건물이 들어섰는가 하면 정치1번지인 국회의사당이 옮겨왔고 후기산업사회의 총아인 TV방송국들이 속속 들어갔다.

거기에다 세계 최대의 신도수를 자랑하는 단일 종교교당(여의도 순복음교회)이 자리잡았다. 또 동양 최대의 빌딩도 세워졌고 본격적인 아파트시대를 예고하는 고층아파트가 선을 보였다. 가히 여의도 그 자체가 한국의 발전상을 한눈에 보여주는 거대한 박물관과 같다고 하겠다.

풍수용어로 여의도는 서울의 나성(羅星)이다. 다시 말해 서울의 지기(地氣)가 빠져나가는 것을 막아주는 역할을 맡고 있다. 여의도가 개발되기 전까지만 해도 이곳은 버려진 땅에 불과했다. 나성으로서는 제대로 기능을 다하지 못했다는 뜻이다. "그러나 이곳에 사람이 모여들고 건물이 들어서면서 여의도는 힘을 얻었고 그 힘이 곧 경제발전의 원동력이 됐다"고 수강 류종근 씨는 설명한다.

실패한 베드타운, 강남

한국 경제의 기적을 이룬 노동자들이 들으면 기절초풍할 망언(?)이겠지만 전통지리학, 풍수는 그렇게 해석할 수밖에 없다고 한다. 왜냐하면 나성이 튼튼할수록 기(여기서는 물과 관련해 富를 뜻함)의 빠져나감을 막아주기 때문이다.

그렇다고 현재의 여의도 모습에 단점이 없는 것은 아니다. 이미 여러 풍수관계자들이 지적했듯이 국회의사당이 여의도로 옮겨온 뒤 우리 국회는 항상 행정부의 시녀에 불과했다. 한때 황금분할이라는 4당 체제가 이룩돼 잠시 국회가 힘을 얻는 듯싶었지만 곧 원점으로 되돌아갔다. 정치1번지가 여의도로 옮겨간 뒤로부터 우리 정치는 경제발전에 반비례하는 현상을 줄곧 보여주었다.

그 까닭도 역시 풍수적으로 풀이할 수 있다. 권력의 중심이 서울의 4

대문 안에 있는 한 외곽지대인 한강이나 여의도는 서울을 보좌해 주는 역할만을 맡고 있기 때문이다. 나성(여의도)은 일종의 위병(衛兵)에 해당한다.

4대문안 서울의 풍수를 논하기 전에 우리는 한강이남의 신개발지인 강남지역에 대해 한마디 더 하고 넘어가자. 여의도 개발과 같은 시기에 강남도 개발됐다. 당초 서울시는 이곳을 베드타운으로 개발하겠다는 것이 목표였고 지금도 그 기능의 일부를 분명 맡고 있다.

그러나 강남은 '8학군'이 존재한다는 영예 이외에 오늘날 유흥가(상업지구)로 우리에게 더 친근해졌다. 그 까닭도 풍수로 해석이 가능하다. 인문지리적으로 보면 인구가 몰리니 자연히 유흥가가 생길 수밖에 없다고 하겠지만, 그보다는 도로의 방향에 문제가 있다는 것이 풍수가들의 진단이다.

푸른 학이 날개를 펴고 날아가는 듯싶은 북악산 일대의 산세. 삼각산에서 보현봉을 거쳐 북악산으로 들어온 서울의 혈맥은 경복궁 근정전에서 맺었다. 청룡의 낙산, 백호의 인왕산, 그리고 안산인 남산으로 사신사(四神砂)를 완벽하게 이룬 서울 도성은 6백년 동안 겨레와 함께 온갖 영욕을 겪어왔다.

"서양인들은 해가 비치는 시간을 오래 잡기 위해 도로의 방향을 동남간(亥壬坐)으로 잡는데 이는 동양의 사고와는 다르다.

우리의 경우에는 남향이든 동향이든 정방향을 잡도록 되어 있다. 그런데 강남의 도로측선은 4대문 안에서 보아 모두 서양식인 동남간으로 도로가 나 있다. 자연히 집들도 이 방향을 따라서 지을 수밖에 없다. 이런 경우 이들 건물은 대부분 상업용으로 쓰이게 된다. 당초의 계획대로 베드타운으로 건설하려고 했다면 도로망을 현재와 같이 구획해서는 안 되었다고 본다. 서울의 중심이 강북에 있는 한 강남은 계속 상업지구로 발전할 수밖에 없다고 하겠다."

수강은 단호하게 "강남지역은 부는 얻을 수 있는 곳이지만 사대부가 살 만한 곳은 아니다"고 덧붙인다.

음(亥)과 양(壬)이 잡탕으로 뒤섞인 지역은 이미 순수성을 잃고 있다는 것이 그의 지적이다.

아직도 서울의 중심은 강북

혹자는 서울의 풍수를 조선조의 수도였던 한양에 맞추어서는 안된다고 말하기도 한다. 왜냐하면 면적으로 보아 당시 4대문 안과 오늘날의 특별시 경계는 엄청나게 달라졌기 때문이라는 것.

그러나 음택이든 양기(陽基 : 도읍지)든 풍수론에 있어 혈이 있는 자리가 중심이고 그곳의 기능이 바뀌지 않는 한 혈장(중심지)을 감싸는 주위가 넓어졌다고 해서 기가 바뀌는 것은 아니라는 점을 들어 전통풍수사들은 이에 반발한다.

아무튼 서울은 한양시대와 비교해 국가권력은 물론 시의 행정중심이 온전히 강북 4대문 안에 있다는 점에서 옛날과 달라진 것은 없다고 하겠다.

서울의 진산(鎭山)은 삼각산이다. 주산(主山)이 어디냐를 두고 이태조의 한양천도 당시에도 논란이 있었지만 경복궁의 근정전이 앉은자리로 보아 북악산이 분명하다. 왜냐하면 근정전이 바로 혈의 자리이기 때문이다. 북악을 주산으로 왼쪽 청룡은 낙산(동숭동 왼쪽 산)으로 뻗어 있고 오른쪽 백호는 인왕산을 거쳐 그 맥이 안산(案山)인 남산으로 흘러온다. 이때 조산(朝山)은 관악산이 된다. 북악을 중심으로 남산까지 성을 쌓아 4대문을 두니 이 안을 이른바 '문안'이라 부르고 서울이라 했다.

경복궁에서 보면 조산인 관악산이 화형산(火形山)으로 강한 화기(火氣)를 지니고 있어 남대문을 '숭례문'이라 이름해 그 화기를 진압함은 물론 광화문 앞에 해태를 두어 이중으로 방어했다.

또 동대문쪽은 지형상으로 낮아 이곳에 저자를 설치해 사람들이 들끓게 하고 동대문을 옹성으로 쌓았는가 하면 그 이름도 홍인지문(興仁之門)이라 했다. 지(之)자는 풍수에서 산맥이 오는 모습과 닮아 비보책으로 쓰였다. 여기서 남대문의 예(禮)와 동대문의 인(仁)은 각각 오행의 화(火:禮)와 목(木:仁)을 뜻하고 방위상으로도 남과 동을 가리킨다.

득수(得水)면에서 보면 내당수는 인왕산과 북악산 사이에서 흘러와 청계천을 거쳐 한강으로 들어간다.

이른바 서출동류(西出東流 : 서쪽에서 나와 동쪽으로 흐른다)가 되어 있다. 흔히 풍수에서 명당수의 흐름은 서출동류가 좋다고 하는데, 이는 높은 곳 서쪽에서 낮은 쪽으로 물이 흘러야 한다는 뜻이다.

우리나라처럼 서북 계절풍이 부는 곳은 서북쪽지대가 높아야 찬바람을 막아낼 수 있기 때문이다.

한편 외당수인 한강은 동쪽에서 물이 흘러와 서울을 감싸고 흘러 서쪽으로 빠져나간다(東出西流). 두 물의 흐름이 반대인 것은 4대문 안의 홍수를 방지할 뿐만 아니라 기의 누설을 막아준다는 점에서도 가장 이상적인 형태로 꼽힌다.

이태조가 조선을 건국하고 새 도읍지로 먼저 계룡산 신도안을 잡았다가 한양으로 옮긴 얘기는 너무나 유명하다. 한양으로 도읍을 정한 뒤에도 어디를 주산으로 삼을 것인가를 두고 역시 논란이 따랐다. 왕십리(往十里)란 지명이 말해주듯 당시 왕사였던 무학대사도 궁궐자리를 두고 고심했다. 이때 그를 도와준 한 농부의 말이 '십리를 더 가면 자리가 있다'고 했다. 왕십리로부터 서북쪽 십리가 현재의 경복궁 자리고 만약 동북쪽으로 갔다면 오늘날 노원구 일대가 서울의 중심이 되었을지도 모른다.

경복궁 자리에서도 인왕산이냐 북악산이냐를 두고 무학과 정도전(鄭道傳) 사이에 논쟁이 있었다.

만약 인왕산을 주산으로 삼았다면 서울의 도로망은 동쪽으로 뻗어가 동북지방의 발전을 가져왔을 것이다. 그러나 중국의 예에 따라 궁궐을 남향으로 결정하니, 북악산이 주산이 되고 오늘의 형태로 서울은 굳어졌다.

고려시대를 통해 한반도에는 서경(평양)과 중경(개성), 남경(한양)이 왕조의 기반을 다지는 곳이라는 풍수도참사상이 유행했다.

앞의 두 곳은 이미 고려초기에 결정됐고 남경 역시 11세기에는 고려왕조에서 관심을 두고 경영해왔다. 그러나 본격적인 수도로서의 기능은 조선조에 들어와 정착됐다. 셋 중에 최고의 길지는 역시 한양이었다. 그로부터 지금까지 6백년간 서울은 수부(首府)로서의 기능을 맡아왔다.

70년대말 박대통령에 의해 본격적인 수도이전 작업이 있었지만 결국 무산됐다. 인구집중을 막고 권력분산 및 국토의 균형발전을 위해서는 다시 한번 수도이전 문제를 진지하게 검토할 단계에 이르렀다.

91년 봄에 실시된 지방자치제가 제대로 뿌리내리기 위해서도 서울은 보다 민주주의형을 갖춘 지역으로 옮겨앉아야 한다.[1] 왕조시대의 권위를 지닌 북악산이 서울에 버티고 있는 한 풍수적으로 보아 참다운 민주정치를 기대하기는 힘들다고 한다. 저간의 정치사가 이를 입증하고 있다.

---

1) 이 점은 다음 후 대전지역 풍수를 참고하기 바란다.

또 하나, 북악산을 자세히 보면 마치 염소 발가락처럼 골이 패어 있음을 알 수 있다. 혈이 들어오는 입수처의 주산 생김이 이러할 때는 인패(人敗)와 갈등, 살상을 피하기 어렵다고 한다. 이것 역시 역사의 결과를 두고 하는 말은 아니다. 들을 귀 있는 자는 한번쯤 새겨볼 만하다고 하겠다.

속리산과 계룡산이 빚어낸 미래의 도시
—대전직할시

교통·첨단과학의 중심

서울을 제외하고 분단이후에도 꾸준히 성장한 도시가 있다면 그곳은 대전이다. 특히 70년대 유신독재가 전성기를 맞으면서 당시 박대통령은 대전 근교로 수도를 옮기는 문제를 거론, 이 일대의 땅값을 높였는가 하면 대덕연구단지를 건설해 미래에 대한 도전을 전개했다.

'대전발 0시 50분의……'의 대전블루스가 우리들 귀에 낯설지 않듯이 대전은 경부선과 호남선이 갈리고 경부고속도로와 호남고속도로가 나누어지는 교통의 중심지다. 현재의 남한에서 보면 대전은 어김없이 중심지에 위치, 누구나 쉽게 접근할 수 있다.

1901년 경부선의 대전역이 설치되기 전까지 대전은 한낱 '넓은 밭' 한 밭에 불과했다.

근처에 있는 공주나 옥천, 또는 유성이 고색창연한 역사를 지닌 도읍임에 반해 대전은 조선조 말기까지 그 어디에도 이름이 나오지 않는 무명의 땅이었다. 그러나 과학문명의 시작인 증기기관차가 도입되면서 한밭은 '대전'으로 명함을 내밀었고 일제가 이 나라를 완전히 식민지로 만든 직후인 1914년에는 대전면이란 행정구역으로 등록됐다.

주로 일본인이 집단거주하던 대전 신시가지는 날로 발전, 1935년에는 대전부(大田府)로 승격했고 1946년 대전시로 개칭됐다. 1989년 1월부터 국내 5개 직할시의 하나로 도약, 인구 1백만 명을 거느리는 중부권의 중심도시로 확고히 자리잡았다.

서울올림픽 이후 6공화국의 최대작품으로 꼽힐 대전엑스포가 93년 이곳에서 열린다. 벌써부터 대전 전시가지는 엑스포 열기로 덮여 있고 도시개발도 여기에 총력이 모아지고 있다.

아마 앞으로 2, 3년 대전은 뉴스의 초점에서 벗어나지 않을 것이다.

한양 동쪽보다 좋은 땅

일찍이 대전지역에 관심을 둔 학자를 꼽는다면 『택리지』를 저술한 청화산인 이중환이다. 그는 『팔도총론(八道總論)』 충청도편에서 공주를 언급한 뒤 현재의 대전직할시 소속인 유성구와 대덕구, 곧 유성(儒城)과 회덕현(懷德縣)에 대해 이렇게 쓰고 있다.

'고을(공주)의 동쪽에서 강(금강) 남쪽 언덕을 따라가다가 계룡산 뒤가 되는 곳에서 큰 영(嶺)을 넘으면 유성 큰 들판이 나서니 곧 계룡산의 동북방이다.

계룡산 남쪽 마을은 조선건국 초기에 도읍으로 정하려 하였던 곳이나 실행되지 않았다.

이 골 물이 온 들 가운데를 가로질러 서편에서 동편으로 흐르면서 진산(珍山)·옥계(玉溪)의 물과 합치고 북쪽으로 금강에 흘러드는데 이 냇물 이름이 갑천(甲川)이다.

냇물 동편은 회덕현이고 서쪽은 곧 유성촌과 진잠현이다. 동서 양쪽의 산이 남쪽으로 들판을 감싸안으며 북편에 와서는 서로 교차되어 사방을 고리처럼 둘러막았다. 들 가운데에는 평평한 둔덕이 구불구불하게 뻗었고 산기슭이 깨끗하게 빼어났다. 구봉산(九峰山)과 보문산(寶文山)

은 남쪽에 불끈 솟아서 맑고 밝은 기상이 거의 한양 동교(東郊:동대문 밖)보다 나은 듯하다. 전지(田地)가 아주 좋고 또 넓으나, 다만 바다가 조금 멀어서 서쪽으로 강경에서 교역하는 것을 힘입는데 강경까지는 불과 백리다.'

계룡산 신도안이 이태조에 의해 조선조의 새 수도가 될 뻔했지만 결국 한양에 그 자리를 뺏겼다. 당시 주요한 이유 중의 하나가 바다가 멀고 물 빠져나가는 수구가 풍수의 법도에 맞지 않다는 이유에서였다. 그러나 이중환은 오히려 계룡산 신도안보다는 유성과 그 남쪽 들판 한밭

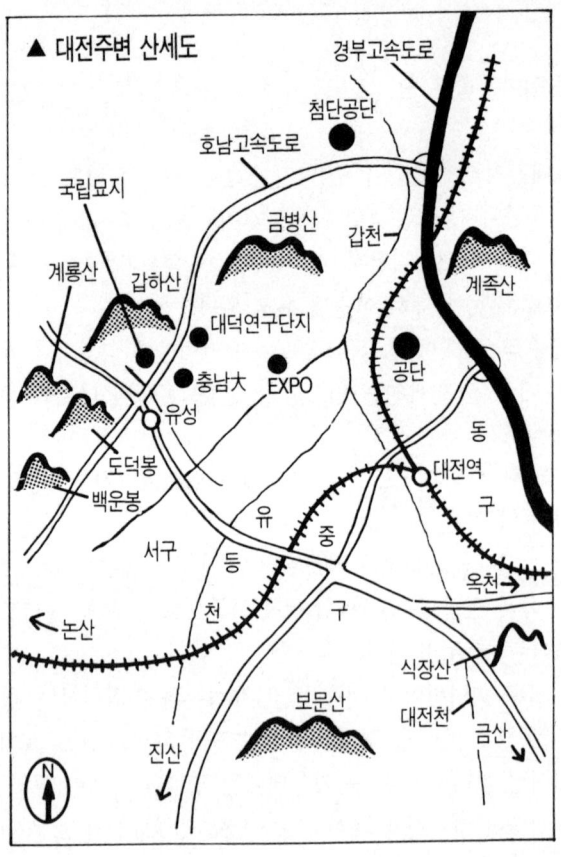

을 '한양의 동교'와 비교해 더 낫다고 하여 은연중 수도로서의 가치를 지니고 있다고 내비쳤다.

물론 그도 바다와의 교역이 어렵다고 보았지만 그 거리가 '불과 백여 리임'을 들어 문제가 되지 않는다고 보았다. 하물며 현재의 거리로 볼 때 그것은 30분 정도의 시간을 요할 뿐이다.

계룡산 지맥이 본류(本流)

'맑고 밝은 기상'이 서울 동쪽보다 낫다는 대전의 풍수적 지세는 과연 어떠한가.

대전은 계룡산 줄기와 보문산·식장산 줄기가 환상(環狀)으로 둘러싼 가운데 3개의 하천이 시내를 가로질러 북류한다. 계룡산과 금강이 서로 태극형상을 띠고 있어 산수태극의 전형을 보여준다.

그리고 '엑스포'나 첨단과학단지가 이곳에 들어선 까닭은? 또 한나라의 수도가 될 만한 위치인가를 살펴보자.

"속리산에서 추풍령을 거쳐 덕유산·지리산으로 뻗어가는 소백산맥이 덕유산을 지나 장수의 백운산(白雲山 : 일명 영취산)에서 서북쪽으로 몸을 돌려 노령산맥을 만들어낸다. 노령산맥은 진안 마이산(馬耳山)을 거쳐 모악산으로 빠지는 한 가지가 있고 다른 한 가지는 북진하여 금산의 진락산(進樂山)으로 뻗어올라와 진산을 거치면서 양쪽으로 나누어진다.

서북쪽(청룡)은 대둔산을 거쳐 진잠의 산장산(産長山 : 계룡바위를 낳았다는 산·진잠의 진산)에서 회룡고조(산맥이 온 방향을 되돌아보는 모습)로 몸을 돌려 계룡산을 만들었다. 이 산에서 동북쪽으로 뻗어온 산이 유성 뒤쪽의 백운봉·도덕봉으로 이어지고 다시 제2국립묘지가 있는 갑하산(甲下山)·우산봉·금병산으로 이어져 갑천과 금강이 만나는 송강(松江)에서 끝난다. 계룡산에서 서쪽으로 뻗어간 맥은 공주를 거쳐 부여 부소산에서 꼬리를 감춘다.

한편 진산에서 동북쪽(백호)으로 뻗어가는 산맥은 옥천 서대산(西臺山)을 거쳐 식장산(食藏山 : 옛 炭峴)을 만들고 다시 북진, 신탄진의 진산인 계족산을 일으킨 뒤 금강에서 멈춘다. 대전은 바로 이 양대 산맥 사이에 형성된 국(局)이다. 보문산은 진산에서 만인산으로 뻗어온 가운데 가지가 북진하여 대전 남쪽에서 우뚝 멈춰선 산이다.

물의 흐름을 보면 장수·무주에서 시작된 금강 상류가 영동을 거쳐 옥천에서, 속리산에서 나오는 물과 합쳐 계족산 뒤편을 돌아 송강에서, 대전에서 나오는 갑천과 함해 공주를 거쳐 부여·강경·군산으로 하여 서해로 들어간다.

물의 흐름으로 볼 때 대전지역의 중심은 청룡쪽인 계룡산 지맥이 본류로서 회룡고조형의 태극을 이루고 금강 역시 이곳에서 물의 시원처(始源處)를 되돌아보며 태극형을 이룬다.

다시 말해 산태극 수태극의 형세가 대전일대에서 형성된다. 태극은 곧 만물생성의 기본 기가 응결되어 있는 근원처다."
수강의 설명이다.

만물 생성의 기가 흘러

그의 숨가쁜 해설은 더 이어진다.
"서울과 비교하면 물은 한강에 비해 부족한 듯하나 장풍(藏風)은 탁월하다. 또 주위 산들은 살기를 벗어 순하고 부드러운 것이 서울보다 뛰어나지만 기세에 있어서는 그만큼 떨어진다(서울은 풍수용어로 대간룡이 감싸고 있지만 대전은 노령산맥의 소간룡이 끝나는 곳이다).
대전 주위의 산들은 주종관계가 분명치 않아 현대적 의미의 민주주의형이고 서울은 북악이 주인으로 버티고 있어 전제주의형이다. 그런 만큼 대전의 형국은 국안에 흐르는 세 개의 하천, 곧 갑천과 유등천(柳等川), 대전천으로 나누어 살펴봐야 한다."
대전직할시는 현재 동구·중구·서구·유성구·대덕구 등 5개 지역으로 나누어져 있다. 유성구와 대덕구는 과거 유성과 회덕현으로 다른 3개 구에 비해 일찍부터 관심을 모아왔다. 그러나 경부선 대전역이 생기면서 이 일대의 상권과 교육의 중심지는 대전역 부근의 중구지역으로 옮겨갔다. 보문산 오른쪽에서 흘러오는 대전천은 동구와 중구를 가르고 다시 왼쪽에서 흘러오는 유등천은 중구와 서구를 경계짓는다. 대둔산에서 시작된 갑천은 서구와 유성구를 가른다.
한결같이 북쪽으로 흐르는 대전국내의 세 개 하천은 역시 그 나름대로 의미를 지니고 있다. 우리의 삼신(三神)사상에서 보면 이는 우주의 근원인 북쪽을 향해 돌아간다는 '원시반본'의 의미를 띠고 있다고 하겠다. 아무튼 5개 지역을 풍수적으로 다시 세분해 들어보자.
"크게 보면 대전은 계룡산이 주필산이고 보문산이 안산이다.
계룡산에서 동북방(艮方)으로 나온 용이 백운봉·도덕봉·갑하산·

우산봉·금병산으로 뻗어 유성국(유성구)을 만들었고 보문산은 북향하여 중구의 국을 만들었다. 이 국은 대전천과 유등천이 삼천동(三川洞) 남부에서 만나는 지점에서 끝난다. 중구가 보문산 국에 해당한다. 유등천 서쪽과 갑천 동쪽, 두 물의 경계 사이에 도마산(桃馬山:跳馬가 정확한 지명)이 있어 서구를 이루는데 이를 도마산국이라고 부를 수 있다.

중구는 가양공원 일대로 비룡산국에 해당한다. 대덕구는 계족산국으로 볼 수 있다. 보문산국과 비룡산국, 또 도마산국 일부는 물이 곧장 흘러감으로써 사실상 소비지역에 해당한다.

대전의 풍수적 중심은 유성국이다. 이곳에서 보면 갑천은 서쪽에서 나와 동쪽으로 흐르는 요대수(腰帶水:지형의 중심지인 허리를 감고도는 물)가 되고 금강은 조래수(朝來水:혈 앞으로 흘러오는 물)가 된다. 더구나 갑천은 삼천동에서 대전천과 유등천을 합해 금강으로 들어가 공주·부여를 빙 둘러 서해로 들어가니 이른바 유성국의 공배수(拱背水)를 이루고 있다."

이쯤에서 몇 가지 정리를 해보자. 충남대학과 대덕연구단지가 유성국에 들어가게 된 것은 바로 백운봉·도덕봉에서 금병산에 이르는 산모양이 목형산의 탐랑봉을 이루고 있기 때문이다. 더구나 이들 산의 전체 형국은 한 마리 백학(白鶴)[1]이 밭으로 내려오는 형국(白鶴下田形)을 이루고 있어 문인·재사의 거주처임을 보여준다.

여기에다 엑스포가 열리는 도룡동(道龍洞)은 서울의 여의도와 같은 위치를 점하고 있어 이 또한 제격이다. 신주택지로 개발되는 둔산지구도 유성국의 혜택을 입고 있으나 이곳에 예정된 행정부서의 이관은 대덕연구단지쪽으로 옮기는 것이 더 바람직하다고 하겠다.

산태극 수태극의 생성원리를 지닌 대전은 첨단과학의 산실일 뿐만 아니라 문치의 행정도시로 성장시키는 것이 자연의 법칙이라고 하겠다.

---

1) 산맥이 서쪽에서 오면 오행의 백(白)에 해당하는데 그 모양새가 특히 학처럼 생겼으면 곧 백학이라 부른다.

"종합해 보면 대전은 선학하전(仙鶴下田)의 형국을 띠고 있다. 신도안은 갑천의 꼬리로서 대도시 형성이 어렵고 방위의 요충지일 뿐이다. 굳이 대전을 서울에 다시 비유해 본다면 서쪽으로는 강경·논산·연산이 위성도시가 될 수 있고 동으로는 옥천·보은, 북쪽으로는 공주·조치원·청주 등이 역시 이 국에 포함된다.

이렇게 보면 금강은 이 대국의 중간을 흐르게 되고 국을 주관하는 산은 속리산이 된다. 속리산을 살펴보면 이곳의 서출수(西出水)가 금강이고 동출수(東出水)가 낙동강, 북출수(北出水)가 달천을 경유하여 남한강이 된다.

보통사람들이 수량(水量)의 부족을 말하나 자세하게 대국을 살펴보면 이같은 까닭을 알 수 있게 된다."

수강의 여담이다.

반월성, 다시 천년의 영화를 꿈꾼다
—경주와 최부잣집

한국풍수의 전거, 반월성

　경주는 천년의 고도(古都)다. 고려 태조 18년(935년), 경순왕 김부가 고려조에 항복함으로써 현재의 지명인 경주라는 이름을 얻었다. 그 뒤에도 고려는 3경의 하나로 동경(東京)이라 불렸고 조선에 이르러 다시 경주로 환원돼 현재에 이르렀다.
　한국 사람으로 태어나 평생에 '금강산 구경'을 소원하듯 경주 구경도 이에 빠질 수 없는 관광의 명소다. 중고등학생시절 수학여행을 통해 토함산의 해돋이와 첨성대·계림 숲의 전설에 취하여 오래도록 한자리에 머물던 추억을 누구나 간직하고 있는 역사의 도시가 바로 경주다. 그런 점에서 경주는 우리에게 너무나 낯익은 곳이다.
　굳이 경주의 풍수에 관해 설명하지 않아도 수많은 불교유적과 반월성의 옛자취가 한결같이 지리적 인연과 멀지 않음을 느낄 수 있다. 중국의 풍수이론이 들어오기 전에도 한국 고유의 풍수설이 있었다는 증거로 우리는 흔히 탈해왕의 반월성 쟁취(?) 이야기를 들먹인다.
　『삼국유사』에 따르면, 탈해는 아직 왕위에 오르기 전 두 종을 거느리고 토함산에 올라 7일동안 머물면서 서라벌의 지형을 살폈다. 그 중 한

곳을 보니 초승달형국의 지형이 있어 그곳이 가장 살만한 곳으로 판단됐다. 그러나 그곳에는 이미 호공(瓠公)이 살고 있어 탈해는 숯과 숫돌을 그의 집 곁에 묻어놓고 송사(訟事)를 통해 이 자리를 얻게 됐다는 것이 기록의 전말이다.

붉게 피어난 연꽃 형국

탈해왕의 반짝이는 기지를 보여주는 고사이기도 하지만 이야기속에는 경주의 지형이 어디서 시작됐고 그 중심혈이 어딘가를 뚜렷하게 보여준다.

"경주의 산세는 남쪽에서 북쪽으로 흘러 동쪽으로 빠져나가는 형산강(兄山江)에 의해 양분된다.

경주의 주산은 토함산이다. 이 산에서 뻗어나온 가지가 서쪽으로 몸을 틀어 명활산(明活山)을 만들고 낭산(狼山)에 이르러 진산이 된다. 여기서 평지의 논밭을 지나 반월성(半月城)을 이룬다. 따라서 반월성이 경주의 중심혈이다. 이곳을 중심으로 산세를 살펴봐야 한다.

서쪽편은 태백산맥의 대간룡이 청도 운문산쪽으로 흘러가는 본맥에서 떨어져나온 지맥이 형성하고 있으며, 동쪽의 토함산과 남쪽의 금오산(남산)은 청도 운문산까지 내려간 산맥이 울산의 태화강 북쪽에서 가지를 뻗어 한쪽은 동해쪽을 타고 올라와 토함산을 만들었고 다른 한 가지는 그대로 북진, 금오산을 만들었다.

안산은 서쪽의 선도산(仙桃山)이 맡고 있다. 백호는 토함산에서 뻗어온 금강산(北嶽)이 되고 청룡은 금오산이 맡고 있다. 이 가운데 남산(금오산) 앞의 문천(蚊川)과 금강산 앞의 북천(閼川)이 시가지를 감싸고 서쪽으로 흘러와 남쪽에서 올라온 형산강과 만난다. 형산강은 경주의 허리를 감싸고 흐르는 요대수(腰帶水)로 마치 서울의 한강과 같은 역할을 맡고 있다.

전체적인 형국을 보면 경주는 남쪽에서 올라온 붉은 연꽃(紅蓮)이 서쪽을 향해 핀 백련(白蓮)으로 변해 결국 연화형(蓮花形)을 이룬다."

수강의 설명이다. 안산인 선도산과 그 주위 산들의 생김새가 깃발과 북, 말의 모습을 띠고 있어 굳이 풀이하자면 안산이 주산에 대해 손님 역할을 맡고 있듯이 신라가 당나라의 원조를 얻어 삼국을 통일하는 데 기여한 셈이라고 하겠다.

여기에다 금강산의 아홉 봉우리가 하늘을 찌를 듯이 솟아 있는 형상이나 금오산이 병풍을 이룬 형국으로 미뤄 문인·재사·미인의 배출을 기약하고 있다고 수강은 덧붙인다.

그러나 누가 보든 경주를 둘러싼 산들은 하나같이 연꽃잎이 바람에 나풀거리는 모습이어서 불교와의 인연을 떨칠 수 없다고 한다.

금오산이 인걸(人傑) 낳아

수강은 경주와 서울을 비교할 때 서울 주위의 산들보다는 험한 기운을 벗어버려서 훨씬 풍수적으로는 경주가 뛰어난 길지라며 "먼훗날 다시 한번 수도의 영화를 누릴 수 있을 것"이라고 내다봤다.

일설에는 우리나라 대도시들이 대개 행주형국(行舟形局)을 이뤘듯이 경주도 행주형으로 보기도 한다.

고려 건국후 도참설에 의해 신라의 패망 원인을 이 행주형국에서 찾기도 했다. 패망의 원인인즉, 현재도 남아 있는 쪽샘(황남동) 근처의 우물을 비롯한 경주시내의 우물들이 신라말에 대거 등장하는데 이로 말미암아 배의 밑창에 구멍이 생겨 배가 가라앉게 되었다는 것이다.

이런 전설은 신라의 멸망을 설명해주는 이야기도 되지만 다른 한편 신왕조 건설 후 구왕조의 부흥이나 재기를 경계한 민심의 무마용으로도 볼 수 있다.

신라말기 중국에서 유학하고 돌아오는 고운 최치원 선생에게 당나라

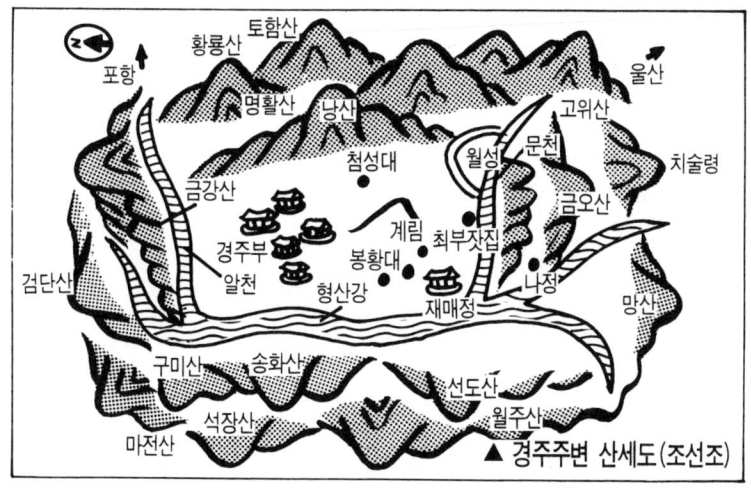
▲ 경주주변 산세도(조선조)

사람 고운(顧雲)이 지어준 시에서도 드러나듯 경주의 인물은 금오산(남산) 정기에서 배출되고 있다.

지금도 국립공원 안 남산에는 이름없는 새 무덤들이 자고 나면 하나 둘씩 늘어나는 것도 이런 인연과 멀지 않다고 하겠다.

반월성의 명당론과 함께 우리의 눈길을 끄는 것이 이른바 '경주 최부잣집'이다. 반월성 옆에 계림 숲과 이웃한 교동(校洞)에는 경주향교와 최씨일가의 한식 구옥들이 대부분을 차지하고 있다.

「요석궁」이란 전통음식점의 간판을 옆으로 막다른 골목끝에 '최부잣집'이 있다.

69년에 타계한 최준(崔浚 : 전 대구대학재단이사장)씨 대에 이르기까지 9대 진사, 9대 만석꾼으로 소문난 최부잣집이 이곳에 집터를 잡은 것은 약 2백여 년 전 최준 씨의 고조부때로 알려지고 있다.

경주 향교가 자리한 이곳에는 원래 일반 민가가 들어설 수 없었지만 경주일대에 이미 소문난 거부로 향교와 경주부에 적지 않은 영향력을 끼치던 최씨네는 새 집이 아닌 구옥을 옮겨온다는 명목으로 현재의 최식(최준의 아들) 씨 가옥 옆에 먼저 터를 잡았다고 한다. 그 뒤 집이 협

소하다는 여론에 힘입어 본래 점찍었던 자리에 종가를 지었다.

「요석궁」이란 상호가 보여주듯 이 일대는 원효대사와 인연을 맺은 요석 공주가 살던 곳이고 최씨 고가에서 서쪽으로 3백 미터쯤 떨어져서는 김유신 장군의 유허지인 재매정(財買井)이 있어 예부터 고급주택지였음을 한눈에 알 수 있다.

최부잣집 터와 가상

집터와 가상에 대해 살펴보자.

"토함산에서 내려온 기가 반월성을 이룬 뒤 나머지 기운이 계림 앞에서 작은 산을 만들고 좌우로 청룡과 백호의 구릉을 이뤘다. 그 가운데 남향으로 터를 잡았다. 안산은 금오산 앞의 작은 산으로 병풍을 이뤘고 그 너머 조산(금오산)은 요염함을 뽐내고 있다.

물은 반월성을 감싸고 흘러온 문천(모기내 : 남천)이 집앞을 역시 감싸듯 동쪽에서 서쪽으로 흘러가 형산강에 이른다. 형산강은 요대수가 되고 모기내의 수구에는 망산(望山)이 창고 모습을 띠고 있으니 부호가 머물 수 있는 곳이다. 특히 안산 앞의 논은 층층을 이루면서 이른바 조래수(朝來水 : 명당 앞으로 흘러오는 물)를 형성, 당대 발복의 기운까지 보여주고 있다.

그러나 반월성을 이룬 나머지 기운이 뻗어온 까닭에 용세(龍勢)가 그리 큰 편이 아니어서 아쉬움을 남기고 있다."

수강의 집터에 대한 설명이다. 이어 그는 가상에 대해 "남향집에 출입문도 남향, 주방은 동쪽, 화구(火口)도 동쪽에 있어 이른바 동4택의 법식을 완벽하게 갖추었다"고 평했다. 그러나 역시 세월이 지나 "좌우에 식구(주택)를 거느림으로 인해 막다른 골목이 되어 생각지 않은 화를 입겠다"고 걱정한다.

이는 남향집의 경우 막다른 골목에 자리하게 되면 남쪽 기운인 화가 같은 남쪽 기운을 지닌 인(寅)·오(午)·술년(戌年)에 화재를 몰고 온다는 뜻이다.

아닌게아니라 최씨 고가의 사랑채가 1970년 11월 전기 누전으로 전소돼 지금은 주춧돌만 남아 정원을 지키고 있다. 70년은 간지로 경술년(庚戌年)이다.

최부잣집은 최준 씨가 해방후 집터와 전답을 모두 그 자신이 세운 대구대학재단(현 영남대학)에 기증함으로써 사실상 최씨와는 인연을 끊었고 지금은 관리인들만이 살고 있다.

경주 근교 내남면 이조리에서 재산을 모은 최부잣집은 교동으로 이사와 5대째에 화려한 부의 명성을 사회에 환원했다.

조선조 후기의 전형적인 양반가옥 형태를 띤 최씨댁의 고가는 반월성에서 이어온 맥이 남향으로 명당을 이뤘다. 사진 중간부분에 사랑채가 있었으나 1970년 화재로 소실됐다. 앞의 안산이 병풍을 이뤘고 서쪽의 망산(望山)이 거대한 창고 모습을 이뤄 부(富)를 기약해 준다.

일제시대 경주부자로 명성을 날리던 최준 씨는 독립운동에 숱한 자금을 공급했고 이로 인해 두 차례나 옥고를 치렀다. 해방후에는 전재산을 육영사업에 쏟아넣어 후손들에게는 별다른 유산을 남겨주지 않았다.

'벼슬을 높게 하지 말고 백성들 속에서 덕을 쌓을 것이며 천석으로 빈객을 접대하고 천석으로 구휼에 힘쓰라'는 가훈을 엄격히 지켜온 최부잣집은 1910년 경주지방을 휩쓴 활빈당의 횡포에도 온전히 집과 재산을 지켜냈다. 그 뒤의 변천사는 지기의 영향도 크겠지만 역시 그 중심축은 사람의 생각에 달려 있음을 다시 엿볼 수 있다.

세상이치란 돌고 돌게 마련이 아닌가 싶다. 천년영화의 고도(古都)가 그러하고 부의 집중도 세월따라 변해야 뒷날 사람도 살맛이 나는 것이 아닐까.

봉황을 기다리는 진주강씨의 관향
―경남 진주

영남 제1의 풍광

중국 고대의 박물지인 『산해경(山海經)』에 따르면 봉황이란 새는 생김새가 닭처럼 생겼지만 5색의 무늬를 띠고 있다고 했다. 이 새의 머리의 무늬는 덕(德)을 나타내고 날개의 무늬는 의(義)를, 등의 무늬는 예(禮)를, 가슴의 무늬는 인(仁)을, 배의 무늬는 신(信)을 뜻한다고. 이어 이 새는 먹고 마심이 자연의 절도에 맞으며 저절로 노래하고 춤도 추는데, 이 새가 나타나면 천하가 평안해진다고 했다.

중국은 물론 우리나라에서도 일찍부터 봉황을 길조(吉鳥)로 귀히 여겼고 지금도 대통령의 휘장으로 사용하고 있을 정도다.

풍수에서도 봉황은 더없이 좋은 의미로 쓰인다. 산의 생김새가 뛰어나면 예외없이 '봉'자를 넣어 그 귀함을 보존하려 한다. 우리나라 도시의 진산(마을의 주산) 중에는 '봉황의 날아가는 모습과 닮았다'고 해 비봉(飛鳳)이라 붙인 산 이름이 적지 않다.

경기도의 남양·안성, 경북의 선산, 경남의 진주, 황해도 강령, 강원도 정선·양구 등의 진산 이름이 바로 비봉산이다.

그러나 경남 진주의 경우에는 본래 대봉산(大鳳山)이었는데 비봉산

진주강씨의 선대인 강구만이 살던 집터. 대봉산의 정맥이 들어오고 집터에는 봉황의 알을 상징하는 바위가 있었다고 한다. 왕자의 기운이 서렸다고 해 바위(알)를 깨버리고 산이름마저 비봉산으로 고쳤다. 현재의 유허비와 바위는 후대에 기념표석으로 세워 놓은 것.

으로 바뀌었다. 그 까닭은 풍수지리설과 밀접한 관련이 있다.

진주는 예부터 영남 제1의 도시로 꼽혀왔다.

고려시대의 문인 이인로(李仁老)는 그의 『파한집(破閑集)』에서 '진양(晉陽)의 시내와 산의 훌륭한 경치가 영남에서 제일이다'고 했고, '인물이 나서 국가에 도움이 되게 하는 것도 이곳의 산과 강이 지니고 있는 정기 때문'이라고 평했다.

차가운 서북풍을 막아주듯 진주시는 서북쪽으로 비봉산(대봉산)의 날개들이 높이 막고 있고 남쪽으로는 역시 남해의 바람을 막아주는 얕은 산들이 옥대(玉帶)처럼 펼쳐져 있다.

그 사이로 남강이 굽이쳐 흘러 촉석루에 오르면 저절로 노래와 춤이 나올 정도로 풍광이 아름답다.

봉황이 두 알을 품다

서울에서 속칭 천리 떨어져 있는 진주이지만, 항상 역사의 중심부에서 떠나지 않았다. 북쪽에서 오랑캐(거란)가 쳐들어오면 진주태생 장군(고려 姜民瞻)이 나가 막았고 남쪽에서 왜구가 밀고 오면 의기 논개와 의병을 비롯한 성주(金時敏)가 몸바쳐 지켜냈다.

그런가 하면 탐관오리의 가렴주구와 불평등한 계급제도를 타파하기 위해 고려의 민란은 물론 조선후기의 민권운동, 일제하 형평사(衡平社) 운동 등이 대개 이곳에서 봉화를 올렸다. 봉황이 살고 있는 곳에 '인물이 난다'는 옛말이 허튼 소리가 아님을 저간의 역사가 말해주는 셈이다.

"진주는 소백산맥이 끝나는 곳이다. 덕유산에서 왼쪽으로 뻗어온 맥(氣)이 산청의 황매산을 거쳐 의령군 자굴산에 이른다. 이곳에서 남서쪽으로 방향을 돌려 진양군 집현산에 이르고 다시 남동쪽으로 머리를 돌려 뻗어오다가 남향으로 대봉산(비봉산)을 만들었다. 대봉산의 청룡쪽이 뻗어가 옥봉(玉峰)을 만들었고 백호는 뻗어가 남강에서 멈춘다.

소백산맥의 다른 한줄기 곧, 지리산에서 뻗어온 맥은 남강 남쪽을 휘돌아 사천을 거쳐 진망산(晋望山)에서 멈췄다. 이 산이 안산이 되고 사천쪽의 지리산 낙맥들이 조산을 이루고 있다. 산맥으로 보아 우리나라 지형에 걸맞는 전형적인 명당형국이다. 서북쪽이 높고 동남쪽이 터졌기 때문이다.

물의 흐름을 보면 지리산과 단계(丹溪)에서 흘러온 두 물이 남강으로 합해 남서쪽에서 진주로 들어와 동남쪽으로 빠져나가 마침내는 낙동강에 이른다. 또 대봉산 뒤쪽에서도 개천이 흘러와 나불천(羅佛川)을 이뤄 서장대 앞에서 남강으로 들어간다.

가히 진주시 자체는 수중룡(水中龍)의 형세를 띠고 있는데다 대봉산은 동란(東卵)과 서란(西卵) 두 알을 품고 있으니 대봉포란형(大鳳抱卵形)이라고 하겠다."

수강의 설명이다.

역성혁명 두려워 봉황을 쫓다

여기서 동란과 서란은 진주를 본관으로 하는 강씨와 밀접한 관련을 맺고 있다. 대봉산이 비봉산이 된 연유도 이들 강씨에서 비롯된다고 전해온다.

우선 동란은 고려때 강감찬 장군과 함께 거란족을 물리친 강민첨 장군의 생가 유허지 뒷산을 뜻한다. 옥봉동 622번지인 이곳에는 강장군의 사당인 은열사(殷烈祠)가 있다.

『고려사열전』에 따르면 강민첨 장군은 강감찬 장군에 버금가는 인물로 강감찬이 상원수, 강민첨이 부원수로 거란을 물리쳤다. 강민첨의 시호인 은열(殷烈)을 따라 그의 후손들은 강장군을 은열공파의 파조(派祖)로 삼고 있다.

서란은 시내 주택가의 중심지인 상봉서동에 있는 속칭 '봉알자리'를 뜻한다. 이곳은 진주강씨의 시조인 강이식(姜以式 : 고구려 영양왕때의 병마도원수)의 9대손 강구만(姜九萬)이 살던 곳이라 한다.

진양강씨의 「가첩(家牒)」에 따르면 강구만대까지 강씨들이 관계에 진출, 경상대부(卿相大夫)의 반열에서 떠나지 않고 출세하자 그 까닭을 왕가에서 조사해 보도록 했다. 선조의 묘자리는 특이한 것이 없는데 바로 그의 집터 뒷산이 대봉산이고 집안에는 봉황의 알을 상징하는 바위가 있다는 것이 보고됐다. 대봉산의 봉황이 곧 '임금'을 뜻하는데다 알까지 품고 있으니 머지않아 역성혁명에 의한 강씨 왕조의 탄생까지 예견된다는 참언이 뒤따랐다.

　왕가에서는 즉시 알을 깨버리게 했다. 전설에 따르면 알을 깨자 피가 흘러나왔다고 한다. 또 대봉산의 이름을 '봉황이 날아가버렸다'는 뜻에서 비봉산으로 바꿨다. 이후부터 강씨는 내리막길을 걸었고 조선조 초기의 강희안(姜希顔)・희맹(希孟) 형제를 끝으로 별로 유명인사들이 등장하지 못했다고 한다. 그뒤 강씨들은 이곳에 '봉알'을 다시 만들어 놓고 봉황이 날아와 품어주기를 기다리고 있다.

　학계의 조사에 따르면 봉알자리는 가야시대의 옛 무덤이라고 밝혀졌지만 지금까지 강씨들은「가첩」의 기록에 따라 관리해 오면서 먼훗날을 기약하고 있다. 수강은 이에 대해 "먼 옛날 혹시 묘터였는지는 몰라도 지금보면 집터로 더 뛰어난 자리다. 대봉산의 주맥이 이곳으로 흘러들어와 진주성으로 뻗어가고 있다. 지맥이 오는 방향과 남강물의 흐름이 서로 역으로 되어 있어 이 또한 풍수의 정도다. 그리고 이곳에서는 남강물이 흘러오는 것은 보이지만 빠져나가는 곳은 보이지 않으니 득수면에서도 뛰어난 자리다. 진주강씨에 무인이 많이 났다면 그것은 주산인 대봉산 머리에 돌이 많기 때문이다. 이 점은 진주시 전체의 풍수에도 관련이 있다"고 설명한다.

　진주의 대봉산과 관련, 남강 건너편 진망산 강변에는 지금도 대나무가 제방을 따라 울창하게 서 있다. 이 대나무밭도 봉황과 관련이 있다. 봉황은 대나무의 열매인 죽실(竹實)만을 먹고 사는데 바로 건너편 대봉산과 마주해 봉황의 양식이 되고 있는 셈이다.

'북평양 남진주'의 예향

　아무튼 굳이 진주강씨의 설화가 아니더라도 인구 25만 명의 진주시가 서부경남의 제일 도시로 성장해가는 데는 별반 문제가 없다.

　우선 풍부한 남강물이 이곳의 농업은 물론 공업용수로서 적당한 역할을 맡고 있다. 진양호가 진주시 상부에 위치한 것은 부의 면에서 진주시 자체를 위해서는 좋을 것이 없지만, 보다 큰 국(局)인 사천·진양·의령군의 입장에서 보면 이것도 장차 도움이 되는 것이다. 또 진주시의 동남쪽 진양교 부근의 암반은 남강물의 흐름을 막아주고 있어 진주사람들의 부가 오래감을 뜻한다.

진주인의 무인적 기질은 앞서 언급한 대봉산의 석괴와 지리산에서 뻗어온 백호쪽 기운에서 나온다. 지리산의 강한 기운이 덕유산에서 오는 진산(대봉산)의 기운보다 강하기 때문이다. 또 동남쪽이 시원하게 터지고 조산에 귀사(貴砂 : 귀인을 뜻하는 산봉우리들)가 많은 것은 진주사람들의 예술적·문인적 재질을 보장하고 있다. 시인묵객이 머물고 가인이 많이 배출되는 것도 그런 탓이다.

'북평양 남진주'라 했듯 그 옛날 '진주권번'의 번성도 우연은 아니라고 하겠다.

현대에 이르러 진주시에 섬세한 항공분야의 첨단산업기지가 형성된 것도 이런 풍수지리적 인연과 거리가 멀다고는 할 수 없다.

일찍이 하연(河演 : 세종때 영의정 역임)은 고향 진주를 두고 '문무 영재는 낙토(樂土)에서 나고 산천 맑은 기운은 이름난 성(城)에 자욱하였다. 긴 냇물 질펀한 풀밭에 풍연(風煙)이 좋고 호탕한 피리, 애절한 거문고 소리에 세월이 더디다'고 읊었다.

큰 산(지리산)과 바다를 옆에 두고 있는 진주는 주변의 풍부한 농산물과 더불어 "가히 사대부가 살 만한 적격지"라고 수강은 덧붙였다.

금오산과 낙동강이 만나는 변혁의 대지
—구미 공업단지

금오산이 곧 태양

경부고속도로의 추풍령 휴게소를 지나면 오른쪽으로 김천시의 황학산(黃鶴山) 줄기를 만나게 된다. 고속도로를 따라 마주선 우람한 산의 모습에 잠시 눈길을 주다보면 곧 평야지대가 나오고 산은 끝난다.

10여 분 다시 달리면 정말 잘생긴 산이 오른편 창가에 손짓하며 따라붙는다.

이 산이 금오산(金烏山)이다. 산의 생김을 훑어보기 전에 대개 차들은 고속도로 좌우에 펼쳐진 공장들의 숲으로 빨려들어간다. 바로 이곳이 구미공단(龜尾工團)이다.

산 이름이 '금오(금까마귀)'니 도시이름이 '구미(거북의 꼬리)'라는 점이 우선 색다르지만, 여기에 덧붙여 '낙동(洛東)'이란 이름을 지닌 강까지 끼고 있어 가히 범상치 않음을 느끼게 된다.

해발 9백77미터인 금오산은 우리나라 산 중에서는 그리 높은 편에 속하는 것은 아니다. 그러나 이 산을 중앙에 두고 사방에 펼쳐진 지명들을 살펴보면 '금오'가 지닌 뜻이 확연히 살아난다. 부상(扶桑 : 금릉군 남면), 대성(大聖 : 선산군 아포면), 약목(若木 : 칠곡군 약목면), 가산(架山

: 칠곡군 가산면), 월항(月恒 : 성주군 월항면) 등. 여기서 부상은 뽕나무가 많아서 붙인 이름이기도 하지만 바로 뒤의 금오산이 '태양'이란 뜻을 함축하고 있다. 곧 '태양이 뜨는 곳'을 부상이라고 하고 '해가 지는 곳'을 약목이라 한다.

주역의 태극사상에서 유래된 이들 지명은 금오산을 태극으로 이해할 때만 그 의미가 살아난다. 다른 한편 '금오'란 말은 바로 태양(해)의 정기를 지닌 물체를 형상화한 뜻이다. 이에 대해 달(太陰)에도 '옥토끼'로 상징되는 항아(姮娥)가 있어야 한다. 그것이 바로 월항이다.

꽤나 어려운 얘기를 단순화하다 보니 논리의 비약이 따른 감이 없지 않지만, 아무튼 '금오'란 태양이며 우주의 중심으로 생성변환의 원리를 지니고 있다는 점을 밝혀두자.

길재 · 김종직 · 허위 · 박정희 등을 배출

여기에다 우리 귀에 익은 낙동강의 낙동이란 무슨 뜻일까. 고려시대 들어와 정착된 이 강이름은 옛 6가야국의 하나였던 상주지방의 가야국(가락국)을 두고 그 '동쪽에 있는 강'이란 뜻에서 낙동강으로 명명했다고 전해온다. 그러나 구미와 관계지어 볼 때 이 강은 바로 '하도낙서(河圖洛書)'의 후천세계를 상징하는 낙수의 한국적 적용을 뜻한다고 봐야 하지 않을까 싶다.

다시 말해 중국 고대의 하우(夏禹) 씨가 치수를 할 당시에 낙수에서 올라온 거북(神龜) 등에 그려진 무늬를 보고 치수에 성공했고 그 무늬가 바로 낙서로 통하는데, 한국의 경우 이에 해당하는 강이 바로 낙동강이라는 해석이다. 낙동강 7백리에서 구미는 그 중간에 위치, 또한번 상징적 의미를 되새기게 한다.

금오산은 구미가 오늘날 행정구역상 시가 되기 이전에는 선산군에 속했다. 선산은 이중환이 『택리지』에서 '조선 인재의 반은 영남에 있고

마을과 도시, 그리고 공업단지의 환경생태학/175

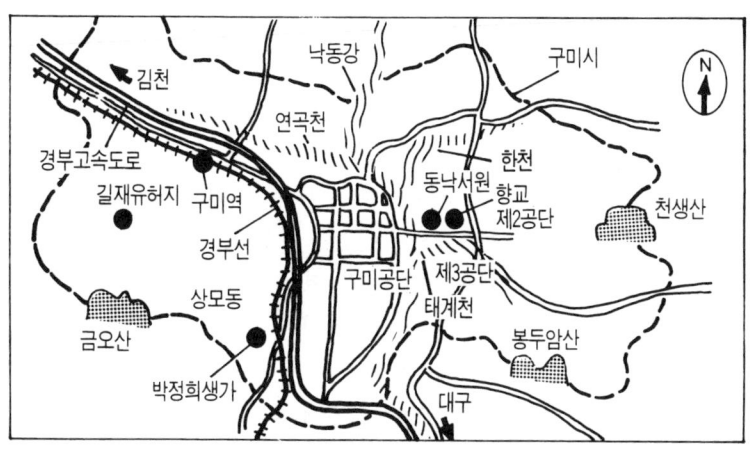

인동향교 뒤편 멀리 보이는 일자형(一字形)의 산이 토성산(土星山)인 천생산(天生山)이다. 임진왜란 때 홍의장군 곽재우가 왜적을 물리친 산성이 있고 금성(金星)인 금오산(金烏山)의 조산(朝山)으로 토생금(土生金)의 역할을 해준다.

영남 인재의 반은 선산에 있다'고 평한 바로 그 지역이다. 기록에 따르면 임진왜란에 참여한 명나라 술사가 이곳에서 인재가 많이 나는 것을 꺼려 군사를 시켜 고을(확실한 지명은 불명이지만) 뒤의 산맥을 끊고 숯불을 피워 뜸질을 했다고 한다.

이것도 부족해 그는 큰 쇠못을 박아 땅의 정기를 눌렀다고 한다. 그 뒤부터 선산에서는 인재가 나오지 않았다고 한다.

그러나 우리가 익히 아는 대로 한말 의병전쟁의 맹장이었던 왕산(旺山) 허위(許蔿)를 비롯해 현대에 이르러서는 국무총리를 역임한 장택상(張澤相), 고 박정희 대통령이 이곳 선산군 금오산 아래서 태어났음을 들 수 있다. 고려의 야은 길재, 조선조의 김종직도 이곳 사람이다.

금오산에 얽힌 전설을 몇 가지 더 들어보자. 금오산의 다른 이름은 불가(佛家)에서 남숭산(南崇山)이라 부른다. 이는 해주의 북숭산(北崇山)에 대한 이름으로 '숭산'이란 바로 중국과 한국 선(禪)의 초조(初祖)로 불리는 달마대사가 9년동안 벽을 바라보고 좌선했다는 중국 하남성 등현에 있는 산 이름이다. 그와 같은 정기를 지닌 산으로 금오산은 숭상을 받고 있고 한국 불교 천태종의 시조로 꼽히는 대각국사 의천의 비가 이 산에 세워져 있다.

주객이 토생금의 상생관계

다른 한 이야기는 금오산의 생김새를 두고 나온 말이다. 이 산을 멀리서 보면 누워 있는 사람의 옆얼굴을 닮았다고 하여 거인산으로 불러왔고 그의 눈길은 북두칠성을 바라보고 있다고 한다. 조선초기 무학대사는 이 금오산을 보고 '임금을 낳을 기운이 서려 있다'고 했는데, 인동 장씨들이 이 말을 새겨들어 오태동으로 이사해 결국 장택상을 낳았다고 한다.

그러나 오태동 윗마을인 상모동(上毛洞)에서 박정희 대통령이 나온 것을 두고 이곳 사람들은 무학대사의 말이 빈말이 아니었다고 지금도 이야기한다. 이 모두가 금오산이 지닌 지기의 강함에서 나온 말이라고 하겠다.

풍수지리 측면에서는 금오산을 어떻게 보고 있는가를 수강으로부터 들어보자.

"금오산은 역으로 올라온 산이다. 소백산맥의 줄기가 추풍령에서 덕유산으로 뻗어가던 중에 무풍의 대덕산에서 한 맥이 동남쪽으로 빠져나온다. 이 맥에서 한쪽은 합천 가야산으로 가고 다른 한맥은 1백여리 거꾸로 올라와 우뚝 멈춰서 금오산을 만들었다. 명당이 광활한데다 앞의 조안(朝案)은 천생산(天生山:낙동강 건너편 옛날 인동쪽)이 맡고 있다. 주산과 조산의 형상을 보면 금오산은 대화(帶火) 금성(金星:火形, 곧 뾰족한 산을 옆에 끼고 있는 금형산)이고 천생산은 거문 토성(巨門 土星)이다. 금오산이 용광로를 옆에 끼고 있으니 단련되는 셈이고 천생산은 부와 귀를 뜻한다.

여기에다 조산의 5행은 토이고 주산인 금오산은 금에 각각 속하니 오행상생의 관계에서 토생금(土生金)으로 주산을 조산이 살려주고 있어 더욱 좋은 형상을 띠고 있다.

득수를 보면 북쪽의 접성산(接星山)과 조명산(趙明山) 사이에서 낙동강이 들어와 공단 앞을 감싸고 돌아 남쪽의 작오산(鵲烏山) 앞에서 빠져나간다. 천문(天門:물이 들어오는 쪽)은 넓고 광활하고 지호(地戶:물이 빠져나가는 곳)는 여러 산들이 겹겹이 감싸고 있어 물의 흐름을 더디게 하니 법도에 맞다고 하겠다."

수강은 금오산의 모습을 보고 "살기가 지나치게 강하다"며 그것을 "낙동강이 누설시켜 주기는 하지만 역시 기는 그대로 살아 있다"고 설명한다.

그런 까닭에 구미쪽은 병란과 화재가 뒤따르고 인물이 나는 경우에도 혁명적 인물이 배출되게 마련이라고 덧붙인다. 금오산 아래쪽은 그러므로 평범한 주거지보다는 대규모 공공시설이 들어서는 것이 지기에 따른 순리라고 결론짓는다.

후천세계로 가는 길목

　낙동강과 금오산의 위치를 서울의 경우 한강과 관악산에 비교할 수 있다. 한강너머 영등포 일대에 일찍부터 공단이 조성되었듯이 구미지역에 공단이 조성된 것도 같은 맥락으로 이해할 수 있다.
　현재 구미공단 지역은 일종의 버려진 땅이었다. 일부 농사를 짓는 주민들이 오래도록 뿌리를 박고 살아왔었지만, 이곳이 본격적인 금싸라기 땅으로 바뀐 것은 박대통령의 공업화 정책과 궤를 같이 한다. 그의 고향이란 점에서 우선적으로 개발될 가능성이 높았다고 할 수도 있겠지만 낙동강과 구미라는 지명이 뜻하는 후천세계로의 전환을 고려해 본다면, 땅이 지닌 숙명적 결과였다고 볼 수도 있다.
　한국의 '실리콘밸리'를 꿈꾸며 첨단산업인 전자부문의 공장들이 공단을 주도해가는 것도 금오산의 태양적 성격과 맥을 같이한다. 여기에다 상모동 앞의 섬유공업단지가 조성된 것도 우연으로 돌릴 수 없다.
　앞서 지명의 변화가 곧 운의 변화라고 기술한 바 있듯이 상모동의 본래 뜻은 노산군(魯山君) 단종대왕을 추모한다는 모로동(慕魯洞)에서 비롯됐다. 이것이 상모로 바뀌고 다시 1914년 일제가 쉽게 상모동으로 고쳤다. 코오롱과 제일모직 등 한국 굴지의 섬유공장이 입주하게 된 까닭도 여기서 비롯된다.
　내륙지방에 공단이 조성됨으로써 빚어지는 공해문제는 어떠한가. 이미 낙동강의 오염을 두고 여론이 분분하지만, 구미공단 자체는 별문제가 없다. 물길 따라 바람도 불게 마련이듯 이곳에는 공단의 분진이나 매연이 머물 수 없다. 대개 왜관쪽으로 빠져나가게 되어 있기 때문이다.[1] 앞으로 제3공단쪽에 어떤 업체가 입주하느냐에 따라 우려할 만한 사태가 생길 수도 있겠지만, 이는 정책적으로 혜안을 가지고 대처해 나가야 한다.

  덧붙여 후천세계(구미)는 서양의 기운이 동쪽으로 돌아와 동서양의 도(道)가 합일된다고 했다. 오늘날 공단의 서양기술은 승(勝)하나 동양정신이 이에 융합하지 못해 윤리적으로 많은 문제들이 제기되고 있다 한다. 동과 서의 정신적 조화를 위해서는 주변의 많은 문화유적을 보존하고 되살려내는 일이 시급하다고 하겠다.

---

1) 91년 봄 '페놀 방류' 사건으로 구미공단은 홍역을 치렀지만, 실제 피해는 왜관 아래인 대구지역이었다.

신라 이래 '공업한국'의 전진기지
—울산 공업단지

태화강과 처용암의 운명

"우리도 한번 잘 살아보자."
이것은 지난 30년간 이땅의 공업화를 가져온 캐치프레이즈였다. '잘살아 보기' 위해 조상 대대로 물려받은 문전옥답을 도시와 공장에 내주고 숱한 사람들이 정든 고향을 떠나야 했다.
그 결과 한국은 유례없는 공업국으로 성공했고 중국이나 소련까지도 경제개발의 모델 국가로 선망하게 됐다. 그러나 공업화의 이면에는 빈부의 간격이 더욱 넓어졌고 페놀 방류사건과 같은 공해문제가 시한폭탄으로 전국 곳곳에 도사리고 있다.
공업화가 피할 수 없는 역사발전의 단계라면 지금쯤은 그 필연적 부작용인 공해문제도 생존의 차원에서 재검토할 시기를 맞았다고 하겠다. 이 점은 한국 공업화의 메카로 꼽히는 울산지역을 돌아볼 때 더욱 간절하게 생각나는 부문이다.
옛 시인 묵객이 찬탄해 마지않던 태화강(太和江)은 이미 죽음의 강으로 바뀌고 「처용가」를 낳은 개운포의 처용암은 온산공단(溫山工團)의 무차별 공해폭탄으로 인적마저 끊겨져버렸다. 이것이 시운이고 강산의 운명이라면 먼 훗날 우리 후손들이 살 땅은 어디에 마련돼 있을까 지극히 걱정이 아닐 수 없다.

1962년 2월 3일, 울산의 태화강변에서는 때아닌 '겨울축제'가 벌어졌다. 군악대의 주악에 맞춰 하늘에는 애드벌룬이 날았고 구릉 사이로는 깃발이 나부꼈다. 그 옛날 신라의 왕들이 행차한 이래 1천여 년 만에 정부의 최고수뇌부는 물론이고 내노라하는 경제계 인물들이 모두 이곳에 모여 있었다. 이를 두고 '온통 서울이 옮겨온 듯싶었다'고 한 촌로는 회상했다.

이날 축제(?)의 하이라이트는 당시 국가재건최고회의 의장 육군대장 박정희의 「울산공업센터 지정 선언문」 낭독에 모아졌다. 예의 검은 안경을 쓴 그는 연단에 올라 "대한민국 정부는 제1차 경제개발 5개년 계획을 실천함에 있어서 종합제철공장·비료공장·정유공장 및 기타 관련사업을 건설하기 위하여 경상남도 울산군의 울산읍·방어진읍·대현읍·하상면·청량면의 두왕리·범서면의 무거리 및 농소면의 화봉리를 울산공업지구로 설정함을 이에 선언한다"고 카랑카랑한 목소리로 말했다.

재계와 손잡은 군부의 도박

이어 그는 치사를 통해 "4000년 빈곤의 역사를 씻고 민족숙원의 부귀를 마련하기 위하여 이곳 울산을 찾아, 여기에 신공업도시를 건설하기로 하였습니다"고 했다. 또 그는 울산공업지구가 독일의 부흥을 가져온 '루르의 기적'을 한국에서 실현하는 곳이 될 것이며 나아가 그것이 바로 '5·16혁명'을 일으킨 진의였다고 덧붙였다.

허허벌판, 굳이 기존 공장을 찾는다면 일제하에 세운 조선석유저장회사와 56년에 건설된 삼양사가 있을 뿐 그야말로 빈 땅에 대고 '여기가 공업지대'라고 소리친 셈이었다. 그 뒤 울산공단은 '혁명을 일으킨 사람들의 모험'만큼이나 시행착오를 딛고 오늘의 모습으로 탈바꿈됐다. 당시 계획했던 종합제철이 포항으로 옮긴 이외에는 구상대로 정유공장·비료공장이 들어섰고 뒤이어 석유화학·자동차·조선·비철금속 분야가 울산을 중심으로 공단을 형성했다.

여기서 우리는 왜 굳이 '울산'이 선택됐을까 의문을 품게 된다. 혁명 초기 '무엇이든 할 수 있던 시대'이지만 굳이 울산을 공업지구로 선택한 까닭은 무엇일까.

세상에는 이후락 씨(울산출신)의 공로(?)로 알려져 있지만, 이는 사실과 다르다는 것이 이미 정설이다.

당시 기록에 따르면 일제시대에 일본인들이 이곳을 대륙병참기지의 하나로 설정, 공업지구로 지정한 바 있었고(이것이 가장 큰 자료로 이용됐다), 또 하나는 정유공장을 가능한 한 남쪽에 세워야 한다는 군사적 측면이 고려됐다는 점이다. 여기에 결정적으로 기여한 사람들이 당시 경제계 인물들이다.

방어진쪽의 무룡산(舞龍山)이 자연스레 청룡이 되어 울산만을 만들고 장생포쪽의 봉대산(峰臺山)은 약산(藥山)으로 화학공장의 입주를 기다려 왔다. 구릉 사이로 용들이 즐겨 먹는 반찬들이 역시 준비돼 있으니 이 또한 하늘이 만들어준 공업지대라고 하겠다.

경제계가 낸 「건의서」에 따르면 '공업지리상 울산읍 일대가 신공업도시 건설에 적합하다'며 그 이유로 '공장부지의 확보나 항만의 천연조건, 철도시설의 정비, 공업용수의 공급면에 있어서 매우 유리하다'는 점을 들었다.

처용 설화에서 드러나듯 울산 일대는 일찍부터 국제무역항이었다. 또 경주의 배후도시로 신라에 무기를 공급하는 광산이 있었고 조선조에는 경상좌도 수군절도사 병영이 설치돼 선박과 병기를 만들었다(오늘날 은장도는 울산의 특산품으로 꼽힌다).

용들이 주안상 차려놓고 모여 있는 형국

이와 같은 인연은 풍수지리적으로 살펴봐도 예외가 아니다.

"울산 지역은 한반도의 척추라고 할 수 있는 태백산맥이 남진하는 중에 험한 기를 벗어버리고 천연의 요새를 만들고 있다. 우선 용(산)의 흐름을 보면 청도 운문산으로 내려온 태백산맥이 이곳에서 한줄기는 경주 금오산(일명 남산)을 만들고 남쪽으로 내려와 울산의 주산인 함월산을 만들었다. 이 산에서 동쪽으로 뻗어가 홀연히 무룡산(舞龍山 : 울산의 진산)을 만드니 이 산은 북으로 올라가 경주 토함산이 되고 남으로 뻗어서는 방어진이 되었다.

무룡산맥이 바로 울산의 좌청룡으로 천연의 항구인 울산만을 만들어주고 있다.

다른 한편 운문산에서 정족산을 거쳐 문수산으로 이어진 맥은 울산의 백호가 되어 태화강 남쪽에서 울산시를 감싸고 있다. 울산 정유공단의 진산은 문수산이다.

백호의 문수산 줄기는 서쪽에서 발원, 동쪽으로 흐르는 태화강을 따라 그 자체가 또 하나의 완벽한 국을 이뤄 장생포를 만든다.

울산시와 공단의 전체 형국은 구룡반취형(九龍盤聚形 : 수많은 용이

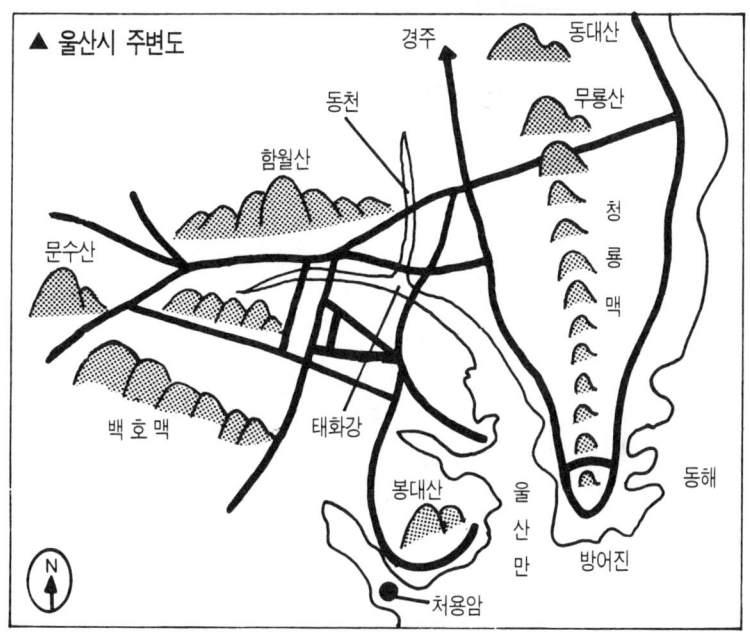
▲ 울산시 주변도

주안상을 차려놓고 모여 있는 모습)이다. 울산 구시가는 함월산이 달 같기도 하고 학처럼 생긴 중에 학으로 보면 서쪽에서 온 백학이 날개를 펴고 있는 셈인데, 그 날개 사이에 향교와 경찰서·군청 등 행정기관이 들어서 있다.

공단지역(방어진쪽을 포함해)은 청룡과 백호가 여러 겹으로 감싸고 있는 중에 금빛 소반에 음식을 가득 차려놓은 모습이고 앞은 시원하게 터져 남통만리(南通萬里) 동해를 바라보고 있다. 조안을 살펴보면 정유공단 남쪽의 봉대산이 금어사(金魚砂)를 이루고 있으니 이는 예부터 남쪽에 금어사가 있으면 약병이 된다는 말처럼 바로 화학공장의 입주를 점지하고 있다. 또 소반의 반찬그릇(공단의 구릉을 뜻함)마다 정유공장의 탱크가 자리한 것도 우연이라기에는 너무나 지리를 닮았다.

청룡쪽은 어떠한가. 이곳 역시 동해로 입수하기 위해 용들이 모여 회의하는 모습이니 이들이 타고갈 배를 위해 조선공장이 들어서는 것도 순리요, 육로수송을 위한 자동차공장이 자리한 것도 용의 기세에 어울리는 것이다. 구룡(수많은 용)이 모여 있으니 항상 구름과 안개가 끼어 있어야 하는데, 이 또한 공장의 연기가 피할 수 없는 현상이다."

4월과 10월에 요동치는 용

수강의 긴 설명이다. 그는 선입견없이 "울산은 용세와 기세로 보아 만인가활지지(萬人可活之地)로서 하늘이 만들어준 공단"이라고 평했다. 굳이 그의 설명이 아니어도 일찍부터 가매골(釜谷洞 : 정유·석유공단지역)이니, 온산이니 하는 지명으로 선인들은 이곳에 공장을 예비해 둔 셈이다.

천작(天作)의 공업지구에도 흠이 없는 것은 아니다.

장생포와 방어진이 울산만을 만들어 역시 천혜의 항구가 되고 있지만, 다른 한편 풍수에서 말하는 용호상박(龍虎相搏)의 형세를 이룸으로 해서 지역내의 분쟁을 피할 수 없는 점이다. 장생포쪽(화학공단)보다 염포쪽(현대자동차)이 노사간의 갈등이 첨예하게 드러나는 것은 순전히 인위적(?) 작용에 기인한다고 수강은 지적한다.

무룡산 줄기의 청룡은 방어진쪽의 개발과 감포지역(월성군)으로의 직선도로 개설로 용의 허리와 머리부분이 심하게 상처를 입고 있다. 용은 간지의 진월(辰月 : 양력 4월)에 깨어나고 술월(戌月 : 양력 10월)에 왕성하게 활동한다. 바로 이 용의 움직임이 있을 때마다 울산은 노동운동의 진앙지가 되고 있는 셈이다. 특히 최근들어 방어진쪽 산림지대에 주택단지 조성으로 온통 용의 머리가 벗어지고 깨어지는 것은 자연경관의 훼손은 물론 풍수적으로도 바람직한 현상이 아니라고 하겠다.

지세는 하늘이 만들어 준다. 그러나 그것을 인간이 어떻게 이용하느냐에 따라 길흉화복이 엇갈리게 마련이다. 직선도로와 지형을 따라 생겨난 샛길을 비교할 때, 비록 경제적 손익은 직선도로가 우선할지 모르지만 인간에게 주는 환경적·심리적 영향은 샛길이 더 바람직하다고 한다.

이처럼 천혜의 공단지역이지만, 어떤 사업체가 들어서느냐에 따라 인간이 근접할 수 없는 공해지대로 전락하는 것을 우리는 온산공단에서 일찍이 경험했다. 울산공단도 결코 예외가 아니다. 자칫하면 지상에서 견딜 수 없는 용이 동해로 완전히 들어가버리는 우를 머지않아 목격하게 된다. 태화강을 살리고 청룡의 제모습을 온존히 보존해 줄 때 "울산은 부만이 아닌 인물도 얻게 된다"고 수강은 덧붙였다.

민중의 한을 풀어주는 서방정토의 세계
—모악산 금산리

어미산의 낯선 이미지

산이란 우리에게 있어 무엇인가.

국어사전의 정의에 따르면 산은 '평지보다 높이 솟아 있는 땅덩이'일 뿐이다. 그럼에도 산이란 단어는 '산에 가야 범을 잡는다' '산이 높아야 골이 깊다' 등의 속담에서 엿볼 수 있듯이 자연물의 개념을 넘어서서 인간생활과 밀접한 관련을 맺고 있다.

그런가 하면 구체적으로 백두산이란 산은 한국인의 정신적 고향으로 의미를 부여받고 있고 나아가 현재는 민족적 숙원인 통일의 이미지까지 담고 있다.

다른 한편 산은 이처럼 숭고한 의미를 지녔는가 하면 정복의 대상, 개발의 대상으로 재화적 가치도 지니고 있다. 산을 허물어 주택지를 만드는가 하면 허리나 다리를 잘라 도로를 내기도 하고 골프장이란 새 모습으로 탈바꿈되기도 한다.

이처럼 다양한 산의 모습에서 우리의 관심은 역시 산은 살아있고 인간에게 삶의 새로운 지평을 열어준다는 데 모아진다. 한국의 이름난 산은 산 그 자체보다는 문화와 연결돼 있다. 가령 가야산은 해인사, 지리

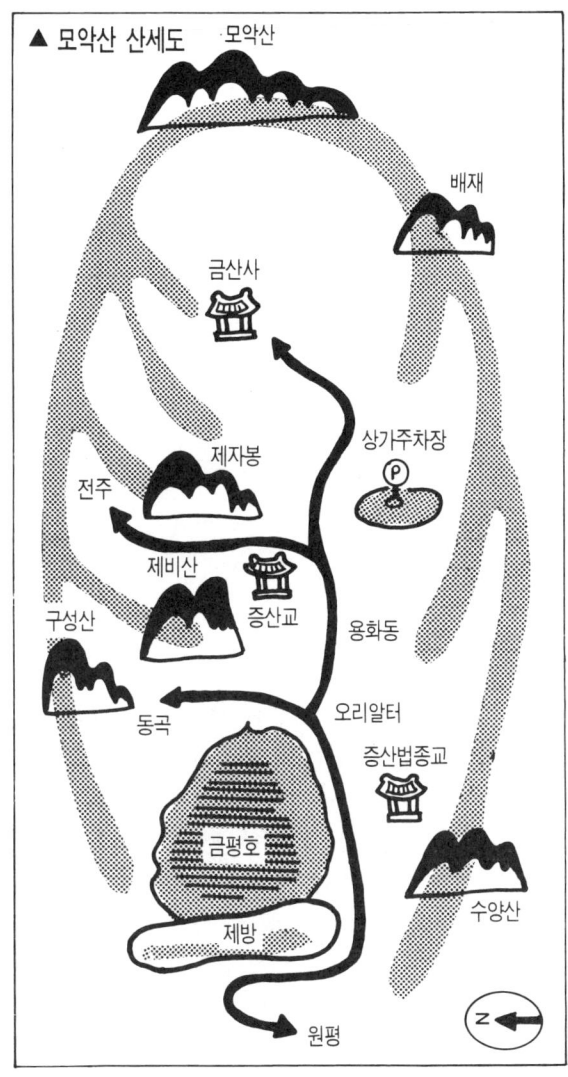

산은 화엄사와 같이 독립적인 이름으로 존재하지 않고 문화사적 의미를 그 속에 함축하고 있다.

전북의 모악산(母岳山)도 예외가 아니다. 금산사(金山寺)의 관형어로 모악산이 붙기 때문이다. 그러나 '모악'이나 '금산'이란 말은 여느 산에서 느낄 수 있는 직접적인 이미지를 우리에게 부여하고 있지 않다. 모악산 따로 금산사 따로라는 인상을 강하게 품고 있다. 그 까닭은 무엇일까.

해인사가 가야산을 대표한다면 금산사는 모악산의 한 부분(?)으로, 다시 말해 모악산이 지니고 있는 많은 이미지 중에 하나라는 점을 떨칠 수 없다.

그 까닭은 바로 우리 근세사에 있어 이른바 '신흥종교'의 하나로 불리는 증산교단 등이 모악산에서부터 자생해 나왔기 때문이다. 그런 점에서 모악산은 신흥종교의 서식처로 일반에게 더 낯익은 이름이 되고 있다.

징게맹게의 젖줄

모악산 과연 어떤 산인가.

일설에 따르면 모악산의 원이름은 금산(金山)이었을 것이라고 한다. 이는 금산사가 바로 금산에 있는 절이란 일반적인 절이름의 유래에 근원을 두고 있다.

그렇다면 금산이란 무슨 뜻인가. '큰 산'을 한자음을 빌려 표기했다는 설과 금산사 입구 금평호(金坪湖)에서 사금(沙金)이 나오기 때문에 '금'자가 들어갔다는 설로 갈리기도 한다.

또 모악산은 그 정상에 마치 '어머니가 어린아이를 안고 있는 형태로 보이는 바위'가 있어 이로부터 생겨난 이름이라는 설도 있다. 그러나 더 합리적인 설명은 이 산에 올라가보면 안다.

모악산은 한국의 곡창으로 불리는 김제와 만경평야를 그 발 아래 두고 있다. 이들 벌판에 공급할 농업용수가 바로 모악산으로부터 흘러들기 때문이다. 특히 삼국시대 이전부터 관개시설의 대명사로 꼽혀온 벽

골제의 물이 그 물의 근원을 모악산에 두고 있음에랴. '징게맹게'의 젖줄이 바로 모악산에 닿아 있다.
　'어머니' 산은 양육(養育)을 뜻한다. 그 품안에서 새 생명을 키워낸다.
　불교의 미륵사상이 도입된 이래 호남지방에서 미륵사상은 모악산을 중심으로 개화했다. 금산사의 미륵전이 그 대표적 표상이다. 그런가 하면 후삼국을 통일한 왕건도 금산사에 유폐된 견훤을 빌미로 후백제를 점령했다. 근세에 이르러 동학혁명의 기치를 든 전봉준도 모악산이 길러낸 인물이다. 모악산일대를 신흥종교의 메카로 만든 강증산(姜甑山)도 이산 저산 헤매다가 모악산에 이르러 천지의 대도를 깨우쳤다고 한다.
　산은 그저 거기 있을 뿐이라면 문제는 간단하다. 그러나 이처럼 '어미산'으로서의 역사적 의미를 띠고 있을 때 우리는 이 산의 생김새를 새삼 뜯어보지 않을 수 없다. 그 방법의 하나로 예의 풍수론적 접근을 시도해보자.

삼계중생을 반야선에 싣고 서방으로

　『택리지』는 모악산의 근원을 덕유산에 달고 있다.
　'덕유산에서 서쪽으로 나온 한줄기가 전주의 동쪽에 이르러 마이산이 되고 이 산의 한 맥이 서남쪽으로 임실·전주 사이를 지나 하나는 서쪽으로 김제 모악산이 되어 만경·동진(東津) 두 곳 물의 안쪽에 그쳤고 하나는 서남쪽으로(뻗어가) 순창의 복흥산과 정읍의 노령이 되었다'고 했다.
　모악산의 내룡에 대한 청화산인의 지적은 지금 풍수론자도 이의가 없다. 이렇게 흘러온 모악산은 어떻게 전개되는가.
　"모악산은 노령산맥의 제1주필산(풍수용어 : 이 산으로부터 크고 작은 산맥이 다시 갈리어 나간다)이다. 언뜻 보기에는 동서남북 사방으로 개면(開面 : 얼굴을 보이고 있는 방향, 곧 산의 앞을 뜻함)한 듯싶으나 서쪽을 향해 개면했다. 금산사에서부터 금산리·용화동 일대의 양기(마을터)를 만들기 위해 솟아 있다.

정상의 산세를 보면 거문토성(巨門土星)으로 칠성곤괘(七星坤卦)에 해당한다(이는 늙은 어머니의 성격을 지녔다는 뜻이다).

왼쪽 가지는 동북방(艮寅方)으로 낙맥하여 배재(舟峙)를 만든 후 이곳에서 다시 팔을 벌리고 얼굴을 동북방과 동쪽으로 향해 스물네 번 오르락내리락 굽이치면서 뻗어가다가 금평호 앞에서 태음금성(반달형 산)을 만드니 이 산이 수양산(首陽山)이다.

오른쪽 가지는 동남방(巽巳方)으로 굽이치며 흘러가 12절(마디) 아래서 구성산(九城山)을 만들었다. 백호쪽 가지의 중간에서 동북방으로 삐쳐나온 한 가지가 금산사 자리를 이뤘다.

모악산 입구 오리알터에 위치한 증산 법종교는 구성산을 안산으로 두고 마치 강의를 받는 모습이다. 이곳은 반야선의 제3실에 해당한다. 구성산의 오른쪽이 부처, 중앙이 유학자 왼쪽이 선인을 뜻한다.

정상에서 청룡과 백호로 뻗어간 수양산과 구성산 사이의 국을 살펴보면 떠나가는 배, 곧 행주형(行舟形)이다.

그 진행하는 방향 역시 서쪽이며 배를 둘러싸고 함께 흘러가는 봉우리들은 하나같이 연꽃잎 형상이니 마치 한떨기 부용이 서쪽을 향해 피어 있는 것과 같다. 이는 다시 말해 삼계중생(三界衆生)을 반야선(般若船)에 싣고서 서방정토를 향해 가는 모습이다."

수강의 해석이다. 굳이 결과론적 견강부회가 아니어도 모악산은 이같은 타고난 운명(?) 때문에 그의 품안에 숱한 종교단체 혹은 유사종교단체를 안고 있는 셈이다. 세부적인 모습을 더 더듬어보자.

제비봉이 없어지는 날, 새 시대 열려

"금산사를 만든 동북방(艮寅方)에서 내려온 용(산맥)은 아룡(兒龍: 늙은 산이 아닌 젊은 산)으로서 금산사 대지에서 물속으로 들어가는 모습이다.

절 안에 세워진 건조물을 보면 용의 콧자리에 방등계단이 자리했고 용의 어금니자리에 3층 미륵전이 서향(卯坐酉向)으로 앉았다. 화재가 빈번하게 난 대적광전 자리는 용의 옆얼굴에 해당한다.

금산사 자리를 일컬어 행주형이라고 하나 이는 모악산 전체 형국에서 언급했듯이 반야선의 제1선실에 해당한다. 제2선실은 현재 상가와 주차장이 위치한 곳이고 제3선실은 쌍용리(속칭 오리알터) 근방이다.

모악산 입구 금평호 동쪽에 우뚝 솟은 제비봉(帝妃峰)은 구성산의 한 줄기가 낙맥하여 이룬 봉우리로 모악산 전체 형국인 반야선의 돛대에 해당하며 그 위치 또한 모악산에서 서쪽에 있어 배의 방향이 서향임을 증명해 준다.

제3선실 오리알터는 수양산이 주산으로 이 산은 모악산의 곤괘와 대응되는 건괘로 모악산과 함께 지천태(地天泰)의 역학적 완성을 보여준다.

이곳의 안산은 구성산인데 이 산은 세 봉우리가 유·불·선의 형상을 띠고 강의하는 격이다. 수양산 아래는 강증산의 묘가 있고 그의 딸이 창교한 증산법종교의 본부가 자리했다. 증산의 묘가 있는 영대(靈臺)는 특이하게 북향(午坐子向)으로 혈을 잡았고 물은 동쪽에서 나와 서쪽으로 빠져나간다(寅得辛破).

총평하건대 행주형(반야선)의 운은 물의 흐름을 따르게 마련이다. 제1선실이 초운이고 제2선실이 중운, 그리고 제3선실에서 완성된다. 용화동 일대를 찾는 사람은 빈손으로 들어와야 한다. 이곳은 돈을 가지고 와서 성공할 수 있는 곳이 아니다."

수강의 설명이다. 그의 말을 부연해 보면 모악산은 타고난 곤음(坤陰 : 노모의 성격)으로 인해 자비와 양육의 기능을 지니고 있다. 불가에서 서방세계가 이상향과 완성을 꾀하는 세계이듯 이곳은 다가올 유토피아를 준비하는 곳이다. 그런 점에서 종교적 성향을 지닌 사람들이 모여들게 되어 있다. 금산사의 주불이 미륵불인 것도 바로 이같은 미래의 기지와 관련이 있다고 하겠다.

앞서 제비봉을 소개했듯이 왕비에 대한 왕자로서의 제자봉(帝者峰)이 상가 북편에 있는 산이다. 속칭 이 산은 계룡산(鷄龍山)으로도 불리는데 이곳 사람들은 공주의 계룡산이 상징하는 의미가 바로 이 산을 두고 한 말이라고 믿고 있다. 그러나 '계룡'이란 엄밀한 의미에서 동양에서는 시간을 알리는 가축으로서의 닭을 뜻하기 때문에 오히려 계룡산(제자봉)은 이상향을 향한 새시대를 예고하는 산으로 봐야 하지 않을까 싶다.

전하는 바에 따르면 강증산은 후천개벽의 시대가 언제 도래하느냐는 질문에 "제비봉이 없어지는 때"라고 답했다 한다. 어려서 선친을 따라 모악산에 들어와 지금은 지방문화재로 인정을 받은 금산필방의 주인 채주봉(74) 옹은 "근래 들어 서해안 개발과 함께 제비봉의 암반을 깨내어 축항을 쌓는데 사용한다는 이야기가 있어 머지않아 제비봉이 없어질 것 같다"며 강증산의 예언이 이루어지는 것이 아닌가 싶다고 덧붙였다.

민족사의 살아있는 박물관
—강화도와 마니산

한국사의 '보물섬'

강화도(江華島)는 우리 역사의 보물섬이다. 한국사의 시작인 단군에서부터 현대에 이르기까지 온갖 역사의 영욕을 다 겪었고 그 자취를 고스란히 보존하고 있기 때문이다.

특히 분단 이후 남한에서 북한땅을 온전히 들여다볼 수 있는 곳도 이곳이어서 새삼 역사의 현장임을 일깨워준다.

서울에서 채 한 시간도 걸리지 않는 거리에 있어 주말이면 가족나들이 행렬과 등산객들로 항상 만원을 이룬다.

단군의 체취가 짙게 배어 있는 머리산(摩尼山)에 오르면 서해의 크고 작은 섬들이 유람선처럼 떠있고 하늘은 손끝에 닿는다. 이곳을 내려 정족산성(鼎足山城)의 전등사(傳燈寺)에 들어가면 그윽한 저녁종 소리에 취해 차마 발길이 돌아서지 않는다.

풍광이 이러할진대 역사의 숨결은 또 어떠하랴. 고려산(高麗山 : 강화의 鎭山)밑의 고려 고종 능침인 홍릉(弘陵)에 이르면 몽골과 40년 항쟁을 치른 대왕의 투혼에 절로 고개가 숙여지고 '강화도령' 철종(哲宗)의 잠저인 용흥궁(龍興宮)은 왕조의 덧없음을 일깨워준다.

해안에 세워진 무수한 돈대(墩臺)는 '동네꼬마들의 싸움놀이' 같은 그 옛날 전장터를 보여주고 있다.

그나마 요충지에 세워진 성채마저도 지금 보매 하나의 원형 '테이블'과 다를 바 없다. 1886년(丙寅)과 1871년(辛未) 두 번에 걸쳐 프랑스와 미국의 전함에 공격당한 초지진(草芝鎭)은 당시 초현대식 무기 앞에 한갓 종이성이나 마찬가지였다. 그러나 지금부터 꼭 1백20년 전 미국함대의 초지진 공격은 '싸움에서는 이겼지만 외교에서는 졌다'는 당시 미국내 여론처럼 우리에게 정신적 승리를 안겨주기도 했다.

은자(隱者)의 나라를 개방시키기 위한 당시 서구열강의 강화도 공격은 마치 오늘날 자유무역의 기치를 앞세워 쌀개방을 요구하는 '우루과이라운드 협상'과 다를 바 없다고 하겠다. 역사는 그래서 돌고 돈다고 했다던가.

금성탕지 만세제왕의 도읍

또 하나 강화도의 역사 중에 우리에게 별로 알려지지 않은 것이 연개소문과 관련된 사실이다. 고구려말기 17만 대군을 이끌고 요동반도를 침략한 당태종(唐太宗)을 안시성에서 격파한 당시의 재상 연개소문이 바로 강화도 출신이다. "나는 물속에서 나왔다"고 스스로 천명한 연개소문은 바로 고려산 북쪽 시루미봉에서 태어났다고 한다. 고려산 상봉에는 그가 말을 타고 달리던 훈련터와 말에게 물을 먹이던 오정(五井)이 남아 있었으나 현대에 이르러 공군부대의 주둔으로 다 없어지고 말았다고 한다.

아무튼 그의 대담한 성격은 고려산의 정기에서 비롯됐다는 것이 지금까지 강화도 사람들에게 전해오는 이야기다.

우리나라는 흔히 지정학적 위치탓으로 전란을 끊임없이 당했다고 한다. 강화도도 예외일 수는 없다. 그러나 고려말기까지만 해도 강화도 자

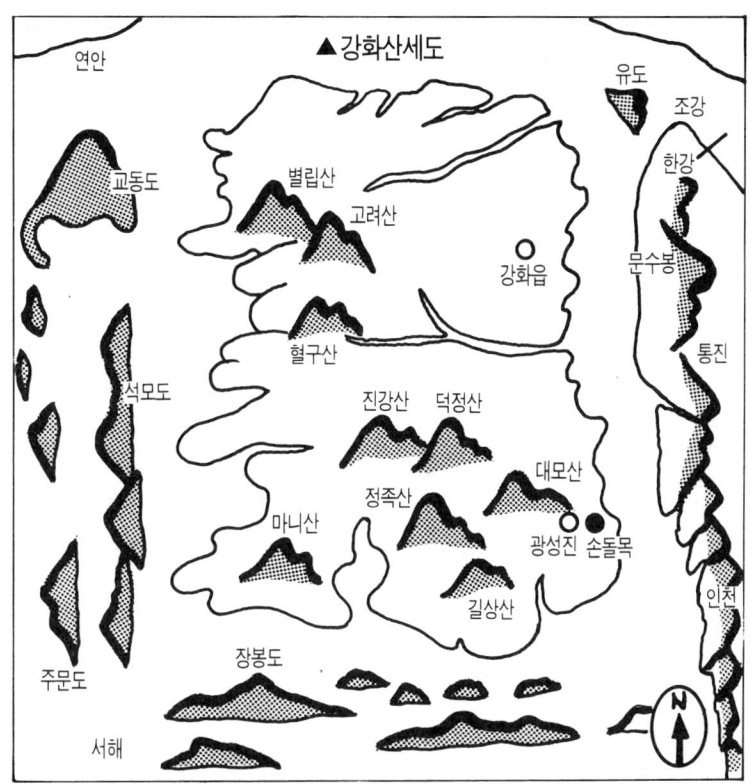

체는 왜구의 침입 이외에는 전쟁의 상처를 남기지 않았다. 평양·개성이 수도인 한 강화도는 안전(?)했다.

　몽골군의 침입때는 오히려 고려의 수도로서 40년의 영광을 누렸다. 그 뒤 조선조에 이르러 해양세력이 발흥하면서 강화도는 한양(서울)의 관문으로서 서울과 영욕을 함께 겪게 됐다.

　고려 고종시절의 대학자인 최자(崔滋 : 1186~1260)는 『삼도부(三都賦)』에서 평양과 개성을 논한 뒤, 강화도(당시 江都)에 대해 이렇게 기술했다.

　'한반도의 가운데 화산(花山 : 강화의 산이름)이 있다. 이 산에 물가와 언덕이 잎과 가지처럼 붙어 있다. 가지와 잎에 붙은 것 중에서 올망졸 망한 것들은 고기장사꾼과 어부들이 사는 집이요, 꽃송이 같은 신악(神 岳)과 꽃받침 같은 영악(靈岳) 사이로 날아갈 듯이 솟아 있는 것은 황 실·궁궐과 공경사대부들의 집일세.

안으로는 마니·혈구산이 첩첩으로 웅거하고, 밖으로는 통진·백마 (白馬: 개성 근처 풍덕에 있는 산)의 사면 요새를 한계로 출입을 단속 하니 천하의 오지일세.

이에 안으로 자주빛 성이 둘러싸고 밖에는 물이 둘러싸니 천연의 요 새라. 오리 기러기도 날아들지 못하고 늑대와 범이 엿보지 못할지라. 한 사람이 막으매 만 사람이 편안한 잠을 잔다. 그러므로 금성탕지(金城湯 池) 만세제왕(萬世帝王)의 도읍이로다……'

아마 몽골군의 침입 후 강화도로 천도한 시기에 지은 작품이어서 이 처럼 후하게(?) 평가하지 않았나 싶다.

속리산이 북진하여 마지막 맺은 맥

이쯤에서 강화도의 내룡(來龍)과 풍수적 입지를 살펴보자.

"강화도는 속리산의 낙맥이 북진하여 마지막을 맺은 자리다. 속리산 이 죽산(竹山) 칠현산을 거쳐 수원 광교산(光敎山)에 이르고 여기서 안 산(安山) 뒤쪽의 수리산(修理山)을 거쳐 김포 계양산(桂陽山)에 와 우 뚝 선다. 계양산에서 양촌 수안산(遂安山)으로 다시 뻗어온 맥이 두 갈 래로 갈라진다. 한쪽은 북진하여 통진 문수산을 만들고 다른 한 가지는 서쪽으로 나아가 강을 건너 강화 대모산(大母山)을 만들었다. 강화도 불은면 신현리, 덕진진(德津鎭) 뒷산인 대모산은 해발 82미터 정도의 낮은 산이지만 그 이름답게 강화도의 여러 산을 낳고 있다. 서쪽으로 뻗어가 덕정산(德政山)과 진강산(鎭江山)을 만들고 덕정산의 지맥이 북 쪽으로 올라가 퇴모산(退帽山)·혈구산(穴口山)을 낳고 다시 혈구산에서 북진, 강화도의 진산인 고려산을 만든다. 고려산은 강화의 서북쪽 산맥을 이루는 별립산(別立山)과 봉천산(奉天山)을 거느리고 별립산의 지맥이 바다를 건너 교동도를 낳았다.

다른 한편 대모산에서 서쪽으로 나와 덕정산을 만들러 가는 중에 한 가지가 남쪽으로 나아가 정족산(鼎足山)을 만들고 다시 동남진하여 길상산(吉祥山), 그리고 돌아 마니산을 이룬다."

수강은 강화도의 산계(山系)를 이렇게 밝히면서 풍수적 해석을 덧붙인다.

"강화도는 크게 보아 한강의 북신(北辰 : 수구에서 명당의 기가 빠져나가는 것을 막아주는 산)이다. 한강과 임진강이 만나 서해로 들어가는 관문에 위치해 한강의 수류를 조절해 줌은 물론 바닷물이 서울로 유입되는 것을 역시 조절해 주고 있다. 그런 점에서 서울의 위병(衛兵)역할을 맡고 있다.

다른 한편 전통적으로 풍수에서는 한반도 전체의 형국을 두고 선인연단형(仙人鍊鍛形)이라고 부른다. 신선들이 즐겨 사용하는 솥(鼎) 위에 놓여 있다는 뜻이다. 이때 솥의 세 발 역할을 하는 것이 바로 제주도와 울릉도, 그리고 강화도. 삼정족(三鼎足)의 하나로서 강화도의 위치가 매겨진다."

여기까지 설명되면 강화도가 지니고 있는 몇 가지 지정학적 숙제가 풀리는 셈이다. 근세에 이르러 외침을 직접적으로 당하게 된 까닭은 '서울의 위병'에서 그 원인이 밝혀진다. 외세가 서울을 목표로 할 때 가장 먼저 정복해야 할 대상이 곧 강화도인 셈이다.

마니산(머리산)의 참성단은 천제(天祭)를 지내는 곳이지만 굳이 단군이 이 산을 선택한 것도 선인연단형의 형국과 관련이 있다고 하겠다.

고운 최치원의 지적이 아니어도 예부터 풍류도(신선도)를 국가종교로 채택해온 우리 조상들은 신선사상을 생활화해왔다. 강화도의 선원면(仙源面)이란 현 행정지명도 그 같은 오랜 연유에서 비롯됐다고 하겠다.

마니산, 천인(天人)이 해중(海中)으로 하강하는 곳

수강은 강화도 자체의 국에 대해 고려산을 중심한 현 강화읍 지역과 마니산·진강산 사이의 옛 진강현 두 곳으로 나눠본다. 강화읍지구의 경우 아쉬운 점은 고려산의 모습이다.

우람한 산세를 보여주고 있지만 정상의 생김이 전장(戰場)에 나가는

정족산성 산봉우리가 솥의
세발처럼 벌리고 있다.

병졸들의 모자인 전립(戰笠)을 닮고 있다. 이점은 역시 강화도의 지정학적 위치에 영향을 끼친다고 하겠다.

마니산지구는 마니산의 영향을 받게 마련이다.

"이 산은 얼핏보면 선인(仙人)인 듯싶기도 하고 또 부처, 또는 귀인(貴人)처럼 보인다. 그러나 다시 자세히 보면 정상의 세 봉우리는 유·불·선을 상징하는 것도 아니다. 인간세상과는 인연이 없는 듯도 싶다.

정상에 올라보면 그때서야 세 천인(天人)이 33명의 동자(童子 : 작은 봉우리들)와 12명의 신사(神師 : 동자보다 큰 봉우리)를 거느리고 청학을 타고 해중(海中)에 하강함을 알 수 있다. 한 마디로 영기(靈氣)가 서려 있는 곳이다."(수강의 談)

마니산의 이같은 기운은 세월이 지난 오늘날 강화도의 지정학적 위치를 남쪽 인천에 넘겨주게 된다. 이제 서울의 관문은 인천항이기 때문이다.

지난 69년말 강화대교가 준공됨으로써 강화도는 더 이상 섬이 아니다. 풍수적 해석에 따라서도 지세의 기능이 바뀌듯 육지의 한부분이 된 이제는 서해의 새로운 레저관광지로 탈바꿈되고 있다. 진강산 남쪽의 넓은 들판이나 외포리와 고려지(高麗池)쪽의 산세들은 미래의 국민관광지로 떠오르고 있다.

일찍이 육당 최남선은 강화를 두고 '조선의 아틀란티스'라고 했다. 그리스의 그것이 바닷속으로 사라진 것에 반해 강화는 지금도 강렬한 역사의 맥을 지니고 있다. 병자호란의 삼학사 기개나 항몽(抗蒙)시절의 삼별초 시발지로, 그리고 한국사의 원조인 단군의 사적, 그 모든 것이 온전히 살아있는 곳이다.

거기에다 강화 북부지역이 일반에게 공개될 때, 두고 온 북녘땅은 바로 손끝에 닿게 된다. 통일기운이 성숙할수록, 우리의 개방속도가 빨라질수록 강화도는 전체가 민족교육의 도량으로 다시 한번 우리 앞에 놓이게 되지 않을까.

'한라에서 백두까지' 염원 담은 '그리운 남쪽'
—제주도 한라산

월출산에서 뻗어간 줄기

    80년대 나온 구호 중에 우리 귀에 낯익은 것이 '한라에서 백두까지'라는 말이다. 통일 염원을 담은 이 표어는 휴전선으로 분단된 조국을 한라산에서부터 백두산까지 하나가 되도록 이어보자는 것이다.
    성급한 사람들은 한라산과 백두산의 흙과 물을 담아와 합수제, 또는 합토제를 지냄으로써 한라와 백두를 만나게 했다. 그러나 이런 인위적인 만남 이전에 이미 한라와 백두는 하나의 맥으로 이어져 있었다.
    남한의 최고봉이자 통일염원의 상징으로 떠오른 한라산은 얼핏보기에 육지와 떨어져 바다 위에 외로이 떠 있는 모습이다. 풍수에서는 기가 물을 만나면 멈춘다고 하여 강 하나를 사이에 두고 산의 맥이 끊어지는 경우도 없지 않다.
    그렇게 본다면 한라산은 육지로부터 1천여 리 떨어져 있어 한반도의 여러 산들과는 맥을 달리하는 것이 아닌가 생각할 수도 있다.
    그러나 한라산은 예부터 금강산·지리산과 더불어 삼신산(三神山)의 하나로 꼽혀 그 맥을 한반도에 두고 있음을 엿볼 수 있고 『택리지』의 저자 이중환은 보다 분명히 밝히고 있다.

그는 『택리지』에서 한라산은 태백산에서 갈려나온 소백산맥의 줄기로 영암 월출산에 이어져 있다고 했다. 즉 '월출산의 한 맥이 남쪽으로 뻗어가서 해남현 관두리를 지난 다음 남해 한복판의 여러 섬이 되었고 바닷길 천리를 건너서 제주 한라산이 되었다'고 했다.

이를 풍수적으로 말하자면 한라산의 태조산은 백두산이고 중조산은 태백산, 근조산은 월출산이 되는 셈이다. 이처럼 한라산은 외형적 모습과는 달리 이미 숙명적으로 백두산에 그 기원을 두고 있어 오늘날 통일을 염원하는 '한라산에서 백두산까지'라는 표어가 나온 것도 우연이 아님을 말해준다.

한라산은 어미닭, 산방산은 호랑이

제주도는 지역적 특성으로 인해 독특한 언어·방언을 지니고 있다. 가령 작은 산을 '오름'이라고 한다든가 묘(墓)를 '산', 지관을 '정시'라 부르는 것처럼 명사뿐만 아니라 동사·형용사에서도 육지와는 큰 차이가 있다. 한라산의 경우에도 '한라'가 무슨 뜻인지 모르는 사람들이 태반이다. 조선조 초기에 나온 『동국여지승람』은 한을 운한(雲漢: 은하수의 별칭)의 '한'으로, 나(拏)는 나인(拏引: 끌어당긴다는 뜻)의 '라'로 풀었다.

이는 '은하수를 끌어당길 수 있을 만큼 높은 산'이란 뜻이다. 분명 맑은 밤에 한라산에 오르면 은하수를 잡는 것도 무리는 아닐 성싶게 보이는 것이 제주도다.

한라산은 그 생김이 인자한 어머니와 같다. 설악산을 남성적 산의 대표로 꼽아 웅봉(雄峰)으로 불리듯이 자봉(雌峰)으로 불린다.

4백여 개의 크고 작은 오름(嶽)을 거느린 한라산을 풍수적으로는 어미닭에 비유한다. 작은 오름은 병아리들이다. 병아리가 어미품을 떠나면 날짐승이나 들짐승의 습격을 받게 마련인데, 제주도 사람들이 육지로 나가 성공하기 힘든 것도 여기에 연유한다고 한다.
 더구나 작은 오름 중의 하나인 산방산(山房山)은 그 자체가 풍부한 풍수적 설화를 지니고 있지만, 한라산에 대해서는 뒤에서 엿보고 있다 해서 유독 '호랑이'에 비유된다. 병아리가 어미닭을 떠나게 되면 바로 이 호랑이(산방산)가 잡아먹는다는 것이다.

▲ 제주도 산세도

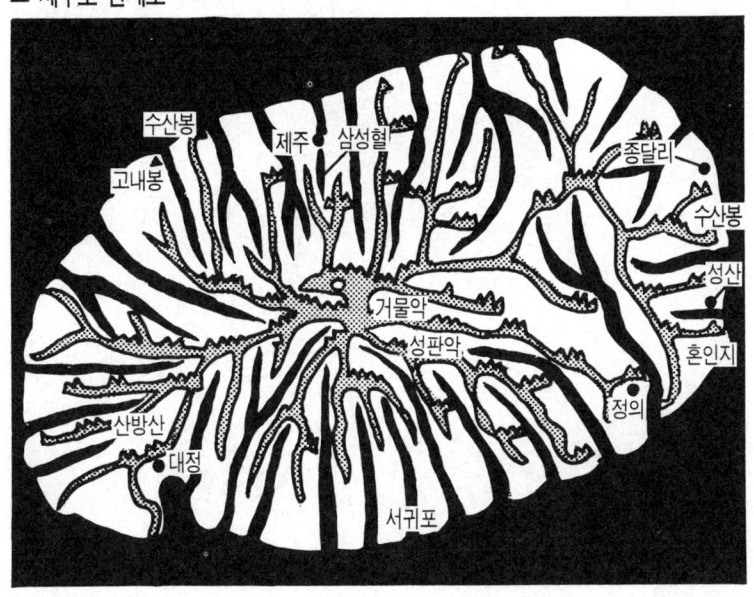

 강한 향토애를 지닌 이런 풍수적 해석 이외에도 바람 많고 물이 귀한 제주도는 어느 지역보다도 풍수사상이 강했다.
 바람을 피하고 물을 찾는 것은 곧 생존의 최소한의 필요조건이었다. 여기에다 삼국시대 이래로 육지에 편입됨에 따라 정치적 굴욕도 숱하게 받아야 했다. 오늘날 제주도가 국내 최대의 관광지로 각광받는 것도 알고보면 역사의 인과응보라고 하겠다.

진시황도 두려워한 왕후지지(王候之地)

 제주도의 풍수를 말하기 전에 우리는 제주인의 자존의식을 보여주는 설화 한토막을 더 살펴볼 필요가 있다.
 중국의 진시황은 이미 서시(徐市)를 보내 한라산에서 불로초를 구해 간 바가 있다. 서귀포는 바로 서시가 돌아간 포구다. 그런데 진시황은

삼신산(三神山)의 하나인 한라산은 그의 품에 4백여 작은 산들을 거느리고 있다. 그 산에 등을 대고 마을과 묘소들이 형성돼 대개 풍수적 형국을 갖추고 있다. 사진은 북제주군 애월읍 수산봉(水山峰)에 자리한 강씨 묘소들. 원래 저수지가 없었는데 산이름에 따라 오늘날 저수지가 마련됐다.

 아무리 보아도 제주도가 왕후지지임이 분명했다. 그대로 두었다가는 자신은 물론 중국까지도 위협할 인물이 태어날 곳이었다. 그래 그는 고종달이란 지관을 제주도에 보내 샘이 나는 곳은 모두 그 혈을 끊게 했다.
 오늘날 북제주군 구좌읍 종달리는 고종달이 처음 왔던 곳이다. 이 일을 한 후 고종달은 고국으로 돌아가다 폭풍을 만나 바다에 빠져 죽었다. 이는 그의 행위를 괘씸히 여긴 한라산 수호신이 폭풍으로 변해 그의 배를 전복시켰기 때문이었다. 그러나 그 뒤부터 제주도는 인물과 샘이 귀하게 됐다고 한다.

이 이야기는 종달리라는 지명에 얽힌 지명풀이 설화이기도 하지만 제주도 전체의 물이 귀하게 된 까닭과 제주인들이 역사적으로 받아온 한을 숙명적 차원에서 수용하고 있다는 점에서 큰 관심을 모은다. '왕후지지'에 태어난 자존의식이 피지배자의 고통을 인내하게 한 셈이다.

제주도 땅은 어디를 막론하고 금값이다. 그 소유주가 외지인이든 제주인이든 소유하고 있는 사람에게는 모두 다 부를 안겨주고 있다. 그런 점에서 굳이 명당을 들먹인다는 것은 자칫 오해의 소지가 없지 않다고 하겠다. 그래도 전통적으로 볼 때 최고의 명당은 제주도 시조인 고(高)·양(梁)·부(夫) 세 성인이 태어난 삼성혈임은 말할 것도 없다. 그 다음은 이들이 결혼한 혼인지가 있는 성산읍 온평리(溫平里)다.

"혼인지는 지금껏 별로 관심을 끌지 못한 곳이지만 이곳의 전형적인 풍수국면(좌청룡 우백호 등)이라든가, 세 성인이 마침내 일가를 이루는 혼인을 했다는 점에서도 매우 중요한 곳이다. 특히 이곳 지명이 예혼리(禮婚里)에서 열온리(烈溫里)를 거쳐 평화를 희구하는 뜻에서 온평리로 바뀐 점도 빼놓을 수 없는 장점이다."

제주 민속박물관장인 진성기 씨의 말이다. 진관장은 근래 제주의 풍수를 다룬 연대미상의 『영주영도초(瀛洲影圖草)』를 학계에 소개한 바 있다(영주는 제주도의 별칭). 이 책은 「서시」「영주풍수도」「영주풍수개설」 등 3부로 나눈 모두 44면의 책인데 작자는 알려져 있지 않다. 중심부인 「영주풍수도」에는 총 69개소의 명당을 그리고 이에 해설을 붙이고 있다.

소유를 불허하는 '거룩한 땅'

가령 제주시 오등경 천미동쪽(泉味東邊 丙坐二下)에 있다는 명당은 그 형국이 '연꽃이 반쯤 핀 모양(蓮花半開形)'으로 '이 땅을 얻으면 당대에 부귀를 이루고 후손에 길이 그것이 이어질 것'이라고 했다.

또 조천면 청새마루(靑鳥旨)에 있는 명당은 '목마른 용이 물을 마시는 형국(渴龍飮水形)'으로 설명돼 있다. 물론 이 책도 육지의 「풍수서」와 마찬가지로 해당 명당이 구체적으로 어디냐 하는 것은 지금 사람에게 숙제로 남겨져 있다.

이밖에도 제주도에는 이미 알려진 명당이 적지 않다. 촌산지순(村山智順)이 쓴 『조선의 풍수』에 따르면 남제주군 성산읍 고성리에 있는 오아무개의 묘는 '누운 소 모양(臥牛形)의 형국에 자리해 후대의 번성을 가져왔다'고 한다. 또 북제주군 애월읍 고내봉에 묘를 쓴 변씨 문중은 13명의 군수를 배출했다고 한다.

고내봉 남쪽의 변씨 씨족 부락인 상가리는 고내봉이 북쪽의 바닷바람을 막아주고 남쪽으로는 한라산에서 내려온 지맥이 좌청룡 우백호로 감싸고 있어 마을 역시 풍수적 국면을 갖추고 있다. 특이한 점은 제주도 전역이 홍역을 치른 4·3사건 때에도 이 마을은 전혀 피해를 보지 않았다는 것이다.

서귀포시의 보목동은 바로 앞에 무인도인 섶섬을 대하고 있다. 이 섬의 동쪽끝에 풍수에서 말하는 문필봉이 있어 이 마을은 제주도 내에서 가장 많은 교육자를 배출하고 있다.

앞서 산방산을 '호랑이'라고 말했듯이 산방산은 육지에서 보면 한라산 뒤쪽에 있지만 남지나해에서 보면 앞에 있는 셈이다. 또 한라산이 폭발할 때 분화구의 정상부가 송두리째 이곳으로 옮겨와 산방산이 됐다는 전설이 있다.

그런 만큼 이 산 정상은 곧 천하의 길지로 꼽힌다. 이곳에 묻힐 임자는 따로 있다고 하는데 그가 누구인지는 아무도 모른다. 이 땅의 임자가 아닌 다른 사람이 묻히게 되면 대정읍 일대에 가물이 들어 즉시 마을 사람들이 산에 올라 묘를 옮기게 했다고 한다. 자연을 온전히 지키고 인간의 욕심을 배제하기 위한 지혜가 이 얘기속에 담겨 있다고 하겠다.

아무튼 이제 한라산이나 제주도는 결코 변방의 외진 섬이 아니다. 한라산은 그 자신이 지닌 신령한 힘으로 인해 겨레의 숙원인 통일의 한쪽 상징으로 떠올랐고 제주도는 한반도의 새 인물을 잉태시키는 초야의 '거룩한 땅'이 되었기 때문이다.

제 4 장
이 땅의 숨결과 혈맥을 찾아서

조선왕조의 '처음과 끝'을 보여주다
— 건원릉·홍릉·유릉

이성계 걱정 덜어준 동구릉

풍수지리는 양택이 먼저였다. 그러나 오늘날은 풍수하면 묘지를 떠올릴 만큼 음택에 치중하고 있다.

고려 건국과 더불어 개경에 수도를 정할 때도 이른바 양기론이 앞섰다. 그 뒤에는 물론 왕족의 묘지 설정에 이용됐다. 조선조에 들어서도 이태조가 첫번째 한 사업은 한양으로 수도를 옮기는 문제였다. 그 뒤 이태조는 자신의 유택을 어디로 정할까 걱정했다.

고려조의 왕릉이 사방에 흩어져 있어 왕의 참배에도 불편했지만, 능을 수호하는 데 드는 비용이나 백성에게 끼치는 폐해도 매우 컸다. 전하는 바에 따르면 이태조의 이런 걱정을 덜어준 곳이 바로 오늘날 동구릉(東九陵)이다. 무학(無學)과 함께 서울 근교를 돌아보다 동구릉에서 자신의 유택은 물론 왕가의 묘지로 쓸 만한 대지를 발견한 것이다. 돌아오는 길에 이태조는 한 고개에서 "이제야 걱정을 덜었다"고 했다. 그 곳이 바로 망우리(忘憂里)고개다.

이태조의 건원릉(健元陵)은 경기도 구리시 동구동의 동구릉 내에 있다. 이곳에는 태조 이성계(李成桂:1335~1408)의 건원릉을 비롯해 문종과

현덕왕후(顯陵), 선조와 의인·인목왕후(穆陵), 인조의 계비 장렬왕후(徽陵), 현종과 명성왕후(崇陵), 경종의 비 단의왕후(惠陵), 영조와 계비 정순왕후(元陵), 순조의 원자인 추존왕 문조와 신정왕후(綏陵), 헌종과 효현·효정왕후(景陵)가 묻힌 곳이다. 서울근교의 왕족 묘지로는 최대규모이고 전체 면적도 59만여 평에 이른다.

변계량이 지은「건원릉 비음기(碑陰記)」에 따르면, 건원릉은 '장백산(백두산)을 뿌리로 하여 2천여 리 뻗어오다가 철령에 와서 꺾어져 서쪽으로 다시 수백리 와서 우뚝선 것이 백운산(경기도 포천)이다. 여기서 다시 남쪽으로 백여리 뻗어와서 북으로 모이면서 남으로 향한 산이 곧 검암산(儉巖山)이다. 능의 좌향은 남향(癸坐丁向 : 북쪽에서 15도 동쪽으로 머리를 두고 향은 남쪽에서 15도 서쪽으로 향한 방위)'이라고 했다.

다시 말해 이는 풍수의 용(산맥)이 멀리 백두산에 닿아 있고 근조산(近祖山)은 백운산, 그리고 주산은 검암산이란 뜻이다. 조선조『실록』에 나타난 기록을 보면, 이 능의 위치결정은 검교감찬 의정부사 김인귀(金仁貴)가 길지가 있다고 보고해 영의부사 하륜(河崙) 등이 정했다고 한다. 이는 무학과 태조가 둘러보고 함께 결정했다는 속설과는 다른 셈이다.

장군대좌형의 건원릉

문화재관리국에서 펴낸『한국민속종합조사보고서』(제20책)에 따르면 '좌우의 용·호는 갖추었으나 그 형세가 완벽함에는 크게 미치지 못한다'고 했다.

'그러나 지력의 기세는 가히 장하여 다른 왕릉을 압도한다고 해도 과언이 아닐 정도다.

조산과 안산 방향의 응봉(鷹峰)과 남한산(南漢山)은 탁월한 경승을 보여줌으로써, 왕조초기의 융성한 기운이 강렬한 지기의 끌어들임과 풍

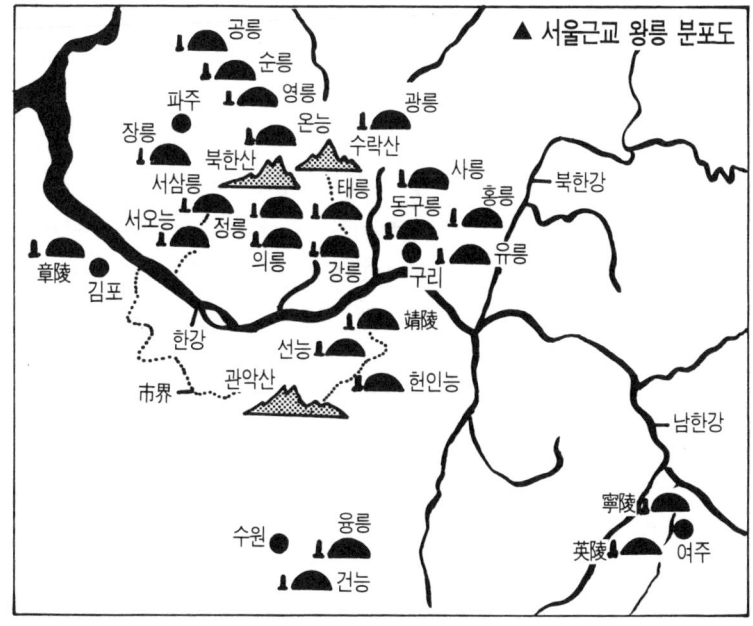

▲ 서울근교 왕릉 분포도

기(風氣)의 밀집에는 가당하다고 할 것이다. 수국(水局) 역시 왕숙천과 한강이 이중의 객수를 이루고 내명당의 규국(規局)에 알맞는 명당수가 남동류하여 왕숙천에 합류하는 비교적 양호한 모습을 보여주고 있다.

조산과 안산방향의 형세가 특히 귀한 것으로 여겨졌는데 지관들은 이것을 마치 해와 달이 서로 포옹하여 합하는 듯하다고 보았다. 형국론에서 말하는 이른바 일월상포형(日月相抱形)이다.'

건원릉의 혼유석 앞, 명당에 앉아 좌우를 살피면 누구나 쉽게 왼쪽의 청룡과 오른쪽 백호의 흐름을 볼 수 있다. 또 앞산(案山)과 멀리 한강 너머 희미하게 들어오는 남한산(朝山)의 모습도 보인다. 능원 밑의 정자각(능의 제사를 올리는 재실) 좌우편으로 시내가 흐르는 것은 말할 것도 없다. 능의 이런 형국을 두고 지관들은 맹호출림형(猛虎出林形)이라고 대개 일컬어왔다.

그러나 수강은 이 능의 형국을 장군대좌형(將軍大坐形)으로 봐야 한다고 했다.

"수락산에서 불암산을 거쳐 용마산과 아차산으로 이어지는 서울의 외청룡에서 왼쪽으로 한가닥 떨어진 용(龍:脈)이 동구릉 일대의 국(局)을 만들고 있다. 건원릉은 불암산 허리에서 떨어져나온 검암산을 소조산으로 하여 일자형(一字形) 토성(土星)으로 행진하다가 몸을 돌려 반달형의 산(태양금성)을 형성했다. 바로 이 산에 혈을 잡았다. 크게 보면 이곳은 왼쪽에 왕숙천이 호위하고 오른쪽에는 중랑천(漢川)이 호송한다.

혈(능자리)의 청룡은 겹겹으로(多字形) 흘러가면서 달의 형태(月星)를 보여주고 백호는 금수성(金水星 : 둥근 꽃잎처럼 무리진 산의 한 형태)으로 일성(日星)임을 보여준다. 말하자면 좌우에 해와 달이 시위하면서 비단장막을 형성하고 있다. 여기에다 백호쪽은 깃발과 북의 형상을 한 산들이 펼쳐져 있고 뒤에는 투구봉(佛岩山)이 있다. 안산은 활을 놓은 것(眼弓) 같고 조산까지는 여러 산들이 층층으로 둘러싸고 있다.

이렇게 되면 사면이 나성(羅城)을 형성, 이곳이 명당임을 입증한다. 청룡과 백호의 산들이 검의 형태(劍砂)를 띠고 안산의 활, 뒷산(玄武)의 투구 등으로 볼 때 장군대좌형이다. 장군이 천막 안에서 쉬고 있는 형태라고 하겠다."

이어 수강은 이 형국에 대해 "청룡의 어깨가 일부 끊어져 있어 장손 승계가 어렵고, 백호가 산란한 것은 형제간에 다툼이 있는 것은 물론 규방(여자가 머무는 곳)이 소란하다는 뜻이다"고 평했다.

건원릉은 태종8년(1408년)에 조성됐다.[1] 그 이후 왕조사는 세조와 단종, 그리고 연산군 등으로 이어졌다. 이런 역사적 사건들을 머리에 그려 보면서 형국을 다시 더듬어보면 백호의 산들이 칼끝처럼 내려오고 있다.

---

1) 당시 건원릉의 산릉(山陵)공사에는 충청도에서 3천5백 명, 풍해도(황해도)에서 2천 명, 강원도에서 5백 명 등 모두 6천여 명의 군정(軍丁)을 징발, 2개월여에 걸쳐 일하도록 했다.

형세만 아름다운 홍릉

건원릉에 비해 고종의 홍릉과 순종의 유릉은 형국에 있어 천하의 길지로 꼽힌다. 요즘도 풍수를 배우는 사람들은 이곳을 필수 코스로 답사한다.

고종의 홍릉은 1919년 3월, 순종의 유릉은 1926년 6월에 조성됐다. 이때는 이미 대한제국이 망하고 일제가 통치하던 시대다. 그럼에도 두 능은 모두 왕이 아닌 황제의 예를 따라 능을 만들었다. 경기도 금곡에서 우리는 거대한 두 제왕의 능을 볼 수 있다.

홍릉은 고종황제가 살아있을 때 당시의 풍수사였던 제갈(諸葛), 주운한(朱雲漢), 김광석(金光石), 전기응(全基應) 등에게 명해 택지를 선정했다고 한다.

용의 흐름을 보면 천마산을 근조산으로 남서방향으로 달려와 묘적산(白峰)에 이어져 이 산이 홍릉의 주산이 된다. 여기서 맥이 서쪽으로 흘러와 팔을 벌린 듯한 형국을 맺는데 바로 홍릉의 혈이다. 지관들은 이곳의 형국을 매화낙지형(梅花落地形)이라고 부른다.

혈의 좌향은 을좌신향(乙坐辛向), 서향에 가깝다.

원래 이곳은 장씨의 선조묘가 있었는데 능을 조영할 때 「오백년권책지지(五百年權措之地)」라고 쓴 표석이 발견돼, 더욱 길지로 확약받았다. 이 표석은 무학이 묻어놓았다고 하는데 뜻은 5백년 뒤에 왕후의 묘소가 될 것이라는 것.

이런 평가에도 불구하고 홍릉에 대해서는 엇갈린 견해들이 없지 않다. 말하자면 산의 맥은 제대로 내려왔지만 시신이 묻힌 자리는 기가 통하지 않는 허당이라는 것.

오히려 맥은 홍릉의 청룡을 타고 내려가 순종의 유릉쪽으로 갔다고 본다. 결국 홍릉의 자리는 맥이 흐르는 능선 비탈쪽에 조산(造山:흙을 높이 올려 산처럼 만드는 것)을 하여 그곳에 붙여놓은 셈이라는 것.

굳이 이곳을 평하자면 멀리 있는 안산들이 옥대(玉帶)처럼 펼쳐 있고 불암산이 조산으로 자리잡아 그런 대로 형국은 갖추었다고도 한다. 원래 가국허화(假局虛花)는 평가할 만한 가치도 없지만, 내룡과 조안이 수려해 직접적인 후손은 없어도 제사는 끊이지 않는 땅이라고 보기도 한다.

특히 홍릉을 보고 절손지지(絶孫之地)라 하는 것은 청룡의 맥이 시계 반대방향으로 달아나는 형세인데다 끝에 가서는 머리를 능쪽으로 돌리고 있어 더욱 문제가 된다. 이런 경우 자손이 말을 잘 안 듣거나 밖으로 나가 돌게 된다고 한다.

유릉도 정혈(定穴)을 벗어나

한편 순종의 유릉은 홍릉의 청룡내에 있는데 역시 전통적으로 소문

묘적산을 주산으로 고종의 홍릉 청룡맥에 위치한 유릉은 이른바 천심십도라 불리는 길지에 자리잡고 있다. 능의 앉은자리가 팔자형(八字形)이고 앞쪽 산도 역시 팔자형이다. 사진 우측의 구릉부분은 두 팔자가 만나는 부분이다.

난 길지다. 용맥이 동쪽에서 나와 십자통기형(十字通氣形)을 이룬 형국 내에 혈은 서쪽을 향하고 있다(卯坐酉向).

십자통기형이란 혈을 중심으로 전후좌우에 있는 산의 위치를 연결해 보면 십자모양이 되는데 이는 천심십도(天心十道)의 하나다. 또 이 형국은 능 뒤에서 보면 팔자형(八字形)의 산이 앞뒤로 마주하고 있어 내팔거팔형(來八去八形)이라고도 한다. 한마디로 천하의 명당에 자리한 셈이다.

그러나 오늘날 순종황제의 후손을 살펴보면 이 또한 허명임이 드러난다. 그 까닭을 혹자는 결국 좋은 형국 내에서도 혈의 위치가 잘못됐기 때문이라는 것. 지금 자리보다 조금 뒤쪽에 위치해야 제자리를 찾는 셈이 아니냐고 보는 견해도 있다.[2]

아무튼 홍릉과 유릉의 경우에는 조성 당시 일제의 농간이 있었는지는 알 수 없으나 소문과 당시의 유명 지관의 명성에 비해서는 결과가 좋지 않은 셈이다.

다른 한편 건원릉과 비교한다면 외형적인 형국의 뛰어남에도 불구하고 내부 지기의 흐름은 또 다르다는 것을 확연히 보여주는 예라고 설명하는 이들도 없지 않다.

이태조의 건원릉을 조성하는 데는 당시 6천여 명의 장정들이 동원됐다. 이들은 모두 경기지역 밖에서 징발되어 2개월여 일했다. 이후 다른 왕릉들도 비슷하게 조성됐다. 오늘날 서울 주변의 왕릉들이 시민의 휴식공간으로 각광받게 될 것을 당시 노역한 백성들이나 왕릉의 주인들이 예견했을까.

---

2) 이런 경우를 두고 정원에는 들어갔으나 방에는 이르지 못했다(入庭 不入室)고 수강은 말했다. 다시 말해 기가 접맥되는 혈자리에 묘를 쓰지 못했다는 뜻이다.

효보다 명당 찾아 옮긴 세종의 능침
—여주 영릉

조선왕조 국운(國運) 1백년 연장

경기도 여주에 있는 세종의 영릉은 천하의 명당으로 알려져 있다. 영릉으로 인해 조선왕조의 국운이 1백년 더 연장되었다는 평이 나올 만큼 지관들 사이에서는 길지로 꼽힌다.

굳이 풍수지리에 관심없는 사람도 영릉의 곡장(능 봉분 뒤의 담장) 뒤에 앉으면 머릿속이 맑아지면서 마음의 평화는 물론 행복감에 빠져들게 된다.

코끝에 와닿는 바람은 내장까지 시원하게 씻어주고 눈앞에 펼쳐진 풍경은 인간이 꿈꾸는 유토피아의 세계, 바로 그곳임을 일깨워준다.

물론 금수강산 어디를 간들 이만한 정취를 못 느끼는 것은 아니겠지만, 영릉의 풍광은 분명 다르다. "아, 정말 좋구나" 그런 탄성이 절로 나오는 곳이다.

본래 세종의 영릉은 경기도 광주땅 태종의 헌릉(獻陵 : 현재 서울 강남구 내곡동) 옆에 있었다.

정확한 위치는 대모산(大母山 : 서울에서 보면 개포동 뒷산) 서쪽 능선을 따라 구룡산(九龍山)으로 가다가 한자락 헌릉을 향해 내려온 산이 있다. 바로 이 산 중턱에 왕비인 소헌왕후(昭憲王后)의 능을 먼저 쓰고 뒤에 석실을 달리해 합장릉으로 모셔졌다.

태종의 능침인 헌릉에 들어가 보면 답답함을 먼저 느낀다. 앞에는 대곡로가 가로막아 자동차의 소음이 있는가 하면 안산인 목동산 허리에는 슬라브지붕의 양계장들이 즐비하게 늘어서 있다. 때때로 하늘에서는 근처 서울공항에서 뜨고 내리는 비행기의 굉음이 고막을 진동시킨다.

물론 영릉의 위치는 이곳보다는 낫다.

헌릉 옆의 작은길을 따라 '이조농장'을 지나 구룡산으로 오르는 산자락에 옛 흔적을 간직한 영릉자리는 지세로 보아서도 헌릉보다 높고 앞은 탁 트여 멀리 남한산을 바라보고 있다. 그러나 좌우의 산들이 달아나듯 헌릉쪽을 향해가는 모양은 안정감이 없다.

이곳에 영릉을 모시게 된 것은 순전히 세종의 효심(?) 때문이었다. 소헌왕후가 승하하기 1년 전, 세종은 우의정 하연, 예조판서 김종서 등에게 명해 헌릉 근처에 능자리를 잡게 했다. 다음해 소헌왕후가 승하하자 지관들이 길지가 아니라고 재고를 요청했으나 세종은 반대했다.

"다른 곳에 복지를 얻는 것이 선영곁에 장사하는 것만 하겠는가. 화복의 설은 근심할 것이 아니다. 나도 나중에 마땅히 같이 장사하되 무덤은 같이하고 실(室)은 다르게 만드는 것이 좋겠다."

결국 세종의 이 유언에 따라 1450년 음력 6월 12일 소헌왕후 옆으로 가게 됐다.

'동방의 성인(聖人)을 장사지낼 곳'

그후 영릉의 천릉(능을 옮기는 것) 문제가 처음 제기된 것은 세조때다. 역시 지관들에 의해 이 문제가 거론되자 세조는 서거정(徐居正)에게 물었다. 그의 대답인즉 "산수의 방위를 가지고 자손의 화복을 삼는다는 것을 신은 아직 모릅니다. 세상에서 천장하여 복을 얻으려 한다는데 왕이 그 이상 무엇을 바라고 원하겠습니까." (그럼에도 서거정은 예종때 영릉 천릉의 책임을 맡았다.)

이에 세조도 "나 또한 천릉할 생각이 없다"고 해서 조용해졌다. 그후 천릉논의가 다시 제기된 것은 세조의 장례가 끝난 다음날인 예종 즉위년(1468년) 음력 11월 29일이다. 이날 예종의 질문에 신숙주가 "처음 영릉을 점지(卜地 : 능자리를 결정하는 것)할 때 사람들이 이를 많이 논의했다. 그 문서들이 있으니 이것을 취해보면 판단하기 쉬울 것"이라고

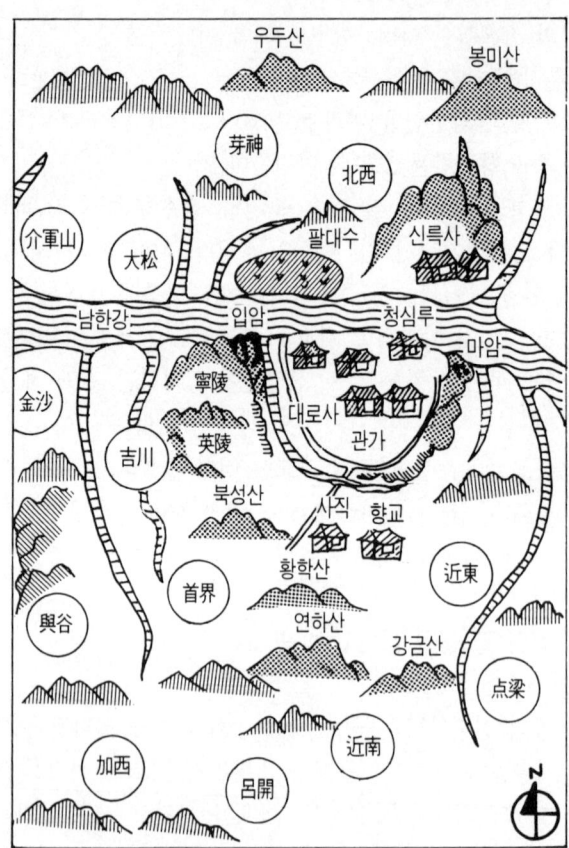

▲ 1842년께 출판된 「경기지」에 나타난 여주관할도. 영릉이 옮겨오면서 牧으로 승격, 목사관할지가 됐다.

해서 결국 옮기도록 결정났다.
 현재의 여주로 결정된 것은 이해 12월 27일(음력)이다. 호조판서 노사신, 예조판서 임원준(任元濬), 한성부윤 서거정 등이 현재의 여주 자리를 보고 와서 예종에게 보고했다. 당시 거론된 후보지로는 여주의 이계전 분묘지와 강금산(剛金山:여주), 용인의 금령산 등이었지만 상지관(相地官) 안효례(安孝禮) 등이 이계전의 분묘지로 의견을 개진, 결국 이씨의 묘지로 영릉을 옮기게 된다.
 전하는 얘기에 따르면 상지관 안효례와 정승들이 경기지역을 답사하던 중 여주 북성산에 이르러 갑자기 소나기를 만나게 됐다. 비를 피하기 위해 사방을 살피던 중 한곳에 연기가 피어오르고 있어 그곳으로 갔더니 재실이 있었다. 이곳에 이르자 비도 멎고 해가 비쳤다. 멀지 않은 곳에 묘가 있어 올라보니 천하의 길지였다는 것.
 이중환의 『택리지』에 따르면 이계전의 묘곽 옆에서 옛 표석이 나왔는데 '마땅히 동방의 성인을 장사지낼 곳'이라고 씌어 있었다고 하니 임자가 따로 있는 셈이었다고나 할까.

암·수 봉황이 서로 즐기는 형국

 한강 상류, 곧 남한강변에 위치한 여주는 예부터 살기 좋고 인물 많이 나는 지방으로 손꼽혔다. 주위가 평야고 어쩌다 있는 산은 2백m 안팎의 나지막한 바람막이 산들이다. 진산은 영릉의 주산인 북성산.
 동북쪽에는 양평의 용문산, 동쪽에는 원주 치악산, 멀리 남쪽에는 속리산이 있다. 북성산의 맥을 두고 용문산에서 남한강을 건너왔다는 주장이 있기도 하지만 대개 속리산에서 뻗어온 것으로 보았다.
 그렇게 볼 때 북성산의 맥은 영릉쪽으로 와서 뒤편 남한강의 삿갓바위(笠岩)에 부딪쳤다가 북성산을 향해 되돌아보는 셈이 된다. 이때 영릉의 형국은 이른바 회룡고조형(回龍顧祖形:태조산이나 근조산, 곧 용을 낳아준 산을 되돌아 바라보는 형국)이 된다.

좀더 자세히 영릉의 풍수지리적 설명을 들어보자.

"혈이 앉은 자리는 암봉황 형국이다(모란꽃이 반쯤 핀 모습과 같은 형국이란 설도 있다). 좌우 청룡과 백호는 모두 비단장막처럼 펼쳐져 있다. 다시 말해 봉황이 양날개를 편 모습이다. 안산은 혈보다 낮아 법도에 어긋나지 않는데다가 층층이 해와 달의 모습을 띠었고 그 너머 조산(북성산)이 버티고 있다(君臣朝會格). 북성산은 주산이면서 조산의 역을 맡고 있다. 또 그 모습은 숫봉황이 날개를 펴고 내려오는 형국이다.

결국 앞뒤의 봉황, 곧 두 봉황이 서로 즐기는 모습(양봉상락형 : 兩鳳相樂形)이 영릉의 대국이다. 혈의 자리만 떼어놓고 본다면 봉황이 날개를 펴고 알을 품고 있는 형(飛鳳抱卵形)이다.

득수면에서 보면 백호가 길게 내려가 청룡을 품은 듯이 수구(물이 나가는 곳)를 막고 있고 동쪽에서 서쪽으로 흐르는 남한강 물이 공배수(拱背水 : 등뒤에서 흐르는 물)를 이루고 있다. 명당 내의 백호쪽에서 흐르는 물은 서쪽에서 동쪽으로 흐르고 또 바깥 명당, 곧 안산 밑의 물도 서쪽에서 동쪽으로 흘러 남한강에 이른다. 따라서 남한강물이 명당수와 반대방향으로 흐름으로써 명당수의 흐름을 느리게 하여 국내에 충분한 습기를 유지해 주고 있다."

천릉(遷陵)의 득과 실

수강의 이같은 설명은 한마디로 영릉의 자리가 바람을 감싸안고(藏風) 수분을 충분히 간직하고(得水) 있다는 면에서 생기가 충분하다는 뜻이다. 여기에다 능의 좌향은 정남향(子坐午向)이다. 이런 형국에서는 '가히 만세에 나라를 이어갈 만한 기가 나오게 마련'이라는 것.

생전에 세종은 소헌왕후로부터 8남 2녀를 얻었고 신빈 김씨가 6남,

이 땅의 숨결과 혈맥을 찾아서 / 225

봉황이 날개를 펴고 알을 품은 듯한 형국이란 영릉의 모습. 앞의 건물은 정자각. 능 뒤 3km 지점에 남한강이 서쪽으로 흘러간다. 이 형국을 두고 모란반개형이라고도 한다.

혜빈 양씨가 3남, 궁인 강씨가 1남 등을 낳아 조선조의 역대 왕 중에서는 가장 생산이 많았다. 뒷날 전주이씨 종중의 대세도 여기서 판가름 났다.

10여년간 영릉 관리사무소에서 일하고 있다는 이규엽 씨(49)는 "89년 겨울 60cm의 눈이 이곳에 내렸지만 영릉은 정오 전에 말끔히 녹아버렸다"며 "확실히 뭔가 다르다"고 털어놓았다. 굳이 해석하자면 정혈의 자리는 지기가 왕성해 자연도 범하지 못한다고 해야 하지 않을까 싶다.

영릉 정자각은 인조 17년 불이 나 전소되었고 그 뒤 영조 48년에 개수했다. 현종 14년(1674년) 영릉의 청룡 날개쪽에 동구릉에 있던 효종의 영릉(寧陵)을 옮겨왔다. 1977년 박대통령에 의해 성역화작업이 이루어져 오늘의 모습을 갖추었다.

조선조의 왕릉 중에서 천릉한 경우는 영릉과 영릉(寧陵) 외에도 서울 삼성동의 정릉(靖陵), 동구릉 내의 목릉, 교하의 장릉, 수원의 건릉 등이 있다. 대개 풍수지리설에 따라 옮겼다.
 그러나 때론 국상(國喪)을 치르고 나면 품계가 올라가고 새로운 관직을 맡는 경우가 허다해 그것을 바라고 천릉을 권하기도 했다 한다.
 나라의 운명은 수도에 있지(지관들의 말) 능에 있는 것은 아니라고 한다. 능은 가족사에 영향을 끼칠 뿐 그 자체로 국운과는 관련이 없다고 한다. 과연 '효의 자리'를 타의에 의해 옮긴 성군 세종의 마음은 어느 편에 기울어 있을까 자못 궁금하다.

대원군의 '마지막 카드', 왕권을 회복하다
—덕산 남연군 묘

국제적 분묘 도굴사건

 1868년 4월 21일 밤, 지금의 충남 덕산면 가야산 기슭에서 국제적인 도굴사건이 벌어졌다. '남연군 분묘 도굴사건'으로 알려진 이날 밤의 도굴에는 독일인을 비롯해 프랑스인·미국인·중국인·필리핀인 그리고 조선인이 가담, 뒷날 그야말로 국제적인 화제를 모았다.
 고종이 즉위한 지 5년, 흥선 대원군 이하응(李昰應)이 대권을 휘두른 지 5년만에 일어난 이 사건은 기록에 따라서는 묘곽까지 파내려갔다고 하지만, 조수(潮水)의 퇴조시기를 놓칠까 두려워한 도굴단의 철수로 인해 끝내 유해의 파손은 면했다.
 당시 이 사건을 주도한 오페르트는 유태계 독일상인으로 이미 1866년 두 차례에 걸쳐 경기만 일대에 나타나 조선과의 통상교섭을 시도했지만 실패하고 이날 최후의 방법으로 당시 실권자였던 대원군의 아버지 묘를 도굴, 개방압력에 유리한 조건을 갖추려 했다.
 뒷날 오페르트는 그의 저서 『금단의 나라 조선기행』에서 대원군은 도참의 신봉자로 그의 영화를 가져다준 것이 아버지의 묘를 이곳에 썼기 때문이라고 믿고 있다고 했다. 더구나 그를 이곳으로 안내한 조선인(천주교도)들은 남연군의 무덤 속에 비록(秘錄)이 들어 있을 것이며 이것을 얻을 수 있다면 곧 한양을 점령한 것이나 다름없는 효과를 낼 수 있다고 귀띔했다고 한다.

오페르트는 이것을 얻기 위해 모험을 강행했다.

이들의 도굴사건이 실패로 끝난 것은 철수시기를 놓칠까 두려워해 일찍 돌아간 데도 원인이 있지만 대원군이 이곳에 남연군의 묘를 이장했을 때, 당시 지관이 뒷날 도굴의 위험이 있다고 해 묘곽을 더욱 철저히 다진 점도 뺄 수 없다.

일설에 따르면 묘곽에 철물을 부었다고도 하고 암반을 판 한길 밑에 관을 안치하고 석회를 3백 부대나 짓이겨 굳혔다는 이야기도 있다.

대원군의 10년 풍수공부

아무튼 남연군의 묘는 이 도굴사건으로 유명세를 얻었지만 그보다 앞서 몰락하던 이씨왕조의 체통을 다시 세우게 하는데 크게 기여한 점으로도 풍수계는 물론 일반의 관심을 끌고 있다.

이중환은 그의 『택리지』에서 충남 가야산 동쪽의 가야사 계곡은 어떤 근거에서인지 모르지만 '상고(上古)때 상왕(象王)의 궁궐터'였다고 쓰고 있다. 다시 말해 이곳은 예부터 여러 부처들이 살던 곳이라는 말이다. 바로 이런 자리에 대원군은 그의 아버지 남연군의 묘를 썼다.

대원군이 그의 아들을 왕위에 올리고 세도를 잡기까지의 행적은 이미 소설 등을 통해 널리 알려진 사실이다. 조선후기 '나는 새도 떨어뜨린다'는 안동김씨의 세도에 눌려 왕족은 숨소리도 내지 못했다. 잘난 척하는 왕족은 곧 역모죄로 몰려 자신은 물론 일가까지 피바다를 이루게 했다.

이를 옆에서 지켜본 흥선군 이하응은 살기 위해서가 아니라 복수의 일념으로 철저히 자신을 위장, 한국근세사의 위대한(?) 독재자로서 뒷

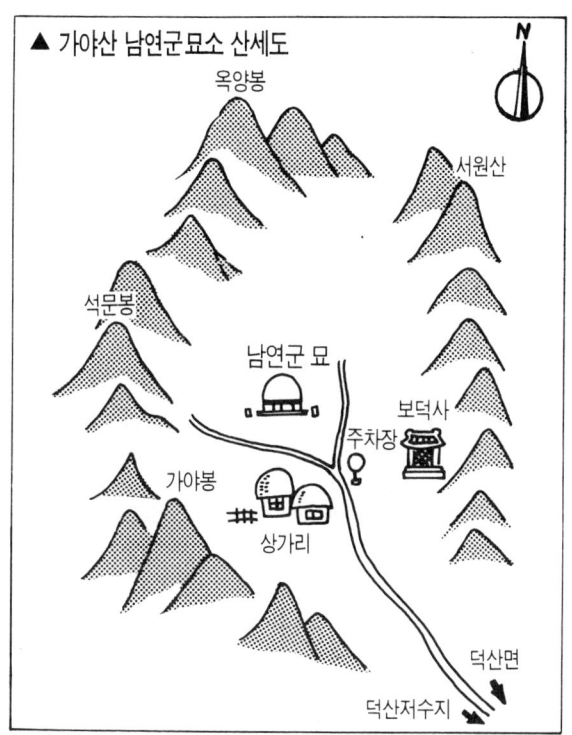

날 면모를 일신하게 된다.

12세에 모친을 여의고 17세에 부친 남연군마저 여읜 대원군은 10여 년간 지리서(풍수관계서적)를 탐독했다. 그 뒤부터 틈만 나면 그는 전국을 돌며 명당을 돌아봤다.

30세가 넘은 어느해 한 지관이 그를 찾아왔다. 가야산에 좋은 땅이 있다는 것이다.

지관과 함께 덕산에 내려온 대원군은 익히 보아온 가야산이지만 이 날따라 새롭게 보였다. 읍내에서 오늘날 덕산 저수지가 있는 옥계리 입구에 들어섰을 때 오른쪽(청룡)의 긴 산끝이 계곡을 막고 있고 그 안쪽으로 백호가 감겨들어간 것이 눈에 들어왔다. 한마디로 '이 정도면 더 들어갈 만하다'며 지관을 돌아보고 발길을 재촉했다.

2대 천자지지(天子之地)의 혈

마침내 지관이 점지하는 장소에 이르렀다. 뒷산과 앞산, 좌우의 산들이 풍수서에서 말하는 공후지지(公侯之地)임이 분명했다. "참으로 천하 대지입니다. 이 정도의 자리라면 10년 안에 반드시 제왕이 나올 만합니다"——지관의 말이었다.

"무슨 말을 그리하오. 그저 생김새로 봐서 잘하면 영의정 하나쯤은 나올만 하구려"——대원군의 응답이다. 이에 지관이 미소를 지었다. 그도 그럴 것이 감히 어느 시절인데 제왕 운운하겠는가.

산을 내려오면서 대원군은 "이 땅이 누구의 소유냐"고 물었다. '가야사의 절 땅'이라고 지관이 대답했다. 왕족이면서도 그 자신의 현재 위세로는 감히 절땅을 내놓으라고 할 만한 위치가 아니었다.

다시 한번 서글픔이 몰려왔다. 서울에 온 대원군은 그나마 말이 통하는 당시 대제학 김병학(金炳學)을 찾아가 그 집 대대로 내려오는 옥벼루를 빌려왔다. 이것을 영의정 김좌근(金左根)에게 주고 충청감사에게 보내는 편지 한 통을 얻어냈다. 그리고 가야사 절땅에 남연군을 이장했다. 그로부터 정확히 13년후 고종이 등극했다. 떠도는 말에 따르면 이곳은 '2대천자지지(二代天子之地: 황제가 2명 나오는 명당)'라고 한다.

남연군 묘소는 뒤에 살펴볼 평산신씨 시조 신숭겸 장군 묘소와 같은 분위기다. 덕산면 소재지에서는 보이지 않지만 이곳에서는 덕산을 비롯한 삽교·예산의 들판이 한눈에 들어온다. 탁 트인 동남향이 가슴속까지 시원하게 해준다.

"뻗어온 용의 흐름을 보면 그 조산이 소백산에 닿아 있다. 속리산을 거쳐 차령·청양의 백월산, 홍성의 대월산으로 이어져 가야산을 만들었다. 그 줄기가 북쪽으로 뻗어가다가 몸을 돌려 가야산을 다시 돌아보는 가운데 한 맥이 서쪽(酉辛)으로부터 내려와 혈장을 이뤘다. 묘의 좌향은 동남향(亥坐巳向)이고 득수는 동쪽에서 나와 동남쪽에서 막혔다(卯得辰破).

혈로 들어오는 용(석문봉)의 좌우에는 가야산의 가야봉이 천을(天乙)이 되고 옥양봉이 태을(太乙)로 각각 혈을 호위하고 있다(여기서 말하는 천을·태을은 혈을 지켜주는 神將의 이름이다).

오른쪽의 백호는 금성과 목성의 산들이 서로 우뚝 솟아 연이어 뻗어가 혈을 감싸며 수구를 막고 있는 반면, 청룡쪽은 목성의 산들이 서로 이어져 역시 수구를 막아주고 있다.

한마디로 용장호단(龍長虎短 : 청룡은 길고 백호는 짧다)의 형세다. 명당 앞의 조안은 서기가 충천하고 만조백관이 절하는 것 같으니 가히 군왕지지라고 하겠다. 또한 이런 형국이면 역성혁명도 기약할 수 있다. 그러나 여기에도 약점은 있다. 자세히 보면 왼쪽의 청룡이 몽둥이(杖)와 같고 그 생김이 죽은 용(산)과 비슷한데다 물을 따라 도망가듯 내달리고 있다.

또 청룡 가운데 몽둥이처럼 생긴 두산이 혈장(묘자리)을 향해 공격하

석문봉(石門峯)을 주산으로 혈장에 이르는 입수맥이 갈라져 보는 이에 따라 제자(帝字)라고도 하지만, 골이 깊어 오히려 후손에게 해를 끼치는 형상이다. 좌향은 주산보다는 오른쪽의 태을(太乙 : 옥양봉)에 기댔다.

듯 머리를 디밀고 있음으로 보아 검사(劍砂)가 분명하니 이는 후손에게 혈광지환(血光之患)을 끼칠 것이다. 이에 반해 백호쪽은 그 개개의 모습이 뛰어나 청룡을 압도하니 내당(집안의 여자)의 주장이 득세함도 피하기 어렵다. 여기에다 입수맥(入首脈)마저 갈라져 있어 후계가 산란하니 안타까울 따름이다."

수강의 설명이다. 그는 덧붙여 "이런 자리는 마치 도박판에서 비장한 최후의 카드를 내밀 때처럼 위급한 경우에나 쓰는 곳이지 양반은 쓸 자리가 아니다"고 못박는다.

역사를 돌이켜보면 그의 설명도 결코 허사가 아님이 드러난다. 왕조 말기 대원군 같은 인물이 아니면 누가 감히 이런 지세와 힘겨루기를 할까 싶다.

입수맥의 찢어짐을 보고 마치 제자(帝字)와 같다고도 하지만, 그것으로 인해 고종·순종황제의 후손들이 오늘날 어떠한가를 쉽게 엿볼 수 있다. 또 백호의 뛰어남은 바로 대원군 자신에게까지 화를 끼친 명성왕후 민씨를 생각나게 해준다.

청룡은 어떠한가. 마치 물을 따라 도망가듯 내달리는 모습은 신하의 배신과 함께 후손의 타국살이를 반증해 준다. 또 청룡의 두 몸뚱이들은 혈에서 보아 그 방향이 동북(寅方)이어서 간지로 인(寅)·오(午)·술(戌)년에 환란을 안겨주도록 되어 있다. 경진년(庚辰年 : 1820)에 태어난 대원군은 임신년(壬申年 : 1872)을 끝으로 10년 세도의 막을 내렸고 임오군란(1882)으로 재집권하는 듯싶었지만 청군의 출동으로 천진(天津)에 유폐되는 곤욕을 치렀다. 끝내 그 자신은 무술년(戊戌年 : 1898)에 78세를 일기로 타계했다.

남연군은 그의 아들 대원군의 집권으로 충정(忠正)이란 시호를 받은 외에 묘소에 별다른 변화를 입지 않았다. 도굴의 화를 피하고도 대원군은 아버지의 묘를 달리 치장하지 않았다. 절대권력과 부를 한손에 잡았던 대원군이지만 묘소만은 오늘날 보아도 단출하고 꾸밈이 없다. 그것 또한 역사가 안겨주는 교훈이 아닐까 싶다.

'해동 육룡'을 잉태한 태백산맥의 금장지
― 삼척 준경묘

조선왕조의 뿌리

왕조의 교체를 역성혁명이라 한다. 한 왕조가 바뀌는 데는 나름대로 사회경제적 변혁을 수반하는 이유들이 있게 마련이다.

조선왕조를 건국한 이성계가 혁명가로서 성공하기까지는 그 개인의 노력도 물론이겠지만 시대적 상황이 더 크게 작용했다고 역사가들은 평한다.

다른 한편 이왕조의 탄생은 풍수지리와도 밀접한 관련이 있다. 이미 고려조에서 한양(서울)에 이씨 성의 사람이 새 왕조를 열 것이라는 풍수사들의 말에 따라 이씨 성을 가진 관리를 파견, 지기를 누른 역사적 기록들이 있는 것만 봐도 그렇다고 하겠다.

전주(完山)이씨의 조선왕조 창건은 그 족보의 역사만큼이나 뿌리가 깊다. 이왕조 족보의 하나인 『완산실록(完山實錄)』에 따르면 시조 한(翰)으로부터 3세인 천상(天祥)에 이르러 이미 풍수설에 따른 왕조창건의 이야기가 나온다. 물론 후대에 기술한 사실이겠지만, 그때가 신라말기였다는 점에 주목할 필요가 있다.

천상은 말년에 중국에 건너가 천문과 지리공부를 시작, 9년만에 통달하고 귀국하여 완산(전주) 인지산(麟趾山) 왕자봉 아래 선산을 모셨다. 그리고 이 묘소를 두고 "내 후손에서 왕이 될 자손이 반드시 날 것인즉 중간에 어떤 어려움이 있더라도 묘를 옮겨서는 안된다"고 당부했다.

이양무, 전주에서 삼척으로 피신

그 뒤 16세인 이린(李璘)에 이르러 문제가 공식적으로 발생한다. 고려 명종 4년(1174년)에 집주라는 벼슬에 임명된 이린은 무예가 뛰어났으나 전쟁에 나가 패했다. 그의 패전을 두고 조정에서 책임을 묻게 됐다. 이때 나온 이야기 중에 그의 선조 묘가 문제됐다.

"편목이란 책에 따르면 '목자(李의 파자)가 양(한반도를 뜻함)에 걸터앉는다'고 했고 신년(壬申年 이태조가 건국한 해)이 멀지 않으니 자못 유념해야 한다"고 주위에서 왕에게 간했다.

특히 기대극이란 지관은 "인지산의 명당은 여러 용이 여의주를 다투는 형세라서 천명이 반드시 영험하다. 하물며 금강산맥이 용과 더불어 물로 부합하여 용이 구오(九五 : 易의 효상으로 왕위의 자리)의 자리를 마련해 놓았으므로 왕의 자리가 분명하다"고 극간했다.

이에 왕은 이린과 그의 가족을 귀양보내고 3백 명의 장사를 인지산으로 파견해 분묘를 파헤치게 했다. 그러나 이들은 일을 시작하자 모두 벼락을 맞아 죽었다. 이 소식을 들은 왕은 탄식하며 "천시(天時)는 사람의 힘으로 될 바가 아니다"고 하며 그만두게 했다. 이 묘가 바로 오늘날 건지산 아래 있는 전주이씨의 조경단(시조의 묘소터)으로 알려지고 있다.

세종이 한글을 창제하고 한글로 왕조창건의 위업을 기린 노래가 『용비어천가』다. '해동6룡(海東六龍)이 날으샤'로 시작되는 이 노래는 태조의 4대조부터 태종까지 여섯 명의 사적을 읊고 있다. 태조의 4대조인 목조 이안사(李安社)는 앞에 기술한 이린의 손자가 된다. 이린의 후손인 그가 언제 귀양에서 풀렸는지는 알 수 없지만, 이미 그의 아버지 이양무(李陽茂)대에 이르러 전주에 와 살았고 그 자신은 전주부에서 관직을 맡아보았다.

『용비어천가』에 목조의 사적이 실려 있듯이 이안사는 전주 지주사(知州事)와 다투고 강원도 삼척으로 피신해 온다. 그가 아끼던 관기를 지주사가 손님에게 억지로 수청들게 하자 이에 항거하고 피신한 것으로 되어 있다. 그러나 피신의 이유는 단순한 이 다툼이 할아버지때에 일어난 선조묘역의 흥왕설에 연결돼 역적으로 다시 몰릴 위험이 컸기 때문이라고 한다.

삼척에 온 그는 우연히도 먼저 모시던 지주사가 강원도 안렴사(道伯)로 부임, 이곳을 순방할 가능성이 커지자 결국 함경도 덕원으로 다시 피신하게 된다. 그가 머물던 삼척지방의 정확한 명칭이 오늘날 삼척군 미로면 활기리(未老面 活耆里)다. 이곳에는 고종이 1899년에 세운 「목조대왕 구거 유지비」가 있고 목조의 아버지이자 태조의 5대조인 이양무의 묘와 그의 부인 묘인 영경묘가 있다.

문무대신을 거느린 군왕지지(君王之地)

이야기가 길어졌지만 우리의 관심은 바로 이 이양무의 묘인 준경묘(濬慶墓)에 모아진다.

미로면 활기리는 백두대간의 태백산맥이 지나는 곳이다. 지금은 38번 국도가 포장되어 있고 영동선이 지나가 교통문제가 다소 해결됐지만 옛날은 그야말로 오지다. 도계의 백병산에서 발원하는 오십천을 따라 형성된 38번 국도는 곳곳에 기암절벽을 형성, 계절마다 각각 다른 모습을 보여준다.

영동선 신기역에서 상정역으로 내려가는 국도변에 「준경묘」를 알려주는 안내판이 설치돼 있어 찾기는 어렵지 않다. 국도에서 활기리로 들

어가는 진입로도 근래 포장을 끝냈다.
 속칭 '활계릉'으로 불리는 준경묘는 활기리의 첫번째 마을에서 왼쪽으로 난 작은 길을 따라 굽이굽이 산을 올라가야 만날 수 있다. 산 정상에 이르면 황장목으로 불리는 아름드리 소나무들이 별천지를 이룬다.

영동선 신기역 앞 오십천(五十川)의 한가운데 우뚝 솟은 독묘산은 풍수용어로 북신(北辰)에 해당한다. 혈에서는 보이지 않는 이 수구사는 물의 흐름을 막아 기의 누설을 방지할 뿐만 아니라 혈을 호위하는 보초병 역할도 맡고 있다.

경복궁 중건때 이곳 소나무들이 '서울구경'을 했다. 정상에서 다시 계곡을 따라 1km 정도 올라가면 국민학교 벽지 분교의 운동장 같은 공터를 만나게 된다. 곧 준경묘의 외명당인 셈이다. 입구 양측에는 높은 산이 가로막고 뒤로는 산들이 둘러싸고 있어 바람 한점 느낄 수 없다. 가

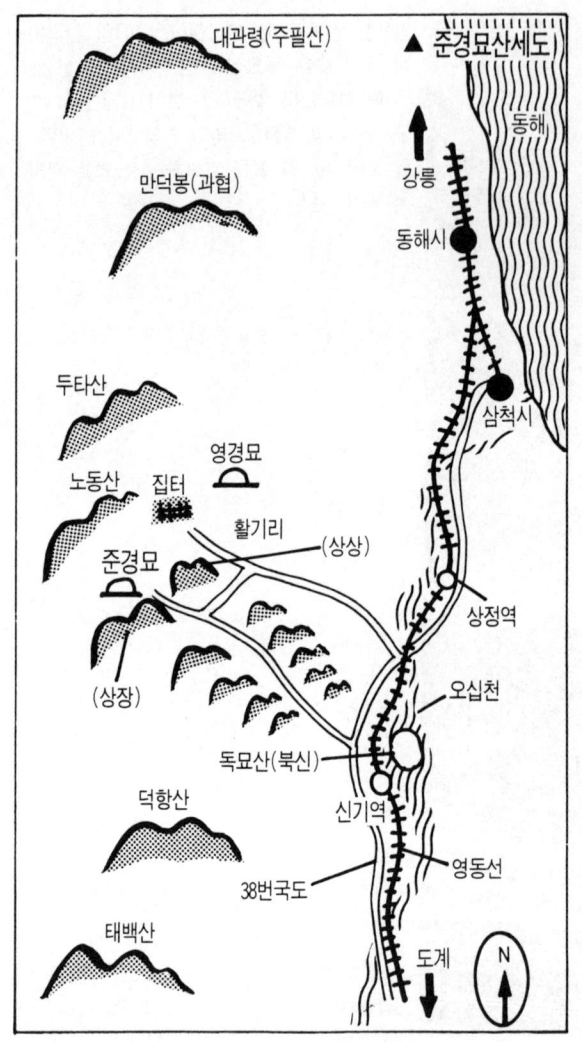

을 햇볕은 잔디위에 황금빛을 쏟아놓는다. 38번 국도로부터 10리길(3 km)이지만 오를 때의 험로나 높은 산에 올랐다는 느낌을 전혀 주지 않는다.

왕위에 추존되지 않은 까닭에 봉분은 보통사람의 묘와 다를 바 없다.

능선이 흘러내리는 곳의 위도 아래도 아닌 곳에 다소곳이 자리잡아 마치 찾아오는 손님을 반기는 듯싶다. 문외한이 보아도 '좋은 자리'임이 분명하다. 전문인의 평도 예외는 아니다.

"태백대간룡(大幹龍 : 용의 큰줄기)이 동쪽으로는 동해를, 서쪽으로는 크고 작은 강과 산을 호위병처럼 거느리고 내려오다가 강릉 대관령(풍수용어로 주필산)을 이루고 여기서 다시 뻗어내려 명주군 왕산면의 만덕봉(옛 지명은 希福峴)에서 과협(過峽 : 마치 수도관의 중간저수지와 같은 곳. 기를 모아 아래로 강하게 쏟아붓는 산)을 놓는다.

이 산에서 오른쪽으로 돌아 삼척군의 두타산을 일으킨다. 여기서 다시 남쪽으로 내달려 오다가 동남방으로 들어와 목성(산의 모양이 붓끝처럼 생긴 산)인 노동산(蘆洞山)에서 혈을 만들었다. 좌향은 동향 신좌을향(辛坐乙向)이다. 혈 주위 산들은 천을·태을·천관지축(모두 혈을 호위하고 시위하는 풍수용어상 극히 아름다운 산을 가리킴)을 온전히 구비한데다 입구의 왼쪽산은 상상(上相 : 領相)이고 오른쪽은 상장(上將 : 대장군)이니 더없이 좋다.

그런데 10리밖 오십천에는 독묘산(신기역 앞에 섬처럼 떠있는 산)이 북신(北辰 : 북극성처럼 뚜렷이 혈 앞에서 물의 흐름을 느리게 하는 산으로 이런 산이 있는 곳은 반드시 대명당이 있고 그런 곳은 아무나 묘를 쓸 수 없다 한다) 형상이니 이 혈은 군왕지지(君王之地)의 증거가 아닐 수 없다."

수강의 설명이다.

임금의 수라상은 쌀밥 조밥 안 따져

그는 이어 "이곳 형국을 두고 맹호출림형(猛虎出林形)이라지만 자세히 보면 선인취회형(仙人聚會形 : 신선이 모여 있는 형)"이라고 잘라 말한다. 흔히 형국을 두고 혈의 효력을 말하기도 하지만 혈의 역량이 큰 경우에는 형국도 영향을 미치지 못한다고 덧붙인다.

또 준경묘에서 보면 좌우의 상상과 상장산이 앞을 가려 안산과 조산을 볼 수 없다. 이런 것이 흠이 아니냐고 지적하자, "혈의 방향이 그 두 산 사이의 낮은 곳을 향해 나 있으므로 조·안산은 그 너머에 형성돼 있다"며 "임금의 수라상에서 쌀밥 조밥 따지게 됐느냐"고 호통친다. 말하자면 혈의 역량이 이미 거대하므로 풍수에서 따지는 작은 용어들은 문제될 것이 없다는 뜻이다.

기록에 의하면 목조가 이곳에 온 지 1년만에 부친 이양무가 돌아갔다고 한다(서기 1231년). 이 묘자리를 두고 여러 전설이 있지만 군왕지지라는 점에서 묘자리를 팔 때 백 마리의 소(百牛)를 잡아서 개토제(開土祭)를 지내야 하고 관은 금관(金棺)으로 해야 한다고 지관이 명했다. 당시 일가친척 등 1백70여 가구와 함께 이곳으로 피신온 목조지만 실제 그렇게 할 수는 없었다.

궁리끝에 목조는 백 마리의 소 대신에 흰소(白牛)를 잡아 개토제를 지냈고 금관은 황금색인 보리짚을 이용해 관을 쌌다고 한다.

이성계의 조선건국 이후 목조의 능인 덕릉(함남 경흥)이나 이태조의 부친인 이자춘(李子春:桓祖)의 능이 모두 군왕지지라고 일컬어졌지만 수강은 "제왕의 운은 결코 한두 대에 발복하는 것이 아니다"며 "이왕조는 전주의 조경단과 준경묘에서 비롯됐다"고 역설한다.

여기서 우리는 세속적인 풍수의 기복설을 떠나 또다른 교훈을 엿볼 수 있다. 풍수적으로 볼 때 한 왕조가 탄생하는 데만도 5백 년 이상, 또는 2, 3백 년 이상의 기다림이 있었다는 것이다. 시대가 바뀌었지만 큰 인물을 길러내기 위해서는 당장의 고난을 감수하고 먼 미래를 내다볼 줄 아는 지혜를 가져야 한다는 것이다.

신라 명주군왕과 고려 평장사의 교훈
—강릉 김주원 능과 최입지 묘

살아서는 모학산이요 죽어서는 성산(城山)이라

"요즘도 강릉사람들은 이곳 성산에 묘자리를 잡기 위해 많이들 찾아옵니다."

명주군 성산면 보광동(溟州郡 城山面 普光洞)에 사는 한 촌로의 말이다.

그의 말처럼 강릉지방에서는 예부터 '생거모학산(生居母鶴山)이요 사거성산(死居城山)'이라고 했다. 즉 살아서는 모산이나 학산지역이 좋고 죽어서 묻힐 곳은 성산이란 뜻이다.

울창한 산림에 묻혀 다른 지역보다는 산등성이나 평지에서 산소를 구경하기 힘들지만, 조금만 가까이 가보면 역시 곳곳에 묘소들이 주인처럼 땅을 차지하고 있음을 볼 수 있다.

성산지역에서 우리의 관심을 끄는 묘소는 역시 강릉을 본관으로 하는 토성들의 시조묘다. 그 하나는 강릉김씨의 시조인 명주군왕 김주원(金周元)의 능이고 다른 하나는 강릉최씨의 한 씨족인 최입지(崔立之)의 묘다.

이들 두 묘소는 시기적으로도 각각 특징을 지니고 있다.

김주원의 능은 중국식 풍수가 우리나라에 도입되기 전에 현재의 자리에 위치했다는 점에서 한국적 풍수이론의 전개를 가늠해 볼 수 있고 최입지의 묘는 풍수이론이 전성기를 누리던 고려말기의 풍수 전범을 보여주고 있다.

장마에 빼앗긴 왕위

오늘날 강릉김씨의 시조가 된 김주원은 역사가 증명하듯 신라왕족의 후예다.

무열왕 김춘추의 6세손인 그는 선덕왕(재위 780~785)시절에 이미 각간에 올라 시중겸 병부령으로서 정병 6만 명을 거느리는 권력의 실세였다. 때마침 선덕왕이 타계하자 왕위는 바로 그의 차례나 다름없었다. 그러나 불행하게도 월성밖 20리 지역에 살던 그는 북천이 넘쳐 국장(國葬)에 참여하지 못했고 이로 인해 상대등 김경신(金敬信)에게 왕위를 빼앗겼다.

비가 그쳐 김주원이 입궐하자 원성왕에 오른 김경신이 주원에게 양위의 뜻을 표했지만 주원은 이를 사양하고 그의 어머니 고향인 명주(강릉)로 물러나 다시는 조정에 들어가지 않았다.

이를 가상히 여기고 그 덕을 기리기 위해 원성왕은 주원에게 오늘날 양양·강릉·삼척·울진 일대를 식읍으로 주고 명주군왕에 봉하는 한편 선친과 조부까지 대명주군왕에 추봉했다.

강릉 서쪽 10리에 위치한 성산땅에 명주성을 쌓고 여생을 보낸 김주원은 삼왕동에 유택을 남기고 역사에서 사라졌다. 그러나 그의 아들 종기(宗基 : 원성왕때 시중), 헌창(憲昌 : 헌덕왕때 시중)은 뒷날 왕실의 정권쟁탈전에 주역으로 다시 등장하게 되었고 막내 신(身)만이 강릉으로 퇴거, 오늘날 강릉김씨의 주류를 형성하게 됐다.

대관령 정상에서 강릉을 향해 내려가다보면 아흔아홉굽이가 끝나는

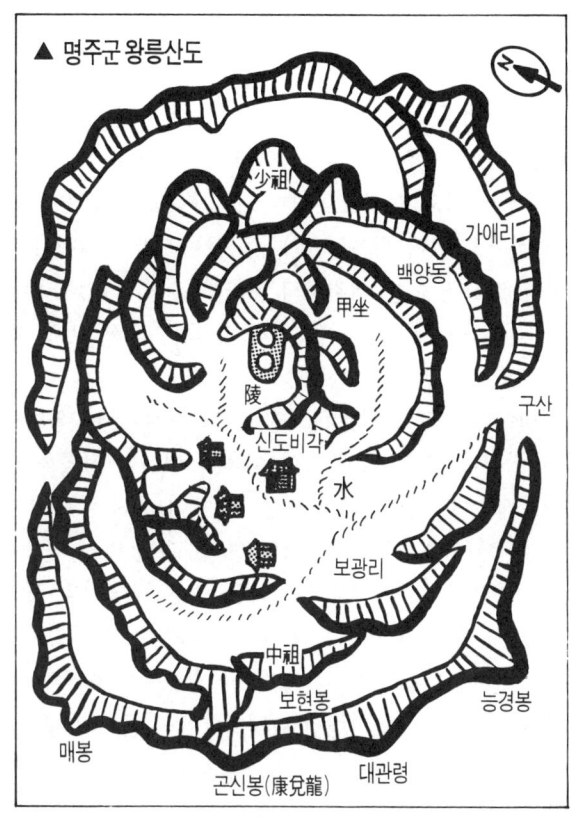

곳에「명주군왕릉소 입구」라는 푯말이 서 있다. 이곳에서 20리쯤 들어가면 속칭 삼왕동이라는 보광동이 나온다. 이곳에는 명주군왕의 향사를 지내는 숭의전과 태종 무열왕의 위패를 모신 숭렬전, 생육신 매월당 김시습의 영정을 안치한 청간사가 있다. 이들 사당에서 5분여 거리 산허리에 명주군왕의 능이 있다.

 석축으로 사면을 둘러싼 능은 위엄을 갖추고 있지만 흔히 경주일대에서 볼 수 있는 왕릉과는 규모가 다르다. 굳이 비교한다면 경주의 왕릉들이 평지에 인공적으로 능을 만든 데 반해 명주군왕릉은 자연적인 구릉을 이용, 돋보이게 하고 있다.

고대 한국풍수사상의 한 유형

"대관령 허리에서 동쪽으로 떨어진 용이 강릉 근처에서 머리를 돌려 서북향(巽坐乾向)으로 국을 만들고 묘자리는 서향(甲坐庚向)으로 잡았다. 물은 북쪽에서 나와 동쪽으로 흐른다(壬得坤破). 얼핏보아 주위 산들이 높게 둘러싸고 있어 천옥(天獄)처럼 보이지만 자세히 보면 뒤에는 동해가 감싸고 있고 앞에는 대관령의 대간룡(큰 산줄기)이 안산이 되어 비록 높지만 높은 줄 모르게 되어 있다. 형국은 작게 보아 화형(花形)이지만 은룡(隱龍) 혹은 청학으로도 볼 수 있다."

수강의 설명이다. 여기까지는 풍수지리이론으로 보아 완벽한 묘자리라고 보기는 어렵다. 다시 말해 능이 위치한 전체적 형국을 살펴볼 때 현재의 자리보다는 더 좋은 곳이 같은 국 안에 있다는 뜻이다. 소조산(少祖山)이 금수형(金水形)으로 반월(半月)을 이뤄 마치 병풍처럼 둘러싼 가운데 그 중간에서 맥이 떨어져 좌단고(左單股 : 산의 모양이 마치 한쪽 다리만 있는 듯한 모습으로 왼쪽이면 좌단고, 오른쪽이면 우단고라 한다)로 국을 이뤘다. "이런 경우 풍수이론으로 보아 지장정혈법(指掌定穴法)으로 자리를 잡게 마련인데 옛사람이 이를 버린 까닭을 알 수 없다"고 수강은 말한다.

이는 아마 중국식 풍수이론이 도입되기 전에 우리의 전통적(?)풍수, 곧 바람과 물의 폐해를 벗어나고 살아있는 사람과 더욱 가까이 있고자 하는 뜻이 반영된 것이 아닌가 싶다.

아무튼 명주군왕릉은 이곳에 자리잡은 뒤 약 8백 년간 후손들로부터 직접적인 보살핌을 받지 못하다가 조선조 명종때에 이르러 강릉부사로 부임한 후손 김첨경(1525~1583・예조판서・肅簡公)에 의해 오늘의 모습을 되찾게 되었다. 김부사는 강릉에 부임한 후 고기(古記)를 살피던 중 '주원공의 능소가 보현산 아래'라는 기록을 발견, 수소문한 결과 촌로들의 확인으로 이를 찾아냈다고 한다.

명주군왕의 후손은 고려조의 김인존을 비롯, 조선조에는 매월당 김시습으로 이어진다. 그 뒤 조선조 중기 이후에는 이른바 8판서를 배출해 '팔판동'이란 서울의 동명을 낳기도 했다. 우연인지 몰라도 8판서가 바로 김첨경을 시작으로 그의 직계후손에서 배출됐다는 점은 시조에 대한 후손의 효가 지기와 상통한 것이라고는 해석할 수 없을까.

또 삼국시대의 왕릉이나 개인 묘가 현전(現傳)하는 경우가 극히 드문 점에 비해 백두대간의 큰줄기에 위치한 명주군왕릉이 1천여 년 생명을 지니고 있음에는 아직 밝혀지지 않은 정통 한국풍수사상의 어떤 비밀이 얽혀 있는 것이 아닐까 주목하게 만든다.

귀신이 탄복한 모산 양택

다음은 고려말기의 인물인 최입지의 묘에 대해 살펴보자.

고려 태조의 부마를 지낸 최흔봉(崔欣奉)을 시조로 하는 강릉 최씨(평장파)는 시조의 묘가 실전되어 그의 12세손인 강릉군(江陵君) 최입지가 중시조로서 역할을 맡고 있다.

앞서 강릉의 도시 풍수편에서 이미 언급했듯이 충숙공(忠淑公) 최입지는 고려 충렬왕조에 진사로 문과에 나아가 광정대부 문하평리상호군, 내사시랑 평장사에 올랐고 강릉군에 봉해졌다.

만년에 그는 국정이 어지러워지자 강릉 모산에 은거, 여생을 보냈다. 어느날 뒤뜰을 거닐다가 나뭇잎에 귀신이 고(告)하는 글귀를 발견했다. 이르되 '모산의 형세는 다른 산과 달라서 때로 이 고장에서 영웅호걸이 많이 나도다. 오늘 최공의 집을 정맥에 지었으니 할아버지 평장사 후에 몇 분의 평장사가 더 나시라'는 것.

이 글귀처럼 모산에 거주한 이래 그의 아들 최안소(崔安沼 : 공민왕대 순성보리공신 강릉군), 손자 최유연 등 3세에 이르기까지 평장사를 배출했다. 이로 인해 이 마을을 지금도 평장동이라 부르고 이곳 최씨를 '평장최씨'라 구분하게 되었다고 한다.

이미 그의 양택에서 풍수적 '정맥'이란 용어가 나왔듯이 충숙공은 사후 그의 유택도 명당에 잡았다.

대관령을 내려와 구산 입구에 들어서면 멀리 왼편으로 논들이 펼쳐지고 그 가장자리 산밑으로 전통 고가들이 즐비하게 드러난다. 이곳이 금산(金山)이다. 행정구역명과는 달리 평장최씨들은 이곳을 금산(琴山)이라고 부른다. 그 까닭은 바로 충숙공의 묘자리 형국이 옥녀탄금형(玉女彈琴形)이고 그의 묘가 이 지역에 있어 오래전부터 이를 줄여 '금산(琴山)'이라고 불렀기 때문이라는 것.

옥녀탄금형이란 문자 그대로 '옥녀가 거문고를 타는 모습'이란 뜻이다. 산세를 살펴보자.

강릉군 최입지(江陵君 崔立之)의 묘(사진 맨 아래부분)는 옥녀탄금형(玉女彈琴形)이란 풍수의 형국을 전형적으로 보여주고 있다. 사진 중간부분 위로 길쭉한 언덕이 안산으로 거문고에 해당하고 조산은 시루봉으로 품자형을 이뤄 귀인을 뜻한다.

귀인과 옥녀가 거문고를 앞에 놓고

"대관령에서 7개 탐랑(문필 모양의 목형산)이 연이어 동쪽으로 내려와 칠봉 아래서 다시 탐랑성을 이룬 후에 양쪽으로 칼을 휴대한 모습의 소조산을 만들었다. 이곳에서 동쪽으로 나아가 한마디 아래서 다시 탐랑을 이뤄 입수(入首)하고 북쪽(壬坎方)으로 돌아 과협을 놓았다.

그리고 다시 탐랑을 이뤄 서쪽으로 몸을 돌려 혈을 만들었다. 혈을 이룬 산모양은 탐랑이 양쪽 팔을 벌리고 내려오는 모양이니 처음 보면 마치 선인(仙人)이 옷깃을 나풀거리는 모습(仙人舞袖形)이나 다시 보면 안산이 도지목성(倒地木星 : 목형산이 누워 있는 모양)으로 가로 놓여 있으니 무수(舞袖)가 아니라 옥녀탄금형이 분명하다. 안산 뒤의 조산(산이름 鼎峰)은 역시 탐랑 화개(華蓋 : 목형산이 삼각형으로 品子모습을 띤 것)로 귀인을 뜻한다. 이는 곧 귀인이 옥녀를 포옹하고 있음이 아닌가."

수강은 교과서적 형국을 발견한 듯 오랫동안 감탄한다. 이어 그는 내룡을 다시 살펴보고 "동진칠봉 저 탐랑은 태백산맥과 더불어 조산이 되어 다가오니 이 아니 좋을손가. 서향(甲坐庚向)으로 혈을 잡으니 물도 역시 법도에 따라 동남쪽에서 나와서 남쪽으로 빠졌구나(乾亥得丙午破). 문인재사 속출(續出)하고 대소관작 간출(間出)하리. 외당수가 앞에서 다가오니 재물인들 없을손가"고 평한다.

풍수의 역사가 오랜만큼 산을 보는 인간의 눈도 그와 같다고나 할까. 귀인과 옥녀가 마주보며 그 사이에 거문고를 놓고 즐기는 모습은 곧 인간세상의 일과 다를 바 없다. 더구나 7백여 년의 풍상을 지나오면서도 한자락 흐트림없이 오롯이 자리를 지키고 있음은 만질 수 없는 기의 힘이 아닐까 새삼 느껴진다. 이쯤에 이르면 풍수이론도 한갓 속세의 술수가 아닌 경험과학으로 재인식해야 하지 않을까.

왕건의 능침에 묻힌 충절의 기백
—춘성 신숭겸 묘

세상 인심이여! 자연으로 돌아가라

　세상 인심이 봄비에 흩어지는 벚꽃잎처럼 어지럽다. 위로는 한 나라의 국정을 요리한다는 집권당의 내분이 눈살을 찌푸리게 하고 아래로는 살아 생전에 집 한칸 마련 못해 일가족이 세상을 떠나는 참혹한 정경이 우리를 슬프게 한다.
　운명이라고 하기에는 너무나 비인간적인 일들의 연속이다.
　언제부터 우리가 이처럼 '하루살이' 같은 삶을 살아왔는가 싶다. 집 한칸 마련 못해 살 수 없는 세상이라면 과학은 무엇이며 정치란 무엇인가 되묻지 않을 수 없다.
　한식과 청명을 전후해 이 강산 곳곳에는 선조의 묘역을 단장하는 모습이 적지 않게 눈에 띈다. 생각컨대 우리 주위에 헐벗고 어렵게 사는 이웃이 있다는 것을 생각한다면, 개인이든 문중이든 사회적 선행을 위해 한번쯤 반성의 기회를 가질 만도 하지 않겠는가. 또 충신열사를 도의정신의 근본으로 삼는 우리에게 있어 위아래 없이 진흙탕 속에서 싸우는 정치인의 추태는 누굴 위한 반면교사인지 되묻고 싶다.
　역설적이게도 이런 세태를 볼수록 선조들의 지혜가 담긴 풍수지리설을 반추하게 된다. 타락한 '풍수'가 아닌 참다운 풍수지리를 우리 삶에 적절히 응용했다면 도시의 과밀인구도 해소됐을 터이고 권력의 분탕질도 막을 수 있었을 것이다. 산 자나 죽은 자나 모두 조화와 균형 속에서 자연으로 돌아갈 때 거기 참다운 삶이 있기 때문이다.

군주를 대신해 전사하다

야사는 늘 관찬사서에 도전한다. 또 속설은 이른바 정사(正史)가 은폐한 사실을 민중의 가슴에서 가슴으로 이어줘 역사의식을 일깨워왔다. 지금부터 1천여 년 전에 이런 일이 있었다. 풍수지리설을 누구보다 신봉한 고려 태조 왕건은 자신이 묻힐 유택을 옥룡자 도선(道詵)에게 택하도록 했다. 한강을 거슬러 올라가던 옥룡자는 지금의 강원도 춘천땅 의암댐 근처에 이르렀다.

양쪽 산이 물을 막고 있는 형세가 뛰어나 여기를 지나면 뛰어난 길지가 있겠구나 싶었다.

과연 그곳에서 좀더 올라갔더니 비단같은 산(금산)이 우뚝 서있었다. 전후좌우를 둘러볼 때 명당이 있을 만했다. 그는 시험삼아 비둘기를 날려보냈다. 비둘기는 지금의 춘성군 서면 방동리의 한 산에 내려앉았다. 가히 임금이 묻힐 만한 땅(君王可葬之地)이었다.

'임자가 따로 있다'는 말이 있듯이 이 터에는 왕건이 아닌 평산신씨(申氏)의 시조 신숭겸(申崇謙)이 묻혔다. 태조가 그에게 준 것이다. 좋은 땅이라면 묻힌 신하의 유택까지 뺏은 뒷날 풍조에서 본다면 이들의 관계는 특별하다고 하겠다.

신숭겸의 본이름은 능산(能山)이다. 기록에 의하면 광해주인(光海州人), 곧 춘천사람이라고 했다. 그러나 태어난 곳은 전라도 곡성이라고 한다. 아마 그곳에서 태어나 춘천에서 자라지 않았는가 추측된다.

후삼국시대에 그는 태봉국의 궁예 밑에서 기장 벼슬을 했다.

서기 918년 그는 같은 기장(騎將)인 홍유·배현경·복지겸 등과 함께 왕건을 추대해 고려를 창건하여 개국원훈 대장군이 됐다. 태조 10년(927) 신라 경애왕의 구원요청으로 후백제 견훤과 싸우기 위해 왕과 함께 출전했다.

현재 대구근교의 팔공산에서 견훤과 싸우다 세가 불리해 고려군이 포위당했다. 태조와 얼굴이 비슷한 그는 왕을 피신케 하고 자신이 어거(御車)에 올라 싸우다 장렬히 전사했다. 후백제군은 그의 목을 쳐 머리를 가져갔다. 이때 함께 죽은 장군에 김락(金樂)이 또한 있었다.

조선8대 명당의 하나

후백제군이 돌아가자 태조는 다시 돌아와 그의 시신을 찾아 친히 장사를 지내주었다. 그 땅이 바로 현재의 묘소다. 가지런히 3기(基)의 묘가 같이 있는 것은 그의 머리를 찾지 못한 태조가 금으로 얼굴형상을 빚어 몸에 붙이고 장례하면서 뒷날의 도굴을 염려해 3개 봉분을 만들었기 때문이다.

지금도 어느 무덤에 그의 체백이 있는지 후손조차 모른다. 제향을 올릴 때는 다만 가운데 묘를 중심으로 삼는다고 묘역관리 소장을 맡고 있는 후손 신장식 씨(65)는 말했다.

건국공신이자 생명의 은인인 신하에게 '조선8대 명당'의 하나로 꼽히는 자신의 유택지를 기꺼이 내준 점에서 왕건의 왕자다운 도량을 헤아릴 수 있고 또한 사지에서 하나뿐인 생명을 바친 신숭겸의 의리를 장하다고 아니할 수 없다. 그런 점에서 그의 시호가 장절(壯節)임은 너무나 당연하다고 하겠다.

신숭겸의 후손 중 고려시대에 특별히 이름난 이들은 그리 많지 않다. 우리나라의 족보가 조선조 초기에 이르러 시작됐다는 점에서, 역사에 기록된 한에서는 고려시대의 유명인사는 제한될 수밖에 없고 대부분

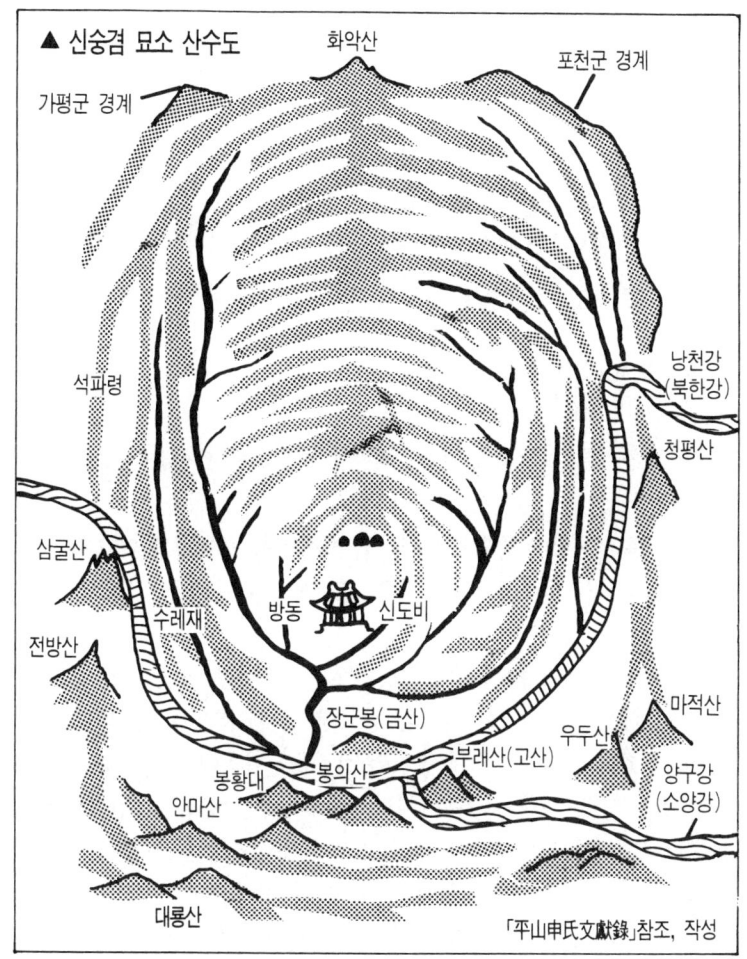

조선시대에서 찾게 마련이다. 특히 평산신씨의 경우는 조선중기 이후와 현대에 이르러 그 명성이 자자하다.

예컨대 해공 신익희 선생(전 국회의장), 신현확 씨(전 국무총리), 신직수 씨(전 법무장관·중정부장) 등과 조선조의 신사임당, 신립장군(임진왜란때 자결), 상촌 신흠(申欽) 등이 모두 평산신씨다.

풍수에서 말하는 지기는 얼마나 오래갈 수 있는가. 우주의 기를 논하는 마당에 지기를 따로 셈한다는 것은 어울리지 않는 말이다. 그럼에도 굳이 땅속의 기를 논할라치면 역학과 오행에 따라 그 한계를 산출할 수 있다고 한다.

워낙 복잡한 이론이라 상세한 것은 전문 지사에게 미루고 장절공 묘소의 경우만 따져보면 대략 2천5백 년 정도 기운이 보장돼 있다고 한다.

비룡(飛龍)이 여의주를 희롱하는 격

앞으로 1천5백 년 이상 동기감응의 위력(?)을 지닌 장절공 묘소의 풍수설을 들어보자.

"금화 오갑산에서 남쪽으로 3백리 달려온 간룡(중심산맥)이 화악산에 이르러 다시 몸을 돌려 1백여리 동쪽으로 뻗어와 조차산(兆次山 : 주산)에서 딱 멈췄다.

크게 보면 이 산맥은 동쪽에 북한강을, 서쪽에는 임진강을 끼고 왔다. 혈은 서북방(乾方)에서 들어와 동남향(戌坐辰向)으로 잡았다. 명당 주위 물의 흐름은 동북방에서 흘러와서(甲得) 남쪽에서 막히듯 빠져나갔다(巽破). 형국은 나는 용이 여의주(案山)를 희롱하는 격(飛龍弄珠形)이다. 춘천시내에 있는 봉의산이 조산이 되니 그야말로 용과 봉황이 서로 즐기는 모습이다. 이런 형국은 곧 군왕가장지지다."

"아름답구나, 아름다워"라며 수강은 몇 번 와서 관찰했음에도 탄성을 그치지 않는다.

그림(산수도)에서 볼 수 있듯이 경기도 가평군과 춘성군 경계에 있는 화악산은 1천4백68m의 높은 산으로 1백리를 뻗어와 방동리의 조차산에서 우뚝 멈췄다.

순창의 용마산(광산김씨 김극뉴의 묘가 있는 산)처럼 윤기가 나고 굵직한 조차산의 모습은 흔히 지룡(枝龍 : 가지산맥)에서 뻗어와 산을 이룬 것이 아니라 바로 본줄기가 통째로 내려와 앉은 것이다. 1백리를 뻗어오면서 양편에서 흘러내린 물만도 99개나 된다. 이들이 모두 장군봉 앞의 거북산(龜砂)과 뱀산(巳砂)에서 1차적으로 물의 흐름을 감추고 다시 나아가 장군봉과 코끼리봉에서 또 한번 흐름이 막힌다. 또 북쪽에서 남쪽으로 흘러온 북한강은 의암댐 앞에서 멈춘다. 댐이 없는 옛날에도 흐름이 막혔는데 지금은 댐으로 인해 더욱 흐르는 속도가 느리다.

명당은 자신을 숨긴다

비룡의 여의주에 해당하는 안산은 청룡에서 뻗어갔고 백호 또한 여러 겹이다. 장군봉·봉의산·대룡산으로 이어지는 조산들의 길이가 또한 1백리인데다 한결같이 동남쪽으로 흘러가는 방향을 지녔음에도 흘러내린 가지들은 묘소를 향해 절하는 모습이다.

산의 웅장함이나 물의 기세가 서로 균형을 이루어 포옹하는 듯하고 산의 모양들이 모두들 귀하고 안정된 형세를 갖춰 조화를 이룬다. 특히 이곳의 조안을 두고 수강은 "우리나라에서 최고"라고 평했다.

옥에도 티가 있듯이 이 형국에도 흠이 없는 것은 아니다. 예컨대 청룡이 낮게 끊어진 것은 묘 자체가 세월 속에 한때 잊혀질 수 있는 가능성을 뜻한다. 지난 1천년의 역사에 그런 일이 없을 수는 없는 법이 아닐까 싶다.

정혈을 갖춘 대명당은 대부분 자신을 감추는 데 인색하지 않다. 장절공 묘소도 장군봉 앞의 화천으로 빠지는 국도에서는 전혀 보이지 않는다. 물론 양기(마을)가 아닌 음택과 양택의 경우에는 그것이 곧 미덕이다. 그러나 그 자신의 위치에서는 상대편(前方)을 환히 내다볼 수 있다.

전하는 속설에는 혈의 위치를 지금보다 앞쪽에 쓰려고 했지만, 그런 경우 뒷날 물속에 잠길 우려가 있다고 해서 현재의 자리에 썼다고 한다. 1천년전에 미리 의암댐의 건설까지 내다본 선인들의 예지를 무심코

넘길 수만은 없다.

장절공 묘역은 후손에 의해 재단장됐고 강원도 지방문화재 21호로 지정·보존되고 있다.

춘천사람들뿐 아니라 서울사람들도 넓은 이곳의 공간을 휴식처로 즐

의암댐에서 화천으로 빠지는 국도변에서 들어간 이곳은 좌우에 펼쳐진 산들이 가로막아 전혀 눈치를 챌 수 없다. 그러나 묘소에서 바라보는 조안들은 모두 이곳을 향해 자신의 모습을 기꺼이 드러내고 있다.
한국 최고의 조안으로 꼽힌다. 3개의 봉분 중 중앙을 정혈로 보나 시신이 어느 봉분에 들어 있는지는 아무도 모른다.

겨 찾고 있다. 자연을 이용(?)하면서도 자연과의 조화를 통해 인간이 살 수 있는 기를 보존해온 옛사람의 슬기를 이곳에서 다시 느끼고 배울 수 있다.

'삼한갑족'의 길고 먼 뿌리
—청주 한란 묘

다섯 평을 넘지 않는 지혜

'어물전 망신은 꼴뚜기가 시킨다'는 말이 있다. 풍수의 세계는 그 연륜이 오래되다 보니 진짜보다는 '얼치기'가 날뛰게 마련이고 그 결과 세상의 지탄도 없지 않다.

'호화분묘' 시비에서부터 '시립묘지 만원사례'에 이르기까지 묘지문제를 둘러싼 사회적 논쟁이 일다보니 '풍수이론'까지 죄없이(?) 지탄을 받고 있다. 어쩌랴, 그것이 시대적 한계임에는. 또 풍수이론이 끼친 해독 역시 적지 않은 것도 사실임에는.

청주한씨의 묘소를 찾아가기 전에 일반적인 묘소의 크기와 석물 문제 등에 대해 먼저 언급하고 넘어가고자 한다.

묘소의 크기(넓이)는 어느 정도가 적당한가. 풍수의 이론이 생기를 접하는 데 있다고 할 때 그 넓이는 묘소당 5평 정도가 가장 적당하다고 한다. 다시 말해 시신을 안치시키고 봉분을 할 정도면 족하다고 하겠다. 이 범위를 넘어서면 곧 '호화분묘'란 지탄을 면키 어렵다.

묘소 주위의 자연은 가능한한 손대지 않는 것이 좋다. 필요 이상으로 자연을 훼손하면서까지 묘역을 확대할 때, 이로운 점보다는 해로운 결과가 초래될 위험이 더 크다고 한다. 굳이 비보적 차원에서 나무를 심거나 험한 돌을 치울 경우가 있지만, 그것도 여간 조심해서는 안된다. 나무를 심는 경우에는 대개 백일홍 한두 그루면 족하다고 한다.

밤송이는 작고 밤알이 커야 한다

석물은 어떠한가. 그것은 본래 예표적(禮標的) 의미를 띠고 있기에 최소한의 위엄과 죽은 자가 누구란 것을 밝히는 정도면 풍족하다. 상석에 비문을 새기면 비석이 필요없다. 그렇지 않은 경우 누구의 무덤이란 것을 알리는 비석 하나는 세울 만하다. 그밖에 망주석이나 장명등 등은 사실 불필요한 것이다.

묘소의 위치에 따라 석물을 지나치게 실어 해를 입는 경우를 근래에도 목격할 수 있다는 것이 전문 지사들의 지적이다.

한마디로 말해 묘를 쓰는 것은 효의 실천이지 그 이상도 이하도 아니다. 좋은 묘자리에 조상을 묻어 길흉화복을 얻거나 피한다는 것은 살아 있는 사람의 욕심일 뿐이다. 길흉화복은 자연의 법칙이지 산 사람이나 죽은 자의 욕망대로 되는 것이 아니다. 굳이 풍수가 필요한 것은 그 자연법칙의 극히 작은 일부를 읽어내 인간 전체의 삶의 질을 높여보자는 데 뜻이 있다. 그러므로 풍수의 이론이 공익에 쓰이게 되면 도학(道學)이 되고 사사로운 일에 쓰이게 되면 방술(方術)에 지나지 않게 된다. 물론 후자를 경계해야 한다.

수강은 밤알을 즐겨 예로 든다.

"밤송이만 크고 밤알이 차지 않은 것보다는 밤송이가 작고 밤알이 꽉 찬 것이 더 좋다."

묘소의 경우에도 이 예를 벗어날 수 없다. 왜냐하면 자연의 이치란 다 같기 때문이다.

우리가 명당을 굳이 들먹이는 것은 그 후손의 부귀영달을 내세우려는 것이 아니라 자연에 대한 해석이 목표다. 때론 본말이 전도돼 오해를 불러올 부분도 없지 않겠지만 이미 알려진 풍수적 자리를 통해 전통사상을 재음미, 그것이 지닌 역사적 의미를 오늘에 되살려보자는 것이다.

고조선에서 마한 거쳐온 왕족

이쯤에서 본론으로 다시 말머리를 돌려보자.

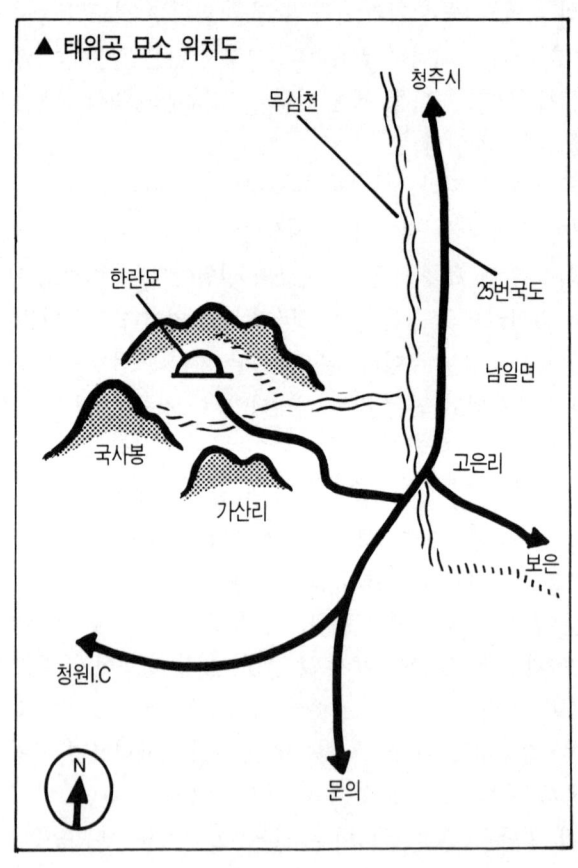

충북 청주에서 25번 국도를 따라 시경계를 벗어나면 보은과 문의로 갈라지는 삼거리를 만난다.

이곳에서 오른편 문의쪽으로 무심천(無心川)을 넘어서면 청원군 남일면 가산리(駕山里)가 나온다. 가산리는 이곳 말로 '머미'라고 한다. 그 뜻은 소나 말에게 씌우는 멍에 모양의 산이 많다는 뜻이다.

부근에 공군사관학교가 옮겨오면서 이곳 지형도 형질의 변화를 입었다. 그럼에도 아직은 마을 전체의 구조나 생업에 커다란 변화가 일고 있지는 않다.

머미마을로 들어가는 입구는 예의 우리나라 촌락 어디에서나 볼 수 있는 작은 산들이 두세 겹으로 둘러싸고 있다.

마을어귀 고개에서 마을을 들여다보면 왼편으로 국사봉(國師峰)이 주인처럼 점잖게 솟아 있고 그 정상에서 왼쪽 가지가 뻗어가 마을을 휘감고 있다. 줄기마다 마치 말잔등처럼 생긴 가지들이 다시 마을을 향해 내려온다.

여기저기 묘소들이 눈에 띄는 중에 특히 말 엉덩이처럼 미끈하게 동산을 이룬 한 언덕에 시선이 멈추게 된다. 청주한씨의 중시조로 꼽히는 한란(韓蘭)의 묘다. 이곳에서는 '태위공 묘소'로 불린다.

『청주한씨(淸州韓氏) 세적연보(世蹟年譜)』에 따르면 그는 청주의 방정리 무농평을 개척, 지방호족으로 군림하다가 고려 태조 11년 왕건이 후백제 견훤을 정벌하기 위해 청주를 지나자 군량을 풀어 도움을 주었고 또 일족을 거느리고 참전했다고 한다.

그 공으로 뒷날 삼한통합공신의 반열에 올라 삼중대광 문하태위 개국벽상공신에 서훈됐다.

'삼한갑족(三韓甲族)'으로 불리는 청주한씨는 한란 이후 고려와 조선조를 통해 무수한 인물을 배출했다. 조선조의 한명회를 비롯해 고려말기의 한종유 등은 일반에게 익히 알려진 인물들이다. 한란을 중시조로 삼는 것은 한씨의 근원을 고조선의 마지막 왕인 준왕(準王)에게 그 뿌리를 대고 이후 마한의 왕들이 한씨의 계통을 이어왔기 때문이다.

하늘과 땅이 만나듯 조화를 이뤄

한란의 묘소는 충북기념물 제 72호로 지정돼 있다. 묘비와 상석이 고려시대의 것이고 신도비는 영조 44년(1768)에 세운 것이다. 묘역에 세워진 안내문에 따르면 '조선 효종 10년(1659)에 혹자에 의해 파괴된 것을 숙종 16년(1690)에 봉분을 복원'했다고 한다. 그러나 실제 이 묘소는 5~6백년 실전(失傳)되었다가 숙종 16년께 후손에 의해 재발견되어 오늘의 모습을 갖추게 되었다고 한다. 이 묘소가 지닌 지리적 이치를 들어보자.

"속리산에서 뻗어온 산맥이 국사봉에서 그 기를 응축시켰다. 이곳에서 북쪽으로 낙차가 크게 떨어졌다가 다시 솟아나 꽃잎처럼 산봉우리를 잇대어 일자(一字)형의 정상을 만들었다(金水雙腦 天財星). 여기서 젖꼭지 같은 혈의 자취를 만드니 그 맥이 오는 방향은 서남쪽(坤方)이고 혈로 들어오는 맥은 서북방(乾入首), 향은 동남향, 곧 건좌(乾坐)다 (이는 주역의 乾과 坤이 서로 만나는 괘라 하겠다).

묘역을 감싸주는 습기를 살펴보면, 서남방(坤方)에서 물이 흘러와 동남방으로 빠져나간다(坤得辰破). 물 빠져나가는 곳에는 용과 뱀의 형상을 띤 언덕들이 가로막아 물의 흐름을 더디게 하니 습기의 적절한 보존에 크게 도움이 된다.

혈을 감싸고 있는 주위의 산들을 살펴보면 가까이 서남방(坤方)의 국사봉은 탐랑성(둥근 붓끝모양의 산)을 이뤄 선인(仙人)의 형세가 분명하고 그 옆(未方)의 아미산은 아름다운 여성을 뜻한다.

조산과 안산은 이른바 문무백관이 홀(笏)을 들고 조회에 나와 서 있듯 벌여 있고 혈을 감싸는 가까운 곳의 산세는 마치 성(城)을 벌여놓은 것과 같다.

전체적인 형국을 얼핏보면 마치 난초나 봉황이 나는 모습이나, 좀더 깊이 들여다보면 '준마에 안장을 얹은' 화류승등(驊騮乘鐙)이 분명하다."

청주한씨의 중시조로 꼽히는 한란의 묘는 소조산 국사봉에서 내려오는 기를 받아 『주역』의 건(乾)과 곤(坤)이 합치는 자리에 혈을 잡았다. 안산의 투구봉과 조산의 만조백관이 시립해 있는 모양이 특히 눈길을 끈다.

왕비와 인연 깊은 백호사(白虎砂)

수강의 설명이다. 고려초기의 왕성한 풍수적 이론에 따라 적절한 자리에 묘를 쓴 셈이다. 묘역의 규모나 치장으로 보아 한 씨족의 현존하는 시조 묘소로서는 결코 화려하지 않다. 이 점은 오늘날 호화분묘와 비교할 때 귀감이 될 수 있다고 하겠다.

굳이 이 묘소가 지닌 화복을 해석한다면 고려조의 인물 14명과 조선조의 상신(相臣) 13명, 왕비 7명, 임금의 사위 4명 등 화려한 문벌을 더듬어내야 한다. 그렇다고 모두가 이 묘의 영향이라고 보기는 어렵지만 그들의 중시조로서 이 묘소가 차지한 비중은 결코 홀대할 수 없다고 하겠다. 이점에 대해 수강은 이렇게 설명한다.
"서남방에 우뚝 솟은 국사봉의 모습이나 조・안에 펼쳐진 산세로 보아 거경문사(巨卿文士)의 배출이 기약되고 왕실의 비빈(妃嬪)도 수인(數人) 얻을 수 있다. 그런 점에서 옛 선비가 취할 묘자리임이 분명하다. 그러나 청룡쪽의 어깨가 부러져 있어 장손의 가계 잇기가 힘들고 혈 앞으로 길게 뻗어나가 융기된 지형은 역한 기운을 띠고 있어 바람직스럽지는 않다."

그러나 완벽한 혈이 없다는 것 또한 자연의 이치라고 한다. 취할 것이 있으면 버릴 것 또한 함께 갖추고 있는 것이 자연의 교훈이라고 수강은 덧붙인다. "이를 알고도 묘를 쓰는 옛사람들의 지혜를 오히려 지금사람들이 본받아야 하지 않겠느냐"는 것이 수강의 지론이다.

민중이 지켜온 오토산의 주인공
—의성 김용비 묘

3백년간 백성이 받들어온 인물

세상이 어지럽다. 사람답게 산다는 것이 무척 어려워졌다. 당대에 뭇 사람의 지탄을 받는 인물들이 많아 삶의 반면교사로 작용하기도 하지만, 그럴수록 처신하고 행세하기가 더욱 어려워졌다.

어떻게 사는 것이 바른 길인가. 결국 역사에서 그 거울을 찾아야 한다. 한 왕조나 시대가 바뀌어도 사람들의 추앙이 변함없는 인물들이 우리 역사에는 무수히 많다. 그 중 한 인물을 꼽는다면 고려조에 태자첨사를 지낸 김용비(金龍庇)를 꼽을 수 있다.

사서에 나타나는 인물은 아니지만 고려 명종때, 지금의 경북 의성지방에서 선정을 베푼 그는 사후 3백여 년이 지난 조선조 중종때까지 읍민들의 제사를 받았다. 물론 그 이후에도 계속됐고 지금은 후손들에 의해 향화가 끊이지 않고 있다.

비록 전국적 규모는 아닐지라도 그의 혜택을 입은 지방민들이 후손들보다도 먼저 그를 받들어왔다는 점에서 우리 역사의 넓이를 더해준다고 하겠다.

의성김씨의 9세조인 김용비의 정확한 생몰연대는 알려져 있지 않다.

앞서 언급한 것처럼 고려 명종대에 왕세자를 가르치는 태자첨사의 벼슬을 지냈고 관직은 금자광록대부였다고 족보는 기록하고 있다.

경북 의성읍내에는 지금도 그의 사당이 있던 자리에 유허비가 서 있다. 후손들에 의해 사당을 그의 묘소가 있는 오토산(五土山) 오토재로 옮기기 전까지 이곳에서 봄 가을 두 차례, 민·관이 함께 제사를 올렸다.

오토산의 유래

그의 이야기가 기록에 처음 나오는 것은 방계 후손인 모재(慕齋) 김안국(1478~1543)이 경상도관찰사로 의성에 들러 민정을 살피는 중에 한 사당을 발견, 이에 「진민사(鎭民祠)」라는 편액을 내린 것이 단서다.

의성의 옛 읍지(邑誌)인 『문소지(聞韶誌)』에는 이렇게 씌어 있다.

'김용비는 큰 공을 세우고 백성들에게 덕을 쌓아 읍인들이 위패를 모시고 때를 정해 제사를 올렸다. 모재 김안국이 정덕(正德 : 明 무종 연호·16세기초) 연간에 이곳의 관찰사가 되었다가 그 일에 감동하고 그 풍속을 아름답게 여겨 그들에게 부역을 면하게 하는 명령을 베풀고 사당에 「진민사」라는 묘호를 붙였다.'

이 사건(?)이후 오토산 김용비의 묘소에 직계후손 학봉 김성일(1538~1593)이 주관하여 비석을 세우고 뒷날 재실도 갖추게 된다.

의성에서 영천으로 가는 5번 국도 왼편에 자리한 오토산은 의성김씨의 시조산으로 소문나 있다. 의성김씨의 선대 중 가장 오래된 김용비의 묘가 있기 때문이다. 전설에 따르면 김용비의 사후 그의 묘자리를 찾기 위해 연을 띄웠다고 한다.

그 연이 오토산에 떨어졌고 그 자리를 파니 다섯 가지 빛깔의 흙이 나왔다고 한다. 의성김씨측은 '오토산'이란 바로 이 전설에서 생긴 산 이름이라고 주장한다.

이는 풍수에서 묘자리를 팠을 때, 그 흙이 다섯 가지 색깔이 나오면 명당이라는 말과 통한다. 다른 한편 오토산은 산을 다섯 가지 유형으로 나누는 풍수의 산형세론에서 봉우리가 일자형(一字形)으로 생긴 토형산(土形山)이 많다는 의미도 지니고 있다.

한자의 오(五)와 구(九)가 '많다'는 뜻을 지니고 있듯이 오토산을 중심하여 의성읍내를 둘러싼 주위 산들이 대개 토형산의 형세를 띠고 있음에서 분명히 드러난다.

학당에 등불을 걸어놓은 형국

수강의 설명을 들어보자.

오토산에서 동쪽으로 낙맥, 좌우에 수형산과 토형산을 거느리고 다시 일어났다가 급히 동쪽으로 떨어져 혈을 맺었다. 그러나 현재의 자리를 두고 지관들 사이에는 의견이 엇갈린다.

"태백산맥이 동해쪽으로 뻗어내려 청송의 주왕산을 만들고 이곳에서 영천의 보현산을 거쳐 한 가지가 북쪽으로 되감아 올라온다. 이 산맥이 금성의 비봉산(飛鳳山)을 만들고 여기서 다시 북진한 한 맥이 마지막 성봉을 이루니 곧 오토산이다.

오토산 정상에서 동쪽으로 낙맥한 용이 좌우에 수형산과 토형산을 거느리고 다시 한번 봉우리를 만들고 급히 동쪽으로 계속 떨어져 혈을 만들었다. 묘의 좌향은 동향(震:卯)이다.

이곳 형국은 보기에 따라 여러 가지 이론이 나올 수 있다. 가령 토형산이 젖꼭지처럼 혈을 만들면 누워 있는 소(臥牛)의 형국이 되고 또 토형산이 양쪽에 팔을 벌리고 내려오면 맹호형이 된다.

그런가 하면 혈 앞에 두 개의 산봉우리가 마치 여의주처럼 생겨 비룡농주(飛龍弄珠)형으로도 볼 수 있다. 그러나 토형산이 복두(幞頭:과거에 급제한 사람이 홍패를 받을 때 쓰던 관. ㄴ자형으로 생김)처럼 낙맥하면 곧 등불을 걸어놓은 형국인 괘등혈(掛燈穴)이 된다.

종합해 보건대 혈 앞의 조·안산에 운무가 전혀 없이 많은 산들이 겹겹이 쌓여 있고 곳곳에 문필봉과 서대(書臺)형의 산들이 펼쳐져 있으니 곧 '도(道)를 묻고 강의하는 모습(問道聚講格)'이라 혈의 형국은 괘등혈이 분명하다.

물의 흐름을 살펴보면 남대천이 동남쪽(巽巳方)에서 나와 북쪽으로 흘러가는 중에 오는 쪽은 광활하고 빠져가는 쪽은 폐쇄되어 있으니 이 또한 법도에 맞다고 하겠다.

다만 아쉬운 점은 물의 흐름을 왼쪽 산인 청룡쪽에서 막아주는 것은 다행인데, 청룡이 백호쪽 산보다 못생겨 균형이 맞지 않음이 안타깝다."

수강의 설명에 따르면 "가히 선비가 쓸 만한 묘자리"이고 "대지대혈임이 분명하다"고 한다. 그러나 수강은 괘등혈의 위치에 대해서는 조심스럽게 이의를 제기했다. 지사들간에 현재의 위치를 놓고 의견이 엇갈릴 수 있다는 것이다.

다른 한편 괘등형국과 관련해 옥녀직금형(玉女織錦形 : 옥녀가 비단을 짜는 모습)의 안산이 앞에 있고 이 일을 위해 이곳 혈에 등불을 켜놓았다는 것이 의성김씨 문중에 전해오는 얘기다.

학봉(鶴峯)과 동강(東岡)의 인맥

김용비의 직계후손을 비롯해 의성김씨는 조선조에 모두 96명의 문과급제자를 배출했다. 이는 우리나라 김씨 중 단연 수위권에 속하는 인재배출이다.

특히 김용비의 직계후손은 학봉 김성일이 퇴계의 학통을 이어 받은 이래 현대에 이르기까지 영남학파의 주류를 형성해왔다는 점에서 매우 돋보인다.

학봉 김성일은 우리가 익히 아는대로 임진왜란이 일어나기 전 일본통신사로 정사 황윤길과 함께 일본을 다녀와 서로 엇갈린 정세보고를 했던 당사자다. 당시 민심의 동요를 우려한 부사 학봉은 '일본의 침입이 없을 것'이라고 했고 정사 황윤길은 침입의 가능성이 높다고 했다. 동서 분당으로 이미 당쟁의 기운이 높던 때라 이들의 보고에 대해 후세 사가의 평가가 다르기는 하지만 학봉은 뒷날 전쟁에 참전, 순국함으로써 그 빚을 갚는 충절을 보였다. 학봉은 그의 부친 김진과 5형제가 모두 문과에 급제, 6부자 등과집안으로도 명성을 얻고 있다.

퇴계가 손수「학통적요」의 80언을 병풍에 써서 그에게 주었다는 점에서 그의 학문적 깊이도 헤아려볼 수 있다.

오늘날 김용비의 묘소 앞에 있는 비석도 그의 부친 김진이 발의해 학봉대에 와서 비로소 설치됐다는 점도 괘등혈과의 깊은 인연을 보여준다.

비슷한 시기에 김용비의 후손 중에 학봉과 쌍벽을 이룬 집안이 동강 김우옹이다. 그의 부친 김희삼이 문과에 급제, 삼척부사를 역임했고 두

형인 우홍·우굉과 동강이 대과에 급제, 4부자 대과급제의 기록을 남기고 있다. 동강은 대사성을 거쳐 안동부사, 이·예·병조참판과 한성좌윤을 역임했다. 김용비의 비문은 동강이 지었다.

영남 퇴계학맥을 계승

한말에 이르러 학봉과 동강의 후예들은 유학의 대의를 계승하는 한편 국권회복의 의병전쟁과 독립운동에 대거 참여하게 된다. 학봉의 종손이자 영남 유림의 종장이었던 서산 김홍락은 김도화와 함께 의병전쟁에 참여했고 김하락은 영덕전투에서 순국했다. 또 일송 김동삼은 석주 이상룡과 함께 만주로 망명, 이시영 등과 경학사·부민단 등을 결성했고 임정 노동국총관, 국무위원을 역임했다. 일송은 1925년 정의부를 조직, 활동하다가 1929년 일경에 체포되어 15년 형을 선고받고 마포형무소에 복역중 옥사했다.

동강의 13대 종손인 심산 김창숙은 항일운동으로 앉은뱅이가 된 독립유공자.

1919년 전국 유림을 대표해 「한국독립청원서」를 작성하기도 했고 임정 의정원의원을 지냈다. 상해에서 체포돼 징역 14년형을 선고받고 대전형무소에 복역중 모진 고문으로 앉은뱅이가 됐다. 해방후 유도회(儒道會)를 설립, 초대회장을 역임했고 성균관장·성균관대학장을 지내면서 이승만독재에 항거, 40일간 옥고를 치렀다.

이같은 후손의 내력과 관련, 김용비의 묘소 앞 동북방에 '베틀바위'라 불리는 입석이 있어 지사·기인의 탄생을 예고해 주는 것도 흥미있는 일이라 하겠다.

살아 생전의 선정으로 지방민의 추앙을 받아 후손의 손길이 닿은 김용비의 묘소는 지난 84년 문중에서 오토재 추원사업추진위원회(회장 金泓殖)가 결성돼 묘소는 물론 재실까지 모두 새롭게 보수, 중건해 가

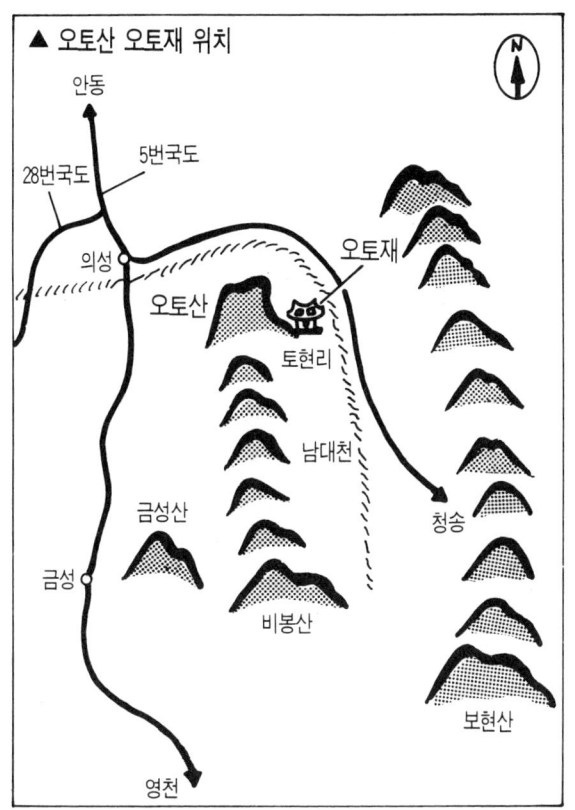

히 성역으로서 부족함이 없게 단장됐다.

오토재 입구에는 밤이면 두 개의 등불이 환히 켜져 재실의 아름다움을 더해주고 있는데, 여기에도 재미있는 풍수적 일화가 서려 있다.

"할아버지의 묘소가 괘등혈이라 가까이 사는 후손은 빛을 못 본다고 합니다. 이른바 등하불명(燈下不明)이라고 할 수 있지요. 타지에 나간 후손들은 그 불빛을 보고 성공하는데 등잔밑은 어둡다고 가까이 사는 후손은 시쳇말로 별볼일 없다는 거지요. 그래서 이곳에 등불을 켜 등잔밑도 밝혀보자고 했답니다."

오토재 관리를 맡고 있는 김태영 씨(67)의 말이다.

유·불·선 고루 갖춘 청학의 기상
—여산 송유익 묘

여산송씨의 시조

"묘를 보면 집안내력을 알 수 있다"고 지관들은 말한다. 짧게는 3, 4대에 영향을 끼치는 것이 생기지만, 길게는 천년도 마다않는 것이 풍수의 세계다.

그런 점에서 각 성씨의 시조묘는 특히 관심의 대상으로 많은 사람들의 입에 오르내리고 있다.

호남고속도로 여산휴게소에서 동쪽을 바라보면 대형의 채석장이 보이고 그 옆으로 길게 마을을 향해 뻗어내린 산을 볼 수 있다. 이 산 정상에 여산송씨(礪山宋氏)의 시조묘가 있다.

송산으로 통하는 이 산은 바로 뒤의 천호산(天壺山)에서 맥을 뻗어내려 마을 한가운데서 우뚝 멈춰서 있다.

묘소에서 바라보면 앞에는 크고 작은 산들이 아지랑이 속에 아른거리고 그 중 우람한 놈은 바로 금마(金馬)에 있는 용화산(龍華山)과 미륵산의 형체가 분명하다. 살기를 벗은 주위의 산들은 하나같이 송산을 호위하며 깨끗한 자태를 뽐낸다.

고려 진사(進士) 송유익(宋惟翊)은 여산송씨의 족보 첫머리를 장식하는 인물이다. 생몰연대는 자세히 알 수 없지만, 그로부터 4세손인 송송례(宋松禮)가 고려 원종대에 왕정복고에 기여한 공로로 공신에 오른 뒤 가문의 번성을 가져온 점을 미뤄본다면 적어도 12세기초의 인물임을 짐작할 수 있다.

전북 여산지역의 토호였던 그의 집안은 유익에 이르러 처음으로 관계에 나아가 진사벼슬을 하지 않았는가 짐작케 한다.

용맥의 흐름을 보여주는 증험들

그의 묘는 풍수지리적으로 교과서에 가까운 모범을 보여주고 있다. 기의 움직임이 확연하고 또 이를 증명해 주는 물증들이 묘소 입구에까지 펼쳐져 있다.

먼저 수강의 설명을 들어보자.

"천호산이 소조산이 되어 좌우로 개장(開帳 : 산의 생김이 활처럼 양쪽 어깨를 구부린 모습)한 가운데 정확하게 그 중심에서 맥이 나오고 있다. 이 맥은 학의 다리, 또는 벌의 허리처럼 잘록하고 길쭉하게 기를 모아 전달하면서 동쪽(卯方)에서 뻗어오다가 다시 방향을 바꿔 북쪽(壬子方)에서 홀연히 고개를 들고 봉우리를 만든다. 묘의 뒤에 이르도록 그 방향을 유지하다가 혈에 와서는 다시 동쪽에 가까운 동북쪽(寅坐)에 머리를 두고 앞은 서남쪽(申向)을 향했다.

묘 앞의 물의 흐름을 보면 남쪽에서 나와서(午得) 서쪽으로 빠져나간다(辛破). 이는 좌향과 물의 흐름이 절묘하게 오행의 생멸과정을 보여주는 예라고 하겠다. 좌우의 청룡과 백호의 생김새는 비단병풍과 장막을 펼쳐놓은 듯하니 학의 날개임이 분명하고 안산은 하전(下殿 : 대궐의 용마루처럼 양쪽 끝에 산봉우리가 있고 그 중앙은 一字形을 유지한 산세·富와 貴를 뜻함)에다 용화산이 함께 자리하고 있어 더욱 일품이다.

명당은 광활하고 물 빠져나가는 곳은 매우 핍박하니 이 또한 얻기 어려운 곳이다.

　전체 형국을 살펴보면 푸른 학이 춤을 추며 날아가는 형세(靑鶴舞翔形)다. 이에 맞춰 선인과 부처(佛)가 함께 자리하니 유봉(儒峰 : 문인, 곧 유학자를 뜻함)이 또한 없을손가. 외백호가 공자(儒峯)되어 유·불·선이 함께 즐기고 있다.

　평하건대 이 혈의 자손들은 고고청절(高孤淸節) 자랑하고 부귀·도덕군자 간간 태어나니 가히 백자천손(百子千孫)을 기약할 수 있겠다. 다만 애석한 것은 청학의 오른쪽 어깨가 채석으로 병이 드니 안타까울 뿐이다."

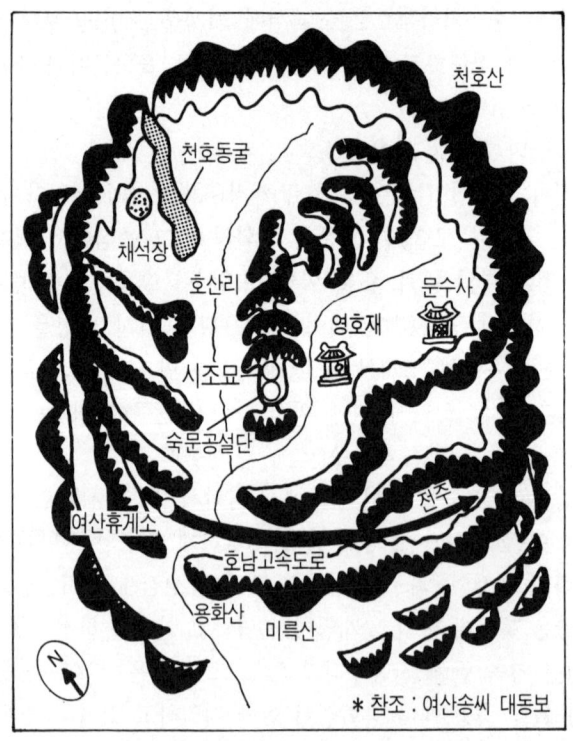

▲ 시조묘 위치(전북 익산군 여산면)

구봉 송익필과 경허·만공선사의 맥

수강의 설명을 보다 쉽게 요약하면, 먼저 지기가 들어오는 모양새가 살아 움직이고 있고 또 그 기의 흐름을 정지시켜 주는 물의 흐름 역시 좌향의 생방(生方)에서 나와 적절히 사방(死方)에서 꼬리를 감추고 있다는 뜻이다.

또 혈의 길흉화복을 보여주는 청룡 백호와 조·안산이 후손의 인물 배출 유형을 드러나게 보여주고 있다는 것.

예컨대 앞에 있는 조산 안산이 이미 불교와 인연이 있는 용화산·미륵산임을 볼 때 종교적 인물의 탄생은 필지의 사실이다. 멀리 상고하지 않더라도 오늘날 조계종의 선맥(禪脈)을 중흥시킨 경허(鏡虛:1849~1912)와 그의 제자 만공(滿空:1871~1946)이 바로 여산송씨임은 세인이 다 아는 사실이다.

이들 두 선사들은 조선조의 억불숭유정책으로 꺼져가던 불교의 법등을 새로이 밝히고 근대적 대중포교의 첫문을 열었다.

덕숭산 수덕사를 통해 이들 두 선사가 일으킨 선맥은 바로 조계종 양대 문중의 하나인 덕숭문중으로 이어져 지금껏 향화(香火)를 밝히고 있다.

또 백호쪽의 유봉(조선조 선비들이 쓰던 儒冠형태의 산모양)은 그 모양새가 특출해 가히 불세출의 인물이 배출되었음을 짐작할 수 있다. 구봉(龜峰) 송익필(宋翼弼:1534~1599)은 이율곡에 버금가는 인물이었다. 율곡과 동시대인인 그는 조선의 제갈량으로 불릴 만큼 학문과 지혜가 뛰어났다. 율곡이 「천도책(天道策)」으로 장원급제했을 때 사람들이 그 뜻을 물으니 율곡은 서슴없이 "구봉에게 가서 물어보라"며 바로 송익필의 계책임을 밝혔다.

역사의 불운이자 지기의 탓이겠지만 백호쪽(서자 또는 차자)의 운을 받고 태어난 구봉은 서얼(그의 조모가 정승 安塘의 孼妹)의 자손이란 점 때문에 평생 그늘속에서 살았고 또 뛰어난 재주탓으로 박해를 받아야 했다.

그럼에도 그는 조선 예학(禮學)의 태두로 꼽히는 사계 김장생(金長生)과 김집 부자를 키워내 예학의 조종으로 추앙받으니, 이는 그가 불우한 환경을 이겨낸 점에서도 후세의 귀감이 되고 있다.

언론계 · 군장성 인물 속출

조선조에 정승 2명과 단종의 비인 정순왕후(定順王后), 그리고 임진왜란 당시 동래부사로 순절한 송상현(宋象賢) 등을 배출한 여산송씨의 인맥도 백호의 생김새에서 영향받고 있음을 엿볼 수 있다. 길게 뻗어나간 백호의 한자락에서 현대에까지 여산송씨의 무인맥을 짚어볼 수 있으니, 전 내각수반을 지낸 송요찬 장군도 이 예에서 벗어나지 않는다고 하겠다.

또 청룡쪽에서 뻗어나간 선인봉들은 모두가 하나같이 문필봉의 형상을 하고 있어 문재(文才)를 지닌 다재다능한 인물들의 연속 배출을 기약하고 있다. 현대에 이르러 언론계에 손꼽는 인물들이 배출된 것도 이에서 멀지 않다고 하겠다.

수강이 "유불선이 함께 연락(宴樂)을 즐긴다"고 평한 것도 이를 두고 한 말이 아닐까 싶다.

다시 풍수적 입장으로 돌아와 살펴보면 이곳의 형국을 두고 엇갈린 견해가 없지 않다.

가령 문화재관리국에서 펴낸 『한국민속종합조사보고서』 20책(묘지풍수편)에 따르면 '오방(午方)에는 청룡에 문필봉이 있고 청룡 끝은 배(舟) 매는 기둥이며 백호끝 가닥은 노(櫓)의 형국이라 하며 혈명은 행주형(行舟形)이라 한다'는 것이 그것이다.

이에 대해 수강은 "행주(行舟)라 하기에는 혈성(묘를 이루고 있는 산)이 수척하다. 행주형을 이루려면 혈면(봉분 주위)이 네모지고 둥근

모양(方而帶圓)을 갖춰야 하는데 그렇지 않다"는 것이다. 그는 앞서 언급한 청학이 날개를 펴고 나는 형상이라고 재강조하면서 "혈장은 바로 학의 목에 해당한다"고 덧붙였다.

초년 고생은 피할 수 없어

이 혈에 있어 굳이 단점을 찾는다면 학의 머리부분 입수처(入首處)에 돌이 있어 '후손들이 초년 고생은 피할 수 없다'는 점이다. 또 학의 삶이 그러하듯 '부보다는 귀에 치중'하니 요즘 세태와는 사뭇 다른 삶을 걸을 수밖에 없다고 하겠다.

익산 금마(金馬)의 용화산과 미륵산이 조산이 되어 하전(下殿)을 이루고 청룡쪽에는 문필봉이 다다익선으로 모여 있어 문재(文才)에 뛰어난 인물들을 배출하고 있다. 사진 앞이 시조묘이고 그 뒤는 2세인 숙문공의 설단이다.

다른 한편 수강의 설명에서도 드러났듯이 백호쪽 학의 날갯죽지부분은 채석장이 들어서서 상당부분 산허리가 잘려져 나가고 있다. 이곳에는 천연기념물 제177호인 천호동굴(관리자 여산송씨문중)이 있는데 최근 이곳 석회광산의 채굴로 인해 동굴의 훼손에까지 심각한 영향을 미치고 있다. 기왕 채굴허가가 난 석회광의 채굴이야 막을 수 없다고 하더라도 '호남 유일의 석회동굴인 천호동굴을 지키자'는 운동이 여산송씨 문중은 물론 지역주민에 의해 강하게 일고 있다.

『전주신문』은 최근 '지난 70년 폐쇄조치된 이후 20년이 넘도록 아무런 대책없이 방치되어 있는데다 설상가상으로 석회광산이 동굴을 훼손하고 있어 이에 대한 대책이 시급하다'며 문화부 등 관계기관의 성의를 촉구하고 있다.

아무튼 문화재보호 차원에서도 석회광산의 계속적인 채굴이 문제지만 지형적인 변화가 향후 이 지역에 미칠 영향도 십분 고려해 보아야 할 단계에 이르렀다고 하겠다.

여산송씨 시조묘 아래 재실 영호재는 묘도를 수호하기 위해 '가는 천년 오는 만년을 지켜보겠다'고 했는데, 후손들이 이를 알고 있는지 길손은 저어할 따름이다.

금강을 품에 안은 뱃사공의 꿈
―공주 이도의 선대묘

매와 닭과 지네가 마주보다

　시인 서정주는 세계 6대륙의 주요 산들을 주제로 90편의 시를 묶어 『산시(山詩)』로 펴냈다. 우리나라 산을 비롯해 세계의 산들이 털어놓는 이야기들이 이 시집에 가득 들어 있다.
　산이 말을 한다는 것은 이미 풍수의 세계에서 확연하게 드러나고 있다. 눈 밝은 지사에게는 죽은 산 살아있는 산들이 뚜렷이 구분되고 그들이 지닌 형상에 따라 이름도 각양각색이다. 물론 그 이름이야 인간이 지어준 것이겠지만, 역으로 산의 생김새로부터 인간의 삶도 제한을 받는다. 그것이 풍수의 세계이자 현대적 의미로는 환경공학이라고 하겠다.
　전주에서 27번 국도를 따라가다 보면 완주군 구이면 대덕리(九耳面大德里)가 나온다. 이곳에서 오른쪽으로 난 작은길을 더듬어가면 모악산 정상이 보이는 안덕리(安德里)에 닿게 된다. 이 마을까지 들어가는 길 양편에는 깎아지른 듯한 산들이 계곡을 만들어주고 그 계곡이 끝나는 곳에 질펀한 들판이 전개된다.
　마을입구 왼쪽에 있는 산이 매봉(鷹峰)이다. 산 정상에 두 날갯죽지를 치켜세운 듯한 바위가 틀림없이 매의 모습 그대로다. 매봉 앞에는 닭산이 엎드려 있다. 그 뒤로 안덕리 장과 마을이 나오고 마을 뒷산은 멀리 모악산에서 내려오는 산줄기로 형상은 지네 모습이다. 닭과 지네는 서로 상극이고 다시 매와 닭도 상극이다. 서로 상극인 세 마리의 짐승이 균형을 취하고 있다.

팽팽한 긴장이 이들 세 산 사이에 흐른다.

명재상, 이상진 낳다

이곳 지네산에 전의(全義)이씨 장손집안인 문의공파(文義公派)의 창수·정란의 묘소들이 있다. 연산군때 문과에 급제한 이창수(李昌壽)는 예조 정랑과 숭문원 판교란 벼슬을 지낸 뒤 전주로 내려와 그의 후손들이 전주인이 되게 했다. 그의 묘가 관심을 끄는 것은 이후 임진왜란때 전주부윤으로 삼도초모사를 역임한 이정란(李廷鸞)과 역시 임진왜란때 이충무공과 함께 왜적을 물리친 이영남(李英男)을 배출했기 때문이다. 정란과 영남 장군은 모두 창수의 증손들이다.

이창수의 묘는 지네의 목부분에 해당하고 그의 증손 정란이 묻힌 곳은 지네가 벌레를 삼키고 있는 형국의 벌레에 혈을 잡고 있다. 정란의 증손이 숙종때 우의정을 역임한 이상진(李尙眞)이다.

전주가 낳은 조선조 네 명의 정승 중 한 사람인 상진은 당대의 명재상이었을 뿐 아니라 청백리로 뽑혀 전의이씨 문중을 빛내는 인물이다.

그의 많은 일화 가운데 하나는 효종때 김육(金堉)이 대동법의 실시를 주장하자 이에 맞서 김집(金集) 등이 반대해 조정에서 갈등을 빚자, 이들 사이를 무마한 것으로 유명하다. 당시 사헌부 지평으로 있던 그는 상소문을 통해 '대동법을 시행하려는 것도 공심(公心)이요, 어려움이 있겠다고 생각하는 것도 공심이니 어찌 사사롭게 기쁨이나 노여움이 그 사이에 있을 수 있겠느냐'며 양자의 갈등을 무마시키는 명언을 남겼다.

"인걸은 산천정기를 받고 태어난다"는 이중환의 말에 따라 이들이 배출된 지네산의 묘소를 살펴보자.

먼저 이곳 지형을 주관하고 있는 소조산인 모악산의 내룡을 더듬으면 그 뿌리는 소백산맥에 닿아 있다. 덕유산에서 남쪽으로 내려가던 산맥이 장수의 백운산에서 오른쪽 가지를 쳐 역으로 올라와 진안 마이산을 만들고 이곳에서 전주 고달산을 거쳐 다시 남쪽으로 내려와 우뚝섰다. 흔히 지리에서 노령산맥의 중앙으로 보는 것이 모악산이다. 장대한 용(산맥)의 힘을 읽을 수 있다.

하늘을 나는 지네형국

"소조산인 모악산 가운데 맥에서 떨어진 용이 서북방(乾方)으로 혈성에 들어와 남쪽을 향해 혈을 잡았다(壬坐丙向:正南에서 15도 서쪽). 좌우의 청룡과 백호는 모악산에서 뻗어온 용이 보좌하고 있다.

청룡의 모습은 주산과 닮은 지네형국이고 백호는 뻗어가 닭산과 매산을 만들었다.

좌우 모두 비단병풍을 두른 듯 벌려 있고 멀리 조안(앞산들)은 문필봉과 선인봉(仙人峰)으로 가히 아름다움을 극하고 있다. 특히 청룡쪽의 상상(上相)이나 백호의 매봉이 상장(上將)이 되고 있어 가히 군왕지지(君王之地)에 버금가는 형국이다. 그러나 명당이 약해, 다시 말해 혈(묘)이 조안을 누리지 못해 흠이 되니 정승판서에 머무는 아쉬움이 있다.

물은 서북쪽에서 나와 남쪽으로 빠져나간다(申得丙破). 물 나가는 곳에 좌우 산들이 여러 겹 둘러싸 지그재그로 흐름을 더디게 해주니 출수 또한 법도에 맞다. 이런 형국을 두고 지리는 '하늘을 나는 지네(飛天蜈蚣穴)'라고 부른다."

수강의 설명이다. 그는 이런 형국에서는 대부보다는 무관·재사가 배출된다며 특히 조산쪽에 마치 구름속에 선인이 앉아 있는 듯한 나래산(回文山의 한 봉우리)이 있어 귀인들이 탄생할 것을 예고한다고 덧붙인다.

가령 묘의 주인인 창수로부터 상진(우의정)까지는 6대가 내려오는데 이는 혈과 조산의 거리에서 대략적인 계산이 가능하다는 것.

한편 지네혈이 지닌 일반적인 단점이기도 하지만, 이곳도 산이 높고 골이 깊은데다 좌우의 보좌하는 산들이 너무 가까워 후손들의 생활입

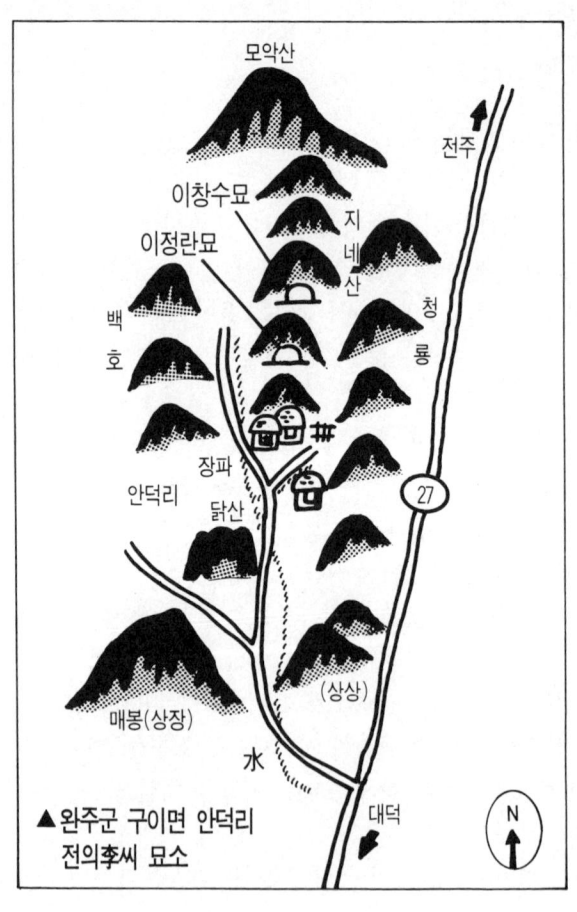

지가 항상 불안함을 면키 어렵다고 한다.

이는 주위의 산들이 항상 자신과 겨루듯 벌려 있고 또 상대해야 하는 대상이 자신보다 앞서가는 사람일 경우가 많기 때문이라는 것. 여기에 다 지네와 닭, 닭과 매의 상극관계는 항상 긴장을 강요한다고 하겠다.

곰나루 뱃사공의 인내

기왕에 전의이씨 묘소를 언급하게 되었으니 세상에 알려진 전의이씨 시조 이도(李棹)의 선산도 짚고 넘어가자. 흔히 유전인자에 의해 혈통이 닮아간다고 하듯 묘소도 대개 닮은 꼴을 취한다.

전의이씨 시조 이도는 왕건을 도와 고려창건의 공신이 되고 뒷날 태사에까지 오른 역사적 인물이다. 그의 이름 도(棹)는 왕건이 내려준 이름이다. 후백제 정벌에 나선 왕건은 공주 금강에 이르러 홍수로 강을 건널 수 없게 됐다. 이때 도가 나서서 무사히 건널 수 있게 했다고 하여 그에게 도(棹 : 배의 노를 뜻함)라는 이름을 하사했다 한다.

이도의 조상은 일찍부터 이 강가에서 뱃사공을 업으로 했다. 무던히도 사람 좋은 그의 선조는 공주(公州)일대의 거지들까지 칭송을 아끼지 않는 인물이었다.

어느날 예와 같이 나루터를 지키고 있는데 한 승려가 다가와 건네달라고 했다. 그를 건네주자 저만큼 가던 승려가 되돌아와 다시 왔던 곳으로 건네달라고 했다. 이렇게 하기를 거의 하루 종일 했다. 그때마다 그 승려는 뱃사공을 유심히 뜯어보곤 했다.

마지막 건너면서 그 승려는 사공에게 "부친 장사를 지냈느냐"고 물었다. 사공 대답인즉 "마땅한 자리가 없어 아직 모시지 못했다"고 하자 "내가 한 자리를 주겠다"며 사공을 데리고 갔다. 그곳이 바로 오늘날 공주대교 건너편 금강 홍수통제소 옆의 '이태사 선산(李太師 先山)' 묘소다.

『조선의 풍수』에 따르면, 뒷날 이 묘소를 옮겨야 한다는 박아무개 지관의 얘기가 나올 것인즉 절대 옮기지 못하게 석회 1천 부대를 사용해 단단히 묻으라고 승려는 사공에게 지시했다고 한다. 사공은 공주 거지들을 동원해 승려의 지시대로 묘를 썼고 그 뒤 후손 이도가 큰 공을 세

사진 오른쪽 금강이 빠져나가는 곳이 산으로 꽉 막혀 있음을 보여준다. 수구(水口)에 벌여선 해와 달 형상의 산과 문필봉이 후손의 부귀를 기약한다.

워 전의이씨라는 문벌을 일으켰다고 한다.

또 승려의 말대로 박아무개 지관이 나와 묘를 이장해야 한다고 해 후손들이 묘를 파자, 그와 같은 경구의 글자판(일종의 誌石)이 나와 도로 묻고 현재까지 지켜오고 있다고 한다. 이 묘소 아래 재실 위에는 그 승려를 기리는 사당 진양각(眞陽閣)이 따로 서 있어 옛일을 입증해 준다.

남과 북의 두 산맥이 만나

"주산에서 동쪽(卯)으로 혈이 들어와 묘의 앞은 서남향으로 잡았다(艮坐坤向). 주산이 목형산으로 귀인을 뜻하는데 형국은 귀인이 길게 누워있는 모습(貴人長臥)이고 혈은 바로 귀인의 명치끝에 해당한다.

주산은 속리산에서 천안 왕자산을 거쳐 차령고개를 넘어 남하(南下)해 왔고 앞의 안산과 조산은 마이산에서 대둔산을 거쳐 북으로 올라온 계룡산과 그 낙맥들이 맡고 있다. 남과 북에서 내려오고 올라가는 산들이 금강을 사이에 두고 마주보고 있으며 물은 금강이 남쪽에서 보이기 시작해 서남쪽으로 흘러간다(丙午得申破). 안산에 옥녀봉·선인봉이 중중(重重)하고 물 빠져나가는 수구에는 해와 달을 뜻하는 산과 말모습의 산들이 물의 흐름을 막고 있으니 가히 한 종족을 일으킬 만한 명당이다.

혈 앞의 금강물이 마를 리 없고 계룡산이 조례에 나온 문무백관들처럼 시립하고 있으니 뛰어난 지사가 점지한 자리라 하겠다. 다만 아쉬운 것은 백호쪽이 더욱 좋아 장자보다는 지손들이 더 영화를 누리겠고 조산과 안산의 귀사(貴砂)들이 병풍처럼 혈을 감싸지 못하는 것이 흠이라면 흠이다."

수강의 해석이다. 전의이씨는 조선조에 정승 5명, 대제학 1명, 청백리 6명을 배출했다. 모악산 오공혈의 주인공은 장손 문중의 둘째 집안이고 정승과 청백리 칭호를 받은 상진은 영선의 셋째아들이다. '산(묘소)이 산을 닮는다'는 풍수설에서 '살아있는 산'의 소리를 듣는 듯싶다.

조선 3대 문벌, 동래정씨의 기지
—부산 정문도 묘

정승만 17명 배출

고려와 조선시대를 통해 우리나라 문벌의 다섯손가락 안에 꼽히는 씨족이 동래정씨(東萊鄭氏)다.

고려조에서는 청백리의 표본으로 꼽히는 정항을 비롯해 국문학사에 길이 이름을 남긴 『정과정곡(鄭瓜亭曲)』의 주인공 정서 등이 명문의 기반을 닦았고 조선조에 들어와서는 세조와 성종 대에 이름을 날린 영의정 정창손(鄭昌孫)을 시작으로 17명의 정승(相臣)을 배출, 말기까지 화려한 족벌을 이뤘다.

특히 조선조의 정승배출 순위에 있어서는 전주이씨의 22명, 안동김씨 19명에 이어 3위를 달리고 있지만, 안동김씨가 외척으로 득세한 점을 고려한다면 단연 동래정씨가 으뜸이라 해도 과언이 아니다. 벼슬에서만 그런 것이 아니라 학문적 측면에서도 대제학 2명, 호당(湖堂) 6명을 배출해 성가를 얻고 있다. 학문적 전통은 현대에 이르러 위당 정인보(鄭寅普) 등으로 계승, 그 맥을 꾸준히 이어온다.

동래정씨의 이같은 출세에는 귀족사회의 속성이 큰 힘을 발휘했겠지만 풍수적으로도 지극히 주목을 끄는 두 묘가 있다.

하나는 현재 부산 동래에 있는 정문도(鄭文道)의 묘이고, 다른 하나는 경북 예천군 지보면(知保面)에 있는 정사(鄭賜)의 묘다.

본관이 말해주듯 동래정씨의 원 고향은 동래(東萊)다. 우리나라 정씨들이 대개 신라 6촌의 하나인 진지촌(珍支村)의 촌장 지백호(智白虎)에 근원을 두고 있듯이 이들도 상계는 그로부터 파생된 것으로 보지만 실질적인 시조는 신라말기 호장을 역임한 정회문에 두고 있다. 그러나 회문 이후 대수가 알려지지 않아 현재는 정지원(鄭之遠)을 중시조 1세로 계산하고 정문도는 바로 2세조이자 그의 아들이다. 이들은 대대로 동래에서 호족으로 살아왔다.

8백년 수령의 배롱나무 증언

정문도 자신도 70세 이후에 고려왕조가 부여하는 안일호장을 역임한 것으로 보아 탄탄한 기반을 쌓고 있었음을 엿볼 수 있다.

정문도의 묘소는 현재 부산진구 양정동(楊亭洞) 469번지에 있다. 이곳에는 천연기념물 168호인 배롱나무(백일홍)가 있고 주위가 잘 가꾸어져 일반인들의 산책로로도 널리 이용되고 있다. 수령 8백여 년이 넘은 이 배롱나무는 동래정씨의 상징이자 그들의 역사를 지켜본 산증인이기도 한 셈이다.

정씨가 이곳에 묘를 쓰게 된 것도 인연이 있다. 지방호족인 정씨는 당시 개경에서 파견된 수령을 보좌해야 했다. 이름이 알려지지 않은 이 수령은 틈만 나면 동래 근처의 야산을 둘러보고 다녔다. 몇 차례 간산(看山)한 끝에 현재의 묘소자리에 와서는 한참씩 앉아서 쉬고 가곤 했다. 그를 호위하던 정씨는 그 자리에 표를 해놓았다. 이 수령이 다시 개경으로 돌아가자 바로 그 자리에 뒷날 묘를 썼다.

그 묘의 주인공이 정문도이고 아들은 정목이다. 목은 과거를 통해 고려조에 나아갔고 그 뒤부터 동래정씨의 중앙정계진출이 틔었다고 한다.

이 땅의 숨결과 혈맥을 찾아서／287

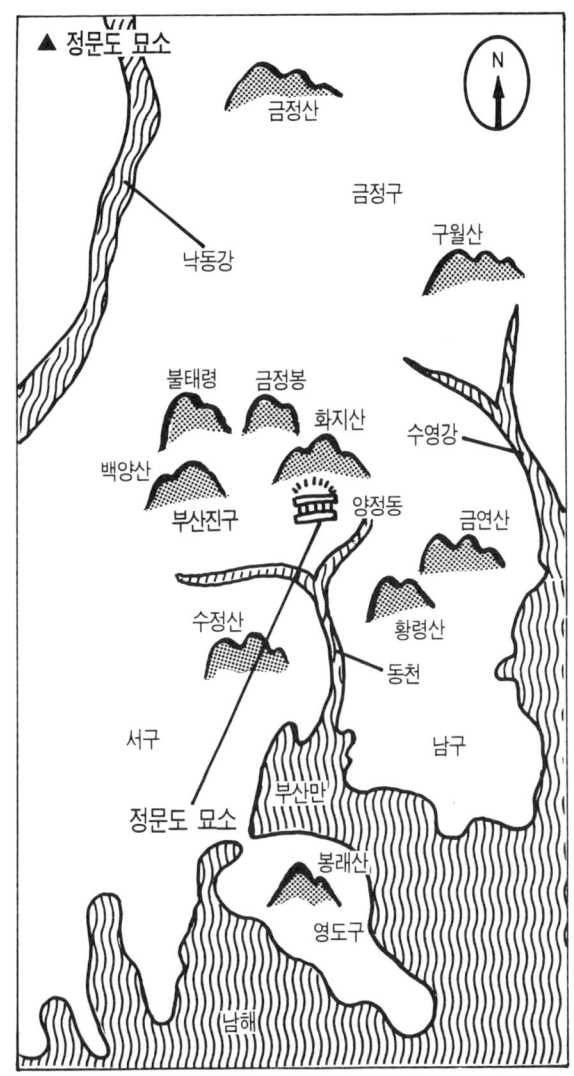

동래정씨 종약소 정광묵 상무이사는 이런 전설을 들려준다.
"이 자리에 처음 묘를 써놓고 다음날 와보니 모두 파헤쳐져 있었다고 한다. 그렇게 하기를 세 번씩이나 하자 이상하게 여겨 어느날 저녁 밤

새 지켜보니 도깨비들이 나와서 '감히 이 자리가 어떤 자리인데 금관(金棺)도 안한 놈이 들어오느냐'며 파헤치고 있었다 한다.

이 말을 듣고 금관은 할 수 없어 보리짚단의 황금색을 이용해 시신을 싸서 묻었더니 다음날부터 별탈이 없었다고 한다."

그의 말에 따르면 이 자리는 금혈(禁穴)에 속하는 군왕지지인 셈이다.

야(也)자에 혈 쓴 연화도수형

수강 류종근 씨의 설명을 들어보자.

"태백산맥 대간룡이 끝나는 대지룡(大枝龍)에 위치, 군왕지지라고 보기는 어렵다. 영남지방에서는 드문 대지임은 분명하다.

용의 흐름을 보면 양산 원효산을 태조산으로 하여 이곳에서 뻗어온 맥이 금정산(부산 金井區 소재 802m)을 만드니 곧 소조산이 되고 다시 그 일지맥이 남하하여 부모산인 화지산(華池山)을 만들었다. 화지산에서 종을 엎어놓은 모습으로 국을 만드니 형국은 연꽃이 열매를 맺어 물 위에 고개를 떨구고 있는 모습(蓮華倒水形)이다.

혈의 좌향은 정남향(子坐午向)이고 묘앞의 내당수는 서남쪽(坤申得)에서 흘러와 동남쪽(巽巳破)으로 모습을 감추었고 외당수는 동쪽에서 나와 서쪽으로 흘러 동천과 만나 부산만 바닷물로 들어간다. 내당수와 외당수가 서로 반대로 흘러 기의 누설을 막고 있다.

혈성(穴星 : 묘와 직접 잇닿아 있는 산)을 좀더 자세히 살펴보면 한자 야자(也字)처럼 생겼는데 그 가운데 획(산)의 끝에 혈장(묘곽 위치)을 놓았다(한자 也字는 그 모습이 좌우 청룡백호가 감싸고 있는 형상을 띠고 있는데 산세가 이러한 곳에는 그 가운데 획처럼 생긴 산의 끝에 묘를 써야 된다고 한다).

주위 산을 보면 동남쪽(巽巳方)에 황령산이 벌나비가 나래를 편 듯 버티고 서있고 서쪽(庚兌方)의 백양산은 꽃잎모양이고 서남쪽(坤申方)

에는 수정산이 혈을 향해 절하듯 서 있다. 안산은 멀리 영도의 봉래산(일명 古竭山·고깔산)이 되니 그 모양 역시 연꽃과 같다.

오른쪽의 백호는 창고모양이고 왼쪽의 청룡은 상사(相砂 : 정승이 쓰는 모자 모양의 산)로 생겼다. 멀리 혈장을 감싸고 있는 산과 물(羅城)의 모습이 둥글고 후덕하게 보이는데다 산맥이 멀리서부터 왔으니 가히 장상지지(將相之地)에 백자천손할 대지라 하겠다."

그러나 이렇게 좋은 명당에도 흠이 있다고 한다. 사진에서 볼 수 있듯 묘자리 뒤의 언덕이 무척이나 넓다. 이를 두고 "입수처(入首處)가 광활하니 재취삼취할 것이고 청룡의 가운데가 푹 꺼졌다가 고개를 쳐들듯 봉우리를 맺었으니 장자보다 지손이 발복하겠다"는 것. 여기에다 야자(也字)가 보여주듯 백호가 겹겹으로 길게 둘러싸고 있어 역시 차자와 외손의 발복을 보여준다. "열 가지 모두 고루 갖춘 땅이 없는 것이 자연의 이치"라고 수강은 덧붙였다.

쉽게 말해 정문도의 묘는 풍수에서 말하는 '산이 다한 곳(山盡處)에 명당이 있다'는 격언과 '야자형(也字形)의 산에는 가운데 맥에 혈이 있다'는 교훈을 교과서적으로 가르쳐주고 있는 셈이다.

낙동강을 사이 둔 남과 여의 모습

한편 '명당은 명당을 부른다'는 속언이 있듯이 동래정씨의 미래를 기약한 정문도의 묘에 이어 조선조에 들어와 정사(鄭賜)의 묘가 길지로 꼽힌다.

세종조에 예문관 직제학을 지낸 정사는 아들 5명을 두었는데 그중 셋째아들인 정난종(鄭蘭宗)의 후손에서 13명의 정승을 배출했다. 정사의 묘는 경북 예천군 지보면 지보리에 있다.

역시 전설에 따르면 그의 묘자리를 잡기 위해 동래에서부터 낙동강을 거슬러오면서 물맛을 보았다고 한다. 안동 근처에 와 보니 하회의

류씨, 도산면의 이퇴계, 천전(川前)의 김성일 선대들이 이미 좋은 자리는 다 잡았고 그 중 비어 있는 곳이 현재의 자리뿐이었다고 한다.

묘를 쓰려고 광중을 파니 물이 나오는 듯싶어 다른 곳으로 옮기려고 하니 어떤 신령한 노인이 나타나 뒷산 너머에 산을 파보라고 하여 그곳을 파자 광중의 물이 그쪽으로 다 빠져나가 그대로 썼다고 한다.

이곳의 내룡도 태백산맥의 중추산인 태백산에서 안동 학가산(鶴賀山)으로 뻗어온 맥이 조골산(照骨山)을 거쳐 연화산(蓮花山)을 이뤘다. 바로 이 산을 주산으로 혈을 맺었다.

좌향은 정남향(子坐午向)이고 형국은 옥녀단좌형이다. 형국이 말해주듯 혈장은 여근(女根)의 모습 그대로다. 지보리란 마을이름도 여기서 유래했다고 한다.

부산 영도의 봉래산을 안산으로 하여 연꽃이 물에 고개를 떨군 연화도수형(蓮華倒水形)의 형국을 이루고 있다. 한자 야자(也字)의 가운데획 끝에 묘를 쓴 교과서적 자리로 이름높다.

혈 앞의 외당수인 낙동강은 동쪽에서 흘러와 서쪽으로 빠져나간다. 또 강 건너 안산은 비봉산으로 귀를 뜻하고 있고 그 앞에는 여근을 향한 남근(男根) 형상의 긴 능선이 곧게 뻗어 있다.

그런 탓으로 묘가 있는 지보리 익장마을에서는 지보나루에 다리를 놓지 못하게 한다. 다리를 놓으면 근친상간(近親相姦)의 위험이 따르기 때문이라는 것. 그래서 지금도 다리가 없다.

좌우 청룡과 백호는 여자가 다리를 벌리고 있는 모습 그대로이고 중간에는 무릎을 뜻하는 봉우리들이 각각 솟아 있다. 적당한 간격의 청룡과 백호 모습은 집안의 화목을 뜻하고 후손간에 싸움이 없음을 기약하고 있다(이상은 문화재관리국에서 펴낸 『한국민속종합보고서』 「묘지풍수편」 참조).

아무튼 동래정씨의 묘소를 통해 우리는 한국인의 뿌리깊은 씨족의식을 다시 한번 확인해 볼 수 있다. 8백년이 넘도록 꽃이 피는 배롱나무의 강한 기나 역사의 역경을 딛고 오늘에까지 후손의 번영을 가져온 것도 자연에 대한 깊은 이해에서 비롯되었다고 하겠다. 여기에 풍수지리학의 현주소가 있지 않을까 싶다.

무학대사가 점지한 남양홍씨 홍복지
— 양주 홍지 묘

남양홍씨 남양군파 세장지

풍수는 일종의 경험과학이다. 어떤 자리(위치)에 사람이 살거나 묘를 썼더니 그 후손에서 이런저런 과실(果實)을 맺었다는 사례들을 집합, 길흉을 말하기 때문이다.

동양사상이 대개 연역적이기보다는 오히려 귀납적이라고 판단할 수 있는 것도 여기에서 연유된다.

풍수에서 말하는 몇 가지 경험들을 소개해 보면 다음과 같다. 가령 산은 인물을, 물은 재물의 들고 남을 보여준다.

내룡(산맥)은 가계(家系)와 자손의 부귀빈천에 지대한 영향을 끼친다. 또 혈성(묘가 있는 主山의 생김새)은 한 가문의 미래를, 혈장(묘자리)은 한 가정의 길흉에 관계되는 사실을 보여준다. 묘의 좌우산인 청룡과 백호를 두고 보자면, 청룡이 아름답고 백호가 그보다 못하면 직계 자손이 뛰어나고 그 반대인 백호가 아름답고 청룡이 부족하면 외손이 번창한다.

청룡과 백호가 서로 싸우는 모습이면 형제간에 다툼이 나고 불목하게 된다. 바로 이런 것들이 모두 결과를 두고 얻어낸 풍수이론의 단험

(斷驗)이라고 하겠다.

명당이 몰려 있는 서울 근교에는 여인과 관계짓는 형국이 있다. 그 중 하나는 무학대사(1327~1405)가 점지해준 남양홍씨(南陽洪氏 : 唐洪系)의 문중묘지이고 다른 하나는 같은 성씨의 후손 중 3기의 묘가 모두 영의정에 추증된 곳이다.

한양의 기운과 연계된 예언

전자는 경기도 양주군 남면 상수리에 있는 남양군과 세장지(世葬地). 1백45만 평의 문중 산에 약 2백70위의 묘가 산재하고 이중 72위가 조선조에서 장관급 이상인 판서를 지냈거나 뒷날 증직을 받았다.

이곳에서 가장 오래된 묘가 경기도 향토유적 제11호로 지정된 홍지(洪智)의 묘다. 홍지는 고려말기 왕족 수연대군 왕규(王珪)의 사위로 조선조가 창업된 뒤 섬으로 유배됐다가 풀려나 이태조가 사재직장이란 벼슬을 내렸지만 받지 않고 일생을 보냈다. 그의 사후 자손들이 그의 뜻과는 다르게 비석에 '사재직장'이란 관직을 새겨놓았다.

조선초기 태조이래 고려 유신(遺臣)의 회유책은 태종에 이르러서도 계속됐다.

특히 고려왕실과 관계깊었던 홍지에 대해서는 각별한 신경을 썼다. 태종은 홍지의 사후, 사람을 시켜 그의 묘비를 둘러보게 했다. 자손들이 후환이 두려워 조선조의 벼슬이름을 비석에 새겨놓았는데 사자(使者)는 있는 그대로 태종에게 보고했다. 이에 태종은 "홍지가 조선조의 신하가 됐다"며 그의 후손의 관직등용과 사패지지(賜牌之地)로서 상수리 땅을 내려주었다.

바로 사패지로 이곳을 선정해준 사람이 무학대사다.

무학대사는 이곳과 서울 동촌(東村)의 택지를 선정해 주면서 "이 두 곳은 이씨의 한양도읍과 시종을 같이할 것"이라고 예언했다 한다. 그 뒤 후손들이 홍지의 묘를 지금의 위치로 옮기고 이곳을 문중묘지로 삼아 오늘날까지 지켜오고 있다.

이곳의 풍수론을 수강으로부터 들어본다.

"감악산(太祖山)과 마차산의 두 기맥이 논밭을 뚫고 건너와 송산(또는 望唐山 : 남양홍씨의 시조가 중국인이기 때문에 고향인 唐나라를 바라본다는 뜻에서 생긴 이름. 풍수용어로는 少祖山이다)을 만들고 이 산에서 다시 작은 두 개의 산을 건너와 옥녀봉(主山)을 이뤘다.

혈로 기가 들어오는 방향은 북북서(亥入首)이고 혈(묘)의 방향은 북서쪽에서 남동쪽(乾坐巽向)으로 자리했다. 명당 앞의 물은 남서쪽과 북서쪽 두 방향에서 흘러와 남쪽에서 모습을 감추었다(坤乾得丙破). 형국은 여자가 머리를 풀어헤친 이른바 옥녀산발형(玉女散髮形)이다."

옥녀산발형, 머리카락마다 혈

흔히 옥녀형국에는 여인이 화장할 때 사용하는 거울에 해당하는 앞산이 있어야 진짜 혈이 있는 법인데, 홍지의 묘에서 보면 반달형의 조산이 안산너머 오롯이 보인다. 도표에서 볼 수 있듯이 이곳의 안산은 옥대(玉帶)처럼 되어 있고 청룡이 활처럼 길게 뻗어 백호를 감싸듯 하고 있어 내명당이 넓지도 좁지도 않게 원형을 이룬다. 이런 정도면 벼슬과 재물이 풍족한데다 뒤에는 한탄강과 임진강이 둘러싸고 있고 내명당밖으로는 여러 개천이 갈지(之)자, 검을현(玄)자 모양으로 수십리 흘러가 한강으로 들어가니 실로 부족함이 없는 형세다.

여기에다 깃발, 창고, 옛 신하들이 궁정조회때 들고 들어가던 홀(笏) 모양의 조산들이 겹겹으로 둘러싸고 있으니 "가히 나라를 경영할 만한 인재를 배출할 곳"이라고 수강은 덧붙였다. 물론 약점이 없는 것은 아니다. 주산에서 청룡으로 흘러가는 곳의 어깨가 끊어져 있어 맏이보다는 그 아래 지체들에게 더 복이 가게 마련이라는 것. 그러나 크게 보면

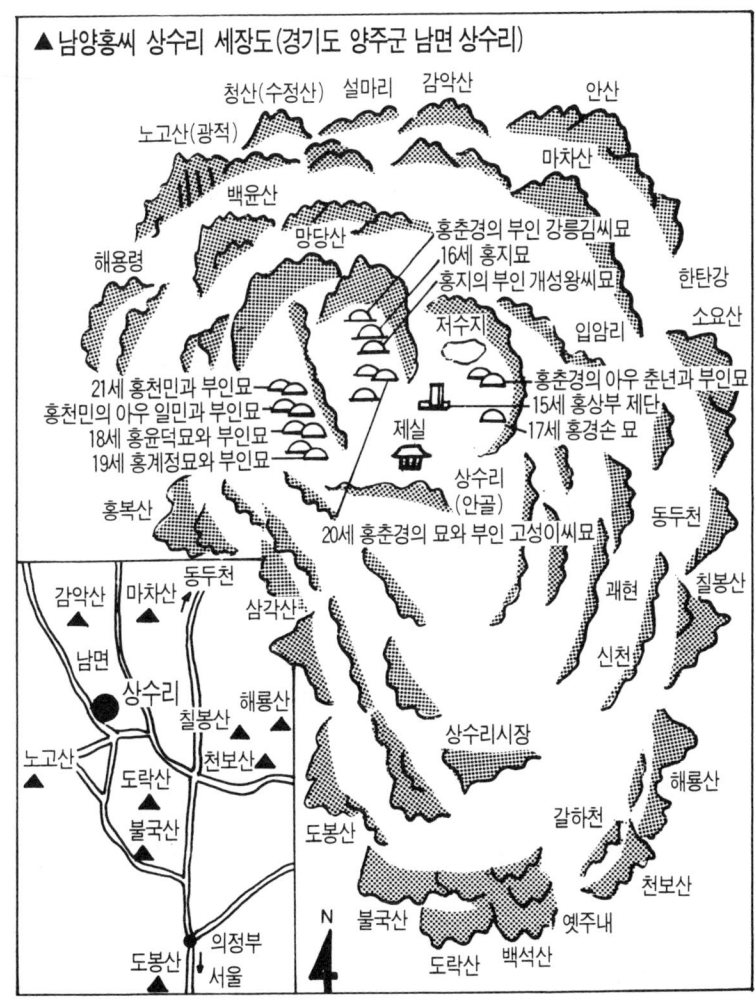

모두가 일가이고 한 할아버지의 자손인 셈이니 그리 큰 허물은 아니라 하겠다.

도표에도 홍복산이 있지만, 대종회의 홍권표 씨는 무학대사가 이곳을 보고 나서 세장지로 삼으면 홍복(洪福 : 한자의 뜻 그대로 넓고 큰 복을 받는다는 말)을 누릴 것이라면서 이곳을 홍복리라 불렀다고 귀띔했다. 한편으로는 홍씨네의 복지란 의미로도 풀이된다.

이곳을 문중묘지로 선정한 데는 형국이 옥녀산발형이기 때문이다. 홍지의 묘가 풀어헤친 머리의 중앙이라면 좌우의 홍경손과 홍천민 등의 묘소들도 모두 다른 머리카락에 해당하는 명당들이다.

홍지 이후 그의 아들 경손, 손자 윤덕, 증손 계정 등이 모두 조선조의 관직에 나갔고 4대손 춘경(春卿)이 황해도 관찰사를 역임하면서 본격적으로 관계에서 두각을 나타냈다. 홍지의 후손에서 정승 5명, 문형(文衡 : 홍문관·예문관의 최고직위인 대제학을 모두 역임한 문인들에게 붙이는 칭호) 2명, 판서급 20여 명, 왕비 1명이 배출됐다.

홍춘경(연산군 3년~명종 3년)은 천민·일민·성민 세 아들을 두었는데 대제학을 역임한 막내아들의 공적으로 사후 영의정에 추증됐다. 또 맏이인 천민의 아들 서봉(瑞鳳 : 선조 5년~인조 23년)은 문형을 거쳐 영의정을 지냈다.

이포나룻가의 3대 영의정 안식처

홍춘경의 두 아들 천민과 일민은 상수리 세장지에 묻혔다. 그러나 막내인 성민은 경기도 여주군 금사면 이포리(梨浦里)에 음택을 마련했다.

양평으로 통하는 이포나루에서 멀지 않은 이포리, 속칭 뒷골 야산중턱에 위치한 홍성민의 묘지에는 그를 비롯해 아들 서익(瑞翼), 손자 명구(命耇)의 묘가 위로부터 차례로 자리하고 있다. 이들의 비석에는 하나같이 「증영의정」이란 관직이 선명하게 새겨져 있다. 우리나라 옛무덤 가운데 3명의 증직영의정이 함께 있는 곳은 아마 이곳밖에 없다고 하겠다.

수강의 설명에 따르면, 이곳 형국은 여인이 어린아이를 안고 있는 미녀포아형(美女抱兒形)이다. 청룡이 백호보다 길게 활처럼 뻗어가 백호를 감싸고 있다. 산의 맥은 이천에 있는 천덕봉(원적산)에서 흘러왔고 혈의 방향은 북서쪽에서 남동쪽(乾坐巽向)으로 잡았다. 여인이 어린아이를 안고 있는 탓으로 내명당은 그리 크지 않다. 동과 서, 양쪽에서 흘러온 물은 묘 아래서 함께 만나 남쪽으로 역시 지그재그 흘러 남한강으로 들어간다.

혈 앞 남한강 주위의 경관은 광활하게 펼쳐져 외명당을 이루고 또 외명당수인 남한강이 청룡을 향해 비단폭을 펼쳐 늠실늠실 인사하듯 흘러 감싸안는다. 멀리 여주 북성산 방향에는 미녀를 위한 보경(거울모양의 산)이 솟아 있고 안산은 옥대형, 조산은 상수리의 산들보다 오히려 뛰어나다고 할 만하다. "산들이 빼어나고 물이 역시 기가 막히게 좋으니 자손과 재물 또한 적을손가. 가히 삼공(三公)을 낳을 땅이다"며 수강은 감탄한다.

현종때의 영의정 홍명하가 성민의 손자이고 증손 중보 또한 우의정,

옥녀가 머리를 풀어헤친 형국의 가운데 머리카락에 혈을 잡았으나 뒤편 주산의 오른쪽으로 넘어가는 청룡의 어깨가 끊어져 보인다. 상수리 홍지 묘역.

7대손자 치중은 영의정, 치중의 후손 순목은 고종때 우의정을 역임했다. 후손에서 네 명의 정승이 배출된 것이다. 물론 이곳 혈에도 흠이 없는 것은 아니다. 혈을 맺은 주산의 가운데가 오목하게 팬 데다 혈장(묘소)은 오른쪽이 높고 왼쪽이 낮아 장자손(長子孫)에 화가 미치는 것을 면키 어렵다는 점이다.

명가 '광김'을 낳은 조선8대 명당
—순창 김극뉴 묘

명가(名家)의 조건

서울의 거리 이름 중에는 조선조 유학자의 이름을 딴 것이 적지 않다. 퇴계로·율곡로 등이 그러하다. 두 사람 모두 유학(儒學)의 영남학파와 기호학파를 대표한다는 점에서 오늘날 우리에게도 낯익은 이름이다.

그러나 혹자는 율곡의 제자이자 기호학파의 대부로 꼽히는 사계(沙溪) 김장생(金長生)의 호를 딴 사계로도 있어야 하지 않는가고 제안한다. 가령 사계가 태어난 서울의 정동(구 대법원 자리), 덕수궁에서 경향신문사까지의 도로에 그의 호를 붙이면 도로 이름도 얻고 명현을 기념하는 일석이조의 효과를 볼 수 있다는 것이다.

사계 김장생——. 그는 아들 신독재(愼獨齋) 김집(金集)과 함께 조선조 유학자로서는 유일하게 부자가 문묘(孔子를 모신 사당)에 배향되는 영광을 남겼고 그의 후손에서 김만기와 국문학 선구자 서포 김만중 형제 대제학(홍문관·예문관의 정2품 최고책임자) 등 7명을 배출, 이른바 '광김(光金 : 광산김씨)'의 화려한 문벌(門閥)을 이뤘다. 조선조 중기에 이르러 예(禮)의 문제가 당쟁의 한 원인이 되기도 했지만 사계는 바로 이 예와 인륜도덕을 실천, 선비의 자리매김을 정당하게 세운 셈이다.

일찍이 다산 정약용은 음택(묘지)의 폐해를 들어 "살아있는 부모가 자식을 잘되라고 훈계해도 어긋나기가 쉬운데 하물며 죽은 조상이 어찌 산 사람에게 복을 주겠는가"고 질책한 바 있다. 그런 점에서 '광김(光金)'의 후손들이 문명을 날리게 된 것은 순전히 그들의 피나는 노력이 안겨준 결실임에는 틀림없다. 그러나 다른 한편 우리는 사계와 그의 후손들이 풍수지리에서 말하는 동기감응의 논리와는 어떤 관계에 있는가를 이제부터 살펴보고자 한다.

속칭, 역장(逆葬)은 흉이 아니다

사계의 본관이 광산(光山)인 것은 시조 김흥광(金興光 : 신라말기의 왕자)이 광산에 거주하면서부터 시작된다. 오늘날 전남 담양군 대전면 평장동이 그곳으로 지관들은 이곳의 형국이 비봉포란형(飛鳳抱卵形)의 대명당이라 이미 고려조에 평장사를 배출, 동명까지 평장동이 되었고 조선조에도 후손들의 출세가 보장돼 있었다고 평한다.

평장동 광산김씨의 시조단 옆에 올라보면 멀리 무등산이 조산으로 눈 아래 펼쳐져 있다.

아무리 거리감에서 오는 착각이라고 해도 지세로 보아 무등산이 훨씬 높음에도 불구하고 마치 이쪽을 향해 머리를 수그리듯 그렇게 낮고 친근해 보인다. 물론 그 앞의 산들도 모두 이곳 평장동을 향해 머리를 조아리는 듯한 것은 말할 것도 없다.

그러나 5백여 년이 넘게까지 그 기가 뻗쳐 온다는 것은 너무 먼 얘기다. 보다 가까이 사계의 조상을 더듬어보자.

사계 김장생(1548~1631)의 묘는 충남 논산군 연산면(連山面) 고정리(高井里)에 있다. 이곳에는 사계의 묘가 가장 윗자리에 있고 그 아래는 7대조 할머니 양천허씨, 또 오른쪽으로는 그의 사촌인 김선생, 그 아래는 6대조인 김철산, 그 아래는 김공휘의 묘가 있다.

사계의 가통은 바로 7대조인 허씨 할머니가 17세에 개성에서 남편(金問)을 여의고 아들 철산을 데리고 연산으로 옴으로써 이어지게 됐다.

남편이 타계하자 집안에서 개가를 시키기 위해 날짜까지 잡았는데도 이를 뿌리치고 시댁을 찾아온 것이다. 허씨는 열녀로 정려문을 하사받았다.

사헌부감찰을 지낸 김철산의 아들이 김국광(金國光)으로 세조때 병조판서, 예종때 좌의정을 지냈다. 좌의정 시절 8개월간 혼자 의정부를 맡았다는 점을 부끄럽게 여겨 그 아들들 이름에는 뉴(忸:부끄러울 뉴)자를 넣었다.

장자인 극뉴(克忸:1436~1496・사간원 대사간 역임)에서 아들 종윤(宗胤)→호(鎬)→계휘(繼輝)→장생(長生)으로 이어진다.

사계와 그 후손의 문명은 바로 극뉴의 묘에서 직접적으로 비롯됐다고 수강은 평했다.

천마시풍의 김극뉴 묘

전북 순창군 인계면 마흘리(馬屹里)에 그의 묘가 있다. 순창읍에서 임실방향의 27번 국도를 따라 인계면사무소에 이르면 오른쪽으로 우뚝 솟은 산을 만나게 된다.

면사무소 앞에서 이 산을 향해 비포장도로를 따라가면 마흘리의 용마국민학교에 닿는다. 학교 정문에서 왼쪽(북서방향)을 쳐다보면 바로 용마산(龍馬山)이고 그 밑에 마치 왕릉과 같은 언덕이 있다.

산은 금방이라도 말(馬)이 하늘을 향해 내달리듯 그렇게 솟아 있다. 이곳 동네이름이 마흘인 것은 이 형상에서 온 것이다. 또 언덕은 말의 안장에 해당된다.

대사간(극뉴)의 묘에서 앞을 바라보면 옹기종기 서 있는 산들이 하나

같이 말의 형상을 띠고 있다. 웅장함과 신기함이 몇 번이고 눈을 비비게 만든다.

"노령산맥의 지맥이 회문산(태조산)을 만들고 거기서 동남진한 용이 용마산(소조산:주산)이 됐다. 좌향은 건좌손향(乾坐巽向)이다. 형국은

왼쪽 앞이 사계의 묘, 그 아래가 7대 조모 양천허씨, 오른쪽으로 사촌과 선조들의 묘가 자리했다. 조안의 모습이 혈을 향해 절 하듯 벌려 있다. 오른쪽 소나무 너머 필봉이 솟아 있다. 전형적인 우단고(右單股)의 모습을 보여준다.

천마시풍형(天馬嘶風彤 : 천마가 바람을 보고 우는 형국), 청룡 백호는 오마작대(五馬作隊 : 많은 말이 떼를 지었다), 조산은 만홀조천(萬笏朝天 : 벼슬한 사람이 도열해 있는 모양)이라 문무백관은 물론 경천지현(驚天之賢 : 하늘을 놀라게 할 만한 君子)을 낳을 형상이다. 득수는 서출동류(西出東流)다."

　단숨에 형국을 설명한 수강은 이곳이 옥룡자(道詵)가 말한 조선 8대 명당의 하나라고 덧붙였다. 주산(용마산)이 높고 우뚝하면 자손이 오래 산다. 또 주산이 빼어나고 수려하면 만인의 추앙의 대상이 된다. 북쪽에 신동마가 있어 소년등과하고 남쪽에는 영상마·적토마가 있어 형조(刑曹)와 영상(領相)이 배출된다. 다만 결점이라면 우단고(右單股)가 문제일 뿐(단고란 묘앞의 능선이 이상하리만큼 한쪽, 곧 오른쪽이나 왼쪽으로만 펼쳐 있어 마치 한쪽 다리가 없는 형국을 보여준다. 이는 사계와 신독재의 묘에서도 볼 수 있다).

　전하는 바에 따르면 이곳 자리는 본래 함양박씨 소유였다고 한다. 극뉴의 부인 박씨의 묘소가 뒤편에 있어 이를 입증해준다.

　부인 박씨는 극뉴보다 17년 앞서 타계했는데 "아마 극자뉴자어른이 전주부윤이나 남원찰방시절에 자리를 보신 것"이 아닐까 후손 김중수(金重洙) 씨는 말했다. 극뉴의 묘 아래로는 둘째아들 소윤과 증손 개(명종때 호조판서), 그리고 사위 동래정씨의 묘가 있다.

와우혈에 위치한 사계 김장생 묘

　이제 말머리를 돌려 사계의 묘소를 살펴보자.

　충남 연산면 고정리는 원래 우수리(쇠머리)와 거정리가 현대에 이르러 행정구역이 통폐합되면서 생긴 이름이다.

　현재 지도상에 고정산이라고 표기된 산도 본래는 우수산(牛首山)이다. 이 우수산에 사계와 선조들의 묘소가 있다.

　사계는 이곳 거정리(居井里)에서 타계했다.

　연산에서 벌곡면으로 넘어가는 690번 지방도로의 황룡재에서 우수산을 내려다보면 모양이 문자 그대로 와우형(臥牛形 : 누워있는 소)이다.

　"대둔산(太祖山)에서 서북진한 용이 우수산(主山)에서 몸을 돌려 2절

(산의 두 마디, 즉 굴곡의 모습) 아래 우단고(오른쪽 다리만 있는 형상)로 혈을 맺었다. 좌향은 정좌계향(丁坐癸向)이다. 청룡 백호는 겹겹으로 둘러싸고 있고, 조산과 안산이 모두 혈을 향해 절하듯(拜拱) 벌려 있다.

득수는 좌우 동서에서 나와 북동쪽(丑방향)에서 감추어졌다(破). 수구는 용단호장(청룡은 짧고 백호는 길다)으로 서로 포옹하듯 감싸고 있다. 조산 동쪽에는 필봉이 우뚝 솟아 현관·문장이 대대로 배출된다. 가히 무흠대지(無欠大地)로 성현가장지지(성현을 장사지낼 만한 곳)이다."

수강의 평이다. 다만 우단고로 혈을 맺었기에 가문의 적통(嫡統)은 장자가 아닌 차자로 이어지게 된다는 것이 흠일 수 있다.

사계는 3형제를 두었는데 첫째 은은 25세에 세상을 떠났고 둘째가 집(신독재)이고 셋째가 반이다. 7명의 대제학은 모두 셋째아들의 후손들이다.

사계와 신독재는 제자들로부터 노선생·선생으로 불렸다. 부자가 함께 제자들을 가르쳤기 때문이다. 사계는 자신의 학문의 적통을 아들이 아닌 우암 송시열에게 전했다.

죽어서도 신선인 신독재 묘

아들 집(集)은 신독재라는 그의 호가 말해주듯 '선비는 홀로 있을 때 더욱 근신해야 한다'며 가히 신선에 가까운 도인(道人)의 풍모를 지녔다고 전해진다.

그의 부인 유씨는 율곡이 중매를 섰으나 바보에 가까웠고 더구나 생산의 능력이 없었다. 보다 못한 율곡이 서출인 자기 딸을 측실로 보내 후사를 잇게 했다.

신독재의 묘소는 황룡재 너머 벌곡면 양산리에 있다. 이곳은 구 고운

(孤雲)이라고도 하는데 이는 고운사가 있었기 때문이다. 지금은 원불교 삼동원 수련장에서 더 들어가는 곳에 있다. 이곳 신독재의 묘자리는 사계가 생전에 잡아주었다고도 한다.

아무튼 그의 묘소 역시 대둔산에서 뻗어온 산맥이 우수산으로 건너가는 한 가지에서 옆으로 떨어져 혈을 맺었다.

주산은 천호산이다. 좌단고에 좌향은 건좌손향(乾坐巽向). 청룡은 선장사(신선의 지팡이 모양)이고 백호는 날아가듯 달아났다. 안산은 학 모양이고 조산 역시 군선작대(群仙作隊: 신선이 무리지어 있는 모습)다. 득수는 동쪽(卯)에서 나와 남쪽(丙)에서 파를 이뤘다. 전체 형국은 선인방학형(仙人放鶴形: 신선과 학이 노는 모양)으로 운명적으로 도사가 묻힐 곳이다.

완벽한 선인방학형에서 흠을 말한다는 것은 우스운 일이나, 백호가 달아난(飛走) 것은 창고가 빈다는 뜻이고 좌단고 역시 적자 아닌 서자로 가맥(家脈)이 이어지게 마련. 그리고 입수산에 횐돌이 박혀 있는 것이나 양쪽 어깨, 청룡 백호로 이어지는 맥이 끊어진 것 등은 모두 후손에게 바람직한 모습이 아니라고 하겠다.

신독재의 묘를 제하고 극뉴와 사계의 혈은 뒷날 '광김(光金)'의 번성을 설명해 주는데 부족함이 없다고 하겠다. 그것이 풍수지리의 논리임에는 분명하나 인간(후손)의 노력 또한 무시할 수 없음을 덧붙여 둔다.

'성인'은 스스로 기를 부른다
—파주 이율곡 묘

화석정(花石亭)의 옛날과 오늘

경기도 문산에서 전곡으로 빠지는 37번국도는 임진강을 옆에 끼고 있어 주말이면 오너드라이버들에게 그야말로 환상의 코스다. 그 환상은 끝없이 펼쳐진 전원 풍경의 뛰어남과 아울러 머지않아 이 길을 따라 금강산·평양으로도 달려갈 수 있다는 희망을 안겨주기 때문이다.

문산읍에서 이 길을 따라 10여 분 가다보면 선유리가 나오고 이곳에서 구 1번국도를 따라가면 곧 임진나루 언덕에 우뚝선 화석정(花石亭)을 만나게 된다. 임진왜란때 선조가 이 정자를 불태워 그 불빛으로 나루를 건너 의주로 피난갈 수 있었다는 전설을 지닌 바로 그 정자다.

1990년으로부터 정확히 4백46년 전, 8세 난 한 소년이 정자에 올라 시를 지었다.

'숲속 정자에 가을이 어느덧 저무는데/나그네의 생각 한이 없구나/멀리 흐르는 물 하늘에 닿아 푸르고/서리맞은 단풍은 햇볕을 향해 붉었네/산은 둥근달을 토해내고/강은 만리의 바람을 머금었도다/하늘가의 저 기러기 어디로 가는지/저무는 구름 속으로 울음소리 끊기네(林亭秋已晚 騷客意無窮 遠水連天碧 霜楓向日紅 山吐孤輪月 江含萬里風

塞鴻何處去 聲斷暮雲中).'

　하늘 멀리 북한의 산들을 바라보며 이 시를 읽노라면 자신도 모르는 사이에 눈물이 두 뺨을 적신다. 당시 그 소년이 오늘을 예견하고 지은 시가 아니련마는 80을 넘어선 노모를 모시고 정자에 올라 하염없이 두고온 고향을 바라보는 낯선 실향민의 얼굴이 시심(詩心)에 젖어 있음을 볼 수 있기 때문이다.

이문성은 참으로 성인이다

　시『화석정(花石亭)』을 지은 소년이 율곡(栗谷) 이이(李珥 : 1536~1584)다. 그는 조선조 성리학을 퇴·율(퇴계와 율곡)사상이라고 할 만큼 한국적 경지로 끌어올린 대사상가이자 실천가였다. 영남학파의 드센 그늘에 가려 때론 빛을 잃기도 했지만 그의 학문이나 인간적·공인적 면모는 가히 '성인(聖人)'이라 해도 지나친 평가는 아니다. 이는 일찍이 그의 10만 양병론(養兵論)을 반대했던 서애 류성룡이 뒷날 "이문성(李文成 : 文成은 율곡의 시호)은 참으로 성인이다"는 평가에 굳이 빗대지 않아도 그의 저서와 유택이 말해준다.
　율곡의 유택은 화석정이 있는 경기도 파주군 율곡리에서 20여리 동남방향으로 들어간 파주군 법원읍 동문리 자운산(紫雲山)에 있다. 이곳에는 율곡뿐 아니라 그의 어머니 신사임당을 비롯해 형과 아들·손자, 그리고 큰누님 매창(梅窓)의 시댁 묘들이 함께 있는 전형적인 가족묘지다. 이밖에도 묘역 내에는 그의 사후 문인들이 세운 자운서원과 경기도 교육위원회가 운영하는 율곡 교원연수원이 자리잡고 있다.
　율곡에 대한 평가는 토정 이지함의 말에서 다시 엿볼 수 있다. 토정은 선조조의 어지러운 정국을 보고 "오늘날의 일은 마치 사람이 원기가 이미 떨어져 손을 써서 약으로 구제할 길이 없는 것과 같다. 그러나 오직 위태한 형세를 구제할 만한 한 가지 기책은 있다"며 "오늘날 숙헌

(叔獻 : 율곡의 字)이 조정에 머문다면 비록 크게 작용은 못한다 하더라도 반드시 망하는 데는 이르지 않을 것이다"고 했다. 이 말은 토정이 죽기 전에 한 말이고 당시 율곡의 나이는 43세로 대사간 임명을 사양하고 낙향, 율곡(화석정 아래 있는 이이의 거주지 이름)과 석담을 오가던 시절이다. 이후 다시 관직에 나간 선생은 임진왜란이 일어나기 8년 전 49세를 일기로 세상을 떠났다.

혈통은 끊어져도 제사는 그치지 않는 곳

서거하기 전날 부인의 꿈에 검은 용이 침실을 나와 하늘로 날아올라 가는 것을 보았다고 선생의 『연보』에는 기록돼 있다. 또 서거하는 날 남겨놓은 자산이 없어 그 염습을 모두 친구들이 부조한 수의로 했다고 하며 서울에 거주할 때도 항상 남의 집을 세내어 살았으므로 처자가 의탁할 곳이 없어 제자들과 친구들이 각각 비용을 염출, 집을 사서 살게 했다고 한다.

자운산 율곡의 묘소에 오르면, 그의 묘 아래는 맏형의 묘가 있고 그 아래 신사임당과 부친을 합장한 묘가 있다. 흔히 이를 일러 역장(逆葬 : 부모의 묘소 위에 자식이나 후손의 묘가 자리한 것)이라 한다.

율곡의 혈은 풍수지리에서 볼 때 결코 명당이 아니다. 그러나 그의 자리는 후세에 제사가 끊이지 않는 형국을 갖추고 있다.

"율곡선생과 신사임당이 묻힌 자리는 보검장갑형(寶劍藏匣形 : 갑 속에 들어 있는 보검)이다. 혈성(묘가 묻힌 산모양)은 고요성(孤曜星)으로 금두목각(金頭木脚 : 산 머리는 금형산이고 다리는 목형산인 산)이라 부른다. 여기서 목각은 곧 칼을 뜻한다.

청룡쪽의 골이 깊어 칼의 등에 해당하고 오른쪽 백호쪽은 경사가 완만해 칼날에 해당한다. 율곡의 혈은 칼이 칼집에 들어가고 나올 때 쉽게 하기 위해 파놓은 골에 바로 자리하고 있다. 이런 경우에는 후손이 끊기게 된다.

주산인 자운산에서 두 마디(두 구릉)를 지나 서쪽으로 혈이 들어오는 입수처에 마치 염소의 발처럼 쪼개진 것이 바로 칼날의 골에 해당한다.

또 청룡쪽의 산들은 그 뿌리가 보이지 않게 여러 갈래 내려오고 있는데 이는 곧 무혈손만손지지(無血孫萬孫之地 : 직계후손은 없어도 후손이 수없이 많다는 뜻)다. 이른바 무후향화지지(無後香火之地 : 후손이 없어도 제사가 끊이지 않는 곳)를 뜻한다.

혈의 위치가 그러함에도 크게 보아 좌우의 청룡과 백호가 활처럼 서로 감싸고 있고 명당이 알맞게 펼쳐있는데다 안산과 조산 또한 겹겹이 감싸고 있으니 나성(羅城 : 주위를 둘러싸고 있는 산의 모양이 마치 성과 같음을 뜻함)은 극히 뛰어나게 아름답다."

수강은 몇 번이나 택사(擇師 : 지관의 다른 말)의 잘못이라고 탄식에 탄식을 더했다.

그의 지적처럼 율곡은 22세에 노(盧)씨를 부인으로 맞았지만 후사가 없어 측실 김씨를 맞이해 두 아들과 딸 하나를 얻었다(바로 그 딸이 신독재의 측실이다).

정자(程子)의 풍수론에 반박

그러나 이들 아들도 뒷날 후손을 얻지 못해 양자로 대개 대를 이어갔고 조정에서 그 후사를 지정하기도 했다(물론 지금도 그 후손들이 있다).

율곡의 유택을 두고 수강은 "바로 그런 점에서 그는 성인이었다"고 평했다. "천하를 생각하는 사람은 가사(家事)를 돌보지 않는다"는 옛말을 율곡의 유택에서 볼 수 있으며 수강은 "율곡 선생 같은 위인은 스스로 기를 부를 수 있고 모을 수도 있다"고 덧붙였다.

율곡의 저서『성학집요』(선조에게 바친 책)에는 정자(程子)의 풍수론에 대해 이렇게 반박하고 있다.

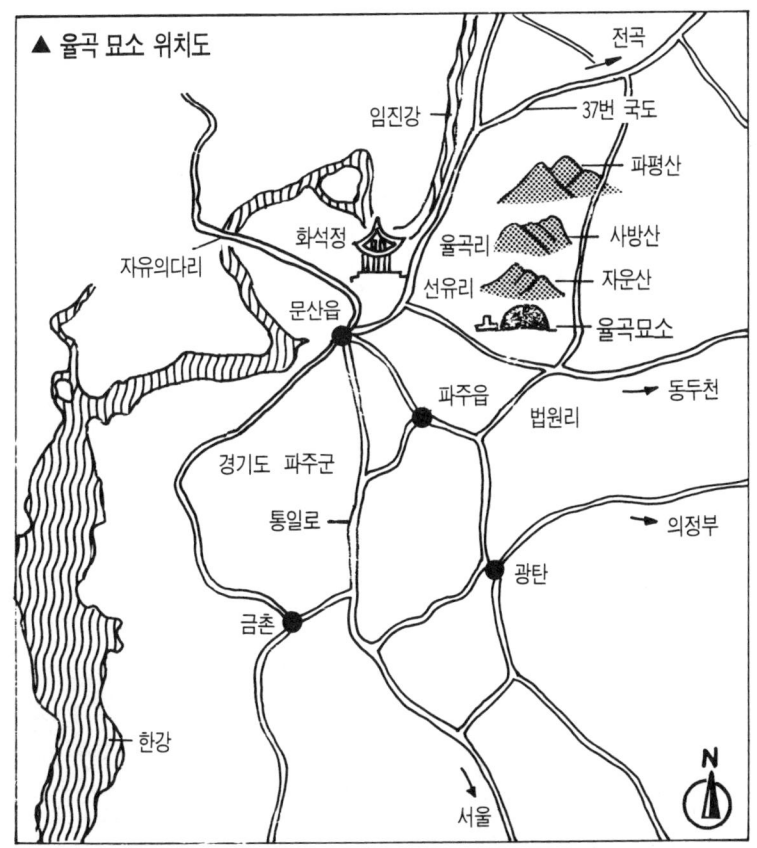
▲ 율곡 묘소 위치도

  '신이 살피건대, 지세가 좋다는 것은 오직 바람을 막을 수 있고 양지바른 쪽이며, 흙이 두꺼워서 물이 땅속 깊이 있는 것 등이며 방위·득과 등의 풍수설에 관계되는 것은 아닙니다.
  지금 묘자리를 가리려는 자는 지세의 길흉을 보는 지서(풍수관계책)만을 편벽되게 믿고는, 널리 그것을 찾아다니다가 채 묘자리를 정하지 못해 오랫동안 그 부모를 장례지내지 못하는 사람이 있으니 의혹이 심합니다. 나라 임금의 현궁(玄宮:능을 뜻함)을 정하는데도 반드시 새

로운 곳을 가려서 정하는 것도 계승할 만한 도리가 아닙니다.'

율곡이 10여 년간 자신의 병치레를 하며 운명의 끝을 알고 있음에도 끝내 자신의 유택을 정함이 없이 부모의 윗자리에 가게 된 것도 여기서 그 까닭을 찾을 수 있겠다.

오늘날 대개의 종중들이 문중묘지를 두고도 역장(조상의 윗자리에 묘를 쓰는 것)을 기피해 따로 묘자리를 찾는 것은 굳이 율곡의 지적이 아니어도 원래 풍수에도 없는 법이라 한다.

성인(聖人)은 묘자리를 가리지 않는다. 율곡의 묘소에서 바라본 안산과 조산의 모습. 전체형국은 뛰어나게 아름답지만 그 자신이 묻힌 묘자리는 정혈이 아니어서 후손에게 아무런 도움을 못 준다. 사진 앞의 묘가 율곡 선생의 묘이고 뒤는 부인 노씨의 묘.

어미쥐가 새끼쥐를 거느리고 조정을 메우다
—포천 약봉 서성 묘

육지 속의 해룡(海龍), 그 의미

   경기도 의정부시에서 포천(抱川)으로 넘어가는 고개가 축석령이다. 이곳에서 서울쪽을 바라보면 도봉산과 북한산의 줄기가 한눈에 들어오고 포천쪽을 굽어보면 평탄한 평야가 또한 여유있게 눈앞에 전개된다.
   한반도의 척추인 태백산맥에서 서울을 만들기 위해 힘차게 달려온 산맥들은 이곳 축석령에서 잠시 걸음을 멈추고 이처럼 앞뒤를 재고 있다. 숨을 돌린 산맥은 왼쪽으로 뻗어가 천보산(天寶山)을 만들고 이곳에서 북으로 올라가 해룡산(海龍山)을 만든 뒤 다시 왕방산(旺方山)·소요산으로 뻗어간다. 다른 한 가지는 천보산에서 의정부를 만든 뒤, 시내를 건너뛰어 도봉산과 북한산으로 정맥을 뻗어간다.
   여기서 우리의 관심은 축석령을 남쪽 관문으로 주엽산(동남쪽), 수원산(동쪽), 천주산(동북쪽) 그리고 왕방산(북쪽)을 삼방에 거느리고 호수와 같이 넓은 들판을 품에 안고 있는 해룡산에 모아진다. 우리나라 산이름 중에서는 흔히 볼 수 없는 '해룡'이란 명칭을 띠고 있는 이 산은 주위의 산세와 들판을 보지 않고는 그 의미를 읽어내기 어렵다.
   축석령에서 43번 국도를 따라 포천읍 경계를 넘어서면 곧 긴솔모루라는 동네가 나온다. 이곳에서 왼쪽으로 샛길을 따라 들어가면 군부대가 나오고 뒤이어 제청마을에 닿는다. 해룡산이 정면에서 내려다보고 있고 정상에서 뚝 떨어진 용들은 왼쪽으로 몸을 틀어 제청마을 왼쪽에서 호수에 머리를 디밀듯 마지막 자세를 취한다.

다시 자세히 살펴보면 정상의 용은 웅장한 몸뚱이요 이곳은 그 머리에 해당한다. 목마른 용이 물에 들어가는 모습(渴龍入水)이다. 해룡이란 산이름도 결국 여기서 비롯된다고 하겠다.

조선조 3대 명문으로 가문 세워

약봉(藥峰) 서성(徐渻)의 묘가 용머리에 있다. 광산김씨 사계 김장생, 연안이씨 월사 이정구와 함께 조선조 3대 명문을 일으킨 달성(達城)서씨 약봉 서성이 이곳에 유택을 정한 뒤, 그 후손에서 정승 9명과 6명의 대제학, 1명의 왕비를 배출했다.

이들 중에는 직계가족에서 3대 정승, 3대 대제학 등 6대에 걸쳐 문명을 떨치는 전무후무한 경사가 줄을 이었으니 그 까닭이 새삼 관심의 표적이 아닐 수 없다.

임진왜란에 참전, 가등청정(加藤淸正)의 포위에서 왕자를 구해내는 등 선조조에 명신으로 활약했고 광해군에 이르러 10년 귀양살이를 했던 약봉은 사가정 서거정의 현손이다. 서거정 이후 뚜렷한 인물이 없던 집안에서는 약봉의 유년기에 별다른 도움을 줄 수 없었다.

그 자신 생후 1년만에 부친 함재공을 여의고 눈먼 어머니 고성이씨 손에서 자랐다.

경북 안동군 일지면 망호동 생가에서 서울 약현(藥峴 : 현 서울역 뒤편 중림동 천주교회자리) 외가집으로 올라온 약봉은 어머니의 뒷바라지로 구봉 송익필과 율곡 이이로부터 가르침을 받았다.

오늘날 우리가 약주·약과·약식 등 전통한식의 술·약과·강정 등

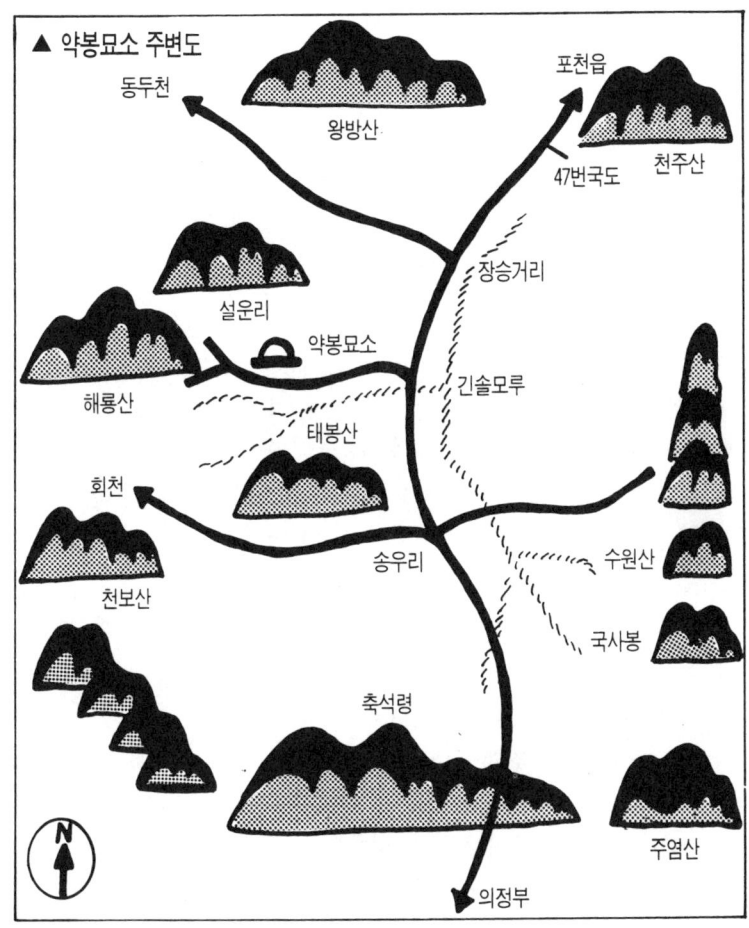

▲ 약봉묘소 주변도

의 명칭이 바로 약봉의 어머니가 만들어낸 음식에서 연유된 것임을 아는 이는 드물다고 하겠다. 뒷날 선조에게까지 그 맛이 알려져 궁중별미로 발전했고 서울의 명물이 된 것도 어려움 속에서 아들의 뒷바라지를 위해 애쓴 약봉 어머니의 순전한 공로라고 하겠다.

아무튼 이처럼 혈혈단신의 가문에서 네 아들을 두고 생전에 손자 13명과 증손 34명을 본 약봉은 인조 9년(1631) 4월 향년 74세로 타계했다.

10년 귀양살이에 주역을 손에서 떼지 않았고 병법에 능통했던 약봉은 그가 택한 부인 여산송씨의 묘역에 함께 안장됐다.

목마른 용이 물에 들어가다

수강의 설명을 들어본다.
"해룡산에서 동남방으로 떨어진 맥이 마치 청소를 하듯 주위를 깨끗하게 쓸어내면서 생동감 넘치게 뻗어와 남향으로 국을 만들었다(癸坐丁向). 안산은 태봉산이 맡고 있으니 그 모습은 봉황새를 닮았다.
남쪽(丙午方)의 국사봉 줄기는 문필봉을 이뤄 관모가 분명하다.
혈 좌우에는 비단병풍을 두른 듯이 청룡 백호가 감싸안고 있고 내명당으로 흘러오는 물은 완곡하게 서출동류를 이룬다. 또한 남쪽의 외명당수는 곧장 혈을 향해 다가와 절하듯 읍하고 있다. 전체 형국을 보면 신령한 거북이가 물에 들어가는 모습(靈龜入水形)인 듯싶으나, 거북이의 다리가 분명치 않아 오히려 목마른 용이 물에 들어가는 형국(渴龍入水形)으로 봐야 옳다고 하겠다.
춤추는 봉황새가 안산이 되고 보니 혈 중에 봉황과 거북과 용의 세 마리 귀한 동물이 다 구비되어 있어 가히 아름다운 땅이라 일컬음을 받겠다. 이 묘역의 화복을 논하자면 남쪽의 문필과 관모봉에서 문무백관이 날 것이고 살을 벗은 주위 산들로 인해 미인은 물론 기상이 수려한 군자가 속출할 것을 기약한다.
굳이 흠을 찾는다면 용의 기운이 와룡(臥龍)으로 완만하게 뻗어와 남과 싸우기를 싫어하고 결단력이 부족한, 유약한 자손 역시 간간이 태어나는 점이라 하겠다.
덧붙여 살펴보면 오른쪽 백호가 옥대사(玉帶砂)를 이뤄 내외손이 모두 영달하겠지만 장손보다는 지체집안에서 인물이 더 배출되겠다. 여기에다 남쪽의 문필봉 역시 같은 영향을 끼치리라."

이 땅의 숨결과 혈맥을 찾아서/317

부인 여산송씨와 합장한 이 묘소는 안산이 봉황을 이루고 조산에 문필봉이 대하고 있어 문무백관의 배출을 한눈에 보여준다.

 기의 영향은 대개 3대, 즉 증손에서부터 발휘되는 것으로 본다. 이는 당자가 살아있을 때, 이미 아들과 손자는 태어나 있으므로 직접적인 영향을 끼치기 어렵다고 보기 때문이다. 약봉의 경우를 보면, 그의 맏이 경우가 우의정을 역임했지만 그 후손에 뚜렷한 영달이 없고 둘째 경수는 증손자 종제의 딸이 영조비가 됐다. 그 뒤 종제의 현손에서 영의정인 현보가 배출됐다.
 약봉의 이름을 높인 후손은 넷째아들인 선조의 부마 경주에게서 쏟아져 나왔다. 부사를 역임한 그의 맏이 정리의 장자 문상이 병조참관을 역임했고 그 아들 종태가 대제학과 영의정을 지낸 이래 그 둘째아들 명균이 좌의정, 그 아들 지수가 역시 영의정을 지내 이른바 3대 정승의 맥을 이었다.
 다시 지수대에서 그 아들 유신이 대제학을 역임하자 그의 아들 영보, 손자 기순이 차례로 대제학을 역임했다.

그뿐인가. 정리의 둘째아들 문중이 영의정을 지낸 외에 다섯째 아들 문유(이조판서 역임)의 후손에서 명웅이 대제학, 명선이 영의정, 대제학의 아들 호수가 직제학, 그 둘째아들 유구가 대제학을 역임했다. 경주의 셋째아들 진리 후손에서도 영의정 매수가 배출됐다.

스승을 움직인 약봉의 지혜

숙종때의 야사에 따르면, 하루는 왕이 용상에 앉아 조정의 만조백관을 바라보니 줄지어 왕래하는 고관대작이 거의가 서씨 일문이었다. 이에 대왕왈, "허허, 마치 어미쥐가 새끼쥐를 거느리고 시위를 하는 듯하구나" 했다니 가히 당시 서씨일가의 영화를 한눈에 보는 듯싶다.

지면관계로 관직만 나열하다 보니, 한사람 한사람의 역사적 평가가 생략되었지만 근대사에 기여한 인물들도 적지 않다. 예컨대 대제학을 역임한 서유구(1764~1845)는 농촌개혁을 부르짖었을 뿐만 아니라 놀고 먹는 선비들을 신랄하게 비판하는데 앞장섰고 『임원십육지(林園十六志)』를 남겨 근대적 학풍의 금자탑을 쌓기도 했다.

어려서 이미 스승인 구봉 송익필을 놀라게 했고 율곡 앞에서 거침없이 오언절구를 쏟아놓았던 약봉은 생전의 삶을 타계한 후에도 그의 후손을 통해 구현한 셈이라 하겠다.

흔히 예로 드는 일화 중에 하나를 소개하면——.

어느날 구봉은 제자들에게 방안에 앉아 있는 그를 손대지 말고 문밖으로 내보내 보라고 과제를 냈다.

침묵중에 약봉이 일어나 말하기를 "선생님께서 문밖에 계시면 제가 손대지 않고 방안으로 모시겠습니다"며 이를 해보이겠다고 말했다. "그래" 하면서 천하의 지략가인 구봉이 문밖으로 나갔다. 이에 어린 약봉은 깔깔 웃으며 "선생님의 문제를 먼저 풀었습니다"고 했다. 뒤늦게 구봉은 약봉의 기지에 속은 줄 알고 오히려 크게 기뻐했다고 한다.

세상이 바뀌고 세월이 흐름에 따라 지기도 변화를 겪게 마련이다. 약봉의 후예들이 지금도 우리 사회 각층에서 그들의 역할을 다하고 있지만 옛날의 영화에는 미치지 못하는 감이 없지 않다. 굳이 이를 풍수적 입장에서 구명하자면 지기와 관련이 없다고 할 수는 없겠다. 근래들어 농촌사회도 도시화하면서 지맥에 상처를 입기 때문이다. 약봉의 묘소 뒤편에도 그 상흔이 남아 있음을 확인할 수 있기 때문이다. 그러나 이 또한 하늘의 이치가 아니겠는가.

안동김씨 세도정치의 근원
—덕소 김번 묘

형제 정승, 김상용과 상헌

풍수지리이론으로 역사의 인과관계를 설명할 수 있다고 한다면 요즘 사람은 웃을 것이다. 그러나 옛사람은 그렇게 믿어왔다. 가령 조선조 말기 안동김씨의 세도정치도 알고 보면 어느 조상의 묘자리가 지닌 특성에서 비롯되었다고 보기 때문이다.

또 '나는 새도 떨어뜨린다'는 김씨의 세도를 피해 왕족의 명맥을 어떻게 하든 유지하고 왕권회복을 노린 홍선대원군의 야망도 결국 그의 아버지 남연군의 묘소를 길지로 옮기고 나서야 가능했다는 것도 풍수의 해석이다.

특히 홍선대원군이 그의 아들을 왕위에 올리기 위해 10여 년간 지리서를 탐독하고 충남 덕산에 10년 이내에 제왕이 난다는 길지를 택한 것은 지사들 세계만의 이야기가 아님을 앞에서 살펴보았다.

안동김씨는 시조를 달리하는 두 파가 있다. 흔히 세도정치의 대명사로 꼽히는 안동김씨는 고려조 창건공신의 한 사람인 김선평(金宣平)을 시조로 하는 신(新) 안동을 말한다. 이들은 조선조 중기까지 그리 뚜렷한 인물을 배출하지 못했다. 그럼에도 조선조 후기에 이르러 정승 15

명, 판서 35명, 대제학 6명, 왕비 3명을 집중적으로 배출했다.
 안동김씨가 중앙무대에서 두각을 나타내기 시작한 것은 광해군때 김극효(金克孝)가 좌의정 정유길(동래정씨)의 사위가 되면서부터다. 정유길의 한 딸이 광해군의 장인인 류자신에게 시집가 김극효는 그와 동서간이 됐다.
 김극효는 다섯 아들을 두었는데 장자가 상용(尙容), 넷째가 상헌(尙憲)이다. 김상용은「오륜가」등 시조를 남긴 문인이자 서도에도 일가를 이뤘다. 그는 병자호란때 강화도에서 자살했고 벼슬은 우의정에 이르렀다. 아우인 청음(淸陰) 김상헌 역시 좌의정을 역임, 형제 정승의 기록을 남겼고 우리가 익히 아는 '가노라 삼각산아, 다시 보자 한강수야'의 시조를 남긴 주인공. 병자호란때 척화파로 청군에 의해 심양까지 잡혀가기도 했다.
 안동김씨를 흔히 장동(壯洞:현 서울 효자동 근처)김씨라고도 부르는데, 이는 청음이 장동에 살았고 그의 직계 후손에서 줄줄이 정승과 판서·왕비가 배출됐기 때문이다.
 경기도 남양주군 와부읍 덕소리(德沼里) 석실(石室) 마을에는 안동김씨 분산(墳山)이 있다.
 김상용·상헌 형제를 비롯하여 그들의 선친인 김극효, 극효의 선친인 김생해(金生海:信川군수), 생해의 선친 김번(金璠)등의 묘소들이 자리하고 있다. 이 가운데 중심은 김번(평양 庶尹 역임)의 묘라고 하겠다.

학조대사가 택한 조선 8대 명당의 하나

 김번의 묘소는 산이 그리 높지 않다. 어디서나 볼 수 있는 야산이지만 역시 조선 8대 명당의 하나답게 아늑한 자리에 위치해 주위의 산들이 감싸고 있다.
 청룡·백호와 안산 등 주위의 산자락이 낮은 곳은 멀리 뒷산들이 보완해 주듯 얼굴을 내밀고 있어 전형적인 나성(羅城)을 이루었다.

　김번은 1479년(성종 10년)에 태어나 1544년(중종 39년) 66세로 타계했다. 그의 부인은 남양홍씨로 그보다 6년 뒤인 1550년에 타계, 남편묘에 함께 묻혔다.

　"이곳은 본래 남양홍씨의 땅이었지요. 할아버지(김번)가 돌아가시자, 할머니(김번의 부인)가 친정에 이야기해 이곳 묘자리를 얻었다고 합니다."

　김번의 16대손 김성동(62·석실거주) 씨의 설명이다. 그는 김번의 묘자리가 방앗간터였다고 전해오는 얘기를 덧붙였다. 김씨네의 외가땅이라고 전해지지만 김번의 증손인 청음이 어린시절 이곳에서 자랐다는 점으로 미뤄 김씨네와 더 인연이 깊었는지도 모른다.

　김번의 묘자리를 점지한 사람이 그의 백부되는 학조(學祖)대사다. 5형제의 맏이되는 학조대사는 일찍 출가, 세조때 여러 고승들과 함께 불경(佛經)을 국어로 번역·간행하는 데 종사했고 뒤에는 해인사 중창에도 깊이 관여했다. 주로 그가 주석하던 절이 의정부와 포천 사이에 있는 회암사(檜巖寺)다.

　학조대사가 회암사에 머물면서 당시 양주목에 속한 이곳의 지리에 통달했을 것은 자명한 사실이고 가문을 위해 욕심을 낼 만했을 것이다.

　전하는 얘기에 따르면 뒤늦게 홍씨네 집안에서 이곳이 '금시발복'할 길지라는 것을 알고 물을 갖다 부어 "물이 나는 곳이니 묘자리로는 쓸 수 없다"고 했지만 홍씨부인이 "그래도 좋다"며 한번 얻어낸 자리를 양보하지 않았다고 한다.

옥호저수형, 여기(餘氣)가 강해 세도를 누려

　김번의 묘자리는 풍수지리의 정형(定型)에서는 상당히 예외에 속한다. 우선 전체적인 형국론을 들어보자.

이 땅의 숨결과 혈맥을 찾아서 / 323

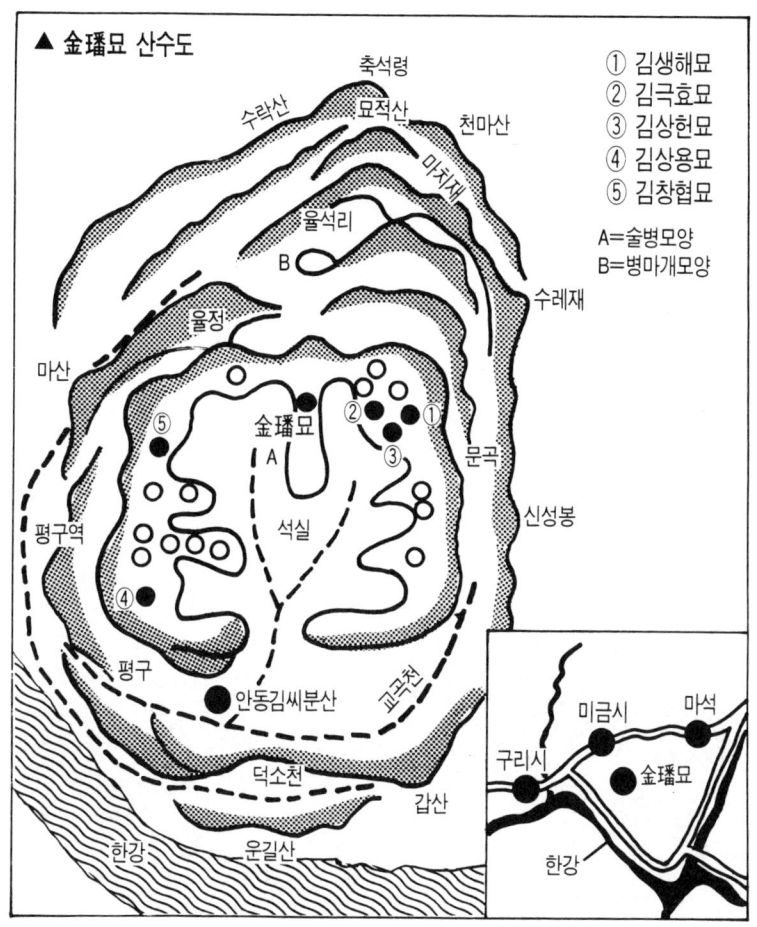
▲ 金璠묘 산수도

"마석의 천마산(태조산)에서 묘적산(풍수용어로 주필산. 이 산은 고종황제 홍릉의 주산이기도 하다)으로 이어진 용이 다시 신선봉(神仙峰 : 少祖山)으로 와서 이곳에서 또한번 몸을 돌려 서쪽으로 30리 가량 달려와 두 번 작은 산을 이룬 뒤 남쪽으로 몸을 틀어 혈을 맺었다.
 혈을 맺은 산의 모양은 목성(木星:위를 자른 통나무형)이고 혈은 풍수이론에서 말하는 사상(四象 : 窩鉗乳突)이 아닌 봉요처(蜂腰處·벌의 허리께)에 대장(對丈 : 천심십도혈의 하나. 혈이 주위 네 곳 산을 이은 十字형 중심에 위치한 것을 뜻함)으로 혈을 만들었다."

수강의 설명이다. 이를 좀더 풀어보면 벌의 허리모양이란 것은 산수도에 보이는 것처럼 술병(A)처럼 생긴 것을 말한다.

따라서 술병에는 반드시 마개인 낙산(樂山(B) : 혈 뒤에 솟아 있는 산)이 있어야 한다. 이런 형국을 일러 옥호저수형(玉壺貯水形 : 술병에 물 담아 놓은 형국)이라 한다.

혈의 위치는 술병의 힘이 모여 있는 곳, 즉 손잡이 부분(바로 벌의 허리께)이다.

혈의 입수방향은 북북서(亥)이고 좌향(관이 놓인 자리의 방위)은 남동향(乾坐巽向)이다. 득수는 동쪽에서 흘러와 남서쪽으로 빠져나갔다

지기가 모여 있는 곳은 다른 부분과 확연히 다르다. 후손들이 묘소를 돌본 까닭도 있겠지만, 사진에서 볼 수 있듯이 혈앞의 술병 밑부분은 혈위치와는 토질에도 차이가 있어 구분된다. 앞부분이 묘의 위치보다 높아 역기가 강해 '세도정치'를 불러왔다고 해석된다.

(卯得丁破).

 청룡은 빼어나고 아름다워 재물이 풍부함을 보여주고 있으나 백호로 형국을 이루었기 때문에 외손(外孫)이 본손(本孫)을 이기는 형세다. 형국을 만든 백호를 자세히 보면 팔을 오므린 듯하여 기의 흐름을 막아서 모으고 있고 백호와 혈로 들어오는 낙맥처에 지각(枝脚 : 받침대)이 효순사(孝順砂 : 한자 八字처럼 생긴 산의 모양)를 이뤄 기의 누설을 막고 있다. 다시 말해 술병에서 술이 쏟아져 나가는 것을 막는 형세다.

 안산은 남동쪽에 있는 갑산이 흘러와 옥대를 이뤘고 그 뒤의 조산들은 모두 혈을 향해 배알하듯 시립해 있으니 삼공지지(三公之地)라 할 만하다. 여기에다 문제의 세도정치를 불러온 형국은 바로 혈앞의 넓은 공터인데, 술병의 아랫부분에 해당하는 곳이다. 혈의 남은 기들이 여기에 모인데다 묘소자리보다 한층 높이 솟아서 풍수에서는 역기(逆氣)를 면할 수 없다고 풀이한다.

양자로 대를 이어와

 세도정치의 주인공은 대궐 내에서는 대신이지만 대궐 밖에서는 군왕과 같은 존재들이다. 이 동네를 능안이라 부른 것은 본래 이 자리가 왕릉으로 예정됐었기 때문이라고 김성동 씨는 귀띔했다. 백호가 강해 외손의 덕을 본다고 했듯이 왕비를 배출, 안동김씨의 천하를 이룬 것도 원인이 여기에 있다면 지나친 해석일까.

 또 하나 백호가 강해 흠이 없는 것은 아니다. 16대손 김씨의 "나도 양자로 들어왔지만, 선조대대로 한대 내지 두대 걸러 양자로 대를 잇는다"는 증언처럼 장자에 흠이 있게 마련이다. 이 점은 김번의 아들 생해가 세 아들, 대효·원효·극효를 낳았지만 대효의 뒤를 극효의 4남인 청음이 양자로 가서 대를 이은 데서도 증명된다.

 세상에 완벽한 길지란 없다고 봐야 한다. '달도 차면 기운다'고 하듯 늘 '옥에도 티'가 있게 마련이다. 흥선대원군이 집정하면서 안동김씨에 대해 무서운 박해(?)가 내려졌고 방랑시인 김삿갓(본명 炳淵·김극효의 조카인 김상준의 원손)도 이들의 후손이다. 또 개화파의 거두로 갑신정변을 일으킨 김옥균도 김상용의 후손이다.

 당대의 세도집안이 묻힌 이곳도 서울 근교의 개발 여파로 지형에 많은 변화가 오고 있다. 덕소 삼거리에서 석실마을로 들어가는 입구에는 아파트들이 삼립(森立)해 있고 낙산(병마개) 근처에는 또다른 개발사업이 한창이다.

 김번의 봉분 바로 뒤편에는 6·25때 탱크가 지나간 자리가 그대로 남아 있다. 기가 모여 있는 지반의 단단함을 보여주고 있지만 장차 다가올 변화를 어떻게 이겨낼지 자못 궁금함을 떨칠 수 없다.

『산중신곡』 가락 속에 은둔한 남도 예술혼
─해남 윤선도 묘

세 차례 귀양살이가 남긴 유산

7월 장마는 예나 이제나 오락가락 인심을 붙일 곳 없게 한다. 이런 계절, 옛시 두어 수를 읊조려봄도 불쾌지수를 낮추는 데는 크게 도움이 될 것이다.

'비오는데 들에 가랴 사립 닫고 소 먹여라/장마비 매양 오랴 쟁기 연장 다스려라/쉬다가 개는 날 보아 이랑 긴 밭 갈아라'

'심심은 하다마는 일 없는 장마로다/답답은 하다마는 한가할 손 밤이로다/아이야 일찍 자다가 동트거던 일러라.'

이들 시조는 조선조 3대 시가문인의 한 사람으로 꼽히는 고산(孤山) 윤선도(尹善道:1587~1671)의『산중신곡(山中新曲)』에 나오는「하우요(夏雨謠)」를 월암 박성의 교수(작고·고려대)가 현대문으로 바꿔놓은 것이다. 장마철 농부의 마음을 그림처럼 옮겨놓은 시조이지만, 다른 한편 당시 정사의 혼탁한 정쟁을 은연중 내포하고 있어 작자 윤선도의 마음을 읽을 수 있다.

서울 연지동에서 태어난 고산은 26세에 진사에 합격, 문명을 얻었다. 그 뒤 30세에 당시 이이첨 일파의 난정에 항의하는 상소를 올려 함경도 경원으로 유배를 당했고 인조반정 이후 풀려나 별시문과에 합격, 봉림대군(뒷날 효종)과 인평대군의 사부(師傅)을 역임했다.

병자호란이후 다시 반대파의 모함에 빠져 영덕으로 유배됐고 효종 즉위후 공조참의 등을 역임했으나 다시 효종의 산릉(山陵)문제 등으로 광양에 유배당하는 등 전후 세 차례에 걸쳐 귀양살이를 하는 정치적 불운을 겪었다.

남인의 중심인물이었던 고산은 정치적 업적보다는 후세에 『어부사시사』와 『산중신곡』 등의 작품을 남겨 우리 시조문학의 금자탑을 이룩한 대가로 기억되고 있다. 앞서 두 시조는 그의 나이 56세때, 2차 유배에서 풀려나 전남 해남 수정동에서 지은 노래들이다.

보길도의 부용동, 해남의 수정동·금쇄동·문수동은 고산이 정계에서 물러나 자연과 더불어 살며 그의 불후의 명작들을 남긴 국문학사의 고향이다. 이중 금쇄동(金鎖洞)은 그의 유택이 있는 곳으로 바로 우리의 관심이 모아지는 곳이다. 85세로 보길도 부용동에서 별세한 고산의 유해는 유언에 따라 이곳 금쇄동으로 옮겨져 장례를 치렀다.

잊혀진 명작의 산실, 금쇄동

해남읍 고산의 고택이자, 해남윤씨의 종가가 있는 연동의 「녹우당」을 지나 두륜산(頭輪山) 대흥사 입구 매정마을에서 비포장도로를 따라가면 현산면 만안리(萬安里)에 이른다. 중간의 백도고개를 비롯해 겨우 버스 한대가 지나갈 만한 이곳 도로는 새삼 우리 고전문학의 고향이 얼마나 문명의 혜택을 받지 못하고 있는가를 실감케 해준다. 웬만한 시골 벽지의 도로들도 모두 아스콘으로 포장된 데 반해, 이곳은 90년 폭우에 팬 도로가 그대로 방치돼 있다. 그래도 만안리까지는 차가 갈 만한 곳이다.

이곳에서 바로 『산중신곡』이 태어난 금쇄동·수정동 길은 한여름 뙤

약볕에는 알고는 걸어갈 수 없는 험로였다. 안내를 맡은 해남윤씨의 한 사람이 고산유택에 이르러 "20리 길이라면 아예 오지도 않았겠지요"라고 반문하며 처음 "3km쯤 됩니다"고 소개한 말을 변명할 정도였다. 어쩌면 그의 말처럼 험로(?)였기에 지금껏 옛날의 자취가 남아 있는 게 아닌가 싶었다.

그러나 여담이지만 문화부가 출범한 이래 '이달의 문화인물'을 통해 여러 인물을 재조명하고 기념사업을 펼쳤듯이 고산도 이 반열에 들어 하루속히 우리 문학의 산실이 학계는 물론 일반인들에게도 널리 공개되어 문화적 공간이 되기를 기자는 기대해 본다.[1]

아무튼 금쇄동은 입구에서부터 거대한 산이 양쪽을 막아 계곡을 이뤘다. 왼쪽은 2백m 높이의 옛 산성터의 산이 버티고 있고 오른쪽은 S자 모양으로 여러 차례 굴곡을 이루어 막다른 골짜기를 형성한다. 계곡수와 주변 산세는 시인 고산이 머물기에는 더없이 좋아보인다.

스스로 이 골짜기를 금쇄동·수정동이라 부른 고산은 생전에 이곳에서 선비의 기운을 키웠듯이 사후에도 이곳을 떠나지 않고 있다.

음양·지리에 통달한 고산

"월출산에서 해남을 끼고 내려온 노령산맥이 두륜산에서 일단 멈춘 뒤, 그 중 한 가지가 왼쪽으로 20여리 역으로 뻗어올라와 병풍산을 이뤘다. 다시 이곳에서 오른쪽으로 금쇄동을 끼고 뻗어온 용이 오봉(五峰)을 이룬 뒤, 왼쪽으로 돌아 태음금성(반달형의 둥근산)을 이뤄 입수산을 만들었다. 여기서 재차 오른쪽으로 몸을 돌려 혈성(묘역)을 만들고 자리(穴)를 잡으니 그 좌향은 북향(巳坐亥向)이다.

---

[1] 문화부는 91년 11월을 '고산 윤선도의 달'로 지정, 각종 기념 문화행사를 펼쳤다.

내당수는 서쪽에서 나와 동쪽으로 흘러 혈성을 뒤로 감싸고 서해로 흘러간다. 산은 높고 골은 깊어 주위가 첩첩한 중에 혈성을 만들어준 산이 바로 안산이 되어 있다. 오봉을 이룬 안산은 유관(儒冠)의 모습을 띠고 있어 문사의 배출을 기약하는 중에 흠결이 없으니 남과 다툼이 없다고 하겠다.

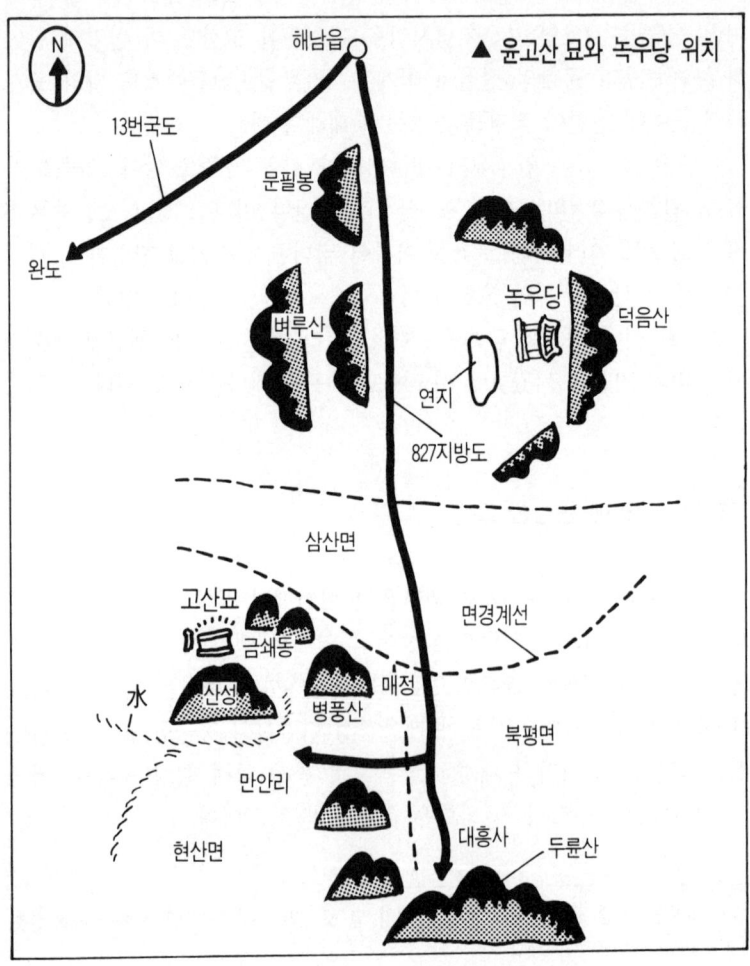

▲ 윤고산 묘와 녹우당 위치

이 땅의 숨결과 혈맥을 찾아서 / 331

조선조 시조대가로 꼽히는 고산 윤선도는 이곳 금쇄동에서 『산중신곡』 등 작품을 남겼다. 사후 자신의 영면처로 택한 묘자리는 '닭이 알을 품고 있는 형국'이다. 안산의 오봉이 유관모습을 띠고 있어 문사의 배출은 물론 오른쪽 산이 기울어져 있어 화가와 변호사 등의 직업도 기약해 준다.

 안산 오른쪽으로 금쇄동을 주관하는 산이 있는데, 그 모습이 한쪽으로 기울어 있어 역시 문인의 배출을 기약하지만 그 직업은 화가와 변호사 등을 뜻한다. 안산이 높고 골이 깊어 외명당이 보이지 않는 것이 흠이라 하겠다.
 전체적인 형국을 보면 혈성이 회룡고조(回龍顧祖 : 조상을 돌아보듯이 자기를 낳아준 산을 바라보고 있는 지형)를 이룬 중에 얼핏보면 연화형국(蓮花形局)이지만, 자세히 살피면 금계포란형(金鷄抱卵形)이 분명하다."
 수강의 설명이다. 병풍산에서 오른쪽으로 뻗었다가 왼쪽으로 돌아 묘소를 이루고 그 산이 계속 나와 금쇄동 입구의 산성이 있는 산을 이뤘다. 이는 이른바 산이 태극형(S자형)을 이룬 것이고 그 사이를 따라 물 역시 태극형을 이루며 흘러간다. 산태극, 수태극의 형세 또한 완연하다고 수강은 덧붙인다.
 굳이 지기의 결과가 아니어도 고산의 증손자가 조선조 삼재(三齋)의 한 사람으로 꼽히는 화가 공재(恭齋) 윤두서(尹斗緖 : 1668~1715)이고 해방이후부터 법조계에 해남윤씨들이 명성을 날리고 있는 것도 우연만은 아니라고 하겠다.
 일찍이 미수 허목이 고산의 비문에 '음양·지리에 통달했다'고 기록한 것이나, 종가에 전해오는 이야기로 미뤄볼 때 고산은 생전의 정치적 아픔을 씻기 위해 굳이 이 자리를 택한 것이 아닌가 싶다. 전하는 바에 따르면 대흥사 근처와 이곳, 두 자리를 두고 고산은 대흥사쪽은 뒷날 번화가가 될 우려가 있다며 유언으로 금쇄동을 지정했다고 한다. 대흥사 지역의 관광지를 보면 그의 예언이 어긋나지 않았음을 새삼 느끼게 된다.

녹우당, 해남윤씨의 모태

 한편 해남읍 연동의 「녹우당」은 고산과 그의 집안 유물이 보존돼 있는 사적지다. 고산의 4대 조부이자 해남윤씨의 득관조(得貫祖)로 꼽히는 어초은(漁樵隱) 윤효정(尹孝貞)이 처음 입주한 이래, 지금껏 후손들이 대를 이어 지켜오고 있다. 현재 건물은 안채·사랑채·행랑채·헛간 그리고 어초은 사당·고산 사당 등이 있다.
 안채는 성종 3년(1472)에 지어진 것으로 전해지며 사랑채는 효종이 사부였던 고산에게 하사하여 수원에 건립했던 것을 고산이 82세되던 1669년 현재의 자리로 옮겨짓고 당호도 「녹우당(綠雨堂)」이라고 걸었다.
 해남읍에서 대흥사로 가는 길목, 4km쯤의 도로변에서 뚝 떨어져 왼쪽 산기슭에 자리한 「녹우당」은 사대부의 주택답게 얼굴을 숨기고 있다. 인공동산과 숲으로 가려진 녹우당은 반대로 집에서는 길가의 오고 가는 길손 모습이 훤히 내다보인다.
 주산인 덕음산(德陰山)은 월출산에서 내려온 산맥이 두륜산을 만들러 가는 중에 한 가지가 떨어져 나와 이곳에서 연동마을을 만들고 다시 올라가 해남읍을 만드는 산이다.
 혈은 동쪽(卯方)에서 들어와 서향(甲坐庚向)으로 대지를 잡았다. 청룡은 태양을 상징하는 문성(文星)이 감싸고 있고 백호는 반월형으로 깊게 뻗어가 집앞으로 흐르는 물의 흐름을 역으로 안고 있다. 조산은 기러기가 날아가는 형세이고 안산은 벼루(硯)의 모습이다. 벼루 우측에는 호산(胡山)이 문필봉을 이루고 있다. 벼루와 붓이 있으니 집앞에 연지(硯池:蓮塘)가 있는 것도 당연하다고 하겠다. 물은 남쪽에서 나와 북쪽으로 흐르는 중에 수구에는 해남읍이 기의 누설을 막고 있다.
 수강은 "노령산맥 산진처에 뛰어난 양택지"라며 "집앞의 문필봉과 벼루, 연지가 있어 문장재사가 나오지 않으면 풍수를 어찌 믿겠느냐"고 찬탄한다.
 이곳 형국을 두고 연화도수형(蓮花倒水形)이라고 부르는 사람도 있지만 주산인 덕음산에 돌이 많은 것으로 보아 "청학이 날개를 펴고 나는 형국(靑鶴展翔形)"이라고 수강은 평한다.
 대지가 명당의 조건을 갖추었듯이 건물의 가상(家相)도 풍수적 원칙을 따르고 있다. 안채에 들어가 얼핏보면 대청이 주인처럼 중심에 버티고 있어 풍수적 원리에서 벗어난 듯 싶지만, 이는 나경을 한 곳이 아닌 두어 곳에 움직여 방위를 재도록 한 점에서도 돋보인다. 아무튼 녹우당의 가상은 안방이 북쪽(坎方)에 위치하고 대문이 남쪽(離方)에 난 전형적 동4택으로, 이른바 감방이문(坎房離門)을 취하고 있다.
 녹우당은 국보 제240호인 공재 윤두서의 자화상을 비롯해 3천여 점의 문화재급 유물들이 지금껏 보존돼 남도의 풍부한 예술적 향기를 전해줌은 물론 후대에 이르러 다산 정약용(해남윤씨가 외가) 등 실학자들에게 적지 않은 학문적 영향을 끼쳤다는 점에서도 문화사적 가치를 지니고 있다 하겠다.

가인 김병로로 이어지는 백방산의 기개
—순창 김시서 묘

민족·민주주의자의 사표

"법관의 몸가짐은 첫째, 세상 사람들로부터 의심을 받아서는 안되는 것입니다. 만약 의심을 받게 된다면 그것만으로도 법관으로서는 최대의 명예손상이 될 것입니다. 둘째로는 음주를 근신해야 되겠습니다.

법관이 술을 마시고 세상 사람 앞에서 추태를 부린다고 하면 일반에게 낙담을 줄 뿐만 아니라 술이란 것은 남에게 유인되기 쉬운 것인 만큼 사무상 적지 않은 영향을 가져오게 되는 것입니다. 더욱이 사건 관계자와는 직접 간접을 막론하고 절대 엄금해야 할 것입니다."(김진배 지음·『가인 김병로』 1백65쪽)

대한민국 초대 대법원장을 지낸 가인(街人)이 대법관 재직시 남긴 일화는 지금도 전설처럼 법원 주위를 맴돈다.

세상이 바뀌어 지금은 '호랑이 담배먹던 시절'의 이야기가 되어버렸지만 90년 12월초에 터져나온 검찰과 법원의 아름답지 못한 작태들은 다시 한번 가인의 교훈을 떠올리게 한다.

한국 근·현대의 인물을 평가하는 데 두 가지 잣대가 있다고 한다. 그 하나는 민족주의자였느냐, 다른 하나는 민주주의자였느냐가 그것이다.

이 두 가지 기준에 한치의 틀림이 없게 적용될 수 있는 인물은 극히 드물다. 일제 식민지라는 혹독한 민족적 시련을 겪어왔기에 어느 한쪽에 대개 흠이 있게 마련이다.

그러나 가인 김병로(金炳魯) 선생의 경우에는 분명 예외에 속한다. 한말에 태어난 가인은 일찍이 의병전쟁에 참여했고 일본유학 후에는 민족변호사로서 명성을 날렸다. 또 좌우합작의 신간회(新幹會)운동을 주도해 민족운동을 한차원 승화시키는데 앞장섰고 30년대 중반에는 낙향, 일제에의 협력을 거부하며 지조를 지켜냈다.

해방후 그의 민주주의자로서의 모습은 사법부 독립 수호를 위해 이승만 대통령과 대립한 숱한 일화로 입증됐고 나아가 5·16후에는 반 박정희 노선의 선봉에서 싸웠다. 그러기에 64년 1월 78세로 가인이 서거했을 때, 사람들은 지조의 인물이 떠났다고 못내 아쉬워했다.

하서 김인후의 후손

'참나무 장작 빠개지듯 적절한 말을 서슴지 않았던 가인'의 성품은 어디서 비롯된 것일까. 물론 그 자신이 어려서 배운 도학(道學)과 법률이라는 학문이 지닌 독특한 논리들이 결정적인 영향을 끼쳤을 것은 말할 것도 없다. 그러나 다른 한편 우리는 예의 풍수지리적 접근을 통해 그 일단을 살펴보고자 한다.

이 점에 있어 미리 밝혀둘 것은 가인 자신은 만년에 이르러 명당론이나 오행적 술서(術書)의 효용을 극력 부인했다는 사실이다. 그런 점에서 고인이나 유족으로부터 오해가 없기를 덧붙여 둔다.

가인은 전북 순창군 복흥면(福興面) 하리에서 태어났다. 김진배의 『가인 김병로』에 따르면 이곳은 '순창 읍내에서 서북쪽으로 10km 떨어진 곳이며 멀리 담양의 추월산(秋月山)을 바라보고 가깝게는 옥녀봉이 동네를 두른 아늑한 마을'이라고 했다.

나아가 순창 복홍의 옥녀봉은 풍수상으로 선녀가 옷을 빨아입는다는 형국, 즉 선녀세의(仙女洗衣)의 혈이라 하여 벼슬을 해도 청직(淸職)이 나올 만한 곳이라고 사람들에게 전해왔다.

울산김씨인 가인의 선대가 이곳에 뿌리내린 것은 그로부터 2백여 년 전이다. 곧 하서(河西) 김인후(金麟厚: 1510~1560, 퇴계 이황과 함께 태학에서 공부한 당대의 거유)의 5대손인 자연당(自然堂) 김시서(金時瑞: 1652~1707)때로 추정된다. 자연당으로부터 가인의 유년시까지 11대가 이곳 하리에 살아왔다.

순창에서 29번 국도를 따라 하늘재를 넘어오면 복홍의 잣방산(栢芳山)과 마주대하게 된다. 학이 날개를 펴고 있는 형국의 이 산밑에 옥녀봉이 있고 그 아래 바로 가인의 생가가 있다. 생가에서 보면 앞의 안산이 선비가 타던 가마처럼 생겨 가히 사대부가 살 만한 곳임을 알 수 있다.

도선의 비기로 전해오는 『최씨 유산록』에 따르면 이 학산 아래 누대에 걸쳐 문과에 등용되는 인물이 배출될 것이라고 기록하고 있어 가인의 출세(?)는 이미 예고된 것이었음을 엿볼 수 있다.

품자(品字) 맥을 타고 온 천마입구혈

가인의 생가에서 복홍면 사무소 쪽으로 고개 하나를 넘으면 속칭 바깥 외양간골(外午谷)이란 마을이 있고 그 안쪽으로 안 외양간골(內午谷)이 있다. 여기서 오(午)란 곧 말을 뜻한다. 행정구역상 현재는 산정리로 불리지만 속칭은 그대로 '외양실'이다. 이 마을 뒷산에 가인의 11대조인 자연당의 묘와 그의 증손 방집(1719~1788), 방집의 아들 백휴의 묘 3기가 차례로 있다.

가인으로부터 8대조·11대조의 묘소지만, 이들 후손에서 가인을 비롯한 선대들의 문과급제가 줄을 이었다 한다. 가인의 선친 김상희(金相

熙)는 고종 28년(1891년) 신묘문과에 급제, 정언벼슬을 지냈었다.
 흔히 이곳 자리를 일러 풍수사들은 호남 8대 명당의 하나로 꼽는다. 수강의 설명을 들어보자.
 "이곳 용은 크게 보아 노령산맥의 줄기다. 정읍 내장산에서 담양 추월산과 순창 회문산(回文山)으로 가는 사이에서 한줄기가 뻗어나와 백방산을 만들었다. 백방산의 삼봉이 삼태를 이뤄 마치 품자(品字)처럼 보이니 혈의 소조산이다.
 이곳에서 서쪽으로 10여 리나 달려와 주산인 천마산(天馬山)을 만들고 서북방향으로 기가 내려와(乾入首), 동남향(乾坐巽向)으로 혈을 맺었다.
 천마가 뒤에 있고 앞에는 외양간과 가마솥(안산격의 작은 산)이 있으니, 곧 천마가 외양간에 들어가는 형국이다."
 기자도 그간 산의 생김새를 여럿 보았지만, 이곳 자연당의 묘소에서 청룡쪽 소조산인 백방산을 보면 문자 그대로 세 봉우리의 산이 품자형

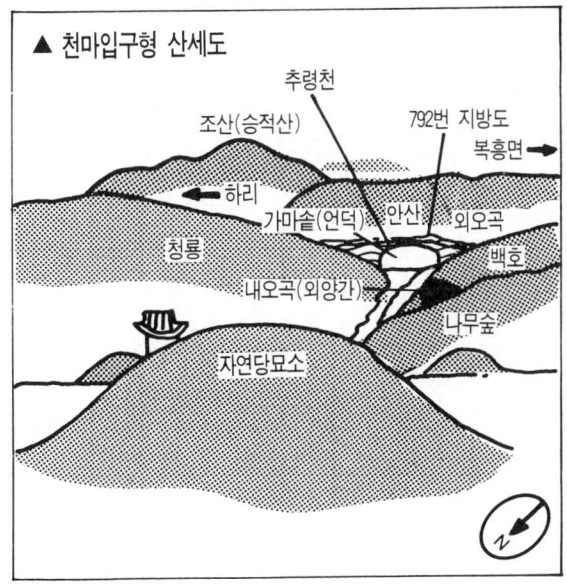

을 이루고 있어 절로 찬탄이 터져나왔다. 수강은 "묘자리에서 이렇게 보이는 곳은 우리나라에서는 이곳밖에 없다"고 잘라 말했다.

안산이 멀고 용이 누워 있어 발복은 느린 편

물의 흐름은 백방산의 오른쪽인 추월산에서 흘러오는 추령천이 안동 하회처럼 혈 앞을 감싸고 흘러가 섬진강의 상류가 된다. 풍수에서 말하는 용맥·혈장·사(砂)·수의 4과가 모두 합당한 교과서적 자리다. 3기의 묘 중에 진짜 혈은 방집 자리라고 한다.

아무튼 가인의 11대조인 자연당이 이곳에 자리한 이래 가인만큼 명

멀리 적을 이긴 장군의 깃발(승적산)이 조산으로 묘소를 마주보고 있고 양옆의 청룡과 백호는 모두 말 형태를 띠고 있다. 아래 길옆으로 외양간을 뜻하는 오곡마을이 있고 길 끝부분의 산이 바로 여물을 끓이는 가마솥이다. 그너머 안산은 문자 그대로 책상모습의 일자문성(一字文星)을 이뤘다.

성을 날린 인물은 드물었다. 산간 벽지에서 대대로 과거급제자를 배출했다는 것만도 큰 경사이겠지만, 굳이 가인의 대까지 오랜 시간이 필요한 까닭은 무엇 때문인가. "그것은 안산이 멀고 혈장으로 오는 용이 누워 있기 때문"이라며 "가인때부터가 본격적인 발복시기"라고 수강은 덧붙였다. 또 이 혈에도 흠이 없는 것은 아니라 한다. "명당이 좁아 큰 부자는 어렵고 좌우 청룡과 백호가 서로 충돌하듯 가까이 마주 대하는 것도 바람직한 것은 아니다"고.

자연환경이 인격형성에 영향을 끼친다는 것은 현대과학도 인정한다. 안산인 승적산(勝敵山)의 우람한 모습에서 가인의 질 줄 모르는 강직한 성품을 엿볼 수 있고 생가 뒤의 학산이나 같은 산을 두고 잣나무산이라 부르는 백방산에서 그의 고결한 삶을 다시 반추해 보는 것도 이시대의 반면교사는 될 것 같다.

일찍이 산서(지리서)에 통달해 그의 조부모 묘소를 직접 택지(擇地)하여 모시기까지 했던 가인이 뒷날 이의 폐단을 극구 지적하게 된 것은 미스터리가 아닐 수 없다.

인촌 김성수를 길러낸 호남 제1의 길지
—고창 김요협과 정씨 묘

호남 8대 명당

우리나라 풍수는 지역적으로 보아 호남이 강세다. 다시 말해 호남지방은 전래로 조상의 묘역에 대해 남다른 애착을 보였고 지금도 이장(移葬)의 풍습이 강하게 남아 있다. 이는 풍수의 근본이 효에 있어 아직도 이곳 사람들이 이를 숭상한다는 뜻이며 나아가 한국풍수의 남상(濫觴)으로 꼽히는 도선국사의 영향도 컸기 때문일 것이다.

흔히 호남 8대 명당으로 ① 순창 인계의 광산김씨 묘(p. 299 참조) ②전주이씨 조경단 (삼척 준경묘 참조) ③고창 호암의 선인취와 ④순창 백방산의 천마입구(p. 334 참조) ⑤순창 복흥의 황앵탁목(기대승의 조부 묘) ⑥순천 옥천조씨의 시조산 ⑦군산의 술산(戌山) ⑧영암의 반월(半月)(p. 347 참조)을 꼽는다. 지관에 따라서는 ④대신에 장성의 봉황탁속(봉황이 곡식을 먹는 형국), ⑤대신에 김제의 호승예불(큰 승려가 예불하는 형국), 또는 완주의 운중발룡(구름속에 용이 움직이는 형국)을 들기도 한다.

이 중 세번째로 등장한 고창 호암의 선인취와 형국을 비롯, 인촌 김성수 선생의 선대묘소를 살펴보자.

예의 도선비기로 통하는 『최씨 유산록』의 「홍덕(興德)」조에는 이런 기록이 있다.

'홍덕으로 발길을 옮기니/호남이 여기로다/방장산 일지맥이/마디마디 기봉하야/10리 맥이 호위하야/낙락평지하였으니/굴중에 있는 혈은/어느 명안 알아볼꼬/동쪽에 10마디 동북쪽에 10마디/큰 성인의 봉우리가 나고/삼귀추성 특립하야/모든 마디가 태극형을 띠었으니/상서로운 흰 구름 산 사이에/호남 대지 숨었구나/좌우 선인 춤을 추니/옥호(술병)가 뛰는구나…/호남 8대지의/그 중 보기 어려워라….'

병바우동네의 '술 취해 누워 있는 신선'

정주시에서 22번 국도를 따라가면 고창군 홍덕면을 만난다. 면소재지에서 보면 동남쪽으로 호남 삼신산의 하나인 방장산(方丈山)이 보이고 그 산줄기를 타고 남서쪽으로 화실봉(火失峰)이 버티고 있다. 이곳에서 계속 22번 국도를 따라가면 동백꽃으로 유명한 선운사(禪雲寺)에 이른다.

앞의 『유산록』은 바로 이곳의 지형에 대해 언급하고 있는 셈이다. 선운사로 넘어가는 고개마루인 탑정에서 아산면(雅山面) 면사무소 쪽으로 빠지는 지방도로가 나오는데 이곳 마을 이름이 반암리(盤岩里)다.

반암리 마명(馬鳴) 동네에서 선운사쪽(서쪽)을 보면 커다란 다람쥐형의 산이 앞을 막고 있다. 우리의 관심은 바로 이 다람쥐 허리부분을 넘어가면 나타나는 호암(壺岩)이란 동네에 모아진다. 도로변에서는 전혀 드러나지 않는, 지금은 30여호가 모여 사는 '병바우' 동네에 인촌의 할머니인 정(鄭)씨의 묘소가 있다.

이 마을 한가운데 자리한 정씨의 묘소에서 보면, 뒤편에는 차일봉(遮日峰)이 있고 앞에는 소반바위・병바위(옛 술병인 호리병을 엎어놓은 모습)・말안장 바위・탕건바위・선바위(서 있다는 뜻의 바위)・가위바위·관모바위 등 온갖 상서로운 바위들이 좌우로 펼쳐져 있다. 이 자리(穴)를 두고 선인취와라 부르는 것은 바로 신선이 술을 다 먹고 병은 엎어놓은 채 누워 있는 형국이라는 데서 비롯된다.

백결부인, 김씨가문 일으켜

수강의 설명을 들어본다.

"노령산맥의 대간룡이 흘러와 방장산을 이루니 곧 태조산이다. 그 일지맥이 북쪽으로 올라가다가 다시 서쪽으로 몸을 돌려 홍덕에서 화실산을 만들고 다시 몸을 돌려 서남쪽으로 30여리 뻗어와 차일봉(主山)을 지었다. 이곳에서 동북쪽으로 맥이 들어와 서남쪽을 향하여 혈을 맺었다(艮坐坤向). 평면 목성(누워 있는 木星形의 산세)으로 몰골(혈을 맺은 위치의 모양을 가리키는 풍수용어)을 이루었으니 선인취와형이 분명하다.

물은 남쪽에서 흘러와 서쪽으로 빠져나갔으니(丙得辛破), 오행에서 말하는 화국(火局)으로 정확한 혈임을 다시 한번 보여준다.

또 무장과 고창 두 읍에서 흘러오는 물(주진천 또는 장연강이라 부름)이 묘앞을 가로 흘러 서해로 들어가는 중에 물의 흐름을 막아 주는 산들이 첩첩이 쌓여 있고 끝내는 대해(서해)와 교류한다.

안산은 병바위(壺岩)요, 서쪽(庚兌 방향)의 조산인 말안장바위 (산의 정상에 있음)는 한덩어리 석괴를 이루었으니 대귀(大貴)를 가히 약속한다.

백호쪽의 산들은 하나같이 창고와 노적가리 모양을 띠어 대부(大富)를 기약하니 다시 말해 무엇하랴. 경상국부(卿相國富) 날 것이니 옥룡자(도선의 호)가 이르기를 '호남 8대 명당 중 수혈(首穴)이라' 아니했는가."

평소 별로 칭찬(?)을 않는 수강이었지만 여기와서는 침이 튀도록 탄성을 금치 않는다. 그는 혈이 들어오는 입수처의 생김새 또한 평평하고

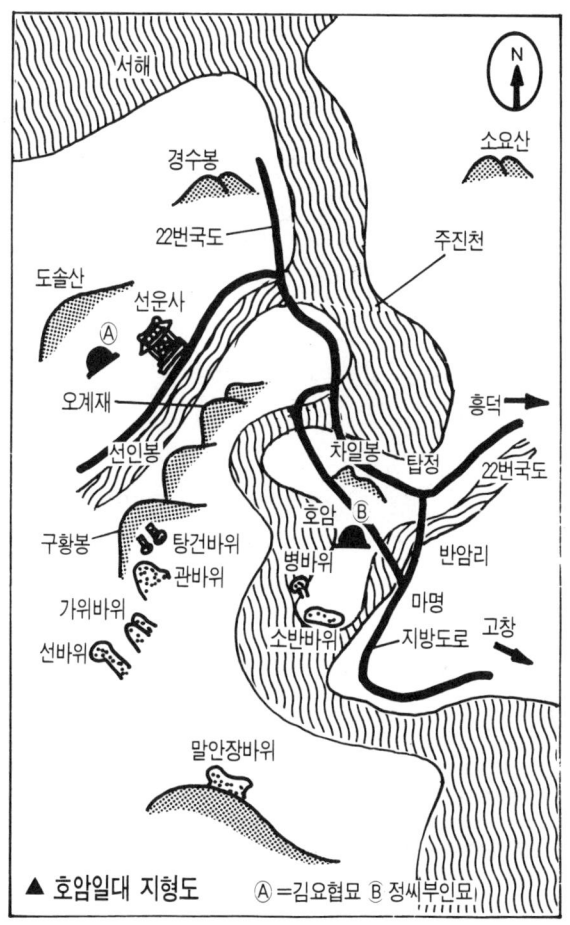

▲ 호암일대 지형도   Ⓐ=김요협묘 Ⓑ 정씨부인묘

특출한 것이 없음을 들어 "후손은 점잖은 사람이 나게 마련"이라고 덧붙인다.

이 혈의 주인 정씨부인(1831~1911)이 바로 인촌가(仁村家)를 명문으로 일으킨 장본인이다. 인촌의 증조부 명환(命煥)은 한미한 선비였다. 본래 전남 장성사람인 그가 고창 해리면에 갔다 오다가 부안(富安)의 정계량 진사 댁에서 하룻밤 유숙했다. 이날 저녁 명환과 정진사는 의기

투합해 사돈을 맺기로 하고 정진사의 고명딸과 명환의 셋째아들 김요협(金堯莢 : 1833~1909)을 혼사시켰다.

당대 만석부자였던 정진사는 고명딸을 옆에 두기 위해 사위를 자신의 집 울타리 안에 살게 했다. 이때부터 인촌 집안은 부안에 자리잡게 됐다.

정씨부인은 남편 요협을 공부에 전념케 하고 자신은 부지런히 일해 가산을 일궈갔다. 뒷날 요협이 군수로 관계에 나아가도 부인은 깁고기운 옷을 입어가며 재산을 모았다고 한다. 인촌가에서는 지금도 이 할머니를 두고 '백결(百結)부인'이라 부를 만큼 근검 절약의 모범은 물론 현모양처로 받든다.

요협의 두 아들이 기중(祺中)과 경중(暻中)이다. 익히 아는 대로 인촌은 경중의 자제로 형인 기중에게 양자로 갔다. 인촌은 언론과 교육사업은 물론 건국초기의 이 나라 기틀을 잡는 데도 혼신을 다 바쳤다. 부통령재직시 이승만의 3선 개헌을 내다보고 전시중에 부통령사임을 결행, 내외를 놀라게 했다. 재력과 언론·인재를 독차지(?)하고 있던 인촌이 권세를 헌신짝처럼 버릴 수 있었던 용기는 지금도 우리의 귀감이라 하겠다.

대인을 기약하는 진중장군

정씨부인의 묘소와 함께 인촌의 조부인 요협의 묘소도 숨어 있는 명당이다. 부인보다 2년 먼저 타계한 요협의 묘는 정씨부인 묘의 백호쪽 구황산(九皇山) 너머 선운사의 옛 암자인 백련암(白蓮庵) 자리에 모셔졌다.

『인촌전기』에 따르면 원과 기중(인촌의 양부)은 '장손으로서 선산을 개수하고 묘각을 세우는 일로 출비가 많았다'고 하는데 아마 백련암을 옮기게 하고 그 자리에 선친의 묘를 잡은 것도 그의 노력이 아닌가 싶다.

선운사 옛 백련암에 위치한 낙재공의 묘소는 사방에 군마가 호위하고 있는 진중의 자리다. 싸움이 벌어지면 장군은 곧 일어나 전장으로 나가게 되어 있다.

　미리 말하자면 이곳 자리를 점지한 당시의 지관은 "다른 욕심은 없다. 우리 후손을 5대까지만 돌보아 달라"고 원파에게 부탁했다고 하고 그는 이를 쾌히 승낙했다고 전한다.
　이곳 산세는 정부인의 묘소와는 정반대다. 같은 노령산맥의 줄기지만 주진강을 사이에 두고 선인취와 형국은 북쪽에서 내려갔는데 반해 원파의 묘소, 곧 선운사 도솔산은 남쪽 영광 법성포쪽에서 역으로 올라온 산세다. 이를 두고 본다면 두 묘소는 『유산록』에서 말하는 산태극의 형상을 띠고 있는 셈이다.
　자세한 풍수적 설명을 수강에게 들어보자.
　"도솔산에서 오른쪽으로 몸을 돌린 서북맥(戌龍)이 입수하여 서쪽에서 동쪽을 보고 혈을 잡았다(辛坐乙向). 물의 흐름은 남쪽에서 북쪽으로 흘러 호암에서 나오는 주진강과 합한 후에 역시 서해로 흘러간다.

청룡 백호는 높은 깃발 형세를 이루었고 혈의 모양은 젖꼭지에 자리잡은 것과 같다.

동남방(辰方)에 우뚝솟은 붓끝모양의 산(紫氣木星)은 문필봉인가, 깃발모양인가. 그 위세가 너무나 당당해 혈장(묘소)을 위압하니 동쪽(辛坐)으로 피해서 향을 잡았다. 세상을 뒤덮을 만한 문사를 낳을 것이다. 조산과 안산이 겹겹이 쌓여 있으니 속인이 보기에는 천옥(天獄 : 풍수에서 뜻하는 하늘의 감옥)이라 버리겠지만 진중장군(陣中將軍) 분명하다. 다시 말해 장군대좌형이다."

선운사 뒤편의 도솔산은 온통 바위투성이다. 그리고 오똑한 젖꼭지 위에 앉은 묘소는 그 높이가 앞산인 선인봉과 비슷하다. 그러나 이곳 소나무 숲에 둘러싸인 묘역에 서면 정상의 바위들도 보이지 않고 앞산의 높이도 전혀 높은 줄 모른다.

'싸움을 끝내고 휴식을 취하고 있는 진중의 장군' 바로 그 모습이다. 언제든 큰 싸움이 있으면 장군은 휴식을 끝내고 나갈 수 있다. 동남방(辰方)의 문필봉(九皇峰)은 간지로 신(申)·자(子)·진년(辰年)에 개세문장(蓋世文章)할 후손이 태어날 것을 기약하고 있다 한다.

---

1) 이 부분은 仁村의 후손과 직접 관련이 있어 밝히지 않았다. 그의 후손 중 위와 같은 간지의 해에 태어난 인물이 분명히 있다.

월출산에서 가야산으로 뻗어간 '교보'의 정기
─영암 신관성·덕산 신예범 묘

월출산 월등에 반월이 뜨다

　전남 영암 월출산은 '깨끗하고 수려한 수천 봉우리가 하늘에 오르는 기세'를 지녔다고 일찍이 이중환은『택리지』에 기록했다.
　나주에서 시원하게 뻗은 평야지대를 지나면 그 가장자리에 병풍처럼 우뚝선 산이 바로 월출산이다. 하춘화의 「영암 아리랑」이 낭랑하게 귓전에 울리고 산은 저만큼서 나그네의 발길을 멈추게 한다.
　한마디로 '산천정기가 인물을 낳겠구나'하는 탄성이 절로 터져나온다. 일본에 문물을 전달한 백제의 왕인박사가 이 산기슭에서 태어났고 한국풍수의 원조로 꼽히는 도선국사도 월출산 아래서 태어났다. 현대에 이르러서는 낭산 김준연이 영암의 대표적 인물로 꼽힌다. 월출산의 수천개 문필봉이 인걸을 배출했다면, 이 산 아래 부도 간직하고 있음이 틀림없다고 하겠다.
　영암읍 동무리 사거리에서 좌측으로 난 819번 지방도로를 따라가면 덕진면(德津面) 영보리(永保里)와 영암읍 장암리(場岩里)에 이르게 된다. 덕진면과 영암읍의 경계선을 이루는 작은 언덕 사이로 지방도로가 나있다. 이 언덕을 이곳 사람들은 월등(月登)이라고 부른다. 언덕 양쪽은 모두 논이어서 마치 달이 물 속에서 떠오르는 형상을 짓고 있다.

월출산 줄기를 바라보며 방금 떠오르는 반달형국의 이곳 월등에는 곳곳에 지방사람들의 묘소가 자리하고 있다. 이중 우리의 관심을 끄는 음택이 신관성(愼寬晟)의 묘다. 단아한 묘소 앞에는 「거창 신관성지묘(居昌 愼寬晟之墓)」라는 비석과 망주석 한쌍이 서 있을 뿐 별다른 특색을 엿볼 수는 없다.

이 묘의 주인이 바로 대한교육보험을 창립한 대산(大山) 신용호(愼鏞虎) 씨(74)의 조부다.

대산 신용호 씨의 '교보' 창립 인연

세계 보험사상 유례없는 교육보험이란 상품을 개발, 국내 보험업계의 정상을 차지하고 세계보험회의기구로부터 보험업의 노벨상이라 불리는 「세계보험대상」을 수상(83년 6월)한 신용호 씨는 처음부터 보험업과 인연이 있었던 것도 아니고 재계의 주목을 끌던 예비재벌도 아니었다.

『교보 30년사』에 기록되어 있듯 그야말로 적수공권으로 보험업계에 뛰어들어 오늘의 '교보'를 이룩한 입지전적 인물이다.

6형제의 5남인 신씨는 20세까지 고향인 덕진면 영보리 송내(松內)에서 가업을 도와 농사일에 전념했다. 위로 두 형들이 독립운동에 투신, 일제로부터 요시찰 집안으로 단속을 받아오던 신씨는 그런 탓으로 제대로 학업에도 몰두할 수 없었다. 지금껏 학교졸업장이라고는 지니지 못한 그는 20세에 가출, 만주와 중국을 떠돌다가 해방과 함께 귀국했다. 해외생활에서 얻은 지식으로 그가 처음 손댄 사업은 출판업.

소설가 김용제 씨의 도움으로 민주출판사를 설립, 운영하다가 58년 대한교육보험을 창설했다. 이상하리만큼 신씨는 교육과 관련있는 사업에만 주력했다. 뒷날 '교보'가 '교보문고'를 설립하게 된 것도 그의 이 방면에 대한 집념이 가져온 결과라고 하겠다.

이 땅의 숨결과 혈맥을 찾아서/349

신씨는 유년시절 월출산을 보며 자랐다. 송내 그의 집에서 바로 보이는 월출산은 하나같이 문필봉의 모습을 띠고 있고 집 뒤의 형제봉도 문필봉이다.

그런데다 그의 선조가 '사육신 사건' 이후 이곳에 은거한 이래 벼슬길을 금하고 학문에만 전념토록 한 것도 결국 교육과 인연을 맺도록 한 셈이다.

먼저 재물 얻고 뒤에 이름 날려

아무튼 신용호 씨의 재계성공은 그 자신의 경영능력과 사원들의 노력이 낳은 결과이겠지만 풍수계에서는 예의 조부 묘소가 지대한 영향을 끼쳤다고 설명한다.

"노령에서 영산강 좌측으로 흘러오는 용이 광주 무등산을 거쳐 장흥

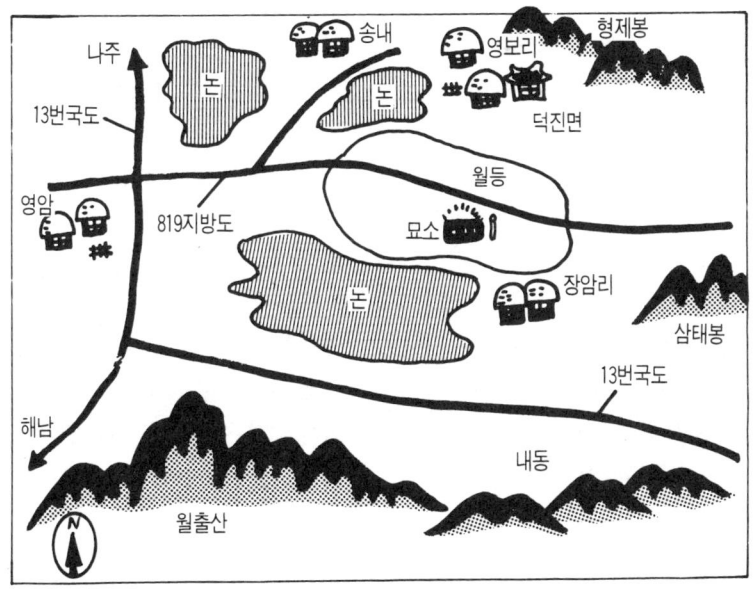

수인산(修人山)에서 오른쪽으로 몸을 돌려 활성산(活城山 : 영암의 동쪽 경계산)을 만든다.
　이 산에서 한 가지는 남행, 돈받재를 건너 월출산을 만들고 다른 한 가지는 곧장 오른쪽으로 뻗어 삼태봉을 이룬 뒤 논 가운데로 몸을 감춘다. 장암리 논을 건너온 맥이 월등에서 고개를 갑자기 들고 남향(子坐午向)으로 혈을 맺었다. 활성산과 월출산, 덕진의 백룡산이 사방을 구름처럼 감싸고 있으니 마치 구름속의 반달(雲中半月)과 같은 형국이다.
　혈의 안산은 월출산의 정면을 피해 일자형(一字形)의 산세를 이룬 영암 내동리 뒷산에 맞추었고 그 너머 월출산으로 건너가는 지맥들이 조산이 되고 있다. 조산의 형세는 한결같이 옥대사(玉帶砂)를 이뤘다.
　외명당이 광활한 중에 안산에 이르는 논들이 이른바 창판수(倉板水)를 이루면서 혈 앞으로 쏟아져 내리고 혈 앞뒤로는 물이 감고 돌아 공배수(拱背水)와 요대수(腰帶水)를 이루고 있다.
　그런 중에 동쪽에서 흘러 서쪽으로 빠져나가는 요대수와 공배수는 영암읍이 가로막아 기의 누설을 더디게 하고 있으니 과연 하늘이 남겨둔 재복(財福)의 터라고 하겠다.
　사방 주위의 기봉수수(奇峰秀水)가 사(巳 : 동남)·유(酉 : 서쪽)·축(丑 : 동북) 방향에서 혈을 비추고 있으니 곧 간지 사·유·축년에 태어난 인물에서 시작하여 15대에 이르도록 선재후명(先財後名 : 먼저 재물을 얻고 뒤에 이름을 날림)할 명당이다."
　수강 류종근 씨의 평이다. 그의 설명 중에 우선 창판수란 용어는 풍수에서 재복이 가장 빠른 물의 형세를 뜻한다. 신용호 씨와 그의 조부는 2대밖에 안돼 풍수적 동기감응의 전형을 보는 듯싶다. 천성이기(天星理氣)로 보는 산의 위치에 따른 해당 인물의 연결문제는 바로 간지의 방위에서 드러나는데, 신용호 씨는 정사년(丁巳年 : 1917년) 출생으로 이 또한 절묘한 배합이다. 여기에다 굳이 6형제 중 5남인 신용호 씨가 재계에서 성공하게 된 까닭은 무엇인가.
　이 또한 풍수의 분방법(分房法 : 주위 산세에 자식을 배당하는 법. 청룡은 장자, 안산은 둘째, 백호는 셋째, 그 다음 아들은 같은 순서로 계속 붙인다)에 의거해 설명이 가능하다. 5남은 안산에 배당되는데 안산 앞의 창판수가 바로 재물과 연결된다.

이 묘소에도 흠은 있다. 남서쪽에 우뚝 솟은 월출산은 문필봉으로도 불리지만, 다른 한편 화기(火氣)를 띤 모습이어서 경계를 요하기 때문이다.

그러나 이를 피해서 향을 정하고 또 소나무 등 나무들이 울창하게 자라서 그 모습을 감추고 있다. 이른바 비보책을 단단히 세워놓은 셈이다.

아무튼 이 혈은 속칭 호남 8대 명당의 하나인 영암의 운중반월(雲中半月)로서 명성을 얻고 있다 하겠다.

가야산, 부처님이 법문을 펴니……

인촌(仁村) 김성수(金性洙) 선생의 선대 묘소가 명당에서 명당으로 연결됨을 보여주듯이 대산 신용호 씨의 경우에도 비슷한 형상을 발견할 수 있다. 충남 덕산에 있는 그의 선친 만취(晚翠) 신예범(愼禮範)의 묘소가 역시 명당으로 꼽힌다.

만취는 한학자로 호남지방에 널리 이름을 날렸다. 그의 삶이 강직한 학자의 전형이었듯이 사후 그의 영면처도 학문과 인연이 있는 곳에 자리해 '아무리 구산(求山 : 묘자리를 찾는 것)해도 결국 자기 자리로 가게 마련'이란 풍수계의 또다른 진리(?)를 반영해 주기도 한다.

덕산 윤봉길 의사 사당에서 해미로 넘어가는 대치리, 가야산 중턱에 만취의 묘소가 있다.

가야산 동쪽의 흥선대원군 부친 남연군 묘소가 말해주듯 가야산 일대는 일찍부터 명당터로 소문나 있던 곳이다.

"가야산 상왕봉이 소조산이 되어 그 아래 불암봉에서 서북쪽(乾亥)으로 3개의 목형산(貪狼星)을 이룬 후에 동남향(亥坐巳向)으로 혈을 잡았다. 동쪽(청룡)에는 원효봉이 시위하고 있고 서쪽 (백호)에는 문수봉이 역시 원효봉을 마주보며 시립해 있다.

　좌우에 협시보살을 거느리고 상왕(象王 : 부처님)이 설법하는 모습이니 앞의 안산은 삼승봉(三僧峰 : 덕숭산)으로 염주(세 개의 작은 봉우

리)를 손에 들고 법문을 듣는 형국이다.
 이를 일러 삼승예불형(三僧禮佛形)이라 한다. 『만산도(萬山圖)』에 이르기를 삼승예불터는 12대 장상지지(將相之地)라 했고 『택리지』에서 이중환은 가야산은 상왕이 머무는 궁이라고 했다.

충청도 덕산 대치리에 위치한 만취의 묘소는 풍수에서 삼승예불로 불리는 명당에 자리하고 있다. 사진 앞의 덕숭산이 안산으로 좌·우·중앙의 산봉우리가 승려이고 그 아래 둥근산이 염주에 해당한다. 이런 형국은 도학자와 이인(異人) 배출을 기약한다.

혈의 좌우에서 흘러나오는 물(골육수)은 명당 앞에서 만나 청룡 백호가 감싸는 중에 갈지(之) 자로 흐르다가 서쪽에서 흘러오는 물과 만나 동쪽으로 방향을 바꿔 마침내 서해로 들어간다.

수구처(물 빠져나가는 곳)를 살펴보면 해와 달의 모습을 띤 산들이 빗장 지르듯 양쪽에서 막고 있고 그 너머로는 용봉산이 병풍처럼 물의 직출(直出)을 역시 막고 있다."

수강은 굳이 『만산도』의 설명이 아니어도 이 정도 형국이라면 "가위 사대부가 묻힐 만한 곳이며, 부귀를 논하자면 유덕군자가 간간이 태어나고 이인기재(異人奇才)도 배출된다"고 평한다.

이어 그는 이런 자리는 "부귀는 다음이고 도학(道學)이 우선"이라고 강조한다.

덕숭산의 우람한 모습에 사람이 위압당하게 마련이건만, 만취의 묘소에서 보면 저만큼 떨어져 조금도 위압감을 주지 않는다. 한마디로 공간과 거리의 적절한 배합이 주위 산세로부터 오히려 보좌를 받는 것 같은 느낌을 주는 자리다. 양택뿐만 아니라 음택의 경우에도 바로 자연과 인간이 하나로 조화되는 자리가 명당임을 여기서 다시 배우게 된다.

당대에 부와 관록을 거머쥔 '공주갑부'
─공주 김갑순 부친묘

3대 가난 없고 3대 부자 없어

우리나라 속담에 '3대(代) 가난이 없고 3대 부자가 없다'는 말이 있다. 이는 부나 가난이 영원한 것이 아니고 인간의 노력이나 또는 자연의 순환법칙에 따라 변화가 온다는 뜻이다. 그래야 세상은 살맛이 나는 것이 아니겠는가.

다른 한편 '부자가 망하면 3대는 간다'는 말도 있다. 이는 그만큼 부의 힘이 강해 쉽게 없어지지 않는다는 것이다. 그러나 우리는 당대 충청도 제일의 갑부로 꼽히던 이른바 '공주갑부' 김갑순(金甲淳)의 이야기에서는 새로운 사실을 엿볼 수 있다.

조선조 말기에 태어나 대한제국·일제시대·해방과 6·25를 겪은 뒤 87세로 타계한 김갑순은 그의 생전에 관록과 부를 한손에 거머쥐었지만 그 모든 것이 그의 죽음과 함께 깨끗이 없어지고 말았기 때문이다.

조선조의 엄격한 신분사회에서 공주감영의 관노로 들어갔던 그는 대한제국에 들어 공주·부여 등지의 군수를 역임하고 이른바 한일합방후 일제시대에는 공주는 물론 대전의 최고 갑부로 등장, 세인의 주목을 한 몸에 받았다. 1894년 갑오경장 이후 신분철폐로 반상(班常)계급이 없어졌다고는 하지만 그가 이토록 빨리 화려한(?) 경력을 쉽게 쌓은 데는 속 모를 어떤 비결이 있었을 것이다.

전형적인 금시 발복터

계룡산 국립공원 안의 갑사(甲寺) 입구 중장리 마을에서 계룡면 구왕리(九旺里)로 통하는 장하고개를 넘어서면 오른쪽으로 수도암이라는 절이 있고 그 절 위편에 한 묘소가 있다. 비석 앞면에는 「증 통정대부 김해김공지묘(贈 通政大夫 金海金公之墓)」라 씌어 있고 뒷면에는 「자 통정대부 행노성군수 갑순 임신생 손 종석 기해생 을사 4월생(子通政大夫 行魯城郡守 甲淳 壬申生 孫鍾錫 己亥生 乙巳 四月生)」이라 씌어 있다. 1905년 충남 노성군수인 김갑순이 세운 그의 아버지 비석이다.

당시 갑순의 품계는 최소한 정3품에 이르렀고 이에 따라 그의 선친도 통정대부란 증직을 받은 것으로 돼 있다. 또 뒷면의 기록에 따르면 갑순의 출생연도는 1872년이고 당시 김갑순의 아들 종석(鍾錫)은 1899년생이다. 갑순이 만27세에 낳은 아들이다.

전하는 얘기에 따르면 이 묘소는 김갑순의 어머니가 벼 한섬을 주고 잡은 자리라고 한다. 공주 부근의 한 주막에서 국밥장사를 하던 그의 어머니는 당대 발복지로 이 자리를 얻었고 남편을 이곳에 묻었다.

"계룡산이 북진하여 수정봉을 만들고 이곳에서 서쪽으로 공주를 만들어 들어가는 산맥중에 한가닥이 떨어져 혈을 맺었다. 태음금성(반달형의 산)에서 가파르게 떨어져 볼록한 부분에 혈을 맺으니 산이 오는 방향이나 좌가 같은 동남방(巽入首 巽坐)이다. 안산이 아주 가깝게 문성(文星)을 이뤘고 오른쪽의 백호가 뻗어가 물 나가는 곳(水口)을 막았다.

물의 오는 방향은 서쪽이고 나가는 곳은 북쪽이다(酉得子破). 형국은 암탉이 알을 품고 있는 모습(金鷄抱卵形)이다. 혈은 바로 알 자리에 해당한다."

이 땅의 숨결과 혈맥을 찾아서 / 357

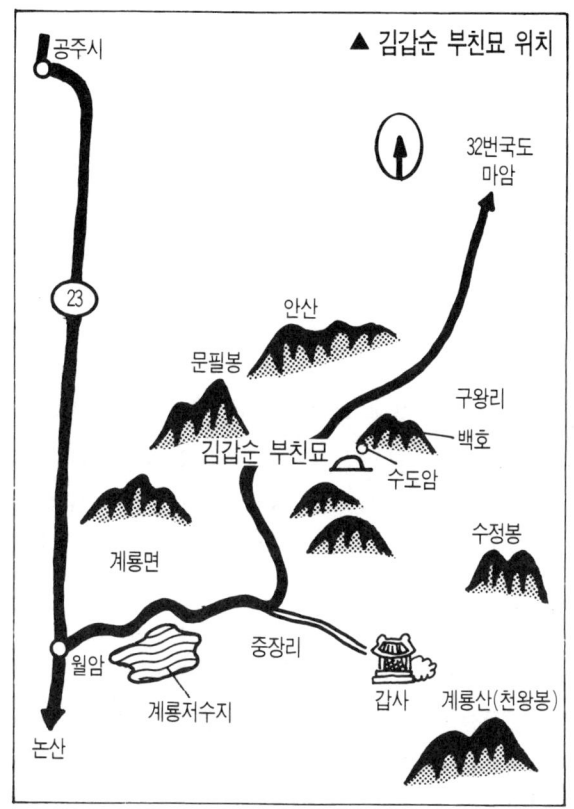

 수강이 일별하는 묘소의 풍수론이다. 이를 쉽게 풀어보자. 흔히 당대 발복지는 기가 오는 방향과 혈의 방향이 같아야 한다고 한다. 동남쪽(巽方)에서 내려오는 기가 그대로 혈에 들어왔다.
 안산이 가까운 것도 발복을 재촉한다. 혈의 좌향이 서북향(巽坐乾向)인데 이곳에서 청룡밖의 서남방(坤申方)에는 문필봉이 솟아 있다. 음양오행의 기가 움직이는 법칙을 따르면 동남방(巽方)에서 들어온 산은 금(金)에 해당하고 이 금은 서남방에 관록(官祿)을 지니고 있다. 따라서 이 방향에 혈을 보좌하는 산이 있으면 귀인이 배출된다.

보다 정확하게 말하자면 곧 곤신방의 문필봉에 의해 같은 해에 태어난 사람은 귀인이 된다는 뜻이다. 김갑순의 벼슬은 그가 태어난 임신년과 곤신방의 신(申)이 같은 점에서 해결된다.

한편 그의 부는 명당이 좁고 물이 빠져나가는 쪽, 곧 백호쪽을 바위가 막고 있음에서 설명된다.

화려한 경력, 대전 제1의 부동산업자

김갑순의 관계 이력서에 따르면 학력·출생지·본적지는 공란으로 되어 있다. 공주감영의 관노로 들어가 관과 인연을 맺은 그는 그로부터 10년 뒤인 28세 되는 1900년에는 충북관찰부 주사 판임의 8등 관직을 얻었다고 이력서는 밝히고 있다.

노비출신인 그가 10년만에 어떻게 상민의 범위를 벗어나 관직에까지 나아갈 수 있었을까. 이 부분은 베일에 가려져 있다. 전하는 이야기에 따르면 공주감영의 관노인 그는 왕실에 바치는 상납품을 가지고 서울로 올라갔다 한다. 이때 그가 만난 사람이 당시 내장원경(왕실 출납을 맡았던 최고벼슬)인 이용익(李容翊)이었다는 설이 유력하다.

뒷날 보성전문(현 고려대 전신)을 위기에서 구한 이용익은 함경도 사람으로 상민에서 내장원경을 거쳐 탁지부대신까지 역임한 입지전적 인물이다.

김갑순을 대한 이용익은 그의 됨됨이에서 자신의 불우한 과거를 회상했을 것이고, 갑오경장으로 신분제도가 철폐된 것을 계기로 김갑순을 그의 휘하에 두고 심복으로 부리지 않았는가 싶다.

김갑순은 충북관찰부 주사를 거쳐 29세에는 6품인 중추원 의관을 지냈고 30세에는 내장원 봉세관(奉稅官)을 역임했다. 러·일전쟁이 터지기 1년전, 김갑순은 부여군수로 고향 근처에 부임한다. 이때부터 이용익의 휘하를 떠나 홀로서기에 성공한다. 대한제국 말기 매관매직이 횡행하던 시절, 봉세관을 역임하고 중앙 사정에 밝던 그가 권력을 유지해 가는 방법은 그리 어렵지 않았을 것이다.

33세에 노성군수, 34세에 임천군수를 거쳐 이해 공주군수로 금의환향한다. 당시 공주의 관아는 물론 지방토호들은 관노출신이 군수로 부임한다는 점을 들어 심한 반발을 보였다. 그러나 그는 무리없이 부임해 3년간 임기를 마치고 강원도 김화군수를 거쳐 한일합방되던 해에는 다시 공주 근처 아산군수로 돌아와 관직을 마감한다.

이미 여러 고을 수령을 거치면서 부를 장만한 그는 합방되던 그해 총독부가 발표한 「공전범포탕감령」에 의해 2백섬의 부자가 됐다. 일제가 한국인의 환심을 사기 위해 합방되던 해를 기준으로 3년 이상 묵은 국세는 모두 탕감해 준다는 「공전범포탕감령」은 곧바로 당시의 수령·방백들에게 실질적인 혜택이 돌아갔다.

벼슬길을 물러난 김갑순은 공주시내에서 가장 규모가 큰 이승지의 집을 구입, 돈을 굴리기 시작해 49세 되던 1921년에는 공주는 물론 대전 일대의 최고갑부로 떠올랐다.

요즘 말로 하면 전형적인 부동산투기업자였던 그는 한때 대전 지역 토지의 38%를 소유했다. 오늘의 유성온천이나 온양온천도 대개는 그의 손아귀에서 움직여졌다.

달리는 기차를 김갑순이라는 이름으로 세우려 했던 그는 총독부 국장급에게 호피(虎皮)를 때마다 선물했고 만나기 어려운 상대에게는 금으로 된 명함을 돌려 회유했다 한다.

뱀같은 도로가 혈을 향해 올라오다

그런 그가 해방후 토지개혁으로 무너지기 시작, 타계할 때는 그 자신 외에는 아무도 그의 부가 얼마인지를 모르게 되었다. 세상의 격변과 함께 주위 사람을 믿지 못하게 된 그는 아들이나 후손에게 제대로 유언을 남기지 못하고 죽음을 맞았다고 한다.

'부자가 망해도 3대는 간다'고 했는데 그의 사후 후손들은 지금 어디에 사는지 탐문조차 하기 어렵게 됐다. 그 까닭은 무엇인가. 당대 발복지인 그의 아버지 묘에서 해답이 나온다.

"가장 큰 문제는 묘 앞에 마치 뱀이 기어오듯 큰길이 난 점이다. 암탉이 알을 품고 있는데 뱀이 그 집을 공격하고 있으니 알은 고사하고 암탉조차 놀라서 도망가게 마련이다.

또 그 길은 바로 물(재산:氣)의 흐름을 막고 있는 북쪽(子方)에서 터지고 있는데 이는 금룡(金龍)이 물(水)을 만나서 죽는 방위에 해당한다. 다른 한편 만년에 김갑순이 사람을 믿지 못한 것은 안산이 혈을 향

계룡산 줄기에 위치한 이 묘소는 안산이 가깝고 명당이 좁아 당대 발복지로 꼽힌다. 그러나 금계포란형의 형국에 뱀처럼 생긴 도로가 물 빠져나가는 곳에 생김으로써 기의 누설을 가져와 재산은 곧 흩어지게 된다. 또 앞산의 산각(山脚)이 묘소에서 보이고 누워 있어 대인관계에 믿을 사람이 없게 된다.

해 포옹하지 않고 누워서 내달리는 모양에서 드러난다. 주산과 조안(조산과 안산)은 주인과 손님 관계이자 대인관계를 보여주는 법인데 앞의 산이 산각(山脚 : 산 밑동)을 보이면서 다른 방향으로 내달리니 이는 주인을 위한 산이 아니다.

한마디로 이 묘소는 지나가는 나그네가 잠시 주막에 들러 술 한잔 먹고 가는 그런 곳이다. 이를 일러 잠복혈(暫福穴)이라 한다."

수강의 설명이다. 이어 그는 "요즘 사람들은 이런 자리를 구하려고 하는데 올곧은 사람은 결코 이를 탐하지 않는다"고 일침을 가한다.

옛사람들은 적어도 당대보다는 먼 후손·미래를 보고 묘소를 정했다고 한다. 어쩌면 그것이 더 큰 욕심일는지 모르지만.

아무튼 김갑순의 선친묘는 일제말기에 자동차도로가 나면서부터 기를 상실하기 시작, 끝내는 그의 아들과 함께 운명을 같이한 셈이다.

하늘이 예비한 '죽은 자의 공화국'
─용미리 서울시립묘지

일제가 시작한 공동묘지제도

풍수공부를 하는 K씨는 여름방학이면 아이들을 데리고 공동묘지를 둘러본다고 한다. 그의 말에 따르면 '사람은 죽어서도 등급이 있다'는 것. 별달리 호화분묘를 보여주지 않아도 공동묘지에 오면 그 묘를 보고 그 사람의 살아서의 행적을 알 수 있다는 것이다.

지방공공단체에서 관리하는 묘역 중에서 이른바 무연고자의 묘역인 '행려자의 묘'는 심한 경우 장마 뒤끝에는 봉분조차 찾아볼 수 없고 때론 육탈된 뼈들이 지상에 드러나기도 한다고 K씨는 귀띔했다. 물론 그는 이런 모습을 아이들에게 보여주면서 '사람이 어떻게 살아야 하는가'와 '부모에 대한 효도를 눈으로 일깨워준다'고 덧붙였다.

북망산──. 중국 낙양성 밖의 북망산은 공경대부가 많이 묻혀 있는 곳으로 풍수지리의 측면에서 보면 명당자리다. 그러나 이 말이 우리나라에 들어와서는 '공동묘지'라는 말로 흔히 쓰인다.

현재 우리나라의 공동묘지제도는 일제가 강제합방을 한 이후인 1912년 6월「묘지취체규칙」이 공포되면서 시작됐다.

당시 일제 총독부는 산림보호라는 측면에서 '묘지의 신설과 변경은 관할 경찰서장의 허가'를 받도록 했고 '특별한 경우 외에는 공동단체가 설치한 공동묘지 이외의 매장을 금한다'고 이 규칙에 규정했다. 그러나 이 「규칙」은 공포와 함께 한국인으로부터 조상 전래의 풍속을 말살할 뿐만 아니라 민족정기를 막으려는 저의가 있다고 하여 심한 반발을 받아야 했다. 뒷날 총독부 관계자들이 시인했듯 '수백년 내려온 관습을 하루아침에 타파한다'는 것은 무리였다.

지관들, 용미리와 벽제를 돌다

이에 따른 유언비어와 원성이 자자하자, 총독부는 그 시행에 주도면밀한 경계를 요해 다음해인 1913년 서울에서부터 시작해 1915년 충청남도를 끝으로 만 3년간 13회에 나눠 실시하지 않으면 안됐다.

오늘날 전국 각지에 흩어져 있는 공동묘지 또는 시립묘지는 이때 그 자리를 잡은 셈이다. 일제의 「묘지취체규칙」에 대해 당시 한국인들은 전래의 지혜를 발휘, 풍수적으로 명당에 가까운 지역을 선택, 일단 이 법을 수용했다고 당시 문헌들은 증언한다.

묘지에 관한 법은 해방이후에도 사실상 이 「규칙」을 준용해 오다가 1961년 12월에 가서야 「매장 및 묘지 등에 관한 법률」을 제정·실시하게 됐다. 이 법은 '국토의 효율적 이용'을 위해 공동묘지제도를 채택하고 있다.

서울의 경우 망우리 묘역이 이미 만원상태가 되어가자 1963년 서울시는 새 묘역을 찾았다. 이때 등장한 곳이 오늘날 벽제읍 근교에 위치한 시립묘지다.

이곳에는 용미리 시립묘지, 서울시립공원 묘지, 벽제 시립묘지 등 3개소가 있다. 30년 전 일이라 서울시나 지역주민의 경우에도 특별히 왜 이곳을 선택했는가에 대한 기억은 더듬기 힘들다. 더구나 묘역관리를 서울시 시설관리공단에서 맡고 나서는 아무도 이에 관한 기록을 넘겨받

지도, 기억하지도 못하게 됐다.

　몇몇 지역주민에 따르면 당시 이곳 일대의 산들이 대부분 일본인의 재산이었다고 한다. 이른바 적산(敵産)이다. 그런 점에서 대부분 국유화되어 있었고 또 서울에서 가깝다는 것이 그 이유였을 것이 아니냐고 한다.

혜음령이란 말이 음택지가 있음을 가리키듯 고려시 조성된 이들 미륵들은 용미리 시립 묘지를 향해 늘 따뜻한 미소를 보낸다.

그러나 막상 공동묘지가 들어선다고 하자 지역주민간에는 찬반논쟁이 일어났다고 한다.

60년대초만 해도 땔나무로 생계를 유지해 오던 이곳 주민들은 새 일자리가 생길 수 있다는 측면에서 찬성하는 측과 다른 한편 주거지 인접

지역에 묘지가 들어서서는 안 좋다는 풍속상의 이유를 들어 반대하는 측으로 나뉘었지만, 끝에 가서는 대부분 동의를 해줬다고 한다.

당시 13세, 현재는 40이 넘은 이곳의 한 주민은 명지관들이 많이 왔는데 서로들 산의 위치를 두고 이리저리 살피곤 했다며 묘지선정에 풍수사들이 간여했음을 기억해냈다.

서울을 만들고 남은 꼬리, 타고난 사자(死者)의 아파트

이곳 시립묘지 중 우리의 관심은 용미리 묘지에 모아진다. 정확한 행정구역명은 파주군 광탄면 용미리(龍尾里)다.

고양군과 파주군을 경계짓는 혜음령(惠陰嶺) 고개에서 북쪽을 향해 왼쪽으로 길게 뻗어간 산맥이 있다.

오른쪽으로는 우암산(牛岩山 : 이산 남쪽 벽제쪽이 벽제시립묘지)이 동북으로 뻗어가 박달산(朴達山)으로 이어진다. 혜음령에서 보면 고구마처럼 생긴 분지를 따라 왼쪽으로 뻗어간 산맥이 전부 용미리 묘지다. 또 우암산의 한 봉인 비호봉(飛虎峰) 밑은 시립공원묘지가 자리잡고 있다.

"용미리란 말은 문자 그대로 용의 꼬리인데, 이는 광주산맥으로 뻗어온 용들이 서울을 만들고 그 뒷모습을 여기에 남긴 것이다.

혜음령에서 보면 삼각산과 북한산이 바로 보이는 것도 그 까닭이다. 다시 말하자면 수도서울을 만들기 위해 도봉산으로 뻗어오는 큰 줄기에서 한줄기가 서쪽으로 뻗어와서 개명산(開明山)을 만든다.

이곳에서 우암산을 거쳐 회룡고조(回龍顧祖 : 조산을 돌아보는 산모습)로 몸을 돌린 산이 바로 용미리묘지를 만든 산이다.

산 뒤쪽, 곧 벽제쪽에는 곡능천이 공배수(拱背水 : 뒤를 감싸고 흐르는 물)를 이뤄 한강으로 들어가고 앞에는 문산천 지류가 흘러가 임진강에 닿는다. 앞의 명당이 넓은데다가 본신(본래의 산줄기)에서 뻗어간 용이 안산과 조산(박달산)을 만들었으니 국의 형세가 뛰어남을 보여준

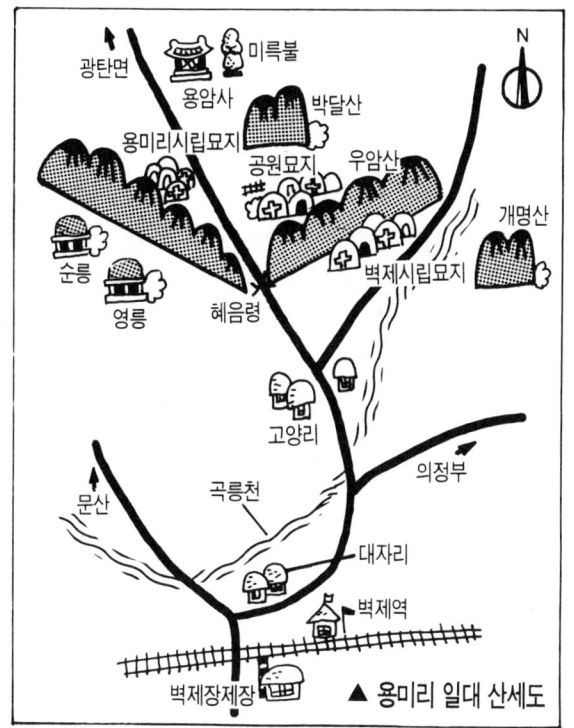

▲ 용미리 일대 산세도

다.

특히 동쪽에서 나와 서쪽으로 흐르는 물의 방향과 수구의 닫힘이 잘 되어 있어 음택지로서는 완벽하다. 이곳 형국은 용사취회격(龍蛇聚會格 : 큰 산과 작은 산이 모여 회의하는 격)으로 한 개의 음택이 아닌 집단 묘역으로 적합한 곳이다."

수강의 설명이다. 이에 덧붙여 그는 "형국이 그러하므로 용신(산골짜기)마다 혈이므로 죽은 자의 아파트일 수밖에 없는 곳"이라며 단점으로 "주산이 뚜렷치 않아 후손의 경우 집안의 위계질서가 없을 가능성은 있다"고 조심스럽게 말한다.

용암사 돌미륵의 미소

　문외한의 경우, 이런 정도의 장풍(藏風)이라면 양택지로서도 좋은 곳이 아닌가 물었지만, 그는 "국은 크지만 물이 작아서 양택으로는 부족하다"고 일침한다.
　용미리 음택지의 좌향은 혈마다 달라 굳이 정할 수는 없지만 대개가 북향이고 30퍼센트 정도가 동향이다.『동국여지승람』의 혜음령이란 지명이 말해주듯 어쩌면 이곳은 이미 조선조 초기에 음택지로 예정된 곳일지도 모른다.
　안산 끝머리 광탄면 소재지 방향에는 고려시대의 사찰인 용암사가 있고 이 절에는 돌미륵 2구가 바로 용미리 묘지를 지켜주듯 산허리에 우뚝서 있다.
　용미리 묘지의 총면적은 85만4천 평에 이르고 89년말 현재 4만5천9백여 기가 들어서 있다. 앞으로 1년 정도면 이곳도 더 이상 묘를 쓸 수 없게 된다고 한다.
　최근 3년내 화장하는 사례가 감소추세를 보이고 있어 국토의 효율적 이용을 염려해온 정부로서는 매장 토지확보에 여간 걱정이 아니다. 용미리의 경우에도 매장 묘지의 약 20퍼센트 정도가 연고자 없이 방치되고 있고 무연고 묘와 행려자들의 묘를 합장해 약 4만 평의 묘역을 재활용할 계획을 세우고 있다.
　명당 선호에 의한 국토의 잠식에 대해 풍수이론가들은 염려할 바가 없다고 한다.
　이는 무연고자의 묘역이 재활용되는 측면에서도 알 수 있듯 세월이 지나면 자연은 그것이 지닌 복원력에 의해 다시 제모습을 회복하기 때문이라는 것. 문제가 있다면 오히려 호화분묘에 의한 자연파괴가 경계의 대상이라고 강조한다.

천년의 비기를 숨긴 풍수의 희망
—무안 승달산

3천년 꿈이 서린 곳

 호남지방은 유독 풍수적 설화가 많다. 산이 끝나고 물이 모이는 곳에 명당이 많다는 풍수이론과도 관련 있다. 또 한국 풍수의 비조(鼻祖)로 꼽히는 도선국사가 이곳 태생이고 지리산과 월출산 근처에서 지리공부를 마친 까닭도 이에 한몫 한다고 하겠다.
 도선국사가 남겼다는 『비록(秘錄)』이 지금도 호남지방에는 여러 종(種) 나돌고 있다. 물론 이 『비록』은 호남지방 각처의 명당을 논하고 있다. 그 중 근 1천년간 풍수사와 사람들의 입에 오르내린 명당이 무안(務安) 승달산(僧達山)의 호승예불형(胡僧禮佛形: 승려가 부처님께 절하는 모습) 혈이다.
 속칭 이 혈에 묘를 쓰게 되면 '98대에 이르도록 문부백관을 탄생시킨다'고 『비록』은 전한다. 1대를 30년으로 칠 때 3천년에 이르는 기간이다.
 가히 70평생의 인간 수명에 비하면 꿈같은 시간이다. 그런 탓에 지금도 승달산 일대에는 이 혈을 찾는 풍수사와 지리 연구가들의 발길이 끊이지 않고 웬만한 산봉우리에는 모두 묘를 썼다.

과연 승달산에는 그런 혈이 있는가. 또 그것이 지닌 진정한 의미는 무엇일까. 자못 궁금함을 떨칠 수 없다.

노령산맥의 4대 명혈(名穴)과 그 참뜻

승달산에 오르기 전에 몇 가지 이해를 해두자. 그 하나는 호남지방, 곧 노령산맥에 위치한 4대 혈을 살펴보고 다른 하나는 도선『비록』의 승달산 부분을 더듬어보는 것이다.

소백산맥에서 갈려나온 노령산맥은 정읍과 장성의 경계지대인 노령(蘆嶺)에서 크게 보아 두 쪽으로 갈라진다. 영산강(榮山江)을 사이에 두고 왼쪽은 순창 회문산(回文山)을 거쳐 광주 무등산, 영암 월출산, 그리고 해남 대둔산(일명 頭輪山)을 지나 제주 한라산으로 맥을 뻗쳤다.

오른쪽은 서해안을 타고 내려가 영광 불갑산(佛甲山), 나주 금성산, 그리고 무안 승달산을 거쳐 목포 유달산(儒達山)에 이른다.

노령산맥의 이 두 가지에는 도참과 관련된 풍수적 명당이 네 곳 있다. 그 첫째는 순창 회문산의 오선위기혈(五仙圍碁穴 : 5명의 신선이 바둑두는 모습)이다. 바둑은 두 명이 두게 마련인데 다른 세 명이 더 있으니 이들은 이른바 '훈수꾼'들이다. 이 혈은 해방후 남북관계를 상징한다고 알려져 왔다.

두번째는 장성(長城)의 선녀직금혈(仙女織錦穴 : 선녀가 비단을 짜는 모습)이다. 이 혈은 의식주, 곧 나라의 경제발전과 관련있다고 한다. 세번째는 태인(泰仁)의 군신봉조혈(君臣奉朝穴 : 임금과 신하가 함께 조회하는 모습)로 정치적 이념의 통일을 뜻한다. 끝으로 무안 승달산의 호승예불혈이 또한 이에 더해진다. 이 혈은 종교적 통일, 일치를 뜻한다.

다분히 현대적 해석을 가한 이들 명당들은 단순히 개인적 화복과 관련된 것이 아닌 시대적·국가적 의미를 담고 있다.

더 크게는 세계사적 현상과도 인연을 짓고 있다.

그럼에도 승달산의 호승예불혈을 제외하고는 3대혈에 이미 주인이 들어갔다는 설도 있고 아직도 빈 자리로 남아 있다는 설 등 의견이 분분하다.

노승봉이 어디냐, 제좌기상(帝坐氣像) 높구나

아무튼 이런 이해를 바탕에 깔고 도선 비록에 나와 있는 승달산의 호

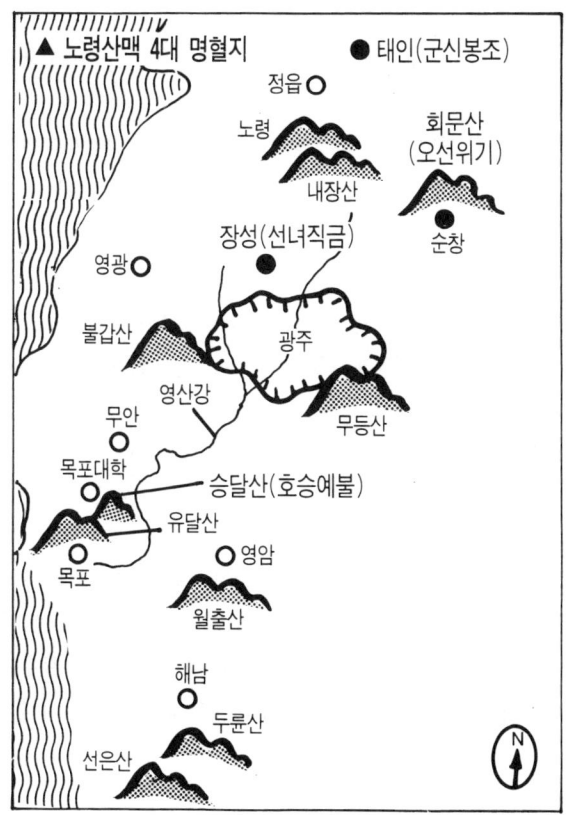

승예불혈에 관한 기록을 더듬어 보자.

'그 날로 길을 떠나/무안으로 작로(作路)하니/산진수회(山盡水回)하는 곳에/다소명혈(多少名穴) 없을소냐/……/사십삼절(四十三節) 건해맥(乾亥脈)에/승달산이 특립하니/금수병장 둘렀는데/우리 스승 계시도다/당국이 평순하고/규모가 광대하니/제좌기상(帝坐氣像) 높았는데/산수회동 하였구나/천장지비(天藏地秘)하온 혈을/제마다 구경하리/……/성령(聖靈)은 여덟이요/장상은 대대로다/이후 자손 천억이라/만세만세 장구하리/이 산로(山路) 헤아리니/구십팔대 향화(香火)하니/주인나서 찾거드면/일야간(一夜間)의 영장처(永藏處)라…….'

도선비록에 따라 문맥상 다소 표현의 차이는 있지만, 전체적인 구도는 승달산의 '호승예불혈'이 위치한 지세를 자세히 설명하고 나서 이 혈에 대한 평가를 내리고 있다. '구십팔대 향화(香火)하리'가 그것이다.

승달산은 무안군 청계면과 몽탄면 경계에 있는 산이다. 쉽게 찾아가자면 청계면 국립 목포대학 뒷산이 바로 승달산이다. 승달산이란 지명의 유래는 이 산에 있는 법천사(法泉寺)와 관련있다. 신라 성덕왕 24년(725) 서역 금지국(金地國)의 승려 정명(淨明)이 처음 이 절을 창건했고 뒷날 고려 의종때 원나라 임천사의 승려 원명(圓明)이 중창했다. 그때 원명을 찾아온 5백 명의 제자들이 모두 도를 깨쳤다고 하여 승달이란 이름을 얻었다고 한다.

승달산에도 몇 개의 봉우리들이 있다.

국립지리원에서 펴낸 2만 5천분지 1의 지도에 따르면 332고지가 승달산으로 표시돼 있다. 그러나 이 산의 이름은 깃대봉이다. 산의 정상부가 마치 깃발 나부끼는 모습을 띠고 있기 때문이다. 깃대봉에서 서북쪽, 목포대학 뒷산이 속칭 승달산이고 노승봉(老僧峰)으로 불린다.

호승예불혈은 이 노승봉에서 찾아나서야 한다는 것이 풍수사들의 대개 일치된 견해다. 다른 한쪽은 비록에 도선 자신이 호승예불혈을 읊고 나서 '죽전(竹田)으로 내려왔다'는 기록에 따라 몽탄면 죽전제에서 역으로 더듬어가는 방법도 있다.

승달산에서 영산강 쪽을 본 모습

영산강이 은어처럼 반짝이다

수차례 이곳을 답사한 바 있는 수강 류종근 씨는 혈의 내룡과 위치를 이렇게 파악한다.

"영광 불갑산에서 동남쪽으로 뻗어온 맥이 평야를 건너뛰어 무안 연증산을 이뤘다.

마치 대궐의 용마루처럼 길쭉하게 산봉우리를 이룬 연증산은 형상으로 보아 목형산이 누워 있는, 이른바 평탑랑의 모습이 분명하다. 이 산에서 역시 동남쪽으로 42번 굴곡을 이루며 좌우에 보협을 거느리고 내려온 용이 구릿재(九里峙)에서 일시 멈춰 기를 응축시켰다. 중과협처인 이곳에서 7개의 탐랑성(붓끝처럼 생긴 산봉우리)이 줄을 잇듯 연이어 생겨났고 그 중 가운데 봉우리가 노승봉이다(이 점은 속칭 목포대학 뒷산을 두고 노승봉이라 하는 것과는 견해를 달리한다)。

노승봉에서 동북방으로 몸을 돌려 역시 5개의 탐랑성을 이룬 뒤에 동쪽으로 산의 얼굴을 밝히니 맥이 오는 방향은 서쪽(庚兌)이다. 이곳의 국(局)은 한마디로 장엄, 그것이다. 북에는 연증산, 남에는 월출산, 동에는 무등산, 서에는 유달산이 멀리서 조응하고 노승이 예불하는 좌우에는 12명의 상좌비구(산의 모습에서 비유됨)가 함께 하고 있다. 혈 앞으로는 영산강이 쏟아져 들어오나 나가는 곳은 보이지 않는다."

수강이 심찰한 자리에 서면 과연 멀리 월출산의 정상이 보이고 영산강 물줄기가 은어처럼 반짝인다. 가히 높지 않은 산등성이임에도 그 포용하는 안계(眼界)는 실로 바라보는 사람에게 호연(浩然)의 기세를 안겨준다. 내당수가 빠져나가는 수구에는 발우와 목탁 모습의 봉우리들이 줄줄이 서 있다. 분명 혈은 아직도 비어 있다고 수강은 덧붙인다.

그러나 지사에 따라서는 같은 산맥을 타고 내려왔지만, 호승예불의 자리가 이곳보다 더 평지로 내려가 혈을 맺었고 아깝게도 그 자리는 파혈됐다고 주장하는 견해도 있다. 일설에는 그 혈을 일제가 파혈시켰다고 한다.

인간세상에 띄우는 자연의 메시지

어느 쪽 견해의 옳고 그름을 떠나 한 가지 분명한 것은 호승예불과 같은 대지대혈(大地大穴)은 개인이 소유(?)할 수 없다는 점이다. '파혈됐다'는 견해도 이미 개인적 한계를 벗어났다는 뜻이고 '비어 있다' 하더라도 "개인의 욕심으로는 감내할 수 없는 자리"라는 것이 수강의 지론이다.

'98대에 걸쳐 제사가 끊이지 않는다'는 도선의 지적은 곧 개인적 차원이 아닌 국가적 대사임을 암시한 것이라고 하겠다.

이 점과 관련, 서울대 최창조 교수는 또다른 관심을 승달산에 대해 보였다. 그는 승달산·유달산, 그리고 전설속의 선달산(仙達山)과 관련해 유·불·선 합일사상이 이곳에 서려 있다고 했다. '이 지역(세 산을 가르킴)이 풍수지리상 중요한 점은 세 산의 관계에 대한 것이다. 유교와 불교와 선도(仙道 :道敎)는 외래 유입종교임을 부인할 수 없지만 이미 오랜 세월을 우리의 민족적 정서에 변질 수용되었기 때문에 민족종교로 이해해도 별 무리는 없을 것으로 여겨진다. 따라서 이 지역에 유불선 3교가 지명으로 남았고 더구나 그것이 풍수지리와 연계되어 있다는 것은 그야말로 의미심장하다고 하겠다.'(문화재관리국『한국 민속 종합 조사보고서』21책 1백26페이지 참조).

최교수는 그 의미심장한 내용을 구체적으로 밝히지는 않았으나 이는 앞서 언급한 종교통일, 혹은 세계종교의 일치와 관련있는 것이 아닌가 추론해 볼 수 있다.

노령산맥의 마지막 꼬리인 목포의 유달산, 무안의 승달산, 그리고 선달산(최교수는 해남 두륜산의 지맥인 仙隱山을 선달산으로 추정했다)은 단순히 한반도의 서남쪽에 위치한 산이 아니다. 거슬러 올라가 그 근원을 더듬으면 백두산이 중조(中祖)요, 곤륜산이 태조(太祖)다. 다시 말해 세계의 지붕인 티베트고원에 연결된다.

노령산맥은 바로 태조산인 곤륜산을 바라보는 회룡고조형으로 원시반본(原始返本)의 종교·철학적 의미를 띠고 있다고 하겠다.

승달산의 호승예불혈은 그런 점에서 앞으로 천년, 아니 3천년을 두고 산을 찾는 사람들의 마음에 희망으로 남아 있을 것이 분명하다.

부　록 ①

중국 북경과 명나라 13릉
수강 류종근 선생 약전 / 선경식
내 묘자리도 하나 잡아주 / 취재낙수
주역으로 풀어본 1991년
연재를 마치며 / 최영주
풍수사상을 거론하는 의미 / 최창조

중국 북경과 명나라 13릉

평야와 호수의 나라

중국의 수도 북경이 이젠 평양 가기보다 우리곁에 더 가까이 다가왔다. 90년 9월 한국인들은 제11회 아시안게임에 참가, 또는 관람하기 위해 대거 북경으로 몰려갔고 이보다 앞서 이미 백두산을 찾는 관광객으로 인해 북경은 물론 중국 전체가 우리 앞에 그 모습을 드러낸 바 있다.

필자는 광주에서 북경으로 오는 비행기에서 운좋게도 창가에 앉을 수 있어 광활한 중국 대륙의 단면을 엿볼 수 있었다. 양자강은 물론 황하의 긴 강줄기와 끝없이 펼쳐진 평야를 보고 '누가 이 나라와 싸워 이길 수 있으며 중원(中原)을 통일한다는 것이 얼마나 어려운 일인가' 하고 새삼 반추해 보았다. 산동(山東)반도의 동부지역을 제외하고는 그야말로 대륙은 평야와 바다(호수)의 나라였다.

이런 인상은 북경에서도 계속됐다. 한 나라의 수도, 그 광대한 규모에 흠칫 놀라지 않을 수 없었다. TV화면 등을 통해 익히 보아온 천안문이지만 그 앞의 장안로는 곧게 뻗기를 1백리나 된다고 하니 사람의 눈으로는 그 끝간 곳을 볼 수 없다. 일망무제(一望無際). 그 옛날 허허벌판에 무엇을 기준으로 이곳에 도읍을 정해 원나라를 거쳐 명과 청, 그리고 오늘의 수도로 이어져 왔을까.

산과 익숙해진 한국인의 도읍관으로는 도저히 짐작이 가지 않는다. 북경에서 산을 보려면 최소한 2시간은 북쪽으로 달려야 한다. 그곳에 연산(燕山)산맥의 줄기들이 이른바 만리장성과 함께 웅크리고 있다.

분명 이 산을 기점으로 삼았겠지만, 북경시내에서는 짐작조차 할 수 없다.

중국 제1의 도읍지

풍수의 이론에 따르면 제왕의 도읍지는 천제(天帝)가 머무는 하늘의 자미성(紫微星) 구도를 따라 지상의 형태도 그와 같은 곳에 정해야 한다고 했다. 말하자면 북경의 자금성은 바로 이 원칙을 수용한 셈이라고 하겠다.

아무튼 북경에 대한 풍수지리적 평가는 다소 차이가 있기는 하지만 만세복락지(萬世福樂地)로 꼽힌다. 일찍이 주자(朱子)는 그의 어록에서 북경을 두고 '천지간에 뛰어난 풍수의 하나'라고 했다. 그는 '산맥이 운중(雲中: 지명)에서 시작하여 전면에 와 있다. 회하가 둘러싸고 있는데다 태산이 왼쪽에 솟아 청룡이 되고 화산(華山)이 오른쪽에 솟아 백호가 되었다. 여기에다 숭산(崇山)이 안산이 되고 회하 남쪽의 여러 산이 제2안산이 되니 도읍지로서는 최고'라 했다.

또 명나라 초기에 풍수서의 전범으로 꼽히는 『인자수지(人子須知)』를 펴낸 서선계(徐善繼)·선술(善述) 형제는 북경의 형국을 이렇게 설명했다.

'곤륜산(崑崙山: 전설의 산이지만 현재 티베트와 신강성 일대를 가리킴)의 가운데 맥이 수만리를 달려와 연산에 이르렀다. 여기서 다시 수백리를 달려 천수산(天壽山: 明 13릉의 주산)을 일으키고 드넓은 평야를 만들었으니 그 넓이가 천여리나 된다. 황하가 앞에 둘렀고 조선의 압록강이 뒤를 감아 득수를 이루는데다 가까이는 난하와 요하가 역시 물의 경계를 분명히 해준다.

용세가 길고 둘러싼 국의 아름다움이 간룡(幹龍 : 산의 본줄기)에서 끝났다. 또 산과 수가 크게 만나 황하를 띠로 두르고 천수산을 병풍 삼았으니 가히 풍수의 법도에 맞다.'

『주자어록』이나 『인자수지』의 북경에 대한 풍수적 설명은 한마디로 거창하다. 좌우 청룡과 백호를 황하 건너편으로 잡았고 안산 역시 마찬가지다. 이는 중국적 사고와 자연환경이 주는 당연한 귀결이기도 하다.

원·명·청이 망한 이유

그런데 이런 천혜의 요지에 위치한 북경을 수도로 삼은 원나라나 명나라·청나라는 왜 망했을까.

이에 대해 『인자수지』는 원나라의 경우 한족이 아닌 오랑캐들이 살았기 때문에 그들의 잡기가 땅이 지닌 큰 힘을 이기지 못한 까닭이라고 했다. 그렇다면 명나라의 멸망은 어떻게 설명할 것인가. 또 청의 경우에도 한족의 입장에서 보면 잡기가 가득한 오랑캐임이 분명하다고 치부해 버리면 되지만, 명나라 멸망의 풍수적 설명은 여전히 숙제다. 여기서 떠오르는 격언이 '지리불여인화(地利不如人和 : 지세의 이로움이 사람의 화합함만 못하다)'라고 하겠다.

명이 망한 뒤에 황종희(黃宗羲)는 『명이대방록(明夷待訪錄)』에서 명이 망한 까닭을 바로 북경 도읍에서 찾았다. 왜냐하면 북경은 만리장성 너머 오랑캐를 물리치기에는 황실이 너무 가깝고 따라서 그만큼 위험이 많은데다 남방의 풍부한 물자를 공급받는 데는 한계가 있기 때문이라고 했다. 그래서 그는 명태조 주원장(朱元璋)이 건도한 오늘의 남경(南京), 곧 금릉(金陵)을 버리고 북경으로 천도한 것은 '마치 백만장자가 자신의 창고나 장롱을 타인에게 지키게 하고 그 자신은 문앞과 뜰에 나가 도둑을 지키는 어리석음과 같다'고 비난했다.

중공정부 수립이후 중국은 풍수지리설을 미신으로 몰아 터부시했다. 오늘날 북경의 어느 책방에서도 풍수서적은 구경할 수 없다. 북경을 수도로 정한 중국은 북경을 교통·경제·공업·문화의 중심지로 가꾸어 왔지만 개방이후 현대화사업과 관련, '탈 북경'의 소리가 서서히 나오고 있다.

더구나 인구 1천만 명을 넘어선 오늘의 북경이 식수 등 수원이 부족해 어려움을 겪고 있음을 볼 때 수도로서의 풍수지리적 평가는 여전히 유보할 수밖에 없다고 하겠다.

13릉의 완벽한 풍수지리

북경의 관광코스 중에 만리장성으로 가는 길목 한결 창평(昌平)현에 명 13릉이 있다. 이는 명나라 3대 황제인 영락제(永樂帝) 성조(成祖)가 북경으로 천도하면서 자신의 능을 건립한 이래 후대의 황제들도 이곳에 능침을 마련, 모두 13개의 능이 있어 붙여진 이름이다.

조선조의 세조처럼 조카를 몰아내고 황제에 오른 영락제는 북경에 궁전을 짓는 한편 당시 예부상서 조홍과 강서의 지관 요균경(蓼均卿)을 북경에 보내 자신이 묻힐 '좋은 땅'을 찾으라고 명령했다.

2년여의 세월이 걸려 그들이 찾아낸 땅이 현재의 장릉(長陵 : 성조의 능이름)이 위치한 곳이다. 당시만 해도 풍수가 성행하던 시절이라 그들은 이곳에 앞서 도가려(屠家莒)라는 곳을 선정했지만 황실의 성인 주씨와 도가의 도가 발음이 같은 데다가 주씨가 도가의 땅에 들어가면 신하의 반란을 피할 수 없다고 해 취소됐다. 또 창평현의 양산(羊山) 아래를 택했을 때는 그 뒷마을의 이름이 낭아곡(狼兒谷)이었다.

여기서 낭은 늑대를 뜻하는데 주자가 돼지를 뜻하는 도(猪)와 역시 동음이어서 돼지가 늑대골에 들어가면 잡혀먹히게 마련이라고 해서 피했다. 결국 이렇게 해서 마지막으로 영락제가 손수 답사하고 결정한 곳이 현재의 능구역이다.

이곳의 주산인 천수산은 본래 황토산(黃土山)이었다. 당시 지관 요는 이곳 풍수에 대해 남쪽으로 탁 트인 명당이 넓고 동서북쪽의 뒷산이 병풍처럼 둘러싸고 있으며 왼쪽에는 용산(龍山 : 청룡), 오른쪽에는 호산(백호)이 자리해 형국이 아름다울 뿐 아니라 득수 또한 서북쪽에서 나와 명당 앞을 흘러 영기가 가득한 곳이라고 설명했다. 주산인 황토산은 역시 황제의 황과 동음이어서 황실의 묘역으로는 제격이라는 것.

황토산이 천수산이 된 것은 영락제가 이 산에서 연희를 베풀 때 신하들이 천수를 누리라며 산이름마저 고쳐 현재까지 그 이름을 지녀온다.

1409년 영락제는 주위 80리를 능구역으로 선포했고 이후 명나라가 망한 1644년까지 13명의 황제와 그들의 황후가 이곳에 잠들고 있다.

한국의 조선조 왕릉과는 그 규모면에서 훨씬 다르다. 조선조의 경우에는 묘제 자체를 명의 제후국에서 본받았기 때문에 규모가 작다. 그러나 명 13릉의 경우에는 황제의 위엄을 대변한다는 점에서 바로 자금성

북경 13릉

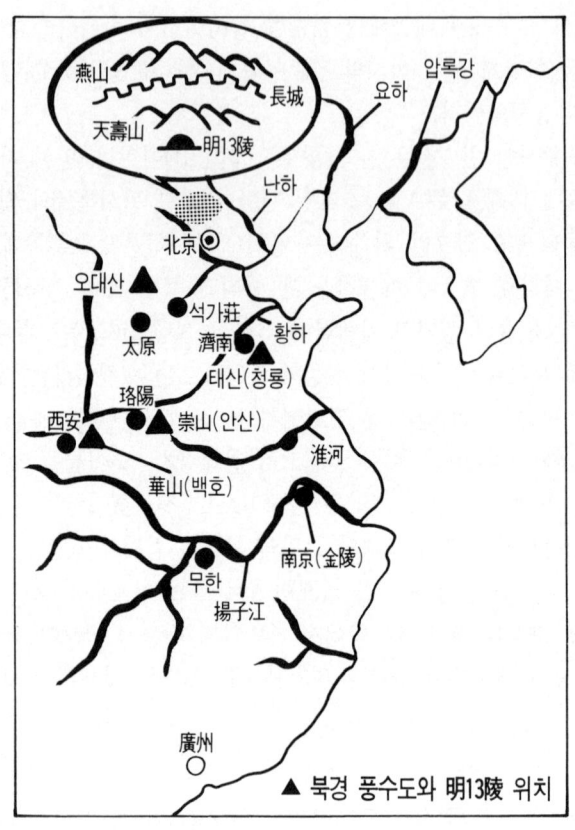

▲ 북경 풍수도와 明13陵 위치

의 축소판이다. 사후에도 황제로 살고 싶었던 그들은 몇몇 황제의 경우, 재위시절에 이미 수십년에 걸쳐 자신의 능을 조성하기도 했다.

현재 능의 내부가 유일하게 발굴되어 일반에게 공개되고 있는 정릉(定陵)은 바로 임진왜란때 명군을 파견한 신종(神宗)황제의 능침이다. 58세로 죽은 신종은 21세때 공사를 시작해 몸소 5회나 시찰했고 현궁(玄宮:관곽을 놓는 자리)까지 살펴보았다. 공사가 진척되지 않아 인부들을 힐책하니 그들의 말인즉 "황제의 죽음을 바라지 않기 때문에 천천히 한다"고 해 무사할 수 있었다는 전설도 전해온다. 민중의 고통이 어떠했을까를 엿보게 하는 말이다.

 또 13릉 구역 안에는 동정(東井)과 서정(西井)이란 곳이 있다. 얼핏 보기에 이는 두 곳에 우물이 있다는 뜻으로 생각하기 쉽지만, 사실은 그게 아니다. 이곳에는 진(秦)나라 이후 계속돼온 순장(殉葬:왕이나 남편의 장사에 신하나 아내를 산 채로 함께 장사하는 제도)의 역사가 서려 있다.

 장릉의 주인인 영락제가 죽자 16명의 비가 이곳에서 숨을 거두었다. 이 제도는 선덕제(宣德帝:재위 1426~1435)까지 계속되었는데 그에 앞서 인종 황제때는 5명의 비가, 선덕제는 10명의 비를 순장했다.

 입궁한 지 20일만에 황제가 죽어 순장당한 궁녀도 있었다고 역사는 전한다.

 13릉 입구에는 거대한 석상들이 8백미터의 거리에 널려 있다. 그중 가장 큰 석수는 좌대만 30평방미터다.

 아무튼 명 13릉의 위치는 풍수적 요소도 뛰어나지만 명나라 건국초 수도 북경에 대한 경비와 북방에 대한 황실의 경계의식을 반영한 것이라고 하겠다. 팔달령(八達嶺:만리장성 관광지)과 가까운 이곳은 난공불락의 요새로서 군사를 주둔시키면 능침의 수호는 물론 북경도 보위할 수 있는 곳이기 때문이다. 실제로 한때 이곳 능을 수비하기 위해 하나의 능에 5천여 명의 군사들이 주둔하기도 했었다고 한다.

수강 류종근 선생 약전

선 경 식[1]

"90년은 수화미제(水火未濟)의 해로 불과 물이 겉돌아 흘러갔습니다. 따라서 미완(未完)의 해이자 혼돈의 세계였지요. 그러나 91년은 수화기제(水火旣濟)의 해로 옛것이 가고 새로운 질서가 정착하게 될 것입니다."

역학자이자 풍수지리학자로 자연현상 및 인간의 미래를 예측하는 주역과 성리학에 바탕을 둔 정통 풍수지리에 일가를 이룬 수강(秀崗) 류종근(柳鍾根) 씨(61·理數學會 고문).

이론은 밝되 실지(實地)에서 혈을 찾지 못하는 '방안풍수'나 실제에서는 그럴 듯하나 이론적인 근거를 대지 못하는 '작대기 풍수'와는 달리 류씨는 이론과 실제를 겸비한 정통 풍수사(風水師)로 자리매김을 받고 있다.

"풍수지리란 땅이 인간의 길흉화복에 미치는 영향을 분석하고 생기(生氣)를 찾는 학문입니다.

항상 생기가 가득차 있는 곳은 경제적으로 윤택한 고장이 될 수밖에

---

[1] 간략하지만 수강선생의 약전에 대신한다. 이 글은 1990년 12월 31일자 中央經濟新聞에 게재됐던 것이다. 필자는 중앙경제신문 사회부기자.

없지요. 좋은 물과 좋은 산이 있는 곳은 생활의 풍요로움을 가져다 줍니다. 바로 이같은 현상 가운데 겉으로 드러난 부분을 탐구하는 것이 환경공학이라면 속에 숨어 있는 부분을 찾아내는 것이 풍수지리학이지요."

현재 통속화되어 있는 풍수지리는 사이비로 정도(正道)가 아니라는 류씨는 그래서 "철학인 풍수지리학과 과학인 환경공학의 접목"을 강력히 주장한다. 류씨에 따르면 풍수지리의 본질은 사람이 살기에 이롭고 편리한 곳을 찾는 것.

그러나 옛날에는 풍수지리가 부유층의 독점물이 되는 바람에 가난한 서민대중은 '죽음은 삶의 연장'이라는 믿음으로 산 자의 거처보다 돈이 적게 드는 묘자리 쓰는 데만 풍수지리를 이용했다는 류씨의 설명이다.

다시 말하면 양택(陽宅) 마련보다 음택(陰宅) 선정에 관심을 두는 주객전도현상이 빚어졌다는 얘기다.

전북 순창 출신으로 동국대 불교학과를 졸업한 류씨가 풍수지리에 뜻을 두게 된 것은 63년. 62년 육군중령으로 예편한 뒤 술 때문에 위궤양이 도진 그는 요양차 설악산 신흥사를 찾아갔다가 운명학을 공부하게 된다.

그러나 운명학을 통해서는 인간의 미래의 좋고 나쁨을 알 수 있을 뿐이지 그 속에 나쁜 미래를 교정하는 방법이 제시되어 있지 않았다. 그래서 그는 추길피흉(追吉避凶)을 위한 선인들의 지혜인 풍수지리로 눈을 돌린다.

이때부터 류씨는 풍수지리서를 뒤적이는 한편, 실력있는 풍수사를 찾아 헤맸다. 그러다가 65년 전주에 거주하는 장모씨(85년 작고)를 만나 5년 동안 가르침을 받는다. 이 기간은 류씨에게 풍수사의 5대 자격요건인 법종계승(法宗繼承)과 독서명리(讀書明理)를 실천하는 과정이었다.

어느 정도 이론에 자신이 선 류씨는 70년부터 10년 가까이 전국의 산천과 마을을 누비며 실습에 들어간다. 이는 이론이 실제로 맞는지 검증하는 다간선적(多看仙跡 : 선인들의 행적을 찾아내고 명당을 많이 보아야 한다는 뜻) 과정.

등산복차림에 배낭을 메고 방방곡곡을 흘러다닌 류씨는 어느 마을에서나 환영을 받았다. 그가 마을에 당도하여 맨 처음 찾아간 곳은 비교적 좋은 자리에 들어선 묘소.

낯선 사람이 묘 주변에서 서성거리면 반드시 마을 사람이 묘소로 올라오게 마련이었다. 류씨가 점잖게 풍수를 공부하기 위해 전국을 순례하고 있다고 자신을 소개하면 마을 사람은 반색을 하면서 자기집으로 안내했다. 그리고 마을 내력의 설명과 함께 풍수를 아는 촌로의 소개가 뒤따랐다.

밤이 되면 소문을 들은 마을 사람들이 사랑방으로 몰려 들었다. 화제는 마을 주변 묘소들에 대한 풍수지리적인 평가.

참석자들 중에는 류씨의 실력을 떠볼 요량으로 자손들의 실상을 반대로 설명하기도 했다. 그러나 류씨가 풍수지리에 따라 조목조목 따져가면서 반박을 하면 마을 사람들은 고개를 끄덕이며 그의 설명이 사실이라고 실토했다.

가족들로부터 미친 사람이라고 치부되면서 생계 문제를 부인에게 떠넘긴 채 전심치지(專心致知)한 류씨는 마침내 선요정심(先要正心:풍수지리는 먼저 마음으로 느껴야 한다는 의미)의 경지에 도달, 79년 서울에서 풍수지리 연구단체인 이수학회(理數學會)를 조직한다.

회원들은 모두 류씨가 개설한 풍수지리과정을 거친 이수생들로 교수·소설가·공무원·의사·한의사·회사원·대학원생 등 다양한 직종에 걸쳐 있다.

이수학회는 80년부터 7월과 12월을 제외하고 매달 셋째주 토요일과 일요일에 전국명당지를 순례하는 행사를 실시하고 있으며 1주일에 2회씩 회원들의 모임을 갖고 있다. 국민학교 5학년때 백양사(白羊寺) 금타(金陀)스님을 만나 많은 감화를 받았다고 회고하는 류씨는 89년 10월 『風水精說』(2백88쪽)을 펴냈으며 도선의 역저인『현녀비경(玄女秘經)』등의 주해서를 발간할 계획이다.

■ 취재낙수

내 묘자리도 하나 잡아주[1]

나라 망칠(?) 기사

　글이란 최소한 자기확신이 있어야 한다. 그것이 소설이든 일반잡문이든 필자의 확신없이 쓰는 글은 독자에게도 정확한 의미전달이 되지 않을 뿐더러 독자로 하여금 인내를 가지고 끝까지 읽게 하는 데에도 실패하게 마련이기 때문이다.
　중앙경제신문에 1년 가까이 연재중인 「신풍수지리 기행」의 경우, 필자에겐 여간 어려운 작업이 아니다. 그것은 우선 위에서 말한 자기확신면에서 항상 필자를 괴롭혀왔고 나아가 독자나 사회에 끼칠 영향이 어떠할까를 생각할 때 더욱 두려움이 엄습해 왔기 때문이다.
　그 글에 대한 '피드백'은 다양하게 나타났다. 우선 가장 가까운 독자인 편집국내의 반응이다. 반은 흥미, 반은 묘한 눈으로 "재미있게 읽고 있다"며 "다음은 어디냐" 또는 "부동산장사 잘되느냐" "내 묘자리도 하나 잡아주시오" 등 그야말로 천태만상이다. 그러나 이런 경우는 그래

---

1) 이 글은 한국기자협회가 발행하는 계간지 『저널리즘』 1991년 봄호에 실렸던 것이다.

도 서로 이해(?)한다는 점에서 대부분 긍정적인 편이다.

반면 독자로부터는 확연하게 구분된다. 한쪽은 "우리나라 신문사상 초유의 획기적인 기획기사"라는 측면에서 격려이고 다른 한쪽은 그야말로 "나라 망칠 기사"라는 것이다. 그렇지 않아도 부동산투기와 호화분묘 등으로 '땅'이 사회적 문제가 되고 있는데 아까운 지면을 그처럼 할애해서 되겠느냐는 것이다. 더구나 신문이 지닌 사회적 공기 측면에서는 도저히 용납할 수 없다는 질타다. 이런 편지가 편집국장이나 기자에게 날아올 때는 "과연 시리즈를 더 계속해야 할 것인가" 반문하기가 한두번이 아니었다.

최초의 기획 방향

그러나 이런 독자의 반향을 감수(?)하면서도 필자에게 괴로움을 안겨준 것은 역시 처음의 화두(話頭)다. '나 자신이 확신을 가지고 있느냐'의 문제였다. 주로 결과가 확실한 묘지와 집터, 마을을 취재하므로 풍수가 지닌 이론을 반영시킬 수는 있지만 "정말 그것이 풍수에서 말하는 기가 작용해서 그렇게 되었는가"에는 의문이다.

왜냐하면 인과론에 근거한 풍수사상의 한마디가 지금 살아 숨쉬고 있는 인간의 활동영역 자체를 제약할 가능성이 크기 때문이다. 쉽게 말해 주어진 환경을 벗어나 '개천에서 용났다'는 속설을 풍수는 자칫하면 인정하지 않는다는 뜻이다. 무엇보다도 중요한 '개인적 노력'을 부모나 조상의 인과론에 연결시킨다면 지금 살아 움직이는 인간이란 한갓 꼭두각시에 불과하기 때문이다.

처음 이 시리즈를 시작하기 전에 약 2개월의 준비기간이 있었다. 풍수란 무엇인가에 대한 기초적인 이해는 물론 풍수사상이 끼친 해독이 우리 사회에 너무나 편만돼 있어 연재 시작과 함께 불어올 태풍을 어떻게 피해갈 것인가를 찾기 위해서였다.

우선 우리나라 대학에서 처음으로 전통지리학 분야로서 '풍수사상'을 강의하는 서울대 최창조 교수를 수차례 만났다. 처음 만났을 때 최교수는 예의 사회적 부작용을 우려해 기획 자체를 포기하라고 종용(?)했다. 그 자신이 펴낸 수권의 책조차 때론 반역사적, 반윤리적인 평가를 받고 있고 특히 젊은 세대들의 진보적 사상과 마찰이 예견된다며 "차라리 안하는 것이 좋겠다"는 입장이었다.

그 뒤 두어 차례 더 만나 '사회적 폐해'를 극소화하기 위한 방향을 제시해 보았다. 주로 묘지풍수보다는 환경공학적 측면에서 주택이나 마을, 도시, 공단의 풍수적 해석을 시도해 보겠다고 설명했다. 또 하나 가능한 한 학문적 결실, 예컨대 박사학위나 석사학위논문과 일반논문을 참조해 홍미본위에서 탈피하도록 하겠다는 안이었다. 그렇다면 굳이 반대할 생각이 없다고 최교수는 약간 고무적인 반응을 보였다. 한가닥 가능성을 잡은 듯싶었다.

수강과의 만남

두번째 문제는 기자가 직접 풍수이론을 설명할 수 없다는 한계에 부닥쳤다. 폭넓은 동양사상의 바탕 위에서 음양오행과 풍수의 형국론을 짧은 시간에 마스터할 수 없기 때문이다. 시중에 나와 있는 이 방면의 책으로는 도저히 풍수이론을 터득할 수 없다는 것이 분명했다. 결국 안내자를 구해야 한다는 문제에 봉착했다.

물론 최교수를 우선 대상으로 꼽았지만, 새학기가 시작되고 시간이 허락지 않아 할 수 없다는 대답을 얻었다. 몇 사람을 소개해 달라고 했지만, 최교수의 반응은 부정적이었다. 흔히 '작대기풍수'라는 말이 있듯이 단순한 경험만으로 풍수사가 된 사람이 더 많기 때문이라는 것. 실전에 밝은 경우 이론에 어둡고, 이론을 아는 경우에도 산에 나가서는 장님이나 다름없는 사람들이 많다는 설명이었다.

수소문 끝에 『풍수정설』을 펴낸 수강 류종근 씨(61세)를 찾아냈다. 우선 수강은 연령적으로 보아 구세대가 아닌 중간세대였다. 그런데다 그 자신이 지닌 다양한 경력이 매우 현대적(?)이었다. 육군중령 출신에다 동국대 불교학과를 졸업했다는 점에서 우리의 기획의도에 호흡이 맞을 것 같았다.

문제는 오히려 수강쪽에서 제기됐다. 자신의 설명을 요즘 기자들이 제대로 글에 반영시킬 수 있겠느냐는 의문이었다. 자신은 A라고 설명했는데 글은 B로 나온다면 모든 책임을 기자가 아닌 자신이 져야 한다는 피해의식을 토로했다. 그렇기 때문에 매번 "글을 보여달라"는 것이었다. 가히 자존심에 관한 문제였다. 그렇게 할 수는 없다고 잘라 말했다.

아무튼 이런 우여곡절 끝에 일단 첫회를 내보내기로 했다. 먼저 "풍수란 무엇인가"의 개념을 프롤로그로 잡았다. 초안을 수강에게 부탁했다. 그의 글을 토대로 20매에 풍수이론과 기획의도, 기획방향을 재정리해 내보냈다. 수강은 별 거부반응 없이 첫회의 내용을 수용, "함께 해보자"고 했다. 물론 최교수도 첫회에 대해 긍정적인 반응을 보냈다. 신문의 속성상 일단 첫회가 나갔으니 이후 계속 나갈 수밖에 없고 현재까지 격주, 또는 주간으로 26회가 나갔다.

"너, 이놈, 무엇을 안다고 까부느냐"

풍수의 중심사상은 기다. 기가 무엇인가를 보여줄 수는 없다. "기가 있느냐 없느냐" 하는 문제는 "귀신이 있느냐 없느냐"하는 문제와 똑같이 논쟁거리다. 귀신에도 '좋은 귀신' '나쁜 귀신'이 있듯이 기도 마찬가지라고 한다.

시리즈가 계속되면서 컬러사진까지 필자가 직접 촬영하다 보니 날씨와도 싸워야 했다. 출장을 나가 다행히 날씨가 좋으면 한번에 끝나지만, 그렇지 않으면 별도로 사진 찍으러 또 나가야 한다. 음택(묘지)의 경우, 깊은 산중에 있게 마련이다. 이른바 '명당' 일수록 문명의 혜택과는 거리가 먼 곳에 있다.

한번은 K씨의 선조묘를 혼자 찍으러 갔다. 산속에 단신 카메라를 들고 들어간다는 것은 여간 위험이 따르지 않는다. 어떤 사태를 만날지 알 수 없기 때문이다. 그러나 이 경우, '사람'이 무서운 것은 아니다. '기가 있다'고 할 때 대상이 되는 묘의 임자가 과연 필자의 행동을 이해할 것인가가 더 두려웠다.

가령 "너 이놈, 무엇을 안다고 까부느냐" 한다면 대답할 말이 그렇게 준비돼 있는 것은 아니었다. 예의 K씨의 묘를 앞뒤에서 찍은 후 보다 멀리서 원경을 잡기 위해 이산 저산을 헤매야 했다. 그러다가 요행히 전망 좋은 위치를 잡아 사진을 찍고 내려오다가 아뿔사 카메라는 카메라대로 허공에 뜨고 몸은 낭떠러지 아래로 굴렀다.

정신을 차려보니 다행히 나무밑둥에 걸려 있었다. 아래는 그야말로 천길 낭떠러지였다. 몸은 고사하고 카메라부터 찾아야 했다. 수풀을 헤집고 찾아낸 카메라는 별탈이 없었다. 그제서야 망연자실, 살았구나 싶었다. 그리고 퍼뜩 머리에 떠오르는 생각이 '기가 너무 세서 그런 게 아닌가'였다.

일제(日帝)가 남긴 식민지적 잔재

남의 조상을 이러쿵저러쿵 글로 '까불어댄다'는 것이 그렇게 자신있는 일은 아니었다. 분명 K씨네의 묘소에서 나오는 기가 필자에게 무언가 경고하는 듯 느껴졌다. 기를 두고 지나친 비약이겠지만, '명당'에서는 무언가 위엄과 서기(瑞氣)가 넘쳐나는 것을 느낄 수 있었다. 그렇기 때문에 음택을 취재하는 경우에는 반드시 묘소에 예의를 표하고 신중을 기한다.

그렇다고 필자가 기에 대해 확신하고 있다는 것은 아니다. 아직도 의문이다. 그러나 분명한 것은 풍수지리가 동양사상의 핵심이란 점은 인정한다. 서구적 분석과 결과론에 따른다면, 풍수는 그에 조금도 뒤떨어지지 않는 학문체계를 지니고 있다. 문제는 우리가 그것을 이해하지 못한다는 점에 있다.

우리나라에 중국 풍수이론이 도입된 것은 대개 신라말기로 본다(중국풍수이론이라고 한 것은 우리나라에도 나름대로 풍수이론이 있었다고 보기 때문이다). 그 이후, 고려·조선조를 통해 상당한 이론적 체계를 갖추었고 왕조에서는 별도의 관청을 설립, 이를 심화시켜 왔다. 조선조 말기, 일제가 이 땅을 강점한 뒤에도 고종과 순종황제의 장지는 종래 왕실의 지관들이 잡았다. 두 왕릉의 풍수적 평가는 차치하고라도 이때까지 지관들이 존재했었다는 점을 상기해 둔다.

일제가 들어오면서 종래 한국민족의 고유한 사상들, 예컨대 민속이나 풍수이론은 모두 미신으로 몰았다. 여기에 한술 더 떠서 가담한 것이 서구 종교들의 역할이었다. 이로 인해 조선조때 이미 제기된 풍수의 역기능적 폐해와 결부, 풍수사상은 '미신'으로 우리 사회의 표면에서 사라져갔다. 일제하에서 우리 글과 말을 지키려는 노력, 우리 역사를 회복하려는 노력이 있었지만 민속분야는 별다른 조명을 받지 못했다.

풍수이론의 허구성, 누구도 지적 못해

이때 유일하게 자료로 남은 것이 총독부에서 펴낸 민속자료들이다. 예컨대 촌산지순(村山智順)이 펴낸 『조선의 풍수』『조선의 귀신』이 그것이다. 이들 책은 처음부터 분명한 목적의식을 지니고 발간됐다. 조선총독부의 통치자료 내지 조선인의 반문명적 행태를 그 내용에 담고 있다.

해방된 뒤, 오늘날까지 총독부에서 펴낸 민속자료들이 이 분야 학문의 기초를 이루고 있다. 민속학·인류학 등이 대학강단에서 강좌로 개설되고 연구논문이 나오지만, 심하게 지적해 이들 책의 범주를 뛰어넘지 못하고 있다.

결론적으로 말해 묘지풍수는 차치하고라도 도시개발이나 주택건설에 있어 전통적인 풍수이론을 도입, 시행했다면 오늘날과 같은 도시문제나 공해문제는 해결되었을 것이다. 우리들 선조가 왕궁을 짓고 마을을 개척할 때, 어떤 이론하에 실시했는가, 그것을 누구도 눈여겨보지 않았고 실행하려 하지 않았다. 근래 들어 건축분야, 도시개발 분야에서 풍수이론을 환경공학적 측면에서 일부 도입하고 있지만, 심층적으로 전개하지는 못하고 있는 셈이다. 다시 말해 학문적 단절이 왔기 때문이다.

돌이켜보면, 일제가 남긴 잔재를 여러 분야에서 청산해야 했지만, 특히 한국인의 정신영역에서 끼친 해독은 국가적 차원에서 재검토되었어야 했다. 외형적·물질적 피해보상이 아니라 정신영역에서 그들이 남긴 폐해를 씻어내고 복구해야 할 분야가 풍수이론이었다고 감히 주장하고 싶다.

삶이란 것이 땅을 중심으로 의식주문제를 해결하는 것이라면, 그중 중요한 삶의 자리문제를 전통적 이론에서 깊이 연구하고 그것을 오늘에 되살려야 했다. 풍수이론이 허구요, 미신이라면 왜 그런가를 그 좋아하는 서구적 이론으로라도 분명히 밝혔어야 하고 그렇지 않다면 역으로 우리의 중심학문으로 키워내야 했다.

풍수예찬론자의 자세

지금도 국가의 유공자나 저명인사가 타계하면 국립묘지에 '이름없는 병사'보다 큰 자리를 주어 영면하게 한다. 음택이 국토를 좀먹는다면 이런 점부터 위(권력층)에서 의식개혁이 돼야 한다. 그렇지 않고 일반론으로 '나쁘다'고 해서야 정책의 보편성을 얻을 수 있겠는가.

이쯤되면 필자가 마치 '풍수예찬론자'로서 확신범(?)처럼 보이겠지만, 물론 그렇지는 않다. 풍수를 취재하다가 결국 본격적인 '풍수공부'를 하게 되었지만, 개인적 길흉화복을 염원하거나 피하기 위한 것이 아니다. 바람과 물, 그것이 없이는 오늘날 우리가 살 수 없는 지경에까지 이르렀다. 좋은 바람, 좋은 식수를 돈 주고 사먹는 세상이 오기까지 우리의 국토가 얼마나 병들었는가를 취재과정에서 새삼 느꼈기 때문이다.

가진 자든 못 가진 자든 모두가 인간답게 살기 위해서는 위로는 통치자에게서부터 아래로는 시정잡배에 이르기까지 전통사상에 겸허한 자세를 지닐 때가 왔다.

문제는 풍수, 그 자체가 나쁜 것이 아니라 그것이 무엇인지 실체를 모르기 때문에 사기꾼이 횡행, 속고 속이는 풍토가 만연돼 있다는 점이다.

올바른 지사(地師)가 되기 위해서는 △학문의 법통을 가져야 하고 △현지를 답사해야 하고 △이론이 갖추어져 있어야 한다. 여기에다 △마음이 곧아야 한다. 이 길을 가기 위해서는 적어도 20년의 세월이 필요하다고 한다. 10년 이론공부, 10년 실지경험, 그 정도에 이르러야 제대로 산천을 볼 수 있다고 한다.

한갓 '글쟁이'로서 풍수사상을 연재하고 있는 현재의 필자는 아직 그 어디에도 자리매김을 할 수 없다. 기자가 전문성을 지녀야 한다는 점에서 이번 취재과정은 개인적으로 커다란 '호기(好機)'라고 생각한다.

주역으로 풀어본 1991년

역(易)은 변화를 뜻한다. 세상은 변하게 마련이라는 뜻이다. 일찍이 동양의 고전으로 자리잡은 『주역』은 이같은 변화의 원리를 통해 우리에게 삶의 지혜를 일깨워줬다. 단순히 미래를 점치는 것이 아닌, 올바른 미래를 만들어가기 위해 『주역으로 본 1991년』을 게재한다. 독자제현에게 도움이 되기를 기대한다. 자문에 응해주신 대산 김석진 씨(흥사단 周易 강좌강사), 수강 류종근 씨(理數學會 고문) 등 여러분께 감사드린다.

삶의 철학과 지혜

1991년 우리나라의 운세는 결론부터 말하자면 과거의 온갖 때를 벗어버리고 새로운 질서, 새로운 세계를 준비하는 해다. 그러므로 그에 따른 작은 진통들이 뒤따를 것으로 예상된다.

---

1) 이 글은 주역의 이해를 돕기 위해 게재했다. 어느 특정 해를 기준한 것은 지금 우리가 그 시대를 살고 있기에 더욱 쉽게 반추해 볼 수 있다.

과거의 허물을 씻어내기 위해서는 무엇이 잘못된 것이냐가 밝혀져야 한다.

그러기 위해서는 '바람'이 불어야 한다. 바람이 있어야 움직임이 있게 마련이다. 위로는 최고책임자로부터 일반 국민에 이르기까지 모두가 그 '바람' 속에 드러나는 실체들을 자세히 살펴보고 저울처럼 정확한 판단을 내려야 한다. 그렇게 되면 미래는 곧 우리 모두에게 확실한 유토피아의 세계를 보장해 준다. 향후 수년이 지나면 "한국이 세계의 주인이 된다"는 역학자들의 낙관적인 견해도 여기서 비롯되고 있다.

동양에 있어 역의 세계는 그 문명의 시간만큼이나 오랜 역사를 지니고 있다. 흔히 팔괘(八卦)로 지칭되는 역의 논리는 변화 그 자체를 뜻한다. 인간을 포함한 우주의 철학을 담은 역은 단순한 서책이 아니라 경전(經典)으로 받들어져 그 이름도 『역경(易經)』이라 불린다. 그런가 하면 역은 개인과 나라의 운세를 점치고 있다는 점에서 일찍부터 점복서(占卜書)로서도 우리의 사랑을 받아왔다.

팔괘에서 발전한 64괘로 대표되는 역은 상호 밀접한 연관을 가지고 구성돼 있지만 하나하나의 괘가 또한 독립적 성격을 지니고 있어 해당 연도에 어떤 괘가 나오느냐에 따라 나라와 사람의 몸가짐은 물론, 대처하는 방법도 다르다.

한 해의 괘를 뽑는 방법

우선 괘를 뽑는 방법부터가 다양하다. 한해의 점괘는 대개 입춘(立春)날 아침 맑은 정신으로 산(算)대를 잡는 것이 전통적 방법이다. 그러나 편의적으로 산출하는 방법도 없지 않다.

여기서는 1991년의 간지(干支)인 신미(辛未)에 맞춰 우선 『주역』에서 미(未:양 또는 염소)에 관해 언급한 부분을 찾아내 그 뜻을 풀어보는 방법과 신미년(辛未年)을 팔괘에 맞춰 괘를 찾는 방법, 또 1991년과 신미년의 간지순서 수를 합쳐 괘를 찾는 법, 끝으로 선후천운화수(先後天運化數)로 찾는 법을 소개하고자 한다.

먼저 『역경』에 나타난 양(羊)에 관한 기록은 주로 하경(下經) 부분의 34번째 뇌천대장괘(雷天大壯卦), 43번째 택천쾌괘(澤天夬卦), 54번째 뇌택귀매괘(雷澤歸妹卦)가 있다.

둘째, 신미년의 간지에서 신은 그 순서상 8번째 나오는 것이므로 팔괘의 곤(坤)이 되고 미 또한 순서상 8번째 등장하므로 곤이 된다. 곤과 곤이 중첩한 괘가 두번째 나오는 중지곤괘(重地坤卦)다.

셋째, 단기 4324년에서 각각의 숫자를 합하면 13이 되는데 이를 8로 나누면 5가 남는다. 곧 5는 팔괘의 손(巽)이자 그 뜻은 바람(風)이다.

이를 상괘로 삼고 간지인 신미에서 나온 괘를 하괘로 잡는다. 신미는 앞에서 언급했듯 모두 간지 순서로 보아 8번째에 해당하므로 이를 합하면 16, 이것을 다시 8로 나누면 영(零)이 된다. 이 경우는 팔괘의 8번째 괘를 그대로 이용, 곤괘가 되는데 그 뜻은 땅(地)이다. 즉 이 방법에 의한 금년의 운세는 『역경』의 20번째에 나오는 풍지관괘(風地觀卦)다. 끝으로 '선후천운화수' 방법으로 풀면 63번째인 수화기제괘(水火旣濟卦)가 나온다.

앞서 언급했듯 같은 해의 점괘를 잡는데도 이처럼 방법의 차이에 의해 괘 자체가 달리 나오지만 내용은 해석에 따라 동일하다는 것이 역학자들의 주장이자 통설이다. 왜냐하면 역은 인과론을 따지는 것이 아니라 "동일한 시간과 동일한 공간이 교직(交織)"되면서 나오는 조화론을 중시하기 때문이다. 아무튼 이렇게 나온 괘들을 두고 1991년도 각부문의 운세를 전망해 보자.

정치분야 : 구세대 인물 퇴진해야

1991년은 양띠(未)의 해다. 양떼는 그 속성상 앞에서 잡아끌고 가려면 따라오지 않는다. 뒤에서 살살 몰아야 무리없이 목표를 향해 나아갈 수 있다. 정치인들이 양떼를 몰듯 뒤에서 민중을 모시고 가면 후회가 없지만 억지로 앞에서 끌고 가려 하면 반발하게 된다. 이때는 더욱 정치에 대한 불신이 가중될 수 있다(택천괘).

지방의회 선거 등이 실시되는 91년에는 풀뿌리 정치가 제자리를 잡아야 한다. 그것이 제대로 안될 때 7, 8월에는 다소 혼란이 올 수도 있다.

특히 집권 후반기에 이르러 민중의 소리를 직접 귀담아 듣지 않으면 통치권에 누수현상이 심화될 수 있고 집권당 내부에도 소란이 일게 될 것이다. 이 점은 물론 재야(在野)나 야당도 마찬가지다.

지역적으로 보아 전라도 지방은 안정되지만 경상도와 평안도지방에서는 골치 아픈 일들이 일어나고 이를 기호지방 인사들이 조정해 나가게 된다.

이미 84년부터 하원갑(下元甲 : 후천시대)에 들어간 우리나라는 91년(辛未)에 이르러 모든 것이 새롭게 시작된다. 신(辛)은 곧 신(新)과 같다고 했다. 그러므로 모든 구시대적 인물이나 발상은 어쩔 수 없이 물러가게 된다. 이점을 굳이 외면하고 구태의연한 작태를 벌이게 되면 진통이 있게 마련이다. 이미 새싹이 뿌려졌고 그것이 자라고 있다. 패권정치의 시대는 물러가고 도덕정치가 도래했기 때문이다.

비민주적인 법률이나 제도는 91년 안에 깡그리 개폐돼야 한다. 최고 책임자는 소인배를 물리치고 한편으로 기울지 않는 결단을 내려야 한다고 역은 강조하고 또 촉구한다. 그래야 허물을 벗어버릴 수 있다.

다시말해 "소인이 세도를 얻어 모든 악을 거리낌없이 행하다가 그 해(害)가 최고 책임자에게까지 미친다"고 했다(택천괘).

경제분야 : 경제계 개편 조짐, 중소기업 통폐합

큰 어려움은 없다. 그러나 농작물 부문은 풍해와 서리로 인해 피해가 우려된다.

경제정책도 이론적인 면보다는 실물경제에 치중해야 할 것이다. 또 경제계의 개편도 뒤따를 것이다. 많은 중소기업들이 통폐합돼 새로운 기업으로 탈바꿈하게 되는 것도 91년의 특징이다. 그러나 그 열매를 당장 얻기는 어렵다. 다시 말해 91년은 씨를 뿌리는 해이기 때문이다.

'뇌천대장괘'에 따르면 "때가 막혀 숨어야 할 때가 있으나 어려운 때를 지나면 반드시 태평한 때가 오므로 마침내 크게 장(壯)하게 된다"고 했다.

그러므로 중소기업이든 대기업이든 자신의 강함만을 믿고 고집스럽게 앞으로 나아가다가는 마치 양이 울타리를 들이받아 뿔이 위태롭게 되는 것처럼 위기를 만날 수 있다.

국제경제에 있어서 91년으로 넘어간 우루과이라운드(UR) 문제는 순리대로 풀어나가야 하고 이를 조정하는 데는 제3국의 도움을 받아야 한다. 물론 국내 생산자들의 여론도 무시해서는 안된다.

가정경제에 있어서는 이미 과소비풍조를 경계하자는 캠페인이 일어났듯 91년에는 이 운동이 매우 활발해질 전망이다. 우리의 경우 아직은 낭비의 시기가 아니다. 허리띠를 졸라매고 더욱 저축해야 한다. 기초가 없이 '큰돈'이 생기면 '자식'은 물론 자신도 망치게 된다는 점을 명심해야 한다. 부동산투기 등으로 졸부(猝富)가 된 사람들은 특히 경계해 "양떼와 함께 사는 지혜"를 터득해야 파산의 위기를 넘기게 된다.

외교·남북관계 : 실익은 없다

"여자가 광주리를 이고 가는데 실익이 없다. 양을 찔러 피가 없으니 역시 이로운 바가 없다"고 했다(뇌택귀매).

　양은 가죽도 쓰임새가 있지만 희생제물로 쓸 때는 피가 나와야 한다. 피(결과)가 안 나오는 외교는 낭비일 뿐이다.

　곧 지나친 외교는 득이 될 것이 없다. 이는 90년도에 나타난 결과가 반증해 준다. 특히 서구와의 외교관계는 상당한 애로가 따를 것이다.

　남북관계도 정치에서 볼 수 있듯 남북 모두 통치후반기에 누수현상이 빚어져 어떤 결정적인 결실을 가져오기는 어렵다. 다만 양의 성격처럼 앞으로만 밀고 나가면 빼도박도 못하는 현상이 올것이지만 남한에 불리한 것은 아니다.

사회·문화분야 : 실험적 가치는 퇴조해

　근래에 성행한 인신매매라든가, 흉악범의 등장은 바로 사회적 위기를 알리는 적신호다. 91년에도 90년에 못지 않은 사회적 병리현상이 나타날 수 있다. 그러나 그것이 정도가 아니므로 집단적 대응책으로 민간주도의 윤리운동이 활성화할 것이다.

　낙관적으로 보는 견해도 없지 않다.

　어느 때보다도 우리나라 젊은 사람들의 얼굴이 밝고 눈빛이 빛나고 있다. 흉악범의 등장은 전체 인구로 보면 극소수에 불과하다. 새 윤리·새 인물상이 등장하기 위한 과도기적 현상일 뿐이다.

　문화적으로는 중화(中和)의 사상이 제자리를 찾게 된다. 극단에서 극단으로 흐르던 실험적 가치들이 서서히 소멸해가고 인본주의(人本主義)를 바탕으로 한 고전적(古典的) 문화가 싹트게 된다.

　다시 말해 온고이지신(溫故而知新 : 옛것을 살펴 새 지식을 펴게 됨)으로 패션도 고전적인 것이 부활하고 흘러간 노래·국악·고유종교가 대중화한다. 빛깔은 붉은색과 녹청색이 유행한다.

　91년 한해 여성은 특별히 요조숙녀의 미덕을 지녀야 온갖 '바람'을 피할 수 있다(중지곤괘).

종합적 결론 : 중정(中正)의 도를 지켜야 한다

나라 안에 바람이 휩쓸고 간다. 그것은 사물이나 사건을 올바로 보기 위한 필연적 과정이다. 움직임이 없으면 참과 거짓을 가려낼 수 없다.

그러므로 결코 두려워해야 할 '바람'이 아니다. 후유증을 최소화기 위해서는 최고통치자를 비롯해 조언자들이 중정(中正)의 결단을 내려야 한다. 그리고 자신의 처지를 자세히 살펴 진퇴를 결정할 줄 알아야 한다. 이 점에 있어 국민의 의식수준을 결코 과소평가해서는 안된다.

옛말에 이르기를 "국말하원갑(國末下元甲) 시운유신(時運維新) 육일가십(六一加十) 팔십가일(八十加一)"이라고 했다. 풀어보면 하원갑이 시작되는 1984년 이후에 나라의 운세가 새롭게 시작되니 그때가 신미년(辛未年)이라 했다(여기서 六一加十은 辛字의 파자다). 또 그 신미년 어느날 무슨 일인가 일어날 것이라는 이야기도 된다.

다른 한편 역은 단순히 어느 한 시점만의 사상(事象)을 예견하는 것은 아니다. 역사란 것이 본래 그러하듯 어제가 있기에 오늘이 있고 또 내일이 있는 것이다. 그 변화의 흐름 중에 하나가 1991년일 뿐이다. 우주의 광대무변한 시간에 비춰보면 1년은 하나의 점(點)에도 못 미치지만, 반대로 모든 일의 시작과 끝이 한 시점(에포크)에서 비롯된다는 엄숙함도 잊어서는 안된다.

91년의 괘를 풍지관으로 볼 때, 변화는 다섯번째 효에서 온다. 그때의 괘는 산지박괘(山地剝卦)가 된다. 또 중지곤으로 볼 때는 네번째 효가 변해 뇌지예괘(雷地豫卦)가 된다. 그리고 수화기제는 지천태괘(地天泰卦)와 같은 이치를 지니고 있다. 이 부분에 대한 설명은 지면사정으로 생략한다. 다만 관심있는 독자는 『역경』을 찾아 깊이 헤아려보길 바랄 뿐이다.

덧붙여 말한다면 91년에는 누구든 "개성(아집)을 버리고 화합한다(不化而和)"는 생활관을 지녀야 온전히 몸을 지킬 수 있다. 그리고 91년에 시작된 일은 "7년이 지난 정축년(丁丑年 : 1997년)에 가서야 완성된다"는 사실을 알고 매사를 조급하게 서둘러서는 절대로 안된다.

■후　기

연재를 끝내며

　가톨릭의 임응승 신부는 추(錘)를 가지고 수맥(水脈)을 찾는 사제로 널리 알려져 있다. 임신부의 경험담을 듣거나 저서를 보면 무덤 속의 시신들의 변화와 그것이 후손이나 직계가족에게 끼친 영향이 무섭게 그려져 있다.
　물론 임신부는 정통 풍수사가 아니다. 다만 수맥이론을 통해 묘지와 후손 사이에 어떤 연관이 있다는 점을 실증적으로 보여줄 뿐이다. 풍수의 세계에서도 이같은 사례를 찾는 것은 어렵지 않다.
　수강의 경험담을 들어보자. 그 자신은 이런 문제를 굳이 들먹이려 하지 않지만 풍수의 동기감응(同氣感應) 이론을 설명하기 위해 어렵게 말문을 텄다.
　최근 전남 순천의 어떤 집안에서 일어난 일이다. 현직 교감, 판사, 의사를 아들로 둔 모씨는 두통으로 몹시 고생했다. 아들이 의사니까 양약은 물론 좋다는 약은 다 써 봤다. 그래도 효과가 없었다. 마침 사위인 K씨가 수강을 초청, 처가의 묘를 감정해 달라고 했다.
　두통을 앓는 장인의 부모들이 약 10년 전에 타계했다. 그 산소를 둘러봤다.
　청룡쪽에 이른바 지네모습을 갖춘 산들이 뻗어 있었다. 필시 그 노인의 두통은 이 산세와 관련이 있음이 분명했다.

묘를 파니 30cm 정도 크기의 지네가 두개골 안에 들어가 있었다. 묘는 이장했고 노인의 두통은 깨끗이 나았다.

지난 2년 가까운 기간에 걸쳐 우리는 전통사상의 하나인 풍수지리설을 현장을 통해 살펴보았다. 풍수의 범위인 묘지와 양택, 그리고 마을과 도시를 통해 풍수이론의 전개사상을 미흡하나마 더듬어봤다.

당초의 계획은 현대적 환경공학과의 접목을 시도하는 데 있었지만 별로 만족할 만한 성과를 얻지 못했다. 특히 이 분야는 현재 국내에서 환경공학을 전공하는 학자들이 드러내놓고 환경공학 자체를 '서양의 풍수'라고 인정하지 않는 점에서 어려움이 있었다.

그러나 한국과학기술연구원 등에서 기(氣)와 관련, 상당한 관심을 보여준 것은 작은 성과였다고 하겠다. 앞으로 기회가 닿는다면 현대과학의 기자재를 동원, 해당지역의 기를 분석하는 작업이 이루어지기를 기대해 본다.

기자의 경우 사실 이 분야에 대해서는 문외한이었다. 그러나 시리즈를 계속해가면서 조언자인 수강을 통해 풍수이론을 일부나마 익히고 현장을 확인하면서 새삼 놀란 것은 이론의 정교함이었다. 학문의 역사가 오랜만큼 현장에 도착해 나무 하나, 돌 하나, 산등성이가 우연히 그 자리에 있는 것이 아님을 체득했다. 생기가 뻗어가는 길목에는 분명히 흔적이 있고 혈이 맺은 자리 또한 그 증거가 뚜렷했다.

그럼에도 오늘날 왜 '풍수'가 일부 사람들로부터 일종의 미신으로 오해를 받아야 하는가. 첫째 원인은 일제식민지가 남긴 식민정책의 유산이 가장 크다고 기자는 믿는다.

일제는 한국인의 독립의지를 말살하기 위해 전통사상을 대부분 미신으로 몰아붙였다. 그런 까닭에 풍수이론뿐만 아니라 고유의 민속사상이 대부분 뿌리가 뽑혔다.

다른 한편 이점에 대해 수강은 이렇게 평한다.

"속칭 풍수들이 체계적으로 교육을 받지 않고 한 가지 방술만 습득,

마치 이것이 전부인양 백방으로 휘두르기 때문"이라고 했다.
 "공간의 지형적 요소에 따라 풍수의 두 축인 형국론과 천성이기(天星理氣)론을 적절히 적용해야 함에도 한편에 치우쳐 비도덕적으로 이용하기 때문"이라는 것. 또 풍수이론을 제대로 배우기 위해서는 인접학문인 역학(易學)·성리학·지질학·현대의 환경공학 등을 함께 배워야 하는데 이에 대한 이해가 사실 전무한 점도 '풍수'에 대한 오해를 불러오고 있다고 덧붙였다. 여기에다 정통 풍수이론자들은 이 학문을 전승할 때 극히 소수인 2, 3명의 제자에게만 법통을 이어주는 것이 불문율로 돼왔다는 점도 문제라고 하겠다.
 아무튼 풍수지리사상은 현대에 이르러 대학강단에서 '강좌'로 자리잡았고 이에 대한 학문적 연구가 진행되고 있어 앞으로는 다른 위상을 갖게 될 것이 분명하다. 이 점은 최창조 교수의 기고문에서도 엿볼 수 있다.
 끝으로 시리즈가 계속되는 동안 경향각지에서 격려를 보내주신 독자들, 그리고 기획 자체에 비판과 질정을 아끼지 않으신 독자들에게도 새삼 감사를 드린다.
 아쉬운 점은 풍수의 결과인 길흉화복을 논할 때 복잡한 역학적(易學的) 이론을 보다 쉽게 독자에게 전달하지 못한 점과 한국풍수인맥을 다루지 못한 점이다. 뿌리 없는 나무가 없듯 풍수의 역사를 다루지 못한 점에 거듭 독자들의 양해를 구한다.

풍수사상을 거론하는 의미

崔昌祚

왜 또다시 풍수인가? 풍수의 폐해에 대한 통렬한 비난의 역사는 오래다. 고려 예종때 오연총은 당시 서경으로 불리던 평양에 새로운 궁궐을 조성하겠다는 풍수적 사건에 대하여 술수에 미혹되어 공연히 민심만 이반시키고 인민을 소동케 할 뿐 돌아오는 것은 아무것도 없다고 상소를 올렸다.

공양왕때의 강희백도 말하기를 인간사, 길흉은 밖에부터 오는 것이 아니라 오직 사람이 불러들이는 것이며 천시(天時)와 지리(地理)는 인화(人和)만 못한 것이니 역대의 임금들이 그토록 공을 들여 풍수도참을 믿었으나 얻은 것이 무엇인가, 이제 나라의 운명마저 풍전등화에 이르지 않았는가 하며 통탄해 마지 않았다.

다산 정약용도 말한다. 살아있는 부모가 자식을 앞에 앉혀놓고 엄하게 훈계를 하여도 말을 듣지 않는 판에 땅 속에 묻혀 썩어가는 시체가

---

1) 최창조 : 서울대학교 사회과학대학 지리학과 교수.
2) 이 글은 신문연재를 끝내면서 최교수에게 비평의 글을 부탁해 1991년 12월 23일자 『중앙경제신문』에 게재했던 것이다. 전통지리학의 발전 방향을 제시하고 있는 점에서 저자의 생각과 일치해 다시 옮겨 실었다.

어찌 아들에게 복을 줄 수 있겠는가. 초정 박제가의 지적은 더욱 폐부를 찌른다. 아비가 옥에 갇혀 온갖 악행을 당하여 몸에 성한 구석이 없는 지경에 이르렀는데도 밖에 있는 자식들에게는 종기 하나 났다는 말을 들어본 적이 없으니 어찌 부모의 유골을 받은 땅 기운이 자식들에게 전해진다는 동기감응론(同氣感應論)을 믿을 수 있겠는가.

그런데 왜 또다시 풍수사상을 거론하는가. 많은 이유가 있다. 크게 세 가지만 생각해보기로 한다. 우선 자신과 가문의 발복만을 바라며 산소 자리잡기에 몰두하는 풍수는 풍수를 빙자한 잡술일 뿐이지 결코 정통의 풍수가 될 수 없다는 사실이다. 풍수가 주장하는 바 기(氣)라는 것은 그 이치가 하늘과 땅과 사람이 다를 바가 없다.

그런데 어찌 욕심에만 눈이 어두운, 사람같지도 않은 자에게 몇가지 풍수에 관한 지식 부스러기를 익힌 까닭으로 천도(天道)와 지리(地利)가 따라주겠는가. 정통의 풍수는 먼저 인간의 철저한 윤리성을 강조하고 있다. 풍수를 오늘에 다시 거론하는 까닭은 이 점에서 먼저 찾아볼 수 있다. 지금 우리들은 땅을 무엇이라 생각하는가? 철저한 이용과 무자비하기까지 한 소유욕의 대상 정도로밖에는 생각하고 있지 않은 게 아닌가.

땅은 만물의 근원이요, 따라서 어머니인 존재다. 정통의 풍수는 그것으로부터 논리를 시작한다. 어머니를 소유와 이용의 대상정도로 생각하는 인간이 있겠는가. 그래서 우리는 풍수를 연구하고 있는 것이다.

학문적으로도 오늘에 풍수를 떠올릴 충분하고도 필요한 조건들이 갖추어져 있다. 서양의 지리학을 그대로 도입한 오늘의 지리학은 많은 문제를 야기시켰다고 생각한다.

무엇보다도 공간 구조를 지극히 비인간적인 것으로 만들었다는 점인데 기능과 편의성 위주의 서양 지리학 전통에서 보자면 이런 결과는 당연한 귀결이 아닐 수 없다. 문학적 표현을 빌자면 우리는 지금 고향을 잃은 사람이 되었다는 얘기다. 풍수는 땅을 생명을 가진 것으로 인식한다. 거기에는 계산된 관계만 있는 것이 아니라 정을 품은 관념들이 작용을 하게 된다. 당연하게도 그렇기 때문에 풍수적 사고로 땅을 대하면 오염이니 공해니 하는 염려는 할 필요가 없어진다.

땅을 살아 있는 그 무엇으로 여기는 사람들은 땅을 아끼고 필요한 경우에는 땅에 두려움을 갖기도 한다. 깨고, 부수고, 뚫고, 막고 하는 것이 아니라 풍수는 더불어 살고자 한다.

그런데도 서양의 학문체계를 익힌 많은 학자들은 비판한다. 풍수는 미신에 지나지 않으며 너무나도 비논리적인 인식체계이기 때문에 일고의 가치도 없는 것이라고. 사실 그들은 풍수를 거의 이해하고 있지 못하면서도 나름대로 알고 있는 왜곡된 풍수를 풍수라고 믿어버리고는 비난을 한 셈인데, 풍수전공자의 한 사람으로 이런 부탁을 하고 싶다.

우리에게는 우선 시간이 필요하다고. 그간 풍수를 공부할 수 있는 여건이 너무나도 불우부진했기 때문에 아직은 논리를 갖추어 대안을 제시할 정도에는 이르지 못했다. 연구인력도 거의 없었고 학계의 인식도 대단히 좋지를 않았으며 연구비라는 것도 없다시피 했다. 우수한 후배와 제자들을 끌어들이기 위해서는 졸업후의 진로도 어느 정도는 있어야 하는데 대학이나 대학원에서 풍수를 전공한 사람들은 어디로 갈 것인가. 갈 곳이 없다.

그래서 시간이 필요하다고 한 것이다. 나는 풍수가 우리의 국토와 환경문제에 대하여 언젠가는 귀중한 발언을 할 수 있는 날이 반드시 오리라고 확신한다.

다만 지금 시점에서는 풍수연구에 시간이 필요하다는 것뿐이다.

그리고 소위 지관이라는 사람들에게도 한마디 해두고자 한다. 돈벌이를 목적으로 땅을 봐준다면 그 죄가 자신에게 돌아온다는 옛 풍수서의 가르침을 결코 잊지 말라고. 욕심이 통하는 곳에 기감(氣感)이 이루어질 수는 없다.

기감이 없는 곳에 풍수가 있을 까닭이 없다. 그런 지관들은 오히려 풍수사상을 더 망치고 있다는 사실을 직시해야 할 것이다.

일반인들도 마찬가지다. 나만 잘되고 보자는 이기적 풍수는 땅에 대한 죄악이지 지혜가 아니다. 꼭 풍수를 알고자 한다면 어려운 이론에 빠져드는 것보다는 땅을 사랑하는 습관을 들여보도록 노력하는 편이 낫다. 그리하여 땅과 대화를 나눌 수 있는 경지에 이르면 그때가 바로 풍수의 품안에 안기는 때가 되리라.

부 록②
주요 풍수용어풀이 및 도표
참고 문헌

음택(묘지) 주위(局)의 명칭

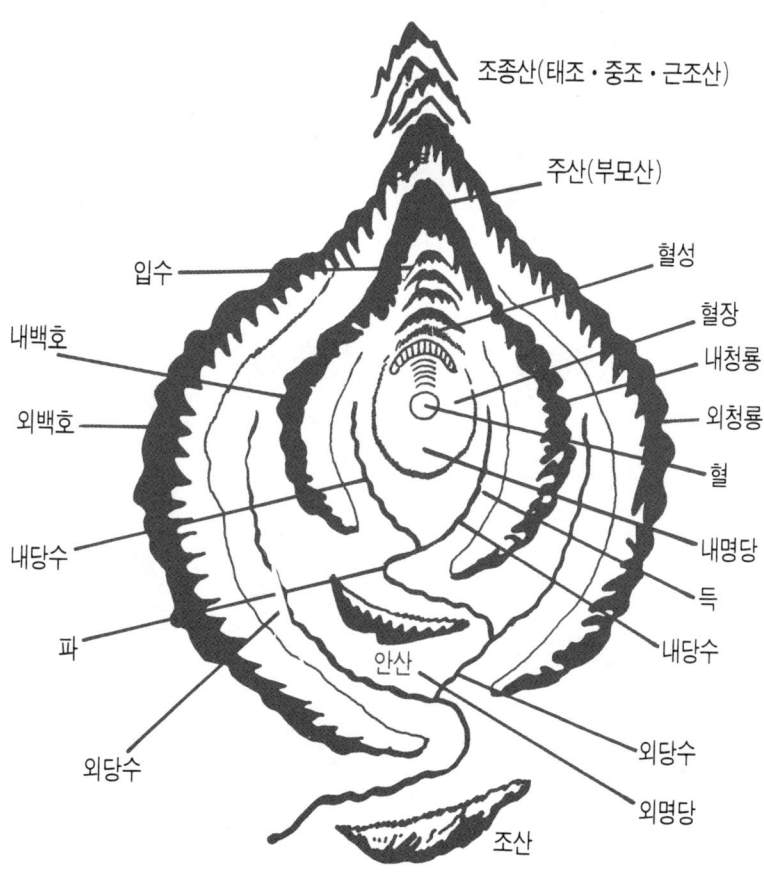

오성(五星) 및 구성(九星)의 산 모양

오성 정체	구 성	
목성(木星)	탐랑성(吉)	
화성(火星)	염정성	
토성(土星)	거문성(吉)	녹존성
금성(金星)	무곡성(吉)	파군성
	좌보성(中吉)	우필성(中吉)

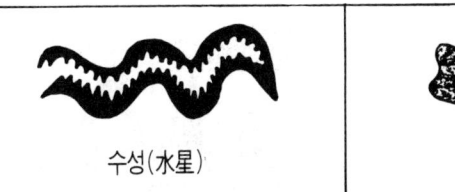
수성(水星)

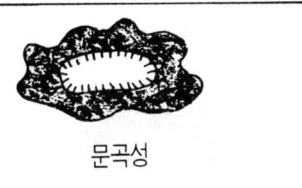
문곡성

九星의 ( )안에 吉은 가장 좋은 것을 뜻한다. 표시없는 나머지 4星은 대개 흉성으로 본다.

九星의 5星 귀속은 이론에 따라 차이가 있지만 대개 위의 그림과 같다.

오성의 3가지 모양에 따른 길흉

오성	방위	청(淸)	탁(濁)	흉(凶)
목성	동쪽	문성(文星) 문장·명예	재성(才星) 기예와 기술	형성(刑星) 요절·패멸·불구
화성	남쪽	현성(顯星) 문장·大貴·권세	조성(燥星) 요절·흉사·조급함	살성(殺星) 도적·사멸·참혹
토성	중앙	존성(尊星) 왕후경상·오복구전	부성(富星) 거부·자손번성	체성(滯星) 옥사·질병·우둔
금성	서쪽	관성(官星) 부귀·문장현달·충직	무성(武星) 권세·관검사직·위명	여성(厲星) 도적·살인·절손
수성	북쪽	수성(秀星) 문장·귀인·청백리	유성(柔星) 병고·요절·총명·아첨	탕성(蕩星) 음란·방탕·간사·빈궁

청 : 산 모양이 수려하고 광채가 나는 모습
탁 : 산 모양이 살이 찌고 단정 중후한 모습
흉 : 산 모양이 추악하고 거칠며 살기를 띤 모습

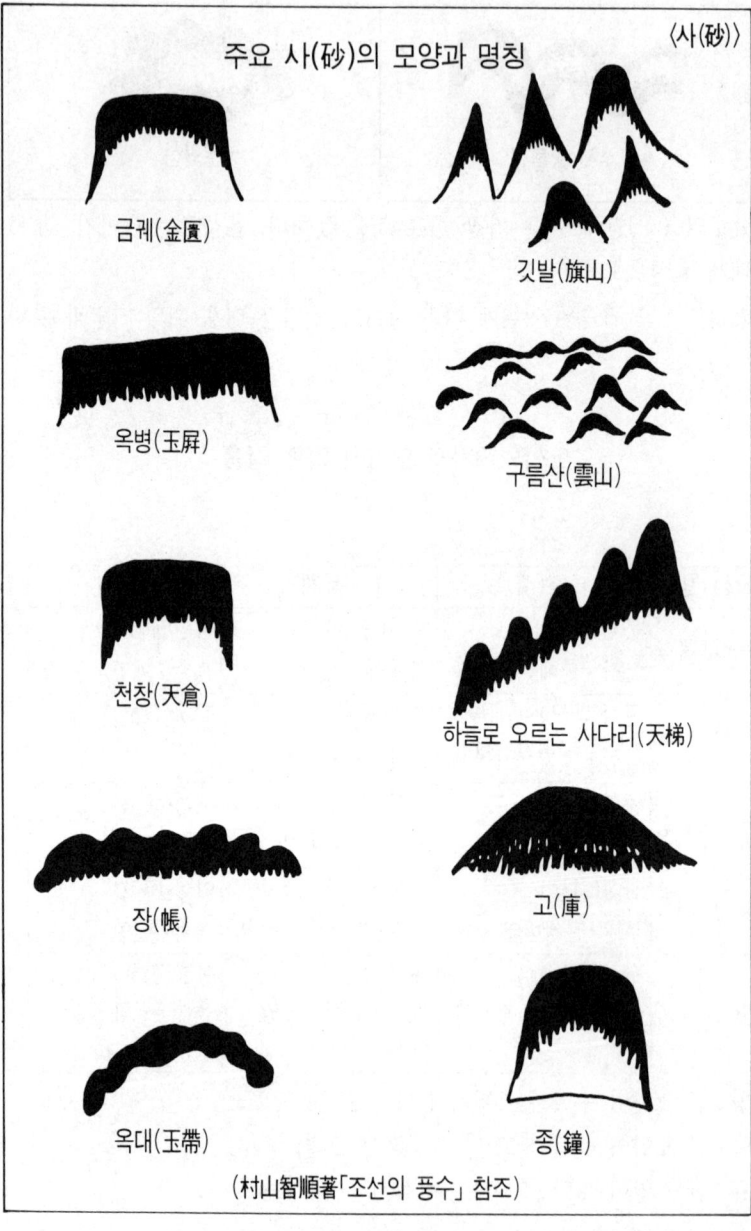

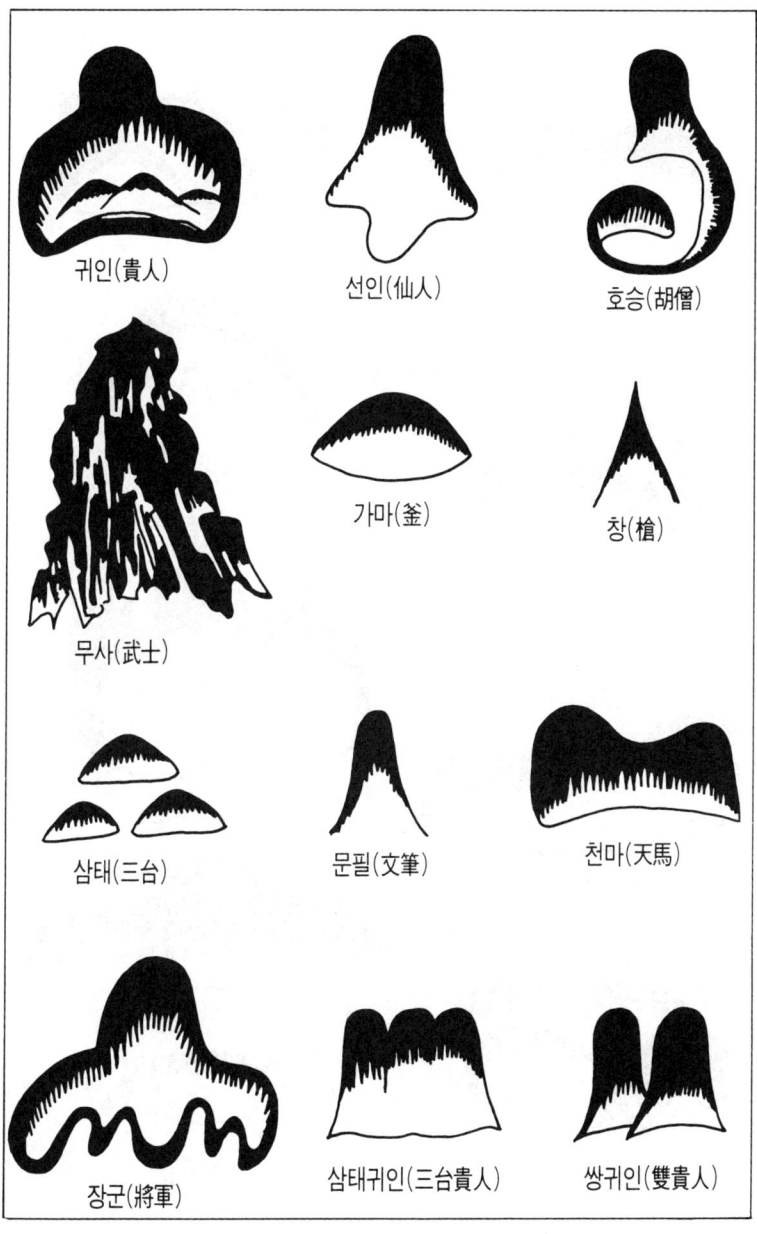

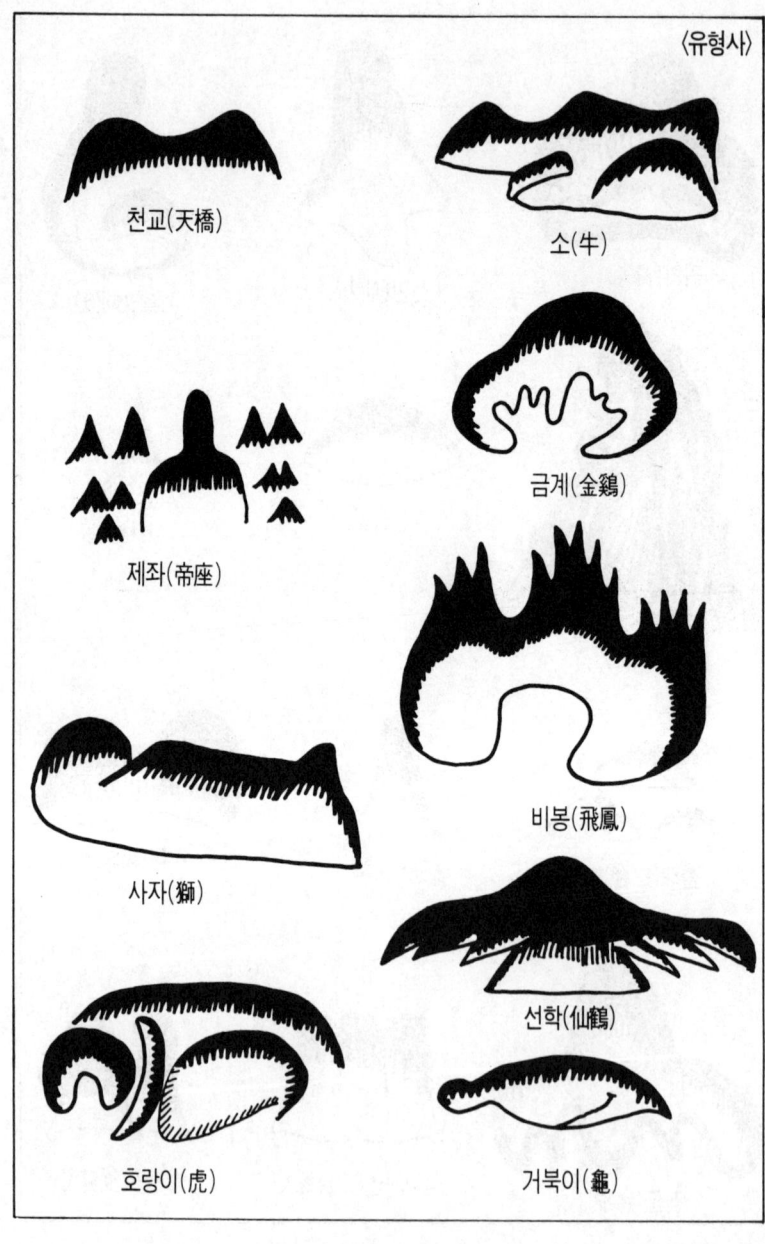

음·양택의 풍수 배치 비교표

형세	궁궐	절	향교	주거지
입 수	北 문	뒷 산	후 원	후 원
혈 성	中 궁	강 당	문 묘	사 당
혈 장	대 전	대웅전	본 당	본 체
내명당	안 뜰	안 뜰	안 뜰	안 뜰
외명당	앞 뜰	앞 뜰	앞 뜰	앞 뜰
청 룡	左 루	좌 전	좌 고	좌사랑
백 호	右 루	우 전	우 고	우사랑
안 산	근정전	금강문	중 문	중 문
조 산	남 문	일주문	대 문	행랑채

오행의 왕상휴수사표(旺相休囚死表)

運\\五行	旺 相 休 囚 死
木	東 北 南 西
火	南 東 西 北
金	西 北 東 南
水(土)	北 西 東 南

※ 왕은 같은 기운을 받는 방위(同氣)
※ 상은 자기를 살려주는 기가 있는 방위 (受生)
※ 휴는 자기가 남을 살려주는 방위(我生)
※ 수는 자기가 이기는 방위(我克)
※ 사는 자기가 이김을 당하는 방위(受克)

오행상생도(五行相生圖)

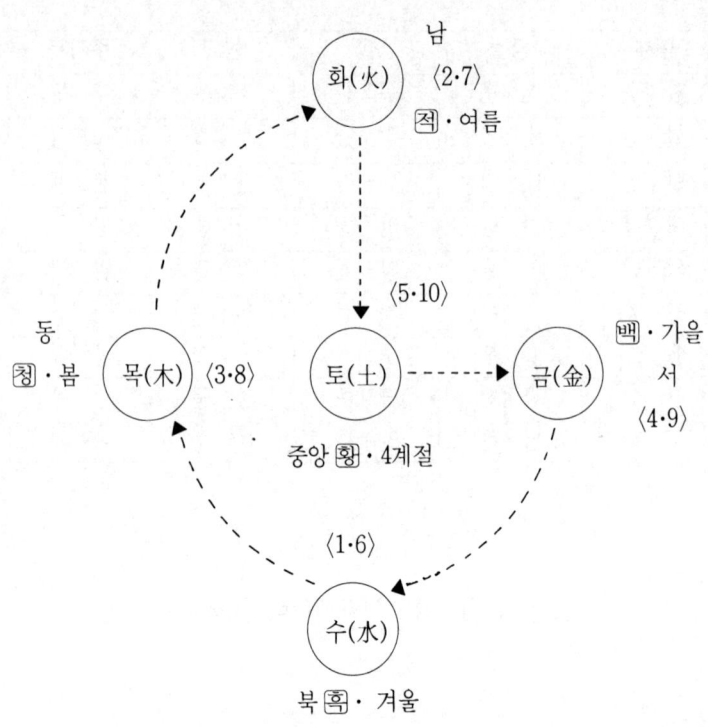

※ 만물은 수(水)에서 시작한다.
※ 상생순서 : 수생목→목생화→화생토→토생금→금생수
※ 〈 〉안의 숫자는 하도(河圖)에 그려진 그림의 각각 숫자를 오행에 붙인 것이다.
※ ☐ 오행의 빛깔, 黑·靑·赤·白·黃.

※ 오행의 상극 : 원리는 낙서(洛書)에서 나옴. 오행상생도에서 화와 금의 위치가 바뀌어 생멸의 조화를 일으킨다.
수극화→화극금→금극목→목극토→토극수. 위의 그림에서 화와 금의 위치가 바뀌고 수에서 오른쪽으로 돌아간다.

천간(天干 : 十天)과 오행의 관계

	갑 을	병 정	무 기	경 신	임 계
천 간	甲 乙	丙 丁	戊 己	庚 辛	壬 癸
순 서	1 2	3 4	5 6	7 8	9 10
오 행	木	火	土	金	水
하도수	3·8	7·2	5·10	9·4	1·6
음·양	양 음	양 음	양 음	양 음	양 음

하도의 음양오행의 상생원리를 응용한 것임.

지지(地支 : 12支)와 오행의 관계

	자	축	인	묘	진	사	오	미	신	유	술	해
지 지	子	丑	寅	卯	辰	巳	午	未	申	酉	戌	亥
순 서	1	2	3	4	5	6	7	8	9	10	11	12
오 행	수	토	목	목	토	화	화	토	금	금	토	수
하도수	1	10	3	8	5	2	7	10	9	4	5	6
음·양	양	음	양	음	양	음	양	음	양	음	양	음

천간과 같이 하도의 상생원리를 이용했으나 하도수보다 2개가 더 많아 토에 4개를 배정하고 나머지 수·화·목·금에 배당했다. 토가 중심의 주재역할을 맡고 있다.

나경(羅經) 윤판도(24방위도)

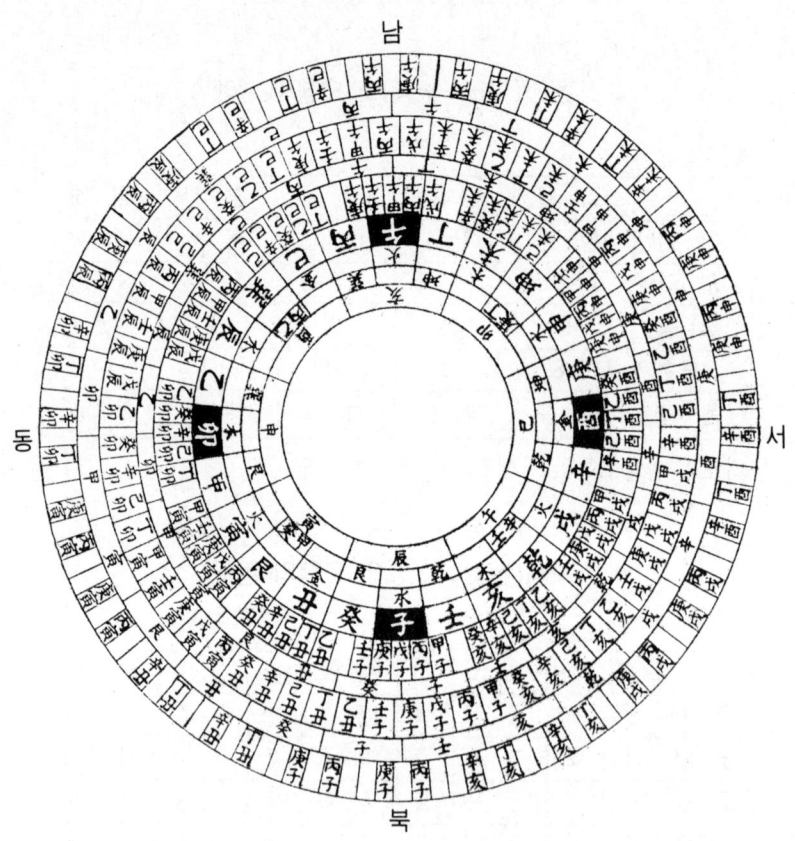

〈보는 법〉
중앙 : 천극(天極), 곧 태극을 상징한다.
 1층 : 팔요살(八曜殺) 보는 법. 임(壬)·자(子)·계(癸)좌에서는 진(辰)방으로 물이나 바람이 오고 가는 것을 꺼린다.

2층 : 황천수(黃泉水)의 길흉을 보는 법.
3층 : 오행(五行)을 보는 법. 예 壬·子는 水, 癸·丑은 金 등.
4층 : 지반정침, 곧 24방위를 가리킨다. 주로 용이 오는 방위를 잰다. 산이 子의 중앙에 오면 子龍이라 한다.
5층 : 천산(穿山)이라 하여 맥(脈)을 잰다.
6층 : 중반인침(中盤人針), 천성(天星)의 길흉을 가린다.
7층 : 투지(透地)라 하여 생기를 재는 곳.
8층 : 천반봉침(天盤縫針), 12지와 같은 자리.
9층 : 분금(分金)을 재는 데 쓰인다. 주로 정확한 좌향(坐向)을 결정한다.
〈이상, 이수학회 저 『풍수정설』 참조. 보다 자세한 설명은 이 책을 참고하기 바란다.〉

〈24방위 구성〉

- 12지와 천간 중에서 무·기(戊己)를 제외한 8간과 팔괘의 건(乾)·곤(坤)·간(艮)·손(巽)을 합하여 24개 방위에 배분했다.
- 풍수에서 주로 24방위를 사용하지만 기본은 8괘 방위다. 24방위의 8괘 배속은 다음과 같다.

감괘(坎卦=坎宮) ─ 壬 / 子(=坎의 자리) / 癸
이괘(離卦=離宮) ─ 丙 / 午(=離) / 丁
진괘(震卦=震宮) ─ 甲 / 卯(=震) / 乙
태괘(兌卦=兌宮) ─ 庚 / 酉(=兌) / 辛
간괘(艮卦=艮宮) ─ 丑 / 艮 / 寅
곤괘(坤卦=坤宮) ─ 未 / 坤 / 申
건괘(乾卦=乾宮) ─ 戌 / 乾 / 亥
손괘(巽卦=巽宮) ─ 辰 / 巽 / 巳

12운성표(十二運星表)

오행의 생장소멸(生長消滅)의 해당 방위를 보여준다.

五行	運	胞	胎	養	生	浴	帶	冠	旺	衰	病	死	墓
木	陽	申	酉	戌	亥	子	丑	寅	卯	辰	巳	午	未
木	陰	酉	申	未	午	巳	辰	卯	寅	丑	子	亥	戌
火	陽	亥	子	丑	寅	卯	辰	巳	午	未	申	酉	戌
火	陰	子	亥	戌	酉	申	未	午	巳	辰	卯	寅	丑
金	陽	寅	卯	辰	巳	午	未	申	酉	戌	亥	子	丑
金	陰	卯	寅	丑	子	亥	戌	酉	申	未	午	巳	辰
水	陽	巳	午	未	申	酉	戌	亥	子	丑	寅	卯	辰
水	陰	午	巳	辰	卯	寅	丑	子	亥	戌	酉	申	未

오행도 각각 음·양으로 구분한다.
12운을 사람에 비유하면 최초의 수정에서부터 모태에서 자라나고 다시 태어나 죽기까지의 과정을 보여준다.
토(土)는 수(水)에 포함된다.

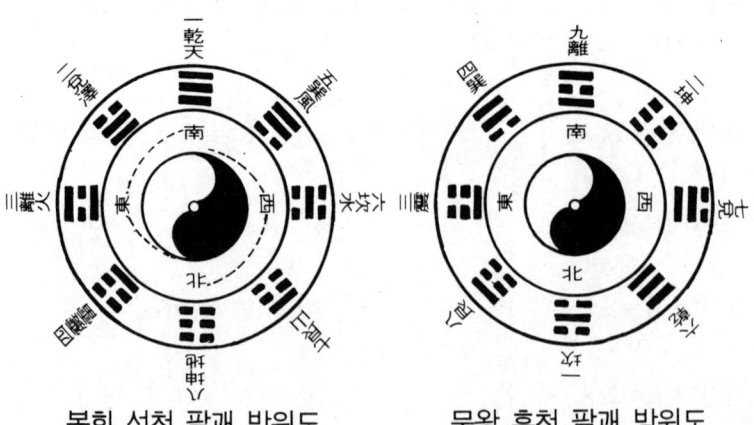

복희 선천 팔괘 방위도　　　문왕 후천 팔괘 방위도

(복희·선천) 팔괘 차례도

태극	태 극							
양 의	양(陽) ▬▬				음(陰) ▬ ▬			
사 상	☰ 태양(太陽)		⚌ 소음(少陰)		⚎ 소양(少陽)		⚏ 태음(太陰)	
괘 상	☰	☱	☲	☳	☴	☵	☶	☷
괘 명	건(乾)	태(兌)	이(離)	진(震)	손(巽)	감(坎)	간(艮)	곤(坤)
순 서	1	2	3	4	5	6	7	8
자연형상	하늘(天)	못(澤)	불(火)	우뢰(雷)	바람(風)	물(水)	산(山)	땅(地)
인 간	부(父)	소녀(少女)	중녀(中女)	장남(長男)	장녀(長女)	중남(中男)	소남(少男)	모(母)
성 질	강건	즐거움	아름다움	움직임	들어감	빠짐	정지	유순함
방 향	서북	서	남	동	동남	북	동북	서남
신 체	머리	입	눈	발	다리	귀	손	배
동 물	말(馬)	양(羊)	꿩(雉)	용(龍)	닭(鷄)	돼지(豕)	개(狗)	소(牛)
계 절	늦가을 초겨울	가을	여름	봄	늦봄 초여름	겨울	이른봄	늦여름 초가을
※	건삼련	태상절	이허중	진하련	손하절	감중련	간상련	곤삼절

※ 괘의 모양을 한자로 표기한 것.
예) 건삼련은 세 효가 연결됐다는 뜻.

주요 풍수용어 풀이

- 양기(陽基) : 사람이 사는 주택지(대지) 또는 마을이나 부락이 형성된 기지를 뜻한다. 서울의 경우, 4대문 안이 양기에 해당한다. 개인집의 경우는 울타리 안이 이에 속한다.
- 양택(陽宅) : 흔히 건평이라고 할 수 있는 가옥, 그 자체만을 가리킨다. 주택이나 건물의 경우, 기지론(基址論)으로 양기를 살펴보고 그 다음에 양택의 가상(家相)을 판별한다.
- 음택(陰宅) : 보통 시신이 묻힌 자리를 가리킨다. 곧 묘, 혹은 능(陵) 자체가 이에 해당한다. 묘가 있는 주위까지를 합쳐서는 음지(陰地)라고 한다.
- 용(龍) : 일반적으로 굴곡이 있는 산이나 능선을 뜻한다. 마치 동양의 용이란 상상적 동물이 조화와 변화무쌍함을 보여주듯 산의 움직임도 이와 같다. 그러나 풍수에서는 단순히 산의 흐름을 용이라고 하지 않고 엄밀하게 말하자면 묘를 쓸 수 있는 맥이 흘러온 능선만을 용이라고 한다. 평지에도 용의 흐름이 있다.
- 맥(脈) : 앞의 용이 산이나 구릉의 외형적 모습에서 붙여진 이름이라면, 맥은 땅 속으로 흐르는 생기의 움직임을 가리킨다. 사람의 신체에 비유하면 용은 팔이나 다리와 같고 맥은 혈관과 같다. 맥의 흐름은 눈으로 볼 수 없지만 산이나 언덕에서 물이 갈라지는 곳은 대개 맥이 지나는 곳이다.

- 대간룡(大幹龍) : 흔히 신령한 기를 지닌 높은 산에서 시작된 용을 뜻한다. 태백산맥이나 소백산맥 등이 이에 해당한다.
- 소간룡(小幹龍) : 대간룡에서 가지 쳐 나온 용을 뜻한다. 나누어질 때 대개 유명 산이 태조산이 된다. 보통 그 길이는 2, 3백 리 되고 짧아도 2, 3리다.

  소간룡에서 대지룡(大枝龍), 소지룡(小枝龍)이 갈려 나온다.
- 주필산(駐驆山) : 보통 소간룡에서 대지룡을 낳는 산을 말한다. 간룡이 잠시 쉬어가면서 주위에 다시 새로운 용을 새끼치는 산이다. 대지룡의 태조산이 된다.
- 과협(過峽) : 용이 기를 한껏 응결시킨 곳을 말한다. 마치 수도관의 경우, 한곳에 물을 모았다가 다음 관으로 보내는 곳과 같다. 대개 길이 난 고갯마루가 이에 해당한다. 따라서 이곳에서 물이 양쪽으로 나누어지게 된다. 과협(처) 양쪽에는 마을이 형성된다.
- 절(節) : 대나무의 마디에서 따온 말로 용과 맥이 흘러가면서 새로운 가지를 쳐갈 때, 그곳이 곧 절이 된다. 보통 혈은 소조산 아래 5절 이내에서 맺는다. 이때 5절이란 작은 산이나 언덕이 5개 정도 있다는 뜻이다.
- 기(氣) : 용과 맥이 흐르다가 보통 물을 만나면 멈춘다고 한다. 이때 그 멈춘 자리가 곧 기가 모여 있는 곳이다.

  기에는 숨쉬듯 활발하게 살아 있는 생기(生氣)와 이미 늙고 병든, 혹은 죽은 기가 있다. 양택이나 음택은 바로 이 생기처(혈)에 자리를 잡아야 한다. 풍수란 이 기를 올바르게 찾아내는 학문이다.
- 혈(穴) : 침술학에서 따온 말이다. 경락(經絡)에 침을 놓듯 생기가 모여 있는 자리가 곧 혈이다. 혈 주위를 또 혈장(穴場)이라고 한다.

- 태조산(太祖山) : 용과 맥이 시작되는 산으로 사람에게 있어 시조와 같다. 한국의 산들은 대개 백두산이 태조산이 된다. 그러나 구체적으로 특정 혈의 태조산을 찾을 때는 혈에서부터 거슬러올라가 대간룡에서 그 용이나 맥을 직접적으로 낳아준 산이 태조산이 되기도 한다. 나무에 비유하면 뿌리와 같다고 하겠다. 태조산 아래 유명 산이 많을 때는 중조(中祖), 근조산(近祖山)으로 부른다.
- 소조산(少祖山) : 일명 주산(主山)이라고도 한다. 혈 가까운 곳에서 솟아나 혈이 있는 주위 산들을 직접적으로 관장하는 산이다. 사람에 비유하면 할아버지(祖父)에 해당한다. 좋은 혈은 대개 소조산 아래 2~3절에서 맺는다.
- 부모산(父母山) : 혈을 맺은 산(혈성)의 바로 뒤에 있는 산. 입수산(入首山)이라고도 한다. 부모가 자식에게 영향을 끼치듯 혈에 미치는 영향력이 크다.
- 입수(入首) : 부모산과 같은 뜻이나 부모산에서 혈성에 이르는 용의 흐름을 뜻하기도 한다. 입수처까지가 용에 해당한다.
- 혈성(穴星) : 혈을 맺은 산의 모양을 5성 또는 9성으로 나눈 것을 뜻한다. 여기서 성(星)이란 지상의 모든 산들은 하늘에 있는 별의 형상이 그대로 옮겨진 것이라는 뜻에서 사용된다. 따라서 혈을 맺은 산의 모양뿐만 아니라 부모산, 태조산 그리고 주위에 있는 산들도 각각 성으로 분류할 수 있다. 이 성은 5행의 분류에 따라 금형산(金形山)·수형산(水形山)·목형산(木形山)·화형산(火形山)·토형산(土形山) 등 5성으로 나누기도 하고 이를 더욱 세분화하여 9성으로 나누기도 한다. 본문에서는 산 모양을 5성, 또는 9성으로 나눠 함께 사용했다. 가령 목성(木星)은 목형산과 동의어이고 탐랑성과도 같은 뜻이다.
- 좌향(坐向) : 용의 맥이 온 방향과 앞을 향한 방위를 뜻한다. 보통

묘지의 경우 시신의 머리부분이 맥이 들어온 방향이고 다리쪽은 앞의 방위를 가리킨다. 좌향의 중요성은 생기가 모여 있는 정확한 위치를 보여주는 것으로 하나의 혈성에는 반드시 하나의 좌와 향이 있을 뿐이라고 한다. 그런 점에서 향은 풍수사(지관)의 마음대로 정하는 것이 아니다.

- 청룡(靑龍) : 혈의 왼쪽에 있는 산. 사람에 비유하면 왼팔과 같다. 백호와 함께 혈장을 보호하는 임무를 띠고 있다. 곧 바람과 물이 들어오는 것을 막아준다.
- 백호(白虎) : 혈의 오른쪽에 있는 산. 사람의 오른팔과 같다.
- 사(砂) : 혈성의 전후좌우에 있는 산과 물을 뜻한다. 청룡·백호도 사에 해당하고 안산·조산도 역시 같다. 보통 사신사(四神砂)라고 할 때 좌청룡·우백호와 안산(주작), 부모산(현무)이 이에 속한다. 이들은 각각 동·서·남·북에 위치, 혈장을 보호하고 있다. 이밖에도 또 이들의 전후좌우에 수많은 산들이 있을 수 있는데, 이때도 각각의 풍수용어에 따른 명칭이 부여된다. 하수사·수구사 등이 그것이다. 본래 사(砂)란 옛사람들이 풍수를 가르칠 때 모래소반 위에 여러 가지 모형을 만들어 설명한 데서 유래됐다. 대개 길흉화복은 주위의 사를 보고 판단한다.
- 하수사(下手砂) : 명당 앞에서 흘러나가는 물을 거두어주는 역할을 맡은 산들을 가리킨다. 대개 명당에는 필수적으로 있어야 한다.
- 수구사(水口砂) : 혈장에서는 보이지 않는 산으로, 물이 흘러가는 양쪽에 위치해 흐름을 더디게 하는 임무를 띠고 있다.
- 화표(華表) : 수구사의 하나. 수구에 특이하게 생긴 산을 뜻함.
- 한문(捍門) : 수구에 마치 문의 설주와 같이 양쪽에 대치하고 있는 산. 그 모양은 보통 해와 달(日月), 거북과 뱀(龜蛇), 기와 북(旗鼓), 사자와 코끼리(獅象) 등으로 불린다.

- 북신(北辰) : 수구사 중에서 특이한 산을 가리킨다. 사람이 보았을 때 두려움을 느끼게 된다. 혈장에서는 보이지 않아야 하며 이런 것이 있는 경우, 보통 군왕지지의 혈이 있게 마련이다.
- 나성(羅星) : 수구사의 하나. 사면에 물이 흐르는 작은 산, 또는 봉우리를 뜻한다. 흙이나 돌이 쌓여서 이루어진다. 서울의 경우 여의도가 곧 나성이다.
- 수구(水口) : 풍수에서 물은 필수적이다. 물이 없으면 기가 모이지 않는다. 따라서 용이 오는 곳도 물의 흐름을 더듬어가면 찾을 수 있다. 산의 방향과 물의 방향은 대개 일치하게 마련이다. 수구는 명당 앞에 모인 물이 흘러나가는 곳을 총칭해서 부르는 용어다. 다시 말해 물의 출구(出口)인 셈이다. 다른 한편 수미(水尾)는 물이 처음 흘러오는 발원처가 된다.
- 득파(得破) : 혈장(보통 상석자리)에서 청룡이나 백호 사이에서 흘러오는 물이 처음 보이는 곳을 득이라 하고 명당 앞을 지나 흘러가는 물이 마지막 보이는 곳을 파라고 한다. 예외도 물론 있다. 득은 대개 좌향의 오행상 생왕처(生旺處)에서 보이는 것이 최상이고 파는 사(死)의 방향에서 나가는 것이 역시 좋다. 본문에서 좌향과 물의 득파 방위는 그런 점에서 필수적으로 표기해 놓았다.
- 조래수(朝來水) : 안산이나 조산 쪽에서 명당을 향해 흘러오는 물을 뜻한다. 조래수가 곧바로 명당을 향해 달려오듯 흘러오는 것은 좋지 않지만 골곡을 보이며 흐르는 것은 길하다. 보통 재물과 직접적인 관련이 있다.
- 안산(案山) : 문자 그대로 혈의 바로 앞에서 책상과 같은 역할을 맡은 산을 가리킨다. 그런 점에서 규모가 작다.
- 조산(朝山) : 안산 뒤에 있는 산들을 모두 조산이라 부른다. 혈을 주

인으로 볼 때 안산과 조산은 손님에 해당한다. 특히 조산은 혈을 만든 용과 그 규모가 같아야 길한 것으로 본다. 안산과 조산을 합쳐 조안(朝案)이라고도 부른다.
• 명당(明堂) : 혈 앞에 물이 모이는 곳을 가리킨다. 집으로 보면 마당과 같다. 이는 마치 경복궁의 근정전 앞에 만조백관이 모여 있는 모습과 같다는 뜻에서 명당이라고 했다. 보통 안산 앞을 내명당, 조산 앞을 외명당이라고 부른다.
• 나성(羅城) : 안산 밖의 산들과 부모산 뒤의 산들이 혈장을 중심에 두고 마치 성처럼 빙 둘러싸고 있는 모습을 두고 나성 또는 원국(垣局)이라 한다.
• 형국(形局) : 먼저 국(局)이란 바둑판이나 장기판처럼 한정된 범위를 뜻하는 말로, 풍수에서는 부모산 아래 혈을 감싸고 있는 주위의 사(砂)와 수(水)의 범위를 가리킨다. 혈의 영향이 미치는 범위라고도 하겠다. 형국은 혈을 중심하여 주위의 사(砂)나 수(水)를 하나의 물형(物形·類形)으로 이름붙인 것을 말한다. 예컨대 물 위에 떠 있는 연꽃(蓮花浮水)형이나 장군대좌(將軍大坐) 등이 그것이다. 형국을 판별하는 법은 용의 모습이나 혈성의 생김새, 그리고 주위의 사(砂)를 보고 결정한다.
• 비보(裨補) : 완벽한 혈은 없다고 한다. 용·혈이 좋아도 주위 사(砂)가 부족하거나 물의 흐름이 빠를 수도 있다. 이 경우 부족한 곳을 인위적으로 보충할 수 있는데 이를 비보라 한다. 지명을 바꾸거나 나무를 심고 또는 탑을 세워 허한 곳이나 불길한 곳을 보충하는 비법이다.

(이상 용어해설은 이수학회 편 『풍수정설』에 의거했다.)

참고 문헌

〈저　서〉

- 이수학회 편『風水精說』대홍기획 1989.
- 崔昌祚 著『한국의 풍수사상』민음사 1984.
- 李重煥 著 李翼成 譯『擇里志』을유문화사 1971.
- 최창조 저『좋은 땅이란 어디를 말함인가』서해문집 1990.
- 김호년 저『한국의 明堂』동학사 1989.
- 村山智順 著 최길성 역『朝鮮의 風水』민음사 1990.
- 경인문화사 편『풍수지리총서』경인문화사 1969.
- 金碩鎭 저『周易』홍역학회 1989.
- 문화재관리국 문화재연구소『한국민속종합조사보고서』제20책 1989.
- 문화재관리국 문화재연구소『한국민속종합조사보고서』제21책 1990.
- 중앙일보사 편『姓氏의 고향』중앙일보사 1989.
- 지창룡 저『옥형한국지리총람』해동출판사 1977.
- 한글학회 편『한국지명총람』한글학회 1986.
- 민족문화추진회『국역 신증동국여지승람』
- 孫成祐 편저『한국지명사전』경인문화사 1977.
- 건설부 국립지리원 편『지명유래집』1987.
- 경북도위원회 편『경상북도 지명유래 총람』1984.
- 전라남도 편『향토사대계 명소지명유래지』1987.
- 崔文輝 著『충남토속지명사전』민음사 1988.

- 김기빈 저 『한국지명의 신비』 지식산업사 1989.
- 姜吉夫 著 『울주지명유래』 문천사 1982.
- 李泳澤 저 『한국의 지명』 태평양 1986.
- 영암군 편 『도선의 신연구』 영암군 1988.
- 김종윤 주해 『최씨유산록』 한국풍수지리연구회 1980.
- 김수산 저 『원본정감록』 명문당 1972.
- 김영소 저 『만산도』 명문당 1985.
- 김용운·김용국 저 『동양의 과학과 사상』 일지사 1984.
- 신영훈 저 『한옥의 조형』 대원사 1989.
- 林應承 저 『수맥과 풍수』 샛별 1986.

〈논　문〉
- 박시익 『풍수지리설 발생 배경에 관한 분석 연구』
  고려대 박사학위논문 1987.
- 김용규 『취락경관 해석에 관한 연구』
  서울대대학원 석사학위논문 1989.
- 오세창 『풍기읍의 정감록촌 형성과 이식산업에 관한 연구』
  서울대대학원 석사학위논문 1979.
- 박재화 『한국 민간신앙 상징체계의 장소화에 관한 연구』
  서울대 환경대학원 석사학위논문 1988.
- 유병언 『한국건축사상의 전이현상에 관한 연구』
  고려대 석사학위논문 1986.
- 남호현 『한국 전통주거의 신성공간에 관한 연구』
  홍익대대학원 석사학위논문 1987.
- 이대우 『수맥이 건축물과 수목에 미치는 영향』
  전북대 환경대학원 석사학위논문 1989.
- 김남웅 『조선시대 서원건축의 배치와 외부공간 특성에 관한 연구』
  단국대대학원 석사학위논문 1989.

・권선정『취락 입지에 대한 풍수적 해석』
서울대대학원 석사학위논문 1991.

〈기타 참고문헌〉

・『錦囊經』(奎章閣圖書 상백고본)
・『地理正宗』, 卷二,「葬書」(1968, 臺灣, 端城書局)
・『文淵閣四庫全書 第808冊』, 欽定四庫全書, 子部七, 術數類 三,「葬書」
・『雪心賦』(1975, 臺灣 竹林書局)
・『地理陽宅大全』(1975, 臺灣, 集文書局)
・『琢玉斧』(1976, 韓國風俗地理叢書 册, 景仁文化社)
・『地理新法胡舜申』(1976, 韓國風俗地理叢書 册, 景仁文化史)
・『金彈子地理元珠經』(年代未詳, 上海, 校經書局)
・『地理大成山法全書』(年代未詳, 上海, 九經書局)
・『繪圖人子須知資孝書』(宣統 3年, 上海, 江左書林)
・『入地眼全書』(1976, 臺灣, 竹林書局)
・『地理正宗』, 卷三,「撼龍經」(1968, 臺灣, 端城書局)
・『地理正宗』, 卷一, 靑囊經 (1968, 臺灣, 端城書局)
・高麗風水地理學會 篇,『陽宅三要訣』陰陽脈診出版社 1981.
・金明濟,『地理八十八向眞訣(山書)』三信書籍 1971.
・金泰樹,『家相學入門』, 明文堂 1978.
・金銀重,『朝鮮時代 書院建築에 관한 硏究』
고려대학교 석사학위논문, 1984.
・金鍾憲,『韓國現代建築의 傳統性 表現에 관한 硏究』
고려대학교 석사학위논문, 1986.
・羅采華,『韓國傳統建築의 象徵性에 관한 硏究』
고려대학교 석사학위논문, 1985.
・張聖浚,『風水地理의 局面이 갖는 建築的 想像力에 관한 考察』
『建築』第22卷 85號, 1978.

- 金德鉉,「傳統村落의 洞藪에 관한 硏究」,『地理學論叢』, 第13號, 1986.
- 金鴻植,「마을 空間構成 方法에 대한 韓國傳統建築思想硏究」,
  『建築』第19卷 64號, 1975.
- 金鴻植,『朝鮮末期 陽宅書에 나타난 民宅의 간잡이 方法論에 대한 硏究』,
  한양대대학원 박사학위논문, 1988.
- 金眞一,「農村聚落과 生活空間에 대한 考察」『建築』第24卷 95號, 1980.
- 金濟東,『韓國古建築의 配置에 따른 外部空間構成에 관한 考察』
  서울대 대학원 석사학위논문, 1974.
- 朴彦坤,「吉凶建築」『建築』第30卷 3號, 1986.
- 朴贊龍,「朝鮮時代 邑城定住地의 景觀構成硏究」
  韓國造景學會誌, 第12卷 1號, 1984.
- 孫料浩,『韓國傳統住居에서의 風水思想과 그 建築的 解釋에 관한 硏究』
  서울대대학원 석사학위논문, 1980.
- 孫禎睦,「風水地理說이 都邑形成에 미친 影響에 關한 硏究」
  『都市問題』第8卷 11號, 1973.
- 金東奎 譯, 風水地理學『人子須知』, 佛教出版社, 1982.
- 申景濬(박용수 해설),『山經表』푸른산, 1990.
- 兪在賢,「民宅三要를 통하여 본 韓國傳統住宅의 配置計劃論」,
  『울산공대 연구논문집』第10卷 2號, 1979.
- 兪在賢「穴과 明堂의 關係를 통하여 본 韓國傳統建築空間의 中心槪念에
  관한 硏究」,『울산공대 연구논문집』第10卷 2號, 1979.
- 李夢日『韓國風水思想史硏究』
  경북대 지리학과 박사학위논문, 1991.

(이상은 권선정의 석사학위 논문을 참고해 작성함.)

新한국風水

지은이 | 최영주
펴낸이 | 유재영
펴낸곳 | 동학사

1판 13쇄 | 2010년 8월 20일
출판등록 | 1987년 11월 27일 제10-149

주소 | 121-884 서울 마포구 합정동 359-19
전화 | 324-6130, 324-6131 · 팩스 | 324-6135
E-메일 | dhak1@paran.com
dhsbook@hanmail.net
홈페이지 | www.donghaksa.co.kr
www.green-home.co.kr

ISBN 89-7190-000-8 03300
* 잘못된 책은 바꾸어 드립니다.